KB159460

이렇게 재미있는

동화 수업 레시피

이렇게 재미있는
동화 수업 레시피

초판 1쇄 발행 2017년 9월 20일
초판 5쇄 발행 2020년 8월 28일

지 은 이 권혁준 · 김연옥 · 성옥자 · 이은하 · 김정혜 · 조수현 · 김예와
펴 낸 이 박찬익
편 집 장 한병순
책임편집 강지영

펴 낸 곳 (주)**박이정**
주 소 경기도 하남시 조정대로45 미사센텀비즈 7층 F749호
전 화 (031)792-1193, 1195
팩 스 (02)928-4683
홈페이지 www.pjbook.com
이 메 일 pijbook@naver.com
등 록 2014년 8월 22일 제2020-000029호

I S B N 979-11-5848-329-6 93370

* 책값은 뒤표지에 있습니다.

이렇게 재미있는

동화 수업 레시피

레시피 하나
☑동화 읽고 이야기 나누기
레시피 둘
☑동화로 통합 수업하기

권혁준 · 김연옥 · 성옥자 · 이은하 · 김정혜 · 조수현 · 김예와

(주)박이정

머리말

왜 이 책을 만들었나

"선생님! 책 읽기 싫어요!"

아침 활동 시간에 아이들이 책을 읽는 풍경을 바라보자면, 이런 외침이 들리는 듯하다. 학교 현장에서 독서교육이 점점 어려워지고 있다. 학습만화나 애니메이션에 익숙해진 아이들은 재미있는 동화책 한 권을 긴 호흡으로 진득하니 읽어내지 못한다. 고학년으로 갈수록 심각해진다. 교사는 업무와 생활지도로 바빠 독서교육에 신경 쓰기가 어렵다. 그러다보니 학교 현장에서는 피상적인 독서 교육과 형식적인 독서록 쓰기가 되풀이된다.

문제는 국어교과서에도 있다. 지면의 제약 때문에 국어교과서에는 주로 짧은 동화가 수록될 수밖에 없어서 긴 호흡으로 독서하는 경험을 하기가 어렵다. 또 문학의 지식이나 기능을 잘게 쪼개어 목표를 만들고 그 목표 달성에 관련되는 학습활동만으로 단원을 구성하고 문학작품의 본질적인 아름다움과 감동을 충분히 맛보지 못하게 한다. 아이들은 문학에서 더 멀어지게 하는 안타까운 일이 생기는 것이다. 일상에서의 독서교육과 국어과 안에서의 문학교육이 모두 겉돌고 있는 것이다.

우리는 이런 상황을 어떻게 타개할 것인가를 진지하게 고민하였다. 그 해결 방법은 문학 작품을 문학적인 읽기로 되돌려주는 것이며, 문학 작품을 일상의 현실과 연계하는 것이다. 다행히 2015 개정 국어과 교육과정에서 '한 학기 한 권 이상 읽기'를 개정의 중점으로 제시하였으니, 늘 안타깝던 우리 고민이 해결될 조짐이 보여 못내 반갑다.

누가 만들었나

우리는 늘, 어린이들의 독서교육과 문학교육에 관심이 많았다. 어떻게 하면 이 땅의 어린이들이 즐겁고 행복하게 책을 읽을 수 있을까, 어떤 도움을 주면 그 책이 마음의 식량이 되고 인생의 별빛이 될까를 늘 고민하였다. 우리는 어린이 독서 교육과 문학 교육의 전문가라고 자부한다.

권혁준은 교육대학의 국어교육과 교수로 예비교사를 가르치고, 초등학교 국어교과서를 기획 집필하면서 왜곡된 문학교육을 바로잡는 방법을 오래 고민하였고, 아동문학평론가로 활동하면서 많은 어린이책을 읽어왔다.

김연옥은 초등국어교육학을 연구한 교육학 박사이며, 서울시의 수석교사로 국어교과서 집필과 심의에도 참여하였다. 초등학교 현장에서 오랫동안 재미있는 동화책과 그림책을 찾아 효과적인 수업 방법을 연구하고 실천해 왔다. 성옥자도 서울시의 수석교사로 문학교육을 중심에 둔 교육과정 재구성 전문가로 가치 있는 문학교육을 연구, 실천하며, 후배교사들에게 지도하고 있는 베테랑 교사이다.

이은하는 충남 지역에서 문학교육을 전공한 교사로 동화 읽기, 그림책 읽기의 방법을 연구하고 실천해 왔으며, 지금은 교육지원청의 장학사로 독서 교육의 노하우를 지역에 전파하는 교육행정가이자 수업의 전문가로 활동 중이다. 김정혜는 공주교대부설초등학교에서 국어 수업 방법을 연구하고 실천해왔으며, 충남 지역의 수업컨설팅 전문가로 동화 읽기 수업에 애정을 갖고 실천하는 중견교사이며, 조수현과 김예와는 아직 교육 경험이 많지 않은 젊은 교사이지만 독서교육의 노하우를 열심히 배워가며, 현장에서 그 방법을 실천하고 고민하는 열정적인 교사들이다.

우리 일곱 사람은 어린이가 행복해지는 독서 교육의 방법을 만들어내기 위해 의기투합하여 3년의 세월을 보냈다.

어떻게 만들었나

교대 교수인 권혁준은 문학작품 읽기의 이론적 기반을 연구하였으며, 이 고민의 결과를 여섯 교사들과 의논하였다. 문학작품 중심 문학교육과 문학중심 교과통합 학습의 프로그램은 여러 차례 수정되었으며, 이 프로그램을 적용하기에 적당한 동화책을 선정하는 데 오랜 시간을 보냈다. 그리고 여섯 교사가 한 학년 씩 맡아 교수·학습 과정안을 구안하여 교실에서 직접 수업을 하면서 효과성을 검증하였다. 이 과정안을 동료 교사들에게 부탁하여 수업을 해보도록 하고 피드백을 받아 다시 수정하였다.

우리가 이렇게 땀을 흘리며 수정 보완을 하는 과정에 우리는 기쁜 소식을 들었다. 2015개정 교육과정부터는 '한 학기 한 권 이상 읽기'가 국어과의 한 단원으로 편성된다는 소식이었다. 교단의 우리 동지들도 우리와 같은 고민을 하고 있었음을 깨닫는 순간이었다. 한 권 이상의 책을 긴 호흡으로 깊이 있게 읽을 수 있는 독립적인 단원이 편성되면, 그래서 책을 읽고 나서 즐겁게 이야기를 나누고, 생각해 보고, 글쓰기로 이어지는 경험을 한다면, 교과서 지면의 제약 때문에 짧은 동화가 수록되거나 부분 수록되었던 아쉬움이 해소될 것이며, 온전한 문학 작품을 제대로 읽고 감상할 수 있는 '작품중심 문학교육'이 현실화 될 수 있을 것이다.

2018학년도 3~4학년군부터 한 단원으로 구성될 '한 한기 한 권 이상 읽기'는 우리나라 국어교육에서 처음으로 실시되는 의미 있는 사건이다. 그럼에도 학교 현장에서는 여러 가지로 고민이 깊을 것이다. 이 경험이 처음이기 때문이다. 어떤 책을 읽혀야 하는가. 어떤 방법으로 읽히고 어떻게 수업을 할 것인가. 이 책은 이 고민에 대한 한 가지 방법이 될 수 있다.

우리는 이 책의 제목을 "이렇게 재미있는 동화 수업 레시피"로 정하였다. 우리 선생님들이 이 책의 레시피를 응용하여 더 재미있고, 의미 있는 독서 수업, 문학수업을 하시기를 기원한다.

2017년 9월 1일

저자들 씀

차례

3-4학년군

5-6학년군

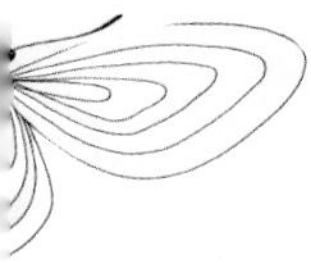

'한 학기 한 권 이상 읽기' 이렇게 활용해 보세요.

1. 작품중심 문학교육

동화책을 깊이 읽고 토의하며, 글을 써 보는 활동입니다.

예 『마당을 나온 암탉』을 읽고, 인물의 마음과 꿈을 탐구하기, 감동적인 장면을 찾고 생각과 느낌 나누기, 이 작품에 나오는 세 종류 닭의 가치관을 평가하고 내 삶과 비교하기 등.

2. 작품중심 교과통합 수업

① 재미있고 감동적인 동화책을 중심으로 여러 교과를 통합하여 수업하는 방법입니다.

예 『초정리 편지』를 읽고, 사회과의 '조선전기 사회와 세종의 업적', '신분계층과 신분에 따라 하는 일'을 공부함. 훈민정음체를 보고 미술과의 '판본체 쓰기'를 공부함. 도덕과의 '공정한 사회의필요성과 실천의지'를 공부함.

② 사회과, 도덕과 등 다른 교과를 수업하는 과정에서 동화책을 활용하는 방법도 있습니다.

예 6학년 사회과의 '우리 사회가 겪고 있는 다양한 문제를 살펴보고, 해결 방안 탐구하기' 단원에서 『우주호텔』의 폐지를 줍는 두 할머니의 소외된 삶의 문제를 살펴보고 독거노인들의 삶의 질을 개선하는 방법 토의해보기.

동화책은 학년군별로 활용할 수 있습니다.

이 책에서는 학년군 별로 교수·학습 과정안을 제시하였습니다. 동화책의 난도를 정확히 구별하기 어려우니, 한 학년군에서는 같이 활용해도 좋습니다. 3학년용으로 제시된 책을 4학년 교실에서도 읽혀도 좋고 그 반대의 경우도 가능합니다.

이런 시간에 활용해 보세요.

1. 국어과의 '한 학기 한 권 이상 읽기' 단원

2. 아침 독서나 방과 후 독서활동

3. 사회과, 도덕과, 미술과 등 다른 교과 수업

4. 창의적 체험활동 시간

전문가가 엄선한 동화책입니다.

이 책에 소개된 24권 이상의 책(학년군별 8권 정도)은 아동문학과 수업방법의 전문가가 다년간 현장교육에서 연구한 자료로 엄선하였습니다. 각 단원마다 '이런 책도 있어요'라는 코너에 소개한 책(모두 70여권 정도)도 이 책에 제시된 수업 과정안과 연계하여 활용할 수 있습니다.

이 책에서 활용한 동화책

1~2학년군

	수업과정안	동화책	이런 책도 있어요
작품 중심	무섭지 않아, 도깨비는 내 친구	『깜박깜박 도깨비』(권문희/사계절/2014)	『일본의 주먹밥 할아버지와 혹부리 영감』(김민선/정인출판사) 『도깨비가 슬금슬금』(이가을/북극곰) 『WOW 우리나라 도깨비 보따리』(신현배/형설아이)
	아름다움을 담은 행복한 알	『꾸다, 드디어 알을 낳다』(줄리 파슈키스/북극곰/2015)	『세상에서 제일 힘센 수탉』(이호백/재미마주) 『프레드릭』(레오 리오니/시공주니어) 『세상의 많고 많은 초록들』(로라 바키로 시거/다산기획)
	언제까지나 내 마음 속에 있어	『노란 양동이』(모리야마 미야코 글, 쓰치다 요시하루 그림/양선하 옮김/현암사/2000)	『다시 만난 내 친구』(박현정 저/박세영 그림/좋은책어린이) 『흔들흔들 흔들다리』(모리야마 미야코 글/현암사) 『보물이 날아갔어』(모리야마 미야코 글/현암사) 『그 아이를 만났어』(모리야마 미야코 글/현암사)
	나의 요술 조약돌	『당나귀 실베스터와 요술 조약돌』(윌리엄 스타이그 글 · 그림/이상경 옮김/다산기획/1994)	『녹슨 못이 된 솔로몬』(윌리엄 스타이그/시공사)
교과 통합	마음의 눈으로 바라보기	『악어오리 구지구지』(천즈위엔/예림당/2003)	『까만 아기 양』(엘리자베스 쇼/푸른그림책) 『달라서 좋아요!』(후세 야스코/대교출판) 『폭풍우 치는 밤에』(기무라 유이치/아이세움)
	'풍덩풍덩, 쪼르루르' 친구와 함께 말놀이 여행	『장수탕 선녀님』(백희나/책읽는곰/2012)	『곰 사냥을 떠나자』(마이클 로젠/시공주니어) 『우리는 친구』(앤서니 브라운/웅진주니어) 『만희네 집』(권윤덕/길벗 어린이)
	엄마는 내 마음을 몰라	『망태 할아버지가 온다』(박연철/시공주니어/2007)	『괴물들이 사는 나라』(모리스 샌닥/시공주니어) 『에드와르도 세상에서 가장 못된 아이』(존 버닝햄/비룡소)
	다양한 직업이 있어 더 행복한 세상	『프레드릭』(레오 리오니/시공주니어/1999)	『개미와 베짱이』(이솝 우화) 『행복한 청소부』(모니카 페트/김경연 옮김/풀빛)

3~4학년군

	수업과정안	동화책	이런 책도 있어요
작품 중심	이야기 잔치	『거미 아난시』(제럴드 맥더멋 글 · 그림/열린어린이/2005)	『태양으로 날아간 화살』(제럴드 맥더멋/ 시공주니어) 『공주를 구한 삼형제』(편집부 저/세상모든책) 『재주 많은 다섯친구』(양재홍/보림) 『재주 많은 여섯쌍둥이』(서정오/보림) 『재주 많은 일곱쌍둥이』(홍영우 글 · 그림/보리)
	아름다운 우정	『생쥐와 고래』(윌리엄 스타이그 글 · 그림/다산기획/2007)	『우리는 친구』(앤서니 브라운/웅진주니어) 『우리 친구하자』(앤서니 브라운/현북스) 『수호의 하얀 말』(오츠카 유우조 글/ 아카바 수에키치 그림/한림 출판사)
	다름과 차별 차이	『젓가락 달인』(유타루/바람과아이들/2014)	『까만 달걀』(황복실 외/샘터) 『하이퐁 세탁소』(원유순 외/아이앤북)
	이야기의 힘	『조선에서 가장 재미난 이야기꾼』(김기정/비룡소/2013)	『나귀방귀』(서정오/보리) 『꼬리에 꼬리를 무는 만 냥짜리 이야기』(서정오/별숲)
교과 통합	삐삐는 영원한 내 친구	『내 이름은 삐삐롱스타킹』(아스트리드 린드그렌 글/햇살과 나무꾼 옮김/시공주니어/1996)	『에밀은 사고뭉치』(아스트리드 린드그렌) 『산적의 딸 로냐』(아스트리드 린드그렌) 『빨강머리 앤』(몽고메리)
	우체부 아저씨 따라 동화나라 여행	『우체부 아저씨와 비밀편지』(앨런 앨버그 글/자넷 앨버그 그림/미래아이, 2003)	『우체부 아저씨와 크리스마스』(앨런앨버그 글 자넷 앨버그 그림/미래 아이) 『편지를 기다리는 마초바 아줌마』(하리에트 그루네발트 글/젤다 마를린 조간치 그림/단비어린이)
	우리가 만들어 가는 세상	『기호 3번 안석뽕』(진형민 글/창비/2013)	『잘못 뽑은 반장』(이은재/주니어김영사) 『꼴뚜기』(진형민/창비)
	전쟁의 슬픔	『곰인형 오토』(토미 웅거러 글 · 그림/비 룡소/2001) 『블룸카의 일기』(이보나 호미엘레프스카 글 · 그림/사 계절/2012)	『바람이 불 때에』(레이먼드 브릭스/시공주니어) 『천사들의 행진』(강무홍/양철북) 『코르착 선생님과 아이들의 마지막 여행』(이렌느 코앙-장카/청어람아이)

5~6학년군

	수업과정안	동화책	이런 책도 있어요
작품 중심	꿈과 희망	『마당을 나온 암탉』(황선미/사계절/2002)	『갈매기의 꿈』(리처드 바크/현문미디어) 『꽃들에게 희망을』(트리나 폴러스/시공주니어) 『니 꿈은 뭐이가?』(박은정 글/웅진 주니어)
	언니, 몽실	『몽실언니』(권정생/창비/2012) 『새똥과 전쟁』(에릭 바튀/교학사/2001)	『밥데기 죽데기』(권정생/바오로딸) 『점득이네』(권정생/창비)
	이야기 사이사이, 역사가 쑥쑥	『봉주르, 뚜르』(한윤섭 글/문학동네/2011)	『어린 임금의 눈물』(이규희/파랑새어린이) 『책과 노니는 집』(이영서/문학동네) 『서찰을 전하는 아이』(한윤섭/푸른숲주니어)
	'나를 찾아가는' 성장기	『일수의 탄생』(유은실 글/서현 그림/비룡소/2013)	『존 아저씨의 꿈의 목록』(존 고다드/글담어린이) 『나는 무슨 씨앗일까?』(샘터사) 『나는 무슨 씨앗일까? 2』(샘터사)
교과 통합	평화	『무기 팔지 마세요!』(위기철/청년사/2002)	『왜?』(니콜라이 포포포/현암사) 『핵폭발 뒤의 최후의 아이들』(구드룬 파우제방/유진)
	우리 한글	『초정리 편지』(배유안/창비/2007)	『정조대왕 이산』(박신식 글/대교출판) 『책 읽어주는 아이 책비』(김은중 글/파란정원)
	행복한 세상! 나부터 실천해요	『우주호텔』(유순희/해와 나무/2012)	『똥 싼 할머니』(이옥수/시공주니어) 『다리가 되렴』(이금이/푸른책들) 『나는 곰입니다』(장 프랑수아 뒤몽/봄봄)
	'나'를 찾는 여행	『불량한 자전거 여행』(김남중 글/창비/2009)	『괭이부리말 아이들』(김중미/창작과 비평사) 『걱정쟁이 열세 살』(최나미/사계절) 『골목길 아이들』(이브 가넷/길벗어린이)

1부

1.

작품 중심 문학교육의
의의와 방법

2.

문학작품 중심 교과통합수업,
왜? 어떻게?

1. 작품중심 문학교육의 의의와 방법[1]

가. 작품중심 문학교육이란 무엇인가

'작품중심 읽기'는 작품이 요구하는 책 읽기이다. 작품이 요구하는 책 읽기란, 그 작품에서 가장 핵심이 되는 즐거움을 마음껏 누리는 책 읽기를 말한다. 작품이 주는 핵심적 즐거움은 작품마다 다르다. 어떤 작품은 문장이 너무도 아름다워서 감동적이고, 어떤 작품은 고난을 극복하며 성장하는 주인공의 삶이 감동을 준다. 작가의 메시지가 우리의 마음속에 오래오래 여울지는 작품도 있다. '작품중심 문학교육'이란 문학성이 뛰어나고 학생들의 감동과 흥미를 유발할 수 있는 문학 작품을 선정하여 해당 작품의 아름다움과 감동, 문학적 묘미 등을 충분히 체험하게 하는 교수-학습 방식을 말한다.

해당 작품의 눈동자가 무엇인지를 아는 자는 누구인가. 당연히 독자들이다.(미숙한 독자들인 경우, 교사의 안내가 필요한 경우도 있다.) 교과서 집필진이 아니라는 말이다. 교과서 집필진은 감동적인 작품을 교과서에 게재하고서도 엉뚱한 학습활동을 지시하기도 한다. 해당 단원의 단원 목표를 달성하기 위해서다. 예컨대, 『마당을 나온 암탉』을 실어놓은 단원에서 '비유적 표현의 효과'만을 가르치도록 요구하기도 한다. 그래서 작품중심 읽기, 작품중심 문학교육이 필요하다.

작품중심 책 읽기를 하기 위해서는 해당 작품의 내용을 먼저 이해해야 할 것이며, 때로는 작품의 주제를 찾기 위해 이야기를 나눌 수도 있다. 아름다운 문학적 표현을 음미하며 공책에 옮겨 적을 수도 있을 것이며, 그 작품이 학습자에게 주는 인생의 지혜 발견하며, 내 삶을 반성적

1 이 글은 권혁준의 논문 "〈작품중심 문학 교육의 의의와 방법〉, 학습자중심교과교육학회지 제16권 제4호"를 요약 재구성한 것임.

으로 성찰할 수도 있을 것이다. 이런 활동은 오로지 작품 속에서 나오며, 작품과 나의 독서 과정에서 나온다.

나. 작품중심 문학교육, 왜 필요한가

국어 교과서에 나오는 문학작품은 어떻게 선정될까? 현실적으로 생각해볼 때 '단원 학습 목표를 달성하기에 효과적인 작품', '바르고 고운 언어로 학생들의 언어생활을 신장할 수 있는 작품' 등이 우선적인 고려 대상이 될 것이다. 이때, 너무 긴 작품, 사회의 보편적인 이데올로기와 거리가 있는 작품 등은 교과서에 싣기 힘들다. 이렇게 수많은 제약 조건의 우선순위를 따져보면 '문학성'이나 '학생의 흥미'는 어디쯤에 속해 있을까? 아무리 문학성이 뛰어나고, 감동적이며, 학생이 재미있어 하는 작품도 교과서에 어울리지 않으면 수록되기 어렵다.

2015교육과정 개정 국어과의 특징 중 하나인 '한 학기 한 권 이상 책 읽기'는 바로 교과서의 이런 제약 조건을 깨뜨리기 위해 도입된 것이다. 따라서 2018학년도 3~4학년군부터는 국어 교과서에 한 권 이상의 책을 깊이 읽고 감상, 토의, 글쓰기로 이어지는 독립적인 단원이 도입되었다. 그 동안 국어 교과서에 실린 문학 작품은 교과서 지면의 제약 때문에 부분 수록되거나 작품의 어느 부분을 집필자가 수정하는 경우도 있었다. 이제는 '온 책 읽기'로 한 권의 책을 처음부터 끝까지 깊이 읽고 독후 활동을 하도록 독서교육의 흐름이 달라진 것이다. 바로 온전한 문학 작품을 제대로 읽고 감상할 수 있는 '작품중심 문학교육'이다.

자, 이제 교과서를 벗어난 독서교육과 문학교육의 길이 활짝 열렸다. 교사 스스로 작품을 고르고 활동을 구성하면 문학 수업은 훨씬 풍부해지고 다양해 질 수 있다. 교과서를 벗어나 좋은 책을 읽으면 학생들은 재미있어 하고, 집중하고, 이야기를 하고 싶어 한다.

작품의 핵심적 즐거움을 학생들에게 안내해주는 것이 독서교육에서 교사의 역할이다. 책을 읽다 묘사가 아름다운 장면이 나오면 그 문장의 아름다움을 충분히 느껴야 한다. 주인공의 삶이 우리에게 충격적 깨달음을 준다면 그 부분에서 깊이 있게 이야기를 나누어야 한다. 백희나의 『장수탕 선녀님』에서 선녀님이 목욕탕에서 마셨던 달콤하고 시원한 요구르트의 맛을 묘사한 분분, 주인공 덕지가 냉탕에서 신나게 물장구를 치는 모습을 의성어와 의태어로 표현한 장면을 보며 교사는 흉내내는 말이 주는 재미를 학생들이 느낄 수 있도록 도와주어야 한다. 덕지와 장수탕 선녀님의 우정을 보며 학생들은 덕지의 마음과 우정에 대해 이야기를 나눌 수 있다. 이렇게 작품이 요구하는 수업을 하다보면 자연스럽게 문학의 여러 국면에 대해 공부하게 된다. 국어 교과서에는 '인물의 마음 짐작하기'와 '말놀이를 통해 말의 재미 느끼기'가 다른 차시로 제시되어 학습하지만 '작품중심 문학교육'을 하면 한 편의 작품을 통해 통합적으로 문학 성취기준을 도달할 수 있다. '작품중심 문학교육'의 구체적인 방법을 지금부터 살펴보자.

다. 작품중심 문학교육, 어떻게 할까

1) 작품 선정의 조건

진정한 문학 교육, 감동이 있는 문학 교육을 실천하기 위해서는 어떤 작품을 선정하는 것이 좋을까?

첫째, 문학성이 담보된 작품을 선정해야 한다. 즉, 재미있는 스토리를 감칠맛 나는 문장으로 표현한 작품, 인생의 깊은 주제를 비유로 표현한 작품, 이런 여러 가지 요소들이 잘 어우러진 작품들을 선정하는 것이 필요하다. 작품의 내적 구조가 잘 짜인 작품 즉, 해당 장르의 형식적, 구조적

측면에서 볼 때 본보기가 될 만한 모범을 보여주는 작품을 선정해야 한다.

둘째, 학생들의 흥미와 감동을 유발할 수 있는 작품을 골라야 한다. 문학 교육의 가장 큰 장점은 학생들이 자발적이고 능동적으로 참여하며 즐겁게 공부할 수 있다는 것이다. 다른 과목의 공부나 국어과의 다른 영역의 공부와는 달리 문학 작품은 이야기가 들어있기 때문에 본질적으로 흥미로운 요소를 품고 있다. 문학 영역만이 지니고 있는 이 자질을 최대로 활용하는 것이 작품중심 문학 교육의 의의라고도 할 수 있다.

넷째, 작품의 주인공을 비롯한 인물들이 학습자(어린이)들의 욕망을 잘 반영한 작품이어야 한다. 이 명제는 어린이의 발달 단계에 적합한 작품이라는 조건과도 일맥상통한다. 어른들이 좋아하는 교훈이나 계몽 같은 것을 교묘히 설득하려고 하는 작품은 어린이들이 금방 알아채고 자발적으로 읽으려 하지 않는다. 동생을 시기 질투하는 어린이, 그러나 한편으로 죄책감을 지니고 있는 어린이에게 임정자의 『내 동생 싸게 팔아요』는 매우 적절한 작품이다. 5세부터 7세 사이의 어린이들은 동생에게 이중적인 마음을 가지고 있다. 이 작품의 주인공은 이 시기 어린이들의 내면을 아주 정확하게 포착하여 재미있는 이야기로 들려주고 있다.

2) 작품중심 문학 수업 방법

작품중심 수업에서 가장 중요한 것은 작품 자체이다. 즉 문장, 스토리, 캐릭터 등 문학의 요소를 분절하여 이 요소를 가르치기 위해 작품을 공부하는 것이 아니라, 그 작품을 읽고 이해하기 위하여 필요한 문학 요소를 교수 학습해야 한다는 것이다. 예컨대, 엘윈 브룩스 화이트의 『샬롯의 거미줄』을 작품중심 문학수업의 교재로 선정하였다면, 교사는 먼저 학생들이 이 작품을 읽고 꼭 경험해야 할 것들이 무엇인가를 고민해야 한다. 즉 이 작품의 문학적 아름다움과 감동, 깊이 생각해보아야 할 삶의 문제가 무엇인지 생각해 보아야 한다. 꼬마 돼지 윌버와 거미 샬롯의 감동적인 우정, 펀의 성장과 동시에 이루어지는 초자연적인 세계와의 이별, 윌버가 점차 받아들이는 삶과 죽음 등과 같은 작품의 주제나, 리듬과 압운을 활용한 말장난 등 이 작품의 가장 뛰어난 요소들을 미리 생각해 두고 이런 것들을 어떤 방법으로 학생들이 맛 보게 할 것인지 고민해야 한다는 것이다. 중요한 것은 이런 모든 교수 학습 요소들이 해당 작품 자체에서 추출되어야 한다.

그러나 이런 모든 활동이 교육과정과 무관하게 펼쳐지는 것은 아니다. 교육과정의 성취기준을 살펴보고 해당 학년에서 가르쳐야 할 성취기준들을 고려하여 그 성취기준과 긴밀하게 관련되는 작품을 골라야 한다. 그런데, 해당 작품이 교육과정의 성취기준을 만족시켜줄 만한 작품인지 염려할 필요는 별로 없다. 좋은 문학 작품은 웬만한 성취기준은 모두 들어 있을 수밖에 없기 때문이다. 예컨대 인물의 성격을 파악하는 공부를 한다고 했을 때 좋은 소설(동화)은 개성적인 인물이 반드시 들어 있고, 그 소설을 제대로 읽기 위해서는 인물 성격 파악은 필수적인 활동이다. 그러므로 훌륭한 작품을 흥미와 감동을 느끼며 읽고 감상하다보면 문학 요소에 대한 공부는 저절로 달성될 수 있게 된다.

가) 읽기 과정별 작품중심 문학수업의 활동

작품중심 문학교육은 문학 작품 한 편을 선정하여 해당 작품을 읽어가면서 문학적 아름다움과 감동을 충분히 느끼는 가운데, 문학 능력을 기르는 교수 학습 방식이다. 여기서는 작품중심 문학교육의 절차를 읽기 전, 읽는 중, 읽기 후의 단계로 나누어, 각 단계에서 할 수 있는 활동을 구체적으로 제시해 보았다. 아래 제시하는 읽기 전, 중, 후 활동은 '과정 중심 읽기'라 하여 읽기 교육에서 이미 폭넓게 활용되고 있는 전략들이다. 하지만 문학 교육 방법으로는 활용되고 있지 않아 구체적인 방법 및 활동의 장점과 효과에 대해 자세히 안내하고자 한다. 여기서는 독해 중심의 활동이 아니라 문학 능력 신장을 위한 교수 학습 방법에 초점을 맞추었다. 아래 활동들은 학생들이 자발적이고 능동적으로 참여할 때 문학적 사고력과 창의력이 신장될 수 있음을 유의해야 한다.

(1) 읽기 전 활동

읽기 전 활동은 문학 작품에 대한 흥미를 유발하고, 작품을 잘 이해하기 위하여 배경지식을 형성, 활성화하는 활동이 주를 이룬다. 작가나 화가에 대해서도 조사하여 발표하게 하고, 해당 작품이 문학상을 수상하였을 때 그 상의 성격을 조사하거나, 그 책의 출판사에 대해서 조사하게 하면 이후의 상호텍스트적인 독서 활동에 도움이 된다.

(가) 동기유발하기

① 책의 표지그림과 제목 등 책의 매력적인 부분 보여주며 흥미 유발하기

② 이야기의 앞부분을 읽어주기

(나) 배경 지식 형성 및 활성화

작품을 효과적으로 이해, 감상하게 하기 위해 필요한 배경 지식을 가르쳐주고, 이미 형성된 배경 지식을 상기시켜주는 활동이다.

① 텍스트와 관련된 경험을 상기시키기

예 오카 슈조의 『우리 누나』는 장애를 가진 누나와 동생의 우애를 그린 동화이다. 이 작품을 읽기 전에 '장애'와 관련된 단어를 떠올리게 하고, 장애인과 관련된 경험을 발표하게 한다.

② 작가에 대해 알아보기

예 오카 슈조의 『우리 누나』를 공부하기에 앞서서 작가의 생애와 작품세계에 대해 탐구한다.

- 작가의 생애와 작품세계를 조사하여 모둠원에게 가르쳐준다.
- 작가탐구를 통한 정보를 정리하여 나만의 문장으로 서술한다.

③ 텍스트에 대한 지식을 제공하고, 어려운 낱말과 개념 미리 가르치기

책을 읽기 전에 독해에 도움이 될 만한 지식을 조사하게 하고, 낱말이나 개념을 미리 가르쳐준다.

예 '다운증후군'이 무엇인지 검색하여 봅시다.

④ 미리 질문하여 예측하고 읽기 방향을 설정하기

작품의 제목과 표지 그림 등을 보고, 이 작품에서 펼쳐질 사건에 대해 이야기를 나누어보게 한다.

(2) 읽기 중 활동

독해 과정이 시작되는 지점이다. 사건의 흐름을 연결 짓고 머릿속에 장면을 떠올리기도 하며, 인물의 마음을 이해, 공감하며 읽는 과정이다. 이 단계에서는 독자 나름대로 의미를 구성하면서 이야기를 자유롭고 깊이 있게 읽을 수 있도록 교사가 격려한다.

이 단계에서의 활동은 읽기 후 활동의 준비 과정에도 해당하기 때문에 독후 활동과 효과적으로 연계되어야 한다.

① 내용 파악하며 읽기

교사가 책을 읽어주거나 각자 책을 읽는다. 학년 단계에 따라 소리 내어 읽거나 조용히 내용을 파악하며 읽는다. 이 단계에서는 책에 흥미를 느끼고 작품의 기본적인 내용을 파악하면서 읽게 된다. 교사는 책을 읽는 중간중간 발문을 통해 내용 파악을 도와줄 수 있다.

② 예측하며 읽기

교사가 읽어줄 때에 읽다가 멈추고 사건이 어떻게 전개될지 질문한다. 예컨대, 가장 극적인 장면에서 멈추고 사건이 어떻게 전개될지 질문하거나, 결말 부분에서 사건이 어떻게 마무리될 것인지 질문한다. 학생들이 각자 조용히 읽을 때도 마음속으로 이런 과정을 거치면서 읽도록 지도한다.

③ **추측하며 읽기**

작가가 작품에 명시적으로 드러내지 않은 부분을 추측하며 읽도록 지도한다. 이른바 행간 읽기라 할 수 있는데, 작가의 의도 추측하기, 인물의 마음 추측하기 등의 활동을 할 수 있다.

④ **비판하며 읽기**

주로 인물의 마음이나 행동을 비판하며 읽게 되지만 때로는 작가의 의도를 비판적으로 읽을 수 있다. 초등학생 수준에서는 인물의 행동 비판하기에 초점을 맞추어 읽도록 지도한다.

(3) 읽기 후 활동

작품을 다 읽은 후의 과정은 작품 이해와 감상, 토의, 글쓰기 등 문학 능력 신장을 위한 중요한 활동을 다양하고 풍부하게 할 수 있는 단계이다. 내용을 파악하는 기초적인 활동부터 시작하여 자신의 생각을 공유하는 심화 활동으로 나아가도록 한다. 여기서는 설명이 불필요한 부분은 활동만 제시하고 주요한 활동은 설명과 예시를 덧붙였다.

① **내용 파악하기**

사건의 순서를 정리하거나 인물의 말과 행동 등을 되짚어 보는 활동이다. 주제 파악이나 토의 활동 같은 후속 활동을 위한 예비 활동의 의미를 갖는다. 토의 활동이나 주제 파악에 필수적인 사건과 인물의 행동을 다음 예시와 같이 정리해볼 필요가 있다.

예 •『불량한 자전거 여행』의 삽화를 보고 사건을 순서대로 정리하여 봅시다.

② **가장 인상적인 부분 발표하기**

독자의 경험, 신념, 가치관 등에 따라 특별히 감동적인 부분과 의미 깊은 부분이 다를 수 있다. 정말로 좋은 부분과 정말로 싫은 부분을 발표하게 한다. 가장 재미있었던 장면, 놀라웠던 장면, 슬펐던 장면 등을 발표하면서 이유도 설명한다. 외워두고 싶은 문장이나 공책에 옮겨 써

두고 싶은 문장을 발표하게 하는 활동도 있다.

예 • 『생쥐와 고래』에서 최고의 문장을 뽑고, 뽑은 문장과 그 이유를 함께 발표해 봅시다.
• 감동적인 장면 나눠보기(기억에 남는 장면을 하나씩 말하고 그때 인물의 마음을 짐작해봅시다).

③ 작품을 학생들의 삶과 관련짓기

문학 독서와 문학 수업은 학생들의 문학적 체험이 현실과 연관을 맺을 때 의미가 있다. 수업 이후에도 문학 작품은 학생들의 삶에 잠재적으로 또 장기간에 걸쳐서 영향을 준다. 반드시 학생들이 자발적이고 능동적으로 독서해야 이런 내면화 과정을 밀도 있게 할 수 있다. 문학 작품을 학생들의 삶과 연관시키고 자신의 삶을 성찰하게 하기 위해, 이야기를 읽고 나서 떠오르는 책이나 영화 속 사건, 인물을 발표하게 한다. 또한 학생들이 살아오면서 겪었던 일이나 만났던 사람을 이야기와 연결시켜 생각해보도록 한다.

예 『노란 양동이』를 읽고
• 여우에게 노란 양동이가 소중한 것처럼 나에게 소중한 것은 무엇인지 생각해 봅시다.
• 어느 날, 나의 보물이 사라진다면 어떤 심정일까 이야기해봅시다.

④ 질문하며 의견 나누기

이해가 안 되는 장면이나 더 분명하게 이해하고 싶은 부분에 대해 질문한다. 그 질문에 대해 학생들이 같이 생각해 보고 자신의 생각을 발표한다. 교사도 질문자의 한 사람으로 참여하여 명료하게 이해해야 할 부분을 질문해 본다.

예 『무기팔지 마세요』를 읽고
• 이 책에서 등장하는 장난감 총은 우리 생활을 위협하는 존재인가요?
• 이와 비슷하게 우리 생활에서 평화를 위협하는 것에는 어떤 것들이 있을까요?

⑤ 주제 파악하기

책을 읽으면서 문학 작품의 전체적인 메시지나 작가 입장에서 독자에게 생각해보기를 요구하는 것이 무엇인지 생각해보게 한다. 그 작품에서 작가가 말하고자 하는 주제가 무엇인지 자신의 언어로 말해보게 하고, 그 이유도 말하게 한다. 문학 작품의 메시지나 주제는 독자의 경험과 가치관, 관점 등에 따라 차이가 있을 수 있음을 가르쳐주면서 그런 차이에 대해서 열린 마음을 가지고 생각해 보도록 한다.

⑥ 작품에 대해 토의하기

문학 토의는 다양한 목적으로 실행할 수 있다. 작품에 대한 이해가 부족했을 때는 그 부분에 대해 서로 질문하고 이야기를 나누게 할 수도 있다. 작품에 대한 해석이 엇갈릴 때, 혹은 주제를 파악하는 과정에서 다양한 의견이 제시될 때 의견을 서로 나누어 볼 수 있다. 이러한 과정에서 잘못 이해·해석한 부분이 걸러지기도 하고, 모호했던 해석이 정교해지기도 한다.

또, 작품의 특정한 부분, 특정한 메시지를 현실의 국면과 관련지을 수도 있다. 문학 토의는 작품에 대한 이해를 심화하고, 감동을 더 풍부하게 하며, 문학과 삶을 관련지으면서 우리 삶에 대해 성찰하게 한다. 이런 활동을 할 때는 작품의 사건이나 메시지 중 하나를 골라 찬반 토론을 할 수도 있다. 토의의 주제는 교사가 제시해 줄 수도 있지만, 학생들이 작품에 대해 이야기를 나누는 가운데 자연스럽게 도출될 수도 있다. 토의가 끝나면 토의 결과를 공유하면서 생각이 바뀐 점 등을 이야기하면 좋다.

예 『봉주르, 뚜르』를 읽고

- 모둠별로 개인이 쓴 토론주제를 근거와 이유를 들어 발표해 보고, 토론 주제를 정해봅시다.
  - 봉주에게 사실을 말한 토시의 행동에 대해 어떻게 생각하는가?
  - 봉주와 토시의 관계를 볼 때 분단보다 더 중요한 것은 무엇일까?
- 모둠별 토론한 내용을 정리하여 발표해 봅시다.

⑦ **독후감 쓰기**

학생들이 독후감 쓰기를 부담스러워하는 이유는 작품에 대한 생각이 충분히 무르익지 않았기 때문이다. 즉 독후감에 쓸 내용이 아직 생성되지 않았기 때문이다. 앞 단계의 문학 토의하기가 충분히 이루어지면 어떤 내용으로 글을 쓸 것인지를 알게 되므로 글쓰기가 훨씬 쉬워진다. 독후감을 쓸 때는 책의 전반적인 내용에 대해 써도 좋고, 책의 특정한 부분을 깊이 있게 쓰게 할 수도 있다.

⑧ **이야기 방식 또는 관점에 대해 비판적으로 평가하기**

독자는 작가에 대해 항상 낮은 지위에 있는 것은 아니다. 때로는 작가와 대등한 위치에서 작품에 대해 비판적으로 평가하게 하는 경험도 필요하다. "내가 작가라면 이 부분은 이렇게 썼을 것 같다." 라거나, "작가가 쓴 이런 부분은 이런 점에서 탁월하다"라는 평가는 초보적인 비평 활동에 해당한다.

⑨ **상호텍스트 활동하기**

하나의 작품을 다른 작품과 관련짓는 활동은 작품 이해의 폭을 확장하고, 문학과 삶을 관련짓기 위해 꼭 필요하다. 영화나 만화 같은 다른 장르와도 관련지어 생각하게 하는 활동은 문학 교육의 목적 가운데 하나인 '삶의 총체적 이해'와 관련된다. 다른 작품과 관련짓는 활동은 이야기의 구조가 비슷한 작품을 찾아 발표하기, 주제가 비슷한 작품 찾아보기, 작가의 다른 작품에 대해 이야기하기, 시대 배경이 비슷한 작품 찾아보기 등이 있다.

예 『아기돼지 삼형제』를 읽고

- 『아기돼지 삼형제』에 관한 다양한 패러디 동화를 살펴봅시다.
- 서로 다른 돼지이야기를 비교하여 다음의 표를 정리하여 봅시다.

작가와 작품	달라진 점	재미있는 점
아기돼지 세 마리(데이비드위즈너)	용과 다른 동물도 등장	이야기 밖으로 돼지가 날아다님
아기 늑대 세 마리와 못된 돼지 (헬린 옥스버리)	돼지와 늑대의 역할이 바뀜	돼지가 매우 난폭함 망치, 전동 드릴, 다이나마이트로 집을 부수는 점 부드러운 꽃향기에는 못된 돼지도 마음이 착해짐
아기 돼지 세 자매 (프레데릭 스테르)	형제가 아니고 자매 늑대가 돼지, 돼지가 늑대 가면을 씀	늑대 가면을 쓴 셋째 돼지가 늑대를 꽁꽁 묶어서 잡는 점
늑대가 들려주는 아기 돼지 삼형제 이야기 (존 세스카)	늑대가 돼지에게 설탕을 빌리러 갔는데 재치기가 나서 집이 무너지고 돼지가 기절함	나쁘게만 이야기되는 늑대의 입장에서 억울하다고 변호함

⑩ 창작 경험으로 확장하기

뒷이야기 이어쓰기, 시공간적 배경을 바꾸어 새로 써보기 등은 현장에서 많이 사용되는 방법이다. 이런 방법은 문학 수업에서 읽은 작품을 바탕으로 행해지는 방법인데, 여기서 한 발 더 나아가 순수한 창작을 쓰게 할 수도 있다. 자신의 체험 가운데 잊혀지지 않는 사건을 소설적으로 구성하게 한다든지, 현실에서 꼭 이루어지길 소망하는 사건을 허구적으로 구성하게 하는 작업은 초등학교 고학년 수준에서도 가능하다. 창작의 결과물은 친구들과 돌려 읽고 감상을 발표하며 필자에게 조언을 할 수 있다.

예 『콩쥐 팥쥐』를 읽고

- 『콩쥐 팥쥐』와 비슷한 동화(예시: 신데렐라)를 살펴봅시다.
- 이야기가 달라진 부분을 찾아 발표해봅시다.
- 달라진 이야기에서 재미있는 점을 찾아 발표해봅시다.
- 주인공의 역할이나 장면을 바꾸어서 상상하여 이야기를 쓰고 발표해봅시다.

2. 문학작품 중심 교과통합수업, 왜? 어떻게?*

가. 창의융합인재? 교과 통합으로 해보자

창의 융합 인재, 참 막막한 표현이다. 2015교육과정에서는 미래 사회를 살아갈 인재의 상을 창의융합형 인재로 규정하였다. 우리 교육의 방향은 새로운 문제 상황에 창의적으로 대처하고 자기주도적으로 행동할 수 있는 능력을 갖추는 것임을 분명히 한 것이다. 그래서 모든 학교에서 창의적 인재 육성 방안을 고민하고 있지만 이것 아니라도 너무나 바쁜 우리 교실에서 교사가 효과적인 수업 방안을 마련하기란 너무나 어렵다. 바로 이 지점에서 재미있는 동화를 활용한 교과 통합 수업은 빛을 발한다.

교육과정을 통합하는 교육 활동의 효과에 대해서는 이미 많은 학자들이 공감을 표한 바 있다.

첫째, 통합적인 교육활동은 학생들이 학교를 졸업한 후 직업의 현장에서 직면할 문제 사태를 해결하는 데 아주 요긴하다. 전통적인 방식으로 구분된 교과에서 배운 지식은 실제 상황에서 통합적으로 적용하기가 어렵고 오히려 방해가 되는 경우도 있다. 따라서 학교 교육에서부터 실제 상황을 전제하고 문제를 해결하는 과정에서 교과를 가로지르는 지식을 배우고 경험을 해보도록 해야 한다는 것이다.

둘째, 교과 통합 활동에서는 교사와 학생이 함께 주제를 정하고 학습계획을 세우며 공동으로 프로젝트를 수행해야하기 때문에 서로 협동을 해야 하며 작업 과정에서 원활한 의사소통이 필요하다. 학생들은 교과 통합 프로젝트를 수행하는 과정에서 자기도 모르는 사이에 협동의 효율

---

* 이 글은, 권혁준의 논문 〈문학작품 중심 교과통합 수업의 의의와 방법〉(미발표)을 요약 재구성하였음.

성을 깨닫고 의사소통의 방법을 익힐 수 있다.

셋째, 학생들은 여러 교과 영역에서 배운 지식과 기능이 어떤 상황에서 쓸모가 있는지를 알게 된다. 즉 각 교과 영역에서 그 지식을 왜 배워야 하는지를 알게 되어 학습의 동기를 높여줄 수 있다.

넷째, 여러 교과를 융합 학습하는 과정에서 고차원적인 사고력이 신장된다. 특히 다양한 영역의 활동이 융합되는 과정에서 저절로 다중지능이 활용된다.

초등학교 교육과정에서 효과적으로 교과를 통합 적용하기 위해서는 초등학생들의 발달 특성 및 관심의 범위, 실제 생활 등을 고려하여 주제를 설정하고 다양한 교과와 영역의 지식과 기능을 통합해야 한다.

나. 문학작품중심 통합수업, 융합형 인재를 기른다.

국어과는 다른 교과나 비교과 활동과 범교과적으로 관련된다. 읽기나 말하기 듣기, 쓰기의 활동 자료는 모든 교과의 내용이 활용된다. 그 중에서도 문학 영역의 언어자료는 융합형 인재 양성과 가장 긴밀한 텍스트이다. 특히 동화는 공감적 이해와 심미적 감성 교육을 위해 또 의사소통 교육을 하는 데 아주 효과적이다. 동화에는 인간 삶의 모든 국면이 녹아들어 있기 때문에 어떤 교과와도 겹치는 부분이 있게 마련이다. 융합과 통합의 매개체로 이보다 훌륭한 자료는 없다. 문학 작품은 교훈과 감동으로 삶의 올바른 방향을 제시하기도 하고, 가족과의 갈등과 사랑, 친구 간의 우정과 같은 윤리 문제, 다른 나라와의 갈등, 빈부 등과 같은 사회 문제를 주제로 하기 때문에 도덕과나 사회과와 통합 교육을 할 경우 시너지 효과가 크다. 또, 공해나 자연 재해 같은 자연과학과 관련되는 문제, 예술가들의 고뇌와 욕망 같은 주제는 과학과, 음악과, 미술과 등 모든 교과와 관련성을 지니고 있다. 문학작품은 아동들의 전인적 성장을 도울 수 있기 때문에 교과 통합의 연결고리로 아주 적합하다.

문학작품 중심의 교과 통합 학습의 장점을 보다 자세히 알아보자.

첫째, 문학작품 중심 교과통합 학습에서는 주로 그림책이나 동화, 소설 같은 서사물(이야기)이 대상이 되는데, 이야기는 일단 재미가 있어서 아동의 흥미를 끌 수 있다. 특히 동화는 어린이의 욕구와 생활이 들어있어서, 책을 읽는 어린이들은 주인공의 문제를 자신의 이야기처럼 공감할 수 있다.

둘째, 문학 작품 속에는 인간의 다양한 삶이 녹아 있기 때문에 어떤 교과와도 연결고리가 있어서 교과통합의 중심이 될 수 있다. 인간의 삶 속에서 일어나는 사건은 어느 특정 교과와만 관련되는 것이 아니다. 전봉준이 주동이 된 농민들의 봉기는 어느 교과에서 다루어야 하는가? 역사학? 사회학? 윤리학? 인간의 삶을 다루는 인문학의 본질적인 내용은 모든 문학 작품에 스며들어 있다.

셋째, 동화를 읽고 이야기를 나누다 보면 미래 사회가 요구하는 핵심역량이 저절로 길러질 수 있다. 미래 사회가 요구하는 인간형이 융합적 지식인, 통합적 통찰력을 지닌 인간이라 하는데, 동화는 바로 이런 인간을 길러내는 데 가장 적합한 교육도구라 할 수 있다.

다. 문학작품 중심 교과통합수업 어떻게 할 것인가

1) 교과통합 수업의 유형과 방법

교과통합을 연구한 대표적인 학자인 포가티(R.Forgarty)는 교과통합의 유형을 교과 내, 교과 간, 학습자 내부의 세 가지 관점으로 나눈 뒤, 교과 내 통합의 유형은 분절형, 연관형, 동심원형으로, 교과 간 통합의 유형으로는 연속형, 공유형, 거미줄형, 실로 꿰어진 모형, 통합형으로 나누

었다. 그리고 학습자 내부 통합 유형으로는 몰입형과 네트워크형으로 나누었다.[2]

포가티의 교과 간 통합의 방법 가운데, 문학작품 중심 교과통합 수업과 관련 있는 관점은 거미줄형이다. 거미줄형은 하나의 주제를 중심으로 여러 교과를 통합하는 방법이다. 문학작품에는 중심 주제나 화제가 있고, 이를 중심으로 다양한 교과의 학습 내용들을 관련지으며 수업을 할 수 있으므로, "주제중심 통합교과"와도 상통하는 면이 있다.

"주제중심 통합교과"는 위에서 제시한 통합교육의 여러 방식 가운데 가장 널리 활용되는 수업 모형이다. 이 방식은 "프로젝트 학습"이라고도 널리 알려져 있다. 문학작품 중심의 교과통합수업은 주제학습과 유사한 점이 많다. 주제학습이 아동의 흥미와 요구에 알맞은 주제를 중심으로 여러 교과를 통합한 것이라면, 문학작품 중심교과 통합학습은 문학작품의 중요한 주제나 화제를 중심으로 여러 교과를 통합하는 것이기 때문이다. 교과통합의 방법이 유사하기 때문에 문학작품 중심 통합학습은 주제중심 통합학습이 지니는 장점은 거의 일치한다. 실제상황에서 의미 있는 학습을 할 수 있다는 것, 협동정신과 의사소통 방법을 배울 수 있다는 것, 여러 교과에서 배운 지식과 기능을 적용할 수 있는 것, 고차원적인 사고력을 자극한다는 것 등은 모두 주제중심 통합 학습과 문학작품 중심 교과통합 학습의 공통적인 특징이다.

2) 문학작품 중심 교과통합 수업 프로그램 설계와 실행

문학작품 중심 교과통합 수업의 구성은 포가티의 '거미줄형의 수업'이

2 Forgaty, R(1991) The Minful School:How to Integrate the Curricula, Illnois: Skylight Publishing, Inc. 구자억 구원희 역(1998)『교사를 위한 교육과정 통합의 방법』, (원미사)

나 '주제통합 수업'(프로젝트 수업) 등과 크게 다르지 않다. '거미줄형 수업'을 예를 들면, '서커스'와 같은 하나의 주제를 제시하고 그것을 여러 교과 영역에 연결시킨다. '갈등'과 같은 개념적인 주제를 여러 교과의 학습 요소와 더 깊이 있게 조직할 수도 있다.[3] 또 주제 통합 학습(프로젝트 학습)도 실생활이나 학생의 흥미를 바탕으로 주제를 선정한 후 다양한 교과의 학습 내용을 통합하는 학습 방법이다. 문학작품 중심 교과 통합 학습도 방법적인 측면에서는 위의 두 방식과 유사하다. 앞의 수업 방식과 다른 점은 여러 교과를 통합하는 역할을 문학 작품이 담당한다는 점이다.

문학작품 중심 교과통합 수업 과정을 살펴보자면, 먼저 작품을 선정하고, 그 작품과 통합할 수 있는 교과를 선정한 다음, 각 교과에서 작품과 관련 있는 학습 내용을 선정하여 교수-학습 과정안(수업 프로그램)을 작성한다. 다음에는 수업 프로그램에 따라 수업을 실시하고 평가를 진행한다. 이 과정은 크게 보면 준비 단계(적절한 문학 작품을 선정하고 교수학습 과정안을 설계하는 단계)–실행 단계(학생들에게 문학 작품을 읽히고 교수-학습 과정안에 따라 수업을 전개하는 단계)–평가 단계(수업 중 평가, 혹은 수업 후 평가)로 이루어진다. 각 세부 단계를 자세히 살펴보자.

3) 문학작품 중심 교과통합 수업의 절차

가) 준비 단계 – 작품 선정과 수업 설계

(1) 작품 선정

문학작품 중심 교과통합 수업에서 가장 중요하고 어려운 일이 작품을 선정하는 일이다. 어떤 작품을 선정하느냐에 따라 수업의 성패가 달려 있다고 말할 수 있을 정도로 중요하기 때문에 아주 신중하게 작품을 선정해야 한다. 작품 선정 시 가장 유의할 점은 스토리가 탄탄하여 어린이

3 유한구 외(1998), 『통합교과 교육론』, 교육과학사, 81쪽.

들의 흥미를 끌 수 있으며 감동을 줄 수 있는 책을 골라야 한다. 또 문학성이 탁월한 작품, 즉 문장이 유려하고, 인물의 성격이나 배경 묘사가 생생하고 비유가 탁월한 작품 등을 골라야 한다. 내용면에서는 인생의 다양한 가치와 인생에 대한 통찰력을 담고 있으며, 인생이나 사회 현실에 대한 문제의식을 지니고 있는 작품을 선정하는 것이 좋다. 이런 작품은 독자의 사고를 자극하므로 독후 활동을 할 때 풍부한 토론 거리를 제공할 수 있고, 독후감을 쓸 때도 다양한 관점에서 독자의 주관적 견해를 제시할 수 있다.

또, 학년 발달 단계에 적합한 책을 골라야 한다. 작품의 길이, 글과 그림의 분량, 어휘의 난이도 같은 형식적인 적합성은 물론 어린이의 정서나 사회성 발달과 같은 심리적 적합성도 고려해야 한다.

문학작품 중심 교과통합 수업이 원활하게 진행되기 위해서는 다양한 교과와 통합될 수 있는 가능성이 큰 작품을 선정하는 것이 좋다. 일반적으로 사회 현실을 반영하는 내용이나 인생의 다양한 측면에 대한 문제를 다룬 책, 즉 부모나 형제간의 갈등이나 성장, 죽음 등의 문제를 통찰할 수 있는 작품, 우리나라의 역사를 다른 역사동화 등은 다양한 교과와의 접점이 크므로 통합하기가 수월하다. 예를 들면, 배유안의 『초정리 편지』는 국어과, 사회과, 미술과 등과 통합할 수 있는 접점이 많은 작품이다. 세종대왕이 훈민정음을 창제하기 위해 고심하는 과정에서 있었을 법한 사건을 상상하여 쓴 이야기로, 세종은 눈병을 치료하러 갓과 두루마기 차림으로 초정리에 갔다가 석수장이 아들 장운이를 만나 한글을 가르쳐주면서, 한글의 실용성을 시험해본다. 장운과 누이가 이 글자로 편지를 주고받는 것을 보고, 세종은 한글의 편리함과 우수성을 확인한다. 장운은 궁궐에 공사하러 갔다가 그 할아버지가 임금님이었음을 알고 감격한다. 이 작품은 한글의 창제과정과 우리 한글의 우수성을 학습하는 국어과의 내용, 작품의 시대적 배경이 되는 조선 전기의 신분제 사회와 세종대왕의 업적 등을 공부하는 사회과 내용과 연계될 수 있다. 또

이 책에는 주인공들이 주고받는 편지가 판본체로 인쇄되어 있는데 이것은 미술 수업의 한글 고체를 판본체로 써보는 수업과 통합될 수 있다.

(2) 주제 선정

문학작품의 내용에 근거하여 통합 수업의 중심으로 어울리는 주제를 선정한다. 통합 주제는 작품의 주제가 될 수도 있고 중심 화제가 될 수도 있다. 장편동화의 경우 읽는 관점에 따라 주제는 다양하게 말할 수 있고, 중심 화제도 몇 가지로 말할 수 있다. 예컨대 황선미의 『마당을 나온 암탉』에서는 잎싹이 알을 부화하여 초록머리를 기르는 과정에 주목하면 모성애를 주제라고 할 수도 있고, 잎싹이 초록머리를 살려내고 자신이 족제비의 먹이가 되는 장면을 중심으로 읽으면 생명의 순환, 혹은 생명에의 외경으로 읽을 수 있으며, 잎싹이 마당을 나와 채소밭으로 가고 다시 저수지로 나아가는 장면, 또 초록머리가 잎싹의 곁을 떠나 청둥오리떼와 먼 여행을 떠나는 장면에 주목하여 읽으면 자아실현의 의미를 찾아낼 수 있다. 이런 여러 가지 주제 가운데 어떤 주제를 통합의 연결 고리로 선택할 것인가는 통합할 교과와 내용에 달려있다. 그러므로 이 단계에서는 일단 문학 작품의 주제와 중심 화제 몇 가지를 메모해두고 다른 교과의 성취기준 또는 교과서의 단원 내용들을 훑어보면서 연결고리가 될 만한 주제를 결정하는 것이 좋다.

(3) 통합할 교과와 내용 결정

이 단계에서는 통합할 교과들을 선정하고 해당 교과 중에서 어떤 내용을 통합할 것인가를 결정한다. 교육과정의 성취 기준과 교과서의 단원을 훑어보면서, 앞 단계에서 메모한 문학 작품의 주제나 중심화제와 관련이 있는 학습 요소를 포함하고 있는 교과와 성취 기준, 교과서의 단원 등을 골라낸다.

배유안의 『초정리 편지』(창비)는 세종대왕의 한글 창제와 그로 인해 있었을 법한 이야기를 재미있게 상상하여 쓴 이야기이다. 이 글을 읽으며 우리 한글의 우수성에 대해 생각해볼 수 있으며, 초창기 훈민정음과 오늘날 한글체계에 대한 차이점도 살펴보며 현재 한글의 무분별한 단축어 사용, 잘못된 맞춤법, 외래어의 차용, 남용 등을 되돌아보며 우리의 한글 사용을 반성해 볼 수 있을 것이다.

이 작품의 길이나 이야기의 수준을 고려하면 6학년 정도가 적당하므로 6학년에서 관련교과와 단원, 단원의 목표를 찾아보면 다음과 같다.

국어

- [6국02-03] 글을 읽고 글쓴이가 말하고자 하는 주장이나 주제를 파악한다.
- [6국04-06] 일상생활에서 국어를 바르게 사용하는 태도를 지닌다.
- [6국05-02] 작품 속 세계와 현실 세계를 비교하며 작품을 감상한다.
- [6국05-03] 비유적 표현의 특성과 효과를 살려 생각과 느낌을 다양하게 표현한다.

사회

- [6사03-05] 조선을 세우거나 문화 발전에 기여한 인물(이성계, 세종대왕, 신사임당 등)의 업적을 통해 조선 전기 정치와 민족문화의 발전상을 탐색한다.

도덕

- [6도03-02] 공정함의 의미와 공정한 사회의 필요성을 이해하고, 일상생활에서 공정하게 생활하려는 실천 의지를 기른다.

미술

- [6미03-01] 우리나라 전통 미술의 특징을 현대 미술과 비교할 수 있다.

국어 교과에서는 글쓴이가 말하고자 하는 주장이나 주제를 파악하고, 비유적 표현의 특성과 효과를 살려 표현하는 공부를 하며, 사회과에서는 조선의 문화발전에 기여한 인물의 업적을 통해 조선 전기 정치와 민족문화의 발전상을 탐색하는 단원을 통합하여 수업할 수 있다. 그리고, 도덕과에서는 공정한 사회의 필요성을 배우고, 미술과에서는 전통미술의 특징을 공부하는 수업과 연계할 수 있다. 『초정리 편지』에는, 등장인물들이 주고받는 편지가 훈민정음 해례본에 쓰인 글자체로 인쇄되어 있는데, 이는 미술 교과의 판본체 쓰기와 관련지을 수 있기 때문이다.

(4) 개념망 구성(마인드맵 그리기)

선정된 핵심 주제를 중심으로 통합할 교과와 학습할 내용을 마인드맵의 형태로 구성한다. 마인드맵으로 그려보면 작품 중심 통합 수업의 모습이 한 눈에 보이게 된다. 중심 주제를 가운데에 위치시킨 다음 통합할 주요 활동을 방사선의 형태로 그려 넣는다. 이 때 통합 수업의 전체적인 소요 시간과 활동별 소요되는 차시도 계획한다. 전체적으로 고학년은 8~10차시, 중학년은 6~8차시, 저학년은 4~6차시 정도가 적당하다.

앞에서 설명한 『초정리 편지』를 중심으로 국어과, 과학과, 미술과, 도덕과 등과 통합한 수업의 마인드맵을 그려보면 다음과 같다.

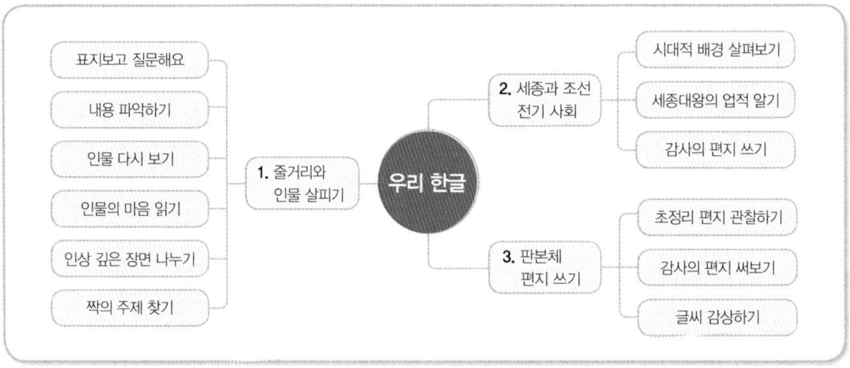

(5) 학습 활동 구안 및 핵심 질문 개발

문학작품 중심 교과통합 수업에서 가장 중요한 단계이다. 문학작품의 가장 중요한 주제나 화제를 다른 교과의 지식 요소나 기능, 태도 요소 등과 결합하여 차시를 구성한다. 전체 수업 중 앞 차시는 작품의 줄거리나 사건의 흐름 파악, 가장 인상 깊은 장면에 대한 이야기 나누기, 인물의 성격이나 주제에 대한 이야기 등 국어과의 읽기 활동이나 문학 감상 수업이 중심이 된다. 이후에 사회과나 과학과, 도덕과, 음악과 등 관련 교과와 통합 활동을 하는데, 이때 어떤 활동을 하고 어떤 발문을 하는가가 중요하다. 하나의 활동이 어떤 특정 교과의 지식 요소와 결합되기도 하지만 더 바람직한 형태는 하나의 활동 안에 여러 교과의 내용이 녹아들어 있어 그 활동이 어떤 교과의 내용을 공부하는지 분명하지 않은 것이다. 이것이 진정한 교과 통합의 형태이다. 우리의 삶이나 직업 세계에서 하는 일이 어떤 교과에서 배운 지식인지 분명히 말할 수 있는 때는 거의 없다. 우리 인생에서 벌어지는 활동이나 업무에서 처리해야 할 상황은 보통 복잡하고 다양한 지식과 기능이 결합된 것이다. 그러므로 학교에서 수업을 할 때에도 인위적으로 교과별로 제시하는 상황이 아니라 실제의 상황에서 일어나는 활동으로 수업을 해야만 학생들에게 유의미한 공부가 될 수 있다.

학습활동을 구안할 때는 작품에 대해 이야기 나누기(토의), 작품의 해석이나 인물의 평가와 같이 쟁점이 될 만한 주제에 대해 토론하기 등과 같은 공동 사고가 필요한 활동을 많이 제시하는 것이 좋다. 즉 학생이 주체적으로 활동을 하고 문제를 해결할 수 있는 활동을 많이 제시한다.

나) 실행 단계

앞에서 준비된 수업 설계를 바탕으로 수업을 실행하는 과정에서 교사가 해야 할 일을 정리해 보았다.

(1) 작품 읽기

통합 수업은 작품 읽기로 시작된다. 교사가 선정한 작품을 학급 구성원이 모두 같이 읽어야 한다. 저학년의 경우는 작품이 짧고 간단하므로 교사가 직접 읽어주어도 좋다. 그림책은 그림까지 보여주며 천천히 읽어준다. 고학년이 읽어야 할 작품은 이야기 줄거리도 길고 복잡하므로 짧은 시간에 교사가 읽어주기는 어렵다. 학급 구성원이 모두 같은 책을 준비한 다음 교사와 함께 읽기 시작한다. 장편동화(소설)의 경우 교사는 학생들과 함께 작품의 앞부분을 같이 읽으면서 읽는 방법을 안내하고 뒷부분을 과제로 제시한다. 앞부분을 같이 읽을 때, 인상 깊은 구절은 밑줄을 긋기, 공책에 메모하며 읽기, 뒷부분에 어떤 사건이 일어날지 예측하며 읽기, 어려운 단어는 문맥으로 유추하여 뜻을 짐작해보고 짐작하기 어려운 단어는 사전을 찾아보기 등 읽기 전 활동으로 작품을 읽는 방법을 안내하고 뒷부분은 학생 스스로 읽도록 과제로 제시한다.

(2) 수업 실행

처음에는 앞 단계에서 작성한 개념 망(마인드맵)을 학생들에게 제시하고 이 통합 수업이 어떤 교과를 통합한 것인지, 어떤 내용을 공부하며, 어떤 활동을 하게 될 것인지를 안내한다. 교사의 강의를 최소화하고 학생 활동 위주로 수업을 실시한다.

(3) 수업 평가

① 학생의 자기 평가 및 동료 평가

- 수업에서 새로 배운 것, 더 배우고 싶은 것, 수업 후 소감 등을 서술한다.

② 교사의 학생 평가

- 교사의 수업 의도 또는 수업 목표가 효과적으로 달성되었는지를

평가한다.

별도로 지필 평가지를 제시하기보다는 학습자의 수업 과정을 관찰하고 학습의 결과물을 분석하여 기술하는 평가를 실시한다.

③ **교사의 자기 평가**

- 수업의 효과 및 개선점을 성찰하여 기술하고 이것을 후속 활동의 자료로 활용한다.

다) 프로그램 평가 단계

문학작품 중심 교과 통합수업의 효과를 점검하고, 프로그램의 적절성과 효율성을 평가한다.

2부

- **1–2학년군**
  1. 작품중심
  2. 교과통합
- **3–4학년군**
  1. 작품중심
  2. 교과통합
- **5–6학년군**
  1. 작품중심
  2. 교과통합

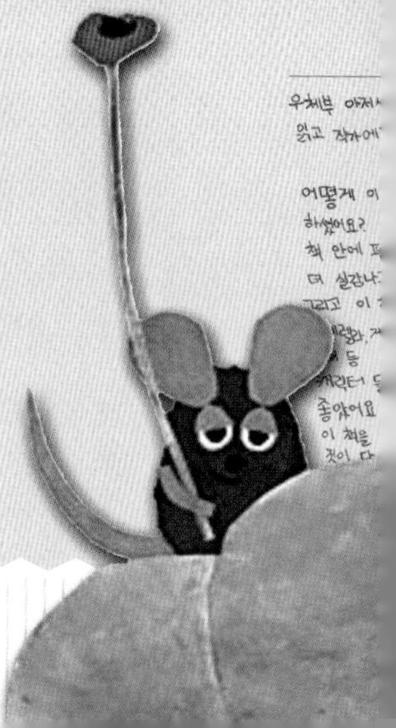

[1-2학년군]
작품중심

무섭지 않아, 도깨비는 내 친구

깜박깜박 도깨비

(권문희/사계절/2014)

1 책 소개

부모 없이 혼자서 근근이 살아가는 아이가 밤늦도록 일하고서 몇 푼 안 되는 돈을 들고 집에 가는데 우연히 만난 인연.

"얘, 나 돈 서 푼만 꿔 줘." 하고 말을 거는 발이 없는 도깨비였다. 하루 종일 번 돈이 딱 서 푼인데 그걸 꿔 달라는 이가 뭐든지 잘 까먹는 도깨비라면 고민스러움이 더욱 클 것이다. 아이는 도깨비에게 꼭 갚아야 한다고 신신당부를 하며 돈을 꿔준다. 이때부터 아이와 도깨비의 긴 인연이 시작된다. 돈 서 푼을 갚고도 갚은 것을 깨먹은 도깨비는 매일 매일 돈 서 푼을 주고, 찌그러진 냄비를 본 후는 돈 서 푼에 요술냄비까지 계속 준다. 도깨비는 돈 서 푼에, 요술냄비 그리고 요술 방망이까지 모두 퍼 주어 살림을 바닥내어 벌을 받게 된다. 벌을 받으면서도 아이에게 돈 서 푼을 갚지 못한 것을 미안해하는 도깨비의 모습은 미련하다고 치부하기보다는 안타까움까지 자아낸다. 도깨비라면 뿔 달린 무서운 요괴로만 생각하는 우리 어린이들에게 우리나라의 도깨비의 모습에 대한 호기심과 친구로 생각할 수 있는 유쾌한 책이다.

2 동화 깊이 읽기

도깨비라는 단어를 들으면 연상되는 모습은 뿔 달린 무서운 얼굴에 사람에게 좋지 않은 행동을 한다고 생각하고 있는 학생들이 많다. '깜박깜박 도깨비' 제목만으로도 도깨비의 성격을 파악할 수 있는 단서가 되며, 다리가 없는 모습으로 허름한 옷을 입고 있는 아이와 어깨동무를 하고 있는 모습은 무섭기보다는 결핍이라는 공통점을 가진 두 친구의 모습으로 애잔하기까지 하다. 그림과 이야기를 따라가며 깜박깜박하는 건망증으로 돈을 갚고 또 갚는 모습으로 어려운 형편의 아이가 부자가 되는 모습에서 재미를 느낄 수 있을 뿐 아니라, 한 발 더 나아가 도깨비의 마음을 예측해 보는 활동으로 학생들에게도 따뜻한 마음을 키워주고자 한다.

또한 일본 도깨비와 우리나라 도깨비의 비교, 우리나라의 도깨비와 관련된 다른 이야기들을 통해 우리나라 도깨비의 특징을 알아보도록 한다. 이와 같은 활동을 통해 도깨비와 관련된 다양한 이야기들의 재미를 느끼게 하여 무서운 도깨비가 아닌 친근한 친구의 모습인 도깨비를 알게 하며, 자신이 알고 지내고 싶은 도깨비에 대해 생각해 보는 활동을 통해 새로운 도깨비와 관련된 창작 능력을 키울 수 있게 될 것이다.

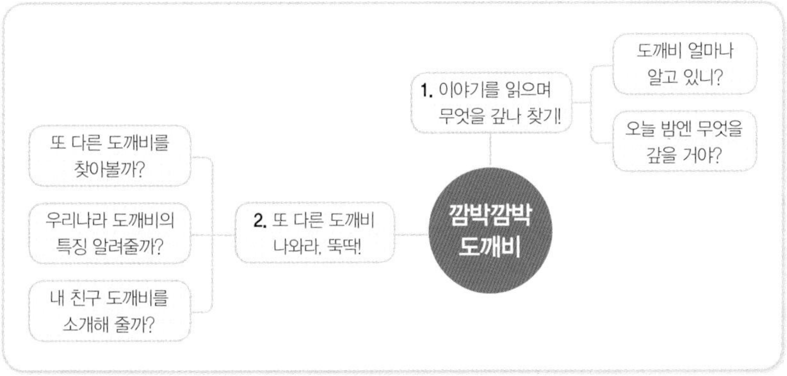

3 실제 활용 방법

1차시

- 차시 주제 : 이야기 읽으며 무엇을 갚나 찾기!
- 시간 : 40분
- 준비물 : 동전, 냄비, 방망이, 가면놀이자료, 마이크

가 도깨비 얼마나 알고 있니?

[도깨비에 대한 생각을 나눈다.]

TIP

책을 보여주기 전, 학생들이 생각하는 도깨비에 대한 모습에 대해 자유롭게 나누며 이후 책을 통해 도깨비에 대한 자신의 생각이 어떻게 변하였는지 나누어보도록 한다.

1) 평소 도깨비는 어떤 모습이라고 생각하고 있나요?

- 뿔이 달려있고 얼굴이 빨간 무서운 괴물이요. 밤에만 나타나는 사람이요. 요술 방망이를 들고 있는 모습이요. 등

2) 도깨비가 하는 일은 무엇이라고 생각하나요?

- 사람들을 괴롭혀요. 요술방망이로 많은 금과 돈을 만들어요. 등

[표지의 제목과 그림을 읽어본다.]

1) (책을 보여주기 전) 제목이 '깜박깜박 도깨비'인데 무엇을 깜박깜박 할까요?

- 집에 가는 길을 깜박깜박 잊어버릴 것 같아요. 밥 먹은 것을 깜박깜박 잊어버릴 것 같아요. 돈을 깜박깜박 잃어버릴 것 같아요. 등

2) 표지의 그림을 살펴보고 누가 도깨비라고 생각하나요?

- 다리가 없는 쪽이 도깨비 같아요. 자기 다리를 깜박깜박 잃어버리고 다

니는 도깨비인가 봐요. 등

3) 그림 속 아이의 모습은 어떠한가요?

- 볼이 빨간 것은 도깨비랑 닮았어요. 도깨비와 다르게 다리가 있어요. 옷은 도깨비보다 안 좋아 보여요. 등

4) 짝과 함께 도깨비와 아이가 되어 묻고 싶은 것을 질문하고 답해봅시다.

〈1학년 학생들이 만든 표지 속 그림의 아이와 도깨비 대화 예시〉

- 아이 : 너는 왜 다리가 없어?
- 도깨비 : 깜박했어. 너는 왜 혼자 있어?
- 아이 : 엄마, 아빠, 형제가 없어.
- 도깨비 : 아, 난 다리가 없고, 넌 가족이 없구나. 우리 둘 없는 것이 있는 것이 똑같네. 우리 친구하자.
- 아이 : 그래, 우리 어깨동무하자.

나 오늘밤엔 무엇을 갚을 거야?

[이야기 읽으며 도깨비가 무엇을 또 갚는지 찾아본다.]

TIP

한 장 한 장 넘기며 그림과 글을 학생들과 같이 파악하며 그림과 글의 재미를 찾도록 한다. 돈을 꿔 주는 아이의 마음과 도깨비가 매일 매일 찾아와 갚으면서 아이는 어떻게 변화하는지도 살펴보도록 한다.

1) 그림을 살펴보며 알게 된 점을 발표해 봅시다.

- 아이의 집은 외딴 곳에 있어요. 집이 작고 고장이 많이 난 것 같아요. 집 옆에 무덤이 두 개 있어요. 부모님 무덤인가 봐요. 아이는 집을 나와 집이 많은 곳으로 걸어가고 있어요. 등

2) 그림을 보며 아이를 찾아봅시다.

• 다들 가족끼리 웃으며 즐거워 보이는데, 저기 혼자 무거운 짐을 지고 가는 것이 아이 같아요.

3) 그림처럼 가족들과 즐겁게 놀았던 경험을 발표해 봅시다.

• 가족과 함께 놀이농산 갔을 때 재미있었어요. 같이 집에서 게임을 했을 때 재미있었어요.

TIP

그림 속 아이를 제외한 인물들이 행복해 보이는 모습으로 아이의 외로움을 극대화 한 것처럼, 학생들에게도 가족과 함께 행복했던 시간들을 떠올리게 하여 상대적으로 아이는 어떤 마음일지를 접근하도록 한다.

4) 아이는 어떤 마음이었을까요?

• 다들 행복해 보이는데 외로웠을 것 같아요. 아무도 자기한테 말을 안 걸어 주기에 슬펐을 것 같아요.

5) 아이는 뭐든지 잘 까먹는 도깨비에게 왜 돈을 빌려주었을까요?

• 다리가 없는 도깨비가 무서워 겁이 났어요. 자기에게 말을 걸어주어 행복해서 주었어요.

6) 자신이 아이였다면 돈을 꿔 줬을까요?

• 무서워서 꿔 주고 도망가요. 하루종일 일한 돈이고 그 돈으로 밥을 먹어야하기에 안 꿔 줘요. 등

7) 도깨비는 왜 아이에게 돈을 꿨을까요?

• 다리가 생기려면 서 푼이 필요한가 봐요. 그 길은 아이만 다니기에 아이한테 꿔 달라고 했나 봐요.

8) 도깨비가 돈을 갚았을 때 아이는 어떤 생각을 했을까요?

• 도깨비가 무서운 줄 알았는데 무섭지 않고, 깜박깜박하지 않는 도깨비라 생각했어요. 다음에 또 꿔 달라면 꿔줘도 되겠다고 생각했어요. 등

9) 도깨비가 되어 아이와의 대화를 같이 읽어봅시다.

〈도깨비가 매일 나타나 돈을 갚는 장면 함께 읽기〉

- 교사 : 어제 갚았잖아!
- 학생들 : 어라? 얘 좀 봐. 어제 꾼 돈 갚으러 왔다.
- 교사 : 어제 갚았잖아!
- 학생들 : 어라? 얘 좀 봐. 어제 꾼 돈 갚으러 왔다.
- 교사 : 어제 갚았잖아!
- 학생들 : 어라? 얘 좀 봐. 어제 꾼 돈 갚으러 왔다.

10) 도깨비는 왜 매일매일 찾아와 돈을 갚을까요?

- 깜박깜박 도깨비라 매일 까먹어요. 자신을 도와준 아이가 고마워서요.

11) 도깨비가 찌그러진 냄비를 보고 다음날 무엇을 가지고 왔을까요?

- 찌그러진 냄비를 매일 매일 가지고 올 것 같아요. 또 깜박깜박할 것 같아요.

12) 요술냄비가 있다면 무엇을 해 먹고 싶은가요?

- 치킨을 만들어 먹고 싶어요. 짜장면을 만들어 먹고 싶어요. 아이스크림이요. 등

13) 짝과 역할을 나누어 돈 서푼과 요술냄비를 매일 가지고 오는 장면을 읽어 봅시다.

TIP

아이와 도깨비의 반복적인 대화를 역할극으로 해봄으로서 이야기의 재미를 느끼게 하며, 시간이 지나면서 아이의 생활 변화를 생각하도록 한다.

14) 요술방망이가 있다면 무엇을 하고 싶은가요?

- 집을 크게 만들고 싶어요. 인형을 많이 만들고 싶어요. 등

15) 짝과 역할을 나누어 돈 서푼과 요술냄비, 요술방망이를 매일 가지고 오는 장면을 읽어 봅시다.

16) 도깨비의 이야기를 듣고 한 행동을 통해 아이의 성격은 어떤 것 같나요?

- 착해요. 솔직해요. 계속 도깨비에게 어제 갚았다고 말해줬었어요. 자기네 집에 있는 물건을 주고 도깨비가 벌 받는 것을 막아주려 해요. 등

17) 아이는 왜 죽을 때 "도깨비야, 도깨비야"하며 죽었을까요?

- 도깨비한테 너는 돈 다 갚았다고 꼭 말하고 싶었어요. 도깨비 덕분에 부자가 되어 고마워서 불렀어요. 등

18) 도깨비는 앞으로 어떤 행동을 할까요?

- 돈 서푼이랑 요술냄비랑 방망이 들고 매일매일 밤 아이의 집을 헤매고 다닐 것 같아요.

19) 도깨비에 대한 자신의 생각을 말해 봅시다.

- 무서운 괴물인줄 알았는데 착해요. 웃겨요. 나한테도 도깨비가 매일매일 왔으면 좋겠어요.

20) 재미있거나 기억에 남는 장면을 이야기해 봅시다.

- 도깨비 다리가 없는 것이 기억에 남아요. 매일매일 도깨비가 가져오는 물건을 보고 내일은 또 무엇을 더 가지고 올까 기대되었어요. 부자가 되었는데도 한 곳에서 살고 있고 부자가 된 후에 부모님 산소에 묘비가 세워져 있는 모습에서 아이가 착하다는 생각을 했어요. 등

21) 자신이 도깨비라면 누구에게 무엇을 계속계속 주고 싶은지 생각해 봅시다.

- 연필을 자주 잊어버리는 친구에게 매일매일 연필을 주고 싶어요. 할머니에게 매일매일 건강을 주고 싶어요. 등

2-4차시

- **차시 주제** : 또 다른 도깨비 나와라, 뚝딱!
- **시간** : 120분
- **준비물** : 『일본의 주먹밥 할아버지와 혹부리 영감』, 『도깨비가 슬금슬금』

가 또 다른 도깨비를 찾아볼까?

[『일본의 주먹밥 할아버지와 혹부리 영감』를 읽으며 일본 도깨비와 우리나라 도깨비를 비교해 본다.]

1) 〈주먹밥 할아버지〉의 주먹밥은 구멍으로 들어가 어떻게 되었나요?
- 구멍 속에 있는 많은 쥐들이 굴러 떨어진 주먹밥으로 떡을 만들며 행복해 했습니다.

2) 〈주먹밥 할아버지〉는 왜 자기의 주먹밥을 그냥 쥐에게 주었나요?
- 마음이 착해서 쥐들이 먹게 두었어요.

3) 〈주먹밥 할아버지〉의 쥐들은 주먹밥을 받고 어떻게 하였나요?
- 할아버지에게 보물과 요술 방망이를 주었어요.

4) 〈주먹밥 할아버지〉에서 옆집 할아버지는 구멍으로 들어와 왜 "야옹야옹" 소리를 냈나요?
- 쥐들이 고양이를 무서워하기에 쥐들을 몰아내고 보물을 모두 가지려 했어요.

5) 〈주먹밥 할아버지〉의 옆집 할아버지는 어떻게 되었나요?
- 흙이 무너져 파묻히고, 자신의 행동을 후회했어요.

6) 〈주먹밥 할아버지〉와 〈혹부리 할아버지〉의 같은 점은 무엇인가요?
- 착한 할아버지들이 복을 받았어요. 욕심 많은 할아버지는 벌을 받았어요.

7) 〈주먹밥 할아버지〉와 〈혹부리 할아버지〉의 다른 점은 무엇인가요?

- 〈주먹밥 할아버지〉에서는 쥐가 할아버지를 도와줬는데, 〈혹부리 할아버지〉에서는 빗자루, 방망이, 불꽃 모습의 도깨비가 도와주었어요.

8) 〈주먹밥 할아버지〉와 〈혹부리 할아버지〉를 통해 생각한 섬은 무엇인가요?

- 우리 주변에 도깨비가 있을 것 같아요. 착한 사람은 복을 받아요. 등

[『도깨비가 슬금슬금』을 읽으며 도깨비 이야기에 재미를 느껴본다.]

TIP

무서운 도깨비의 모습과 행동이 아닌 『깜박깜박 도깨비』처럼 재미있고 친근한 도깨비들의 모습을 보여주는 이야기를 살펴본다. 이야기를 읽으며 우리나라 도깨비의 모습을 상상해보도록 한다.

9) 『도깨비가 슬금슬금』에 나오는 이야기의 제목을 보고 도깨비를 상상해 봅시다.

〈도깨비가 슬금슬금〉

- 하나밖에 모르는 도깨비 하나
- 수다쟁이 도깨비 와글와글
- 물 도깨비 출렁출렁
- 씨름꾼 도깨비 어영차
- 대장간 도깨비 뚝딱
- 옹기전 도깨비 와장창

- 무섭지 않고 재미있어요. 우리 주변에 있을 것 같아요.

10) 모둠 친구들과 함께 읽어보고 싶은 도깨비 이야기를 정해 읽고, 다른 친구들에게 소개해 줍시다.

나 우리나라 도깨비의 특징을 알려줄까?

[여러 이야기를 통해 우리나라 도깨비의 특징을 정리하도록 한다.]

1) 우리나라의 다양한 도깨비의 모습을 알아봅시다.

TIP

여러 이야기에 나오는 도깨비 삽화(모습, 의상 등)을 통해 우리나라 도깨비의 특징을 파악하도록 돕는다. 이야기에 묘사되는 도깨비의 행동도 떠올려보도록 한다.

2) 우리나라의 도깨비는 어떤 특징이 있나요?

- 사람과 노는 것을 좋아해요. 사람 주위에 살고 있어요. 씨름을 좋아해요. 머리가 좋지는 않은 것 같아요. 등

3) 도깨비 이야기를 통해 생각이 바뀐 점이 있으면 이야기해 봅시다.

- 도깨비는 무섭고 방망이로 우리를 때릴 것 같았는데, 친구 같은 점이 많아요. 도깨비가 나타나도 안 무서울 것 같아요. 또 다른 도깨비 이야기를 찾아 읽고 싶고, 도깨비를 만나고 싶어요. 등

TIP

선택활동으로 일본의 도깨비와 우리나라 도깨비를 비교해보며 우리나라 도깨비의 특징을 더욱 명확하게 살펴볼 수도 있다. 『일본의 주먹밥 할아버지와 혹부리 영감』에 나오는 일본 도깨비와 우리나라 도깨비의 삽화나 행동을 비교하면 그 차이점이 뚜렷하다.

일본의 도깨비	우리나라 도깨비

• 뿔이 있고 원색 피부에 인상이 험악하다. • 허리에 동물 가죽을 두르고 가시 방망이를 들고 다닌다. • 인간을 벌하는 존재로 포악하다.	• 피부가 붉은 편이며 사람과 흡사하다. • 장난과 씨름을 좋아하며 순박하다. • 수수떡, 메밀묵, 술을 좋아한다.

〈출처: 문화체험관광부 문화포털 블로그〉

5차시

- **차시 주제 :** 내 친구 도깨비
- **시간 :** 40분
- **준비물 :** 학습지, 사인펜

가 내 친구 도깨비를 소개시켜 줄까?

[나만의 도깨비 친구를 만들어 본다.]

1) 어떤 도깨비가 자기에게 나타나면 좋을지 생각해 봅시다.
   - 길을 알려주는 도깨비가 있었으면 좋겠어요. 나랑 놀아주는 도깨비가 있었으면 좋겠어요. 등

2) 도깨비가 나타나면 어떻게 행동할 것인가요?
   - 무서워하지 않고 말을 걸어주고 함께 놀래요. 다른 친구들에게 소개해 줄래요. 등

3) 자신의 도깨비 친구를 그려보고, 관련된 이야기를 만들어 봅시다.

[내 친구 도깨비를 소개해 본다.]

1) 내 친구 도깨비를 소개해 봅시다.

2) 서로의 도깨비 친구를 소개하며 알게 된 것은 무엇인가요?
   - 우리나라 도깨비가 무섭지 않아요. 더 많은 도깨비 이야기를 찾아 읽고 싶어요. 등

4 이런 책도 있어요

『일본의 주먹밥 할아버지와 혹부리 영감』는 우리나라의 혹부리 영감과 내용은 비슷하나 도깨비의 모습이 다르기에 두 작품을 통해 일본과 한국의 도깨비에 대해 비교해 보는 재미를 느낄 수 있다.

『도깨비가 슬금슬금』은 우리나라 도깨비에 대한 일곱 편의 이야기로 다양한 종류의 도깨비를 통해 한국 도깨비 관련 이야기에 재미를 느끼게 하는 작품으로 무섭고 사람을 괴롭히는 모습이 아닌 친근하고 감동까지 느낄 수 있는 이야기다.

『WOW 우리나라 도깨비 보따리』는 도깨비에 얽힌 우리나라 옛이야기를 엮은 책으로 19개의 도깨비 이야기로 『도깨비가 슬금슬금』 이야기와 비교하며 읽으며 재미를 느낄 수 있다.

『일본의 주먹밥 할아버지와 혹부리 영감』
(김민선/정인출판사)

『도깨비가 슬금슬금』
(이가을/북극곰)

『WOW우리나라 도깨비 보따리』
(신현배/형설아이)

5 활동 결과물

〈2차시 우리모둠 도깨비 이야기 소개하기〉

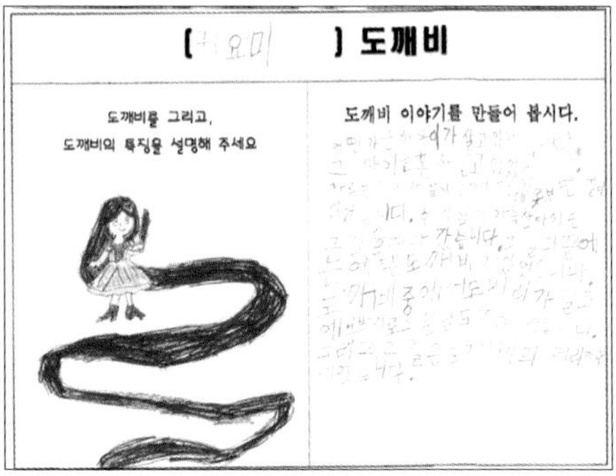

〈5차시 도깨비 친구 이야기 만들어 소개하기〉

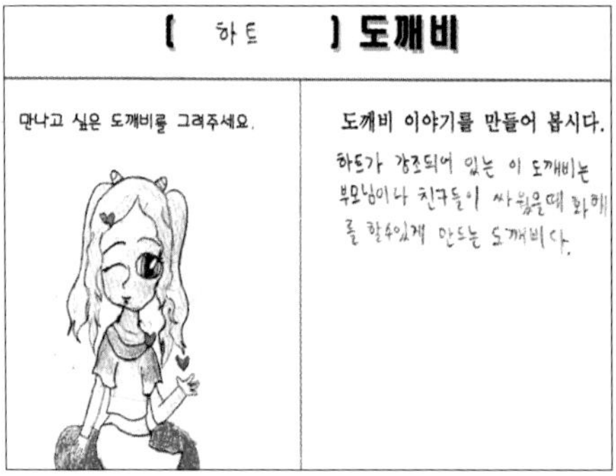

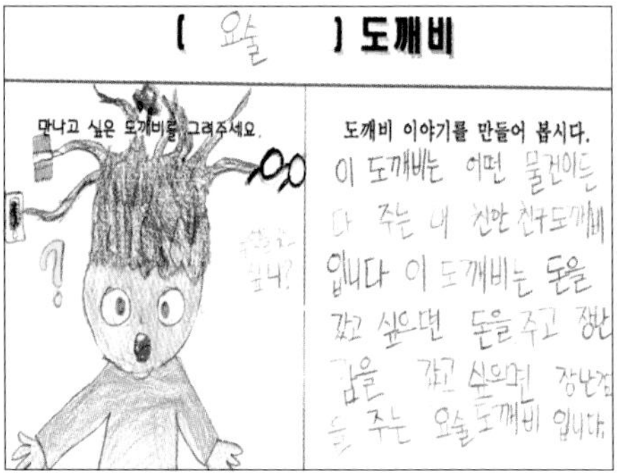

〈5차시 도깨비 친구 이야기 만들어 소개하기〉

6 수업 성찰

무섭고 사람을 괴롭히는 도깨비라는 편견은 표지의 그림을 보며 역할극을 하며 벌써 사라졌는지도 모르겠다. 다리가 없는 도깨비와 부모형제가 없는 아이의 공통점인 결핍을 찾아내고, 그렇기 때문에 어깨동무를 하고 친구가 된 것 같다는 아이들의 말에서 우리나라의 도깨비의 특징을 이미 파악하는 시간이 되었다. 그렇기 때문에 학생들은 아이가 도깨비를 무서워해 돈을 꿔 줬다는 것뿐 아니라 친구로 꿔 주었고, 도깨비도 깜박깜박하기에 매일 돈을 갚는 행동을 하는 것이지만 어쩌면 아이에게 더 많은 것을 주고 싶은 마음에서 깜박깜박하는 것일지도 모른다는 생각을 하게 된 수업이었다.

특히『도깨비가 슬금슬금』의 여러 이야기 중 학생들이 직접 골라 함께 읽으며 다른 친구들에게 소개해주는 활동에서는 도깨비 홍보대사가 된 듯하였다. 또 다른 도깨비 이야기 및 다른 우리나라 재미있는 옛날이야기를 찾아 읽고 싶다고 말하는 아이들의 모습이 너무나 예뻤다. 자신의 도깨비 친구를 만들고 이야기를 창작하고 발표하는 활동으로 우리나라 도깨비의 모습을 새롭게 변화시키며 작품의 수용자뿐 아니라 창작자로서의 경험도 함께 하는 수업이었다.

[1-2학년군]
작품중심

아름다움을 담은 행복한 알

꾸다, 드디어 알을 낳다!

(줄리 파슈키스/북극곰/2015)

1 책 소개

농장에는 여러 닭들이 함께 지내고 있다. 그중 암탉인 꾸다는 다른 암탉들과 달리 알을 낳지 않는다. 대신 농장을 이리저리 다니며 꽃잎과 푸른 하늘과 벚꽃을 보며 시간을 보낸다. 암탉은 당연히 알을 낳는다고 생각하는 다른 암탉들은 꾸다를 이상하게 생각하고 알을 낳아보라고 제안한다. 꾸다도 다른 암탉들처럼 자신도 알을 한 번 낳아보려 시도하는데 다른 암탉들과는 다른 알을 낳게 된다.

일상적으로 보는 달걀의 모양이나 색깔과는 다른 꾸다의 알을 보며 꾸다가 그런 알을 낳은 이유를 생각하게 하며 서로의 다양성을 인정하는 모습을 보여주고 있다. 꾸다의 행동과 꾸다가 낳은 알을 통해 학생들은 아름다운 자연에 관심을 더욱 갖게 되며 삶과 예술이 어떻게 연결될 수 있는지에 대해 생각해 볼 수 있는 책이다.

2 동화 깊이 읽기

'꾸다, 드디어 알을 낳다!' 제목과 앞으로 걸어가기 위해 한 발을 들고 있지만 고개는 뒤쪽을 바라보고 있는 표지 그림만으로도 꾸다는 누구일까? 꾸다의 성격은 어떠할까? 알을 어떻게 낳았을까? 등의 질문을 학생들 스스로 만들고 생각을 나눌 수 있다. 자신들의 배경지식을 이용하여 읽기 전 이야기를 만들고, 꾸다를 따라가며 이야기를 읽는 활동을 통해 암탉에 대한 정형화된 이미지를 타파할 수 있을 뿐 아니라 자신과 관련지어 생각하여 주변 환경과 사람들을 새롭게 볼 수 있는 시선을 얻게 될 수 있다.

조금은 새로운 꾸다를 이해하는 활동에서 학생들 스스로 꾸다가 되어 주변 자연의 아름다움과 꿈을 담아 알에 표현하고 친구와 공유하는 활동으로 다양성을 인정하는 기회가 되며, 나아가서는 주변의 시선보다는 자신이 하고 싶은 일에 열정을 쏟을 수 있는 용기도 갖게 될 수 있다.

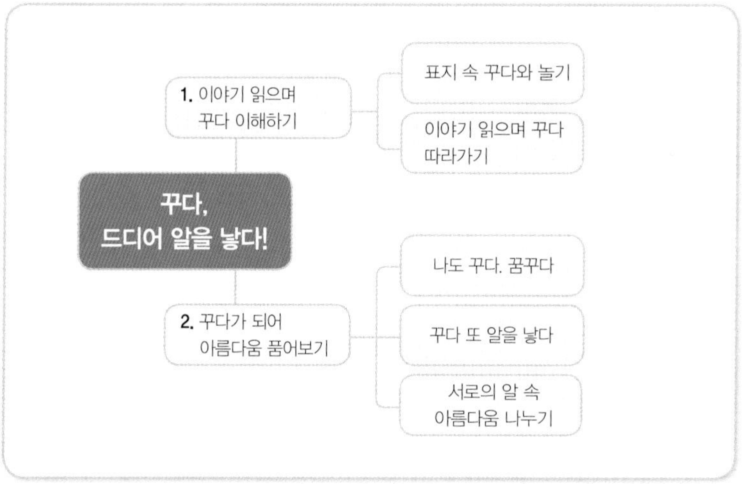

3 실제 활용 방법

1차시

- 차시 주제 : 이야기 읽으며 꾸다 이해하기
- 시간 : 40분
- 준비물 : 달걀, 『세상에서 가장 힘센 수탉』

가 표지 읽기

[표지 속 꾸다와 놀아본다.]

1) '꾸다, 드디어 알을 낳다' 제목을 통해 알 수 있는 것은 무엇인가요?
   - 꾸다가 주인공인가 봐요. 꾸다는 알을 낳는 동물인 것 같아요. 등

2) 표지를 보며 꾸다를 관찰해봅시다.
   - 꾸다는 닭입니다. 꾸다는 한 발을 들고 있어요. 등

3) 표지 속 꾸다를 따라해 봅시다.

TIP

표지 속 '꾸다'처럼 한 발을 들고, 고개를 돌려 바라보는 모습을 따라하며 '꾸다'에 대한 이해를 높인다.

4) 질문 만들기(질문생성전략)를 이용하여 꾸다에게 궁금한 점을 물어봅시다.

〈1학년 학생들이 만든 꾸다에게 질문 만들기 예시〉

- 꾸다야, 너는 왜 발을 들고 있어?
- 꾸다야, 너 무엇을 보고 있는 거야?
- 꾸다야, 너는 어느 나라에 살아?
- 꾸다야, 지금까지 왜 알을 낳지 않았었어?

5) 친구들이 만든 질문에 대답해 줄 수 있을지 생각해 봅시다.

• 꾸다가 발을 들고 있는 것은 어디로 가려고 하는 것 같아요. 꾸다는 지금 벌을 보고 있어요. 꾸다는 벼슬이 작은 것 보니 암탉 같아요. 등

6) 친구들이 만든 질문 중 대답해주기 어려운 것은 무엇이 있었나요?

• 어느 나라 닭인지는 잘 모르겠어요.

7) 『꾸다, 드디어 알을 낳다!』의 줄리 파슈키스는 미국 작가인데요. 미국 작가가 썼다고 꾸다가 꼭 미국 닭이라고 하지는 않아도 될 것 같아요. 혹시 주변에서 꾸다처럼 생긴 닭을 본 적 있나요?

• 시골 할머니 집에서 꾸다처럼 황토색 깃털이 있는 닭을 보았어요.

8) 책 표지와 친구들의 질문에 서로 답하면서 꾸다는 어떤 닭인 것 같나요?

• 앞으로 가면서 뒤를 바라보는 것이 호기심이 많은 닭인 것 같아요.

나 이야기 읽으며 꾸다 따라가기

[꾸다 이야기 읽으며 이름의 재미를 느껴본다.]

TIP

한 장 한 장 넘기며 그림과 글을 학생들과 같이 파악하며 그림과 글의 재미를 찾도록 한다. 여러 암 · 수탉들의 행동과 이름을 연결하여 재미를 파악하고 '꾸다' 이름에 담긴 의미를 생각해 보도록 한다.

1) 하나는 이름이 하나인 이유는 무엇일까요?

• 하루에 하나씩 알을 낳아서요.

TIP

'두나' 까지는 그림과 글을 같이 보여준 후, '다나' 암탉에 대해서는 그림을 보여주지 않고 이름의 뜻을 생각해 보도록 한 후, 그림을 보여주며 '다나' 의 이름에 담긴 뜻을 파악하게 한다.

2) 다나의 이름에 담긴 뜻은 무엇일까요?

• 매일매일 다 낳아서 다나같아요. 다섯 개를 낳아서 다나같아요. 등

3) ('안나'닭에 대해서는 글만 읽어 준 후)안나는 왜 알을 낳지 않을까요?

• 알을 낳기 싫은가봐요.

4) 안나의 모습을 보고 알게 된 점은 무엇이 있나요?

• 안나는 수탉이라 알을 낳지 않아요.

5) 수탉과 암탉의 다른 점을 찾아봅시다.

• 수탉은 벼슬이 커요. 수탉의 깃털이 더 화려해요. 등

TIP

책 속 수탉인 '안나'와 다른 암탉을 비교하여 다른 점을 찾게 하거나, 학생들이 많이 알고 있는 『세상에서 가장 힘센 수탉』 그림책을 제시하여 수탉과 암탉의 차이점을 찾도록 할 수도 있다.

6) 다른 암탉들이 알을 낳을 때 꾸다는 무엇을 하고 있나요?

• 풀잎, 하늘 등 여러 자연을 보고 다녀요.

7) 다른 닭들은 꾸다를 어떻게 생각하고 있을까요?

• 암탉인데 알을 낳지 않고 놀고만 다니는 게으른 닭, 이상한 닭이라고 생각할 것 같아요.

[꾸다 알 속에 담긴 아름다움을 찾아본다.]

1) '꾸다' 이름에 담긴 뜻은 무엇일까요?

• 다른 닭과 달리 꿈꾸듯 자유롭게 다니는 닭이라는 뜻인 것 같아요. 등

2) '꾸다' 에 대한 자신의 생각을 말해 봅시다.

• 저도 꾸다처럼 예쁜 꽃을 보고 다니는 것을 좋아해요. 암탉인데 알을 낳지 않고 돌아다니기만 해서 이상해요. 등

3) 다른 암탉들은 왜 '꾸다' 에게 알을 낳으라고 했을까요?

• 꾸다가 암탉인데 알을 낳지 않으니 이상하게 생각하는 것 같아요. 꾸다도 알을 낳으면 좋아할지도 모른다고 생각한 것 같아요. 등

4) '꾸다'는 왜 드디어 알을 낳아보려고 생각했을까요?

- 다른 닭들이 알을 낳으라고 해서 낳아보려 한 것 같아요. 두나 말처럼 알을 낳으면 자기가 좋아하려나 궁금해서 낳으려고 한 것 같아요. 등

5) 알을 낳으려 노력하는 꾸다를 따라 몸짓으로 표현해 봅시다.

6) (알을 살펴보는 꾸다 모습의 장면만)드디어 낳은 꾸다의 알은 어떤 모습일까요?

- 동그란 모양일 것 같아요. 노란 색일 것 같아요. 등

7) 꾸다의 알에 담긴 것을 찾아봅시다.

- 꾸다가 보았던 아침해, 꽃, 밤하늘 별이 담겨있어요.

TIP

학생들이 꾸다의 알에 담긴 아름다움을 충분히 느낄 수 있도록 감상시간을 충분히 준다.

8) 꾸다의 알을 보고 꾸다에게 하고 싶은 말은 무엇이 있나요?

- 꾸다, 네가 그냥 알 낳기 싫어하는 줄 알았는데 이렇게 예쁜 알을 낳으려고 여기저기 구경하고 다닌 거구나. 정말 아름답다. 너의 알은 특별해. 너의 예쁜 알에서 태어나는 병아리는 특별할 것 같아. 등

9) 꾸다가 다시 알을 자주 낳지 않고 농장을 어슬렁거리는 모습에 다른 닭들은 무엇이라 했을까요?

- 더 이상 매일매일 낳으라고 재촉하지 않았을 것 같아요. 또 언제 예쁜 알을 낳나 기다릴 것 같아요. 이번에는 어떤 알을 낳을지 기대할 것 같아요. 자기도 함께 다니자고 할 것 같아요. 자신의 알을 꾸다에게도 보여주며 행복해 할 것 같아요. 등

TIP

일반적인 닭들과는 다른 알을 낳는 꾸다만 멋지거나 특별하다는 왜곡된 해석보다는, 알을 꼬박꼬박 하나 낳는 하나도, 정확히 다섯 개를 낳는 다나도, 안 낳는 안나도 모두 특별하며 일반적이지 않은 꾸다같은 삶이 이상한 것이 아니다는 다양성을 인정하는 생각을 가질 수 있도록 학생과 대화를 하도록 한다.

10) 이야기 중 가장 기억에 남는 부분은 어디인가요?

- 꾸다가 예쁜 알을 낳는 부분이요. 다른 닭들이 뭐라 해도 자기가 좋아하는 산책을 하는 모습이요. 등

2-3차시

- **차시 주제** : 꾸다가 되어 아름다움 품어보기
- **시간** : 80분
- **준비물** : 『세상의 많고 많은 초록들』, 학습지, 돋보기, 사인펜

가 나도 꾸다 꿈꾸다

[우리 주변의 아름다움을 느껴본다.]

1) 꾸다가 되어 학교 주변을 산책해 봅시다.

2) 자신이 본 것 중 꾸다에게 소개해 주고 싶은 것을 이야기 해 봅시다.
   - 하늘에 있는 구름이 하트모양이야. 꽃 안에 개미가 한 마리 들어 있어.

3) 산책을 하며 어떤 생각을 하게 되었는지 친구와 이야기 해 봅시다.
   - 꾸다가 왜 산책을 좋아하는지 알게 되었어. 산책을 하니 재미있고 기분이 좋아져. 꾸다가 옆에 있으면 더 좋겠어. 등

[아름다움을 품어본다.]

1) 산책을 하며 본 것 중 마음에 품고 싶은 것을 정하여 봅시다.
   - 예쁜 하늘을 품고 싶어요. 작은 꽃들을 품고 싶어요. 등

2) 산책을 하며 본 것 외에 자신이 꾸다처럼 꿈을 꾸고 싶은 것을 발표해 봅시다.
   - 공룡 박사가 되고 싶어요. 동물사육사가 되어 동물들과 대화하고 싶은 꿈이 있어요.

나 꾸다 또 알을 낳다

[꾸다가 되어 자신이 꿈꾸는 아름다움 주제로 역할놀이를 한다.]

1) 대본에 자신이 꿈꾸는 아름다움을 생각하며 어떤 말을 하고 싶은지 생각해 봅시다.

〈내가 꿈꾸는 아름다움 대본 예시〉

- 하나 : 너는 알을 안 낳고 무엇을 하며 돌아다니는 거니?
- 꾸다 : 나는 ( )
- 두나 : 너는 어떤 알을 낳고 싶으니?
- 꾸다 : 나는 ( )이 담긴 알을 낳고 싶어.
- 두나 : 왜 그런 알을 낳고 싶어?
- 꾸다 : 왜냐면( )때문이야.

- 나는 우리 학교의 예쁜 꽃들을 보며 산책하고 있어.
- 나는 산책을 하며 공룡과 여러 동물들을 상상하고 있어.
- 나는 내가 경험한 사계절이 담긴 알을 낳고 싶어.
- 나는 공룡 박사가 된 모습이 담긴 알을 낳고 싶어. 등

2) 모둠 친구와 함께 대본을 가지고 역할놀이를 해 봅시다.

[내가 꿈꾸는 아름다움을 표현해 본다.]

1) 내가 보고 느낀 것을 생각하며 알을 낳아봅시다.

2) 내 알을 표현해 봅시다.

TIP

학습지의 알을 분할하여 다양한 모습을 담거나, 하나의 모습을 담을 수 있음을 미리 안내해준다.

다 나의 알 공유하기

[내가 꿈꾸는 아름다움을 표현해 본다.]

1) 서로의 알을 살펴보며 자신이 담고 싶었던 것을 이야기해봅시다.
- 나는 예쁜 꽃을 담았어. 사계절 본 것을 담았어. 내가 하고 싶은 꿈을 담았어. 등

4 이런 책도 있어요

『세상에서 제일 힘센 수탉』은 꾸다와 반대로 수탉의 이야기이다. 꾸다가 다른 암탉과는 다른 생각으로 살아가며 나름의 아름다움을 알로 표현한다면, 힘이라는 것은 꼭 근육만은 아니라는 것을 깨닫게 되는 이야기로서 다양한 모습의 멋진 삶에 대해 생각할 기회를 줄 수 있다.

『프레드릭』의 들쥐들이 곡식을 모으며 겨울나기를 준비할 때 프레드릭은 조금은 다른 방법으로 겨울을 준비한다. 프레드릭이 모은 것들로 들쥐들의 마음이 따뜻해지는 모습을 통해 살아가면서 의식주도 중요하지만 그것만이 전부가 아님을 보여주는 이야기이다. 프레드릭이 모은 것들과 꾸다가 품은 것들이 어떤 결과를 가져오는지를 비교하는 재미와 우리 주변의 아름다움을 담아볼 수 있는 기회를 주는 작품이다.

『세상의 많고 많은 초록들』은 일상에서 만날 수 있는 초록색을 신비롭고 경이로운 자연의 한 부분으로 확장시켜주고, 자연 속에 존재하는 다양하고 놀라운 초록의 이야기가 담겨있다. 정형화된 초록의 이미지가 아닌 자연 속 다양한 초록색을 통해 감수성을 키울 수 있으며, 펀치 기법으로 구성된 면을 통해 펀치 구멍 속 초록을 보며 어떤 장면이 다음 장에 있을지 상상해보는 활동으로 창의성을 키울 수도 있다. 주변에 다

양한 색으로 표현되고 있는 아름다움을 담는데 도움을 줄 수 있는 작품이다.

『세상에서 제일 힘센 수탉』
(이호백/재미마주)

『프레드릭』
(레오 리오니/시공주니어)

『세상의 많고 많은 초록들』
(로라 바키로 시거/다산기획)

5 활동 결과물

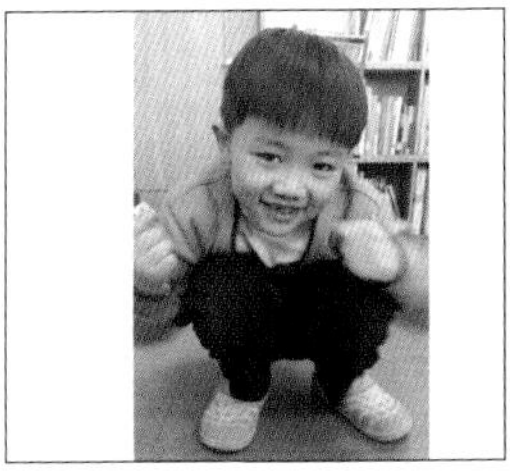

〈1차시 알을 낳는 꾸다 몸으로 표현하기〉

〈2~3차시 꾸다가 되어 주변 아름다움 품기〉

〈2~3차시 꾸다가 되어 주변 아름다움 알에 표현하기〉

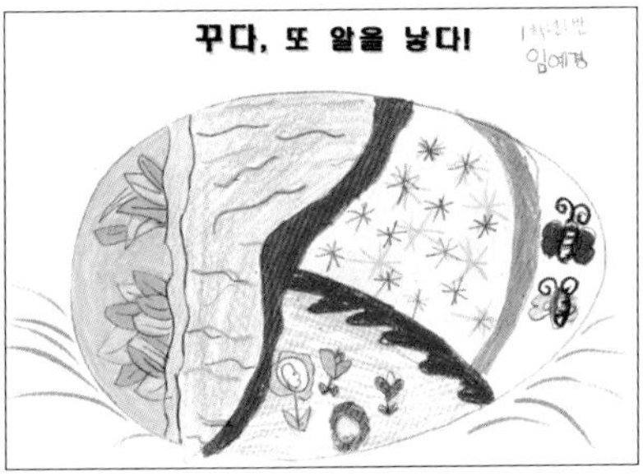

〈2~3차시 자신이 보고 경험한 주변 아름다움을 알에 표현한 작품〉

〈2~3차시 자신의 꿈, 희망, 상상을 알에 표현한 작품〉

6 수업 성찰

그림책을 보여주기 전 제목만으로도 학생들은 저마다의 배경지식을 동원하여 이야기를 만들어냈다. 이후 이야기를 읽으며 “그것 봐, 내가 말한 것이 저거야!”, “와! 저건 생각하지 못했는데 멋지다. 대단하다.”라는 자신의 이야기와 꾸다의 이야기를 비교하며 사고의 폭을 넓히는 모습이 보였다. 표지를 보고 질문을 만들고, 그 질문에 대해 친구들이 대답해주는 활동과 내가 꿈꾸는 아름다움 대본을 이용한 친구와의 활발한 의사소통을 통해 공감능력이 길러짐을 느끼게 해 주었다.

꾸다처럼 주변의 아름다움을 알에 담는 활동에서는 매일 보는 주변에 대해 새로운 시선으로 받아들이며 의사소통 하는 모습이 아름답게 보였다. 특히 학교 정원을 보며 눈으로는 볼 수 없지만 공룡에 대해 연구하고 여러 동물들과 함께 하는 자신의 미래 모습을 이야기하며 그 어느 때보다 행복해 하는 학생의 모습에서 이 책에서 말하는 아름다움의 범위가 단지 눈에 보이는 것만이 아님을 깨닫게 해주는 촉매 역할을 해주었다. 꾸다와 다른 닭들도 저마다의 만족과 행복함이 있는 모습을 통해 자기의 행복에 대해서도 생각하며 용기있게 자신의 행복을 위해 살아가는 힘을 얻게 해주는 수업이었다.

[1-2학년군]
작품중심

언제까지나 내 마음 속에 있어

노란 양동이

(모리야마 미야코 글, 쓰치다 요시하루 그림/
양선하 옮김/현암사/2000)

1 책 소개

『노란 양동이』는 모리야마 미야코의 작품으로 아기여우가 외나무다리 근처에서 노란 양동이를 발견한 후, 일주일동안 노란 양동이의 주인이 나타나길(사실은 나타나지 않길) 기다리며 행복한 상상을 하는 아기여우의 이야기이다. 아기여우는 노란 양동이를 발견하고 그 양동이가 정말 마음에 들어 갖고 싶었다. 그러나 주인이 나타날지도 모르니 일주일만 기다리고 일주일 후에도 주인이 나타나지 않으면 양동이를 갖기로 마음먹는다. 이후 월요일부터 일요일까지 아기여우는 비가 와도, 햇볕이 뜨겁게 내려 쬐어도 매일 노란 양동이를 보러가서 이를 소중히 지킨다. 월요일 아침, 양동이가 자신의 것이 될 수도 있다는 설렘을 가지고 양동이를 찾아가지만 양동이는 사라지고 없다. 그러나 아기여우는 '아무래도 좋아', '괜찮아, 정말!'라고 말하고 그동안의 양동이는 정말 자신만의 소중한 양동이였다고 떠올리며 씩씩하게 웃는다.

이 동화는 온 정성과 마음을 다하여 작고 노란 양동이가 자신의 것이 되기를 기다리는 아기여우의 모습을 통해 자신이 소중하게 여기는 것,

그것을 지키기 위한 노력에 대해 떠올리게 한다. 그리고 그렇게 소중하게 여겼던 것이 어느 날 사라진다면 그때의 허전함을 어떻게 추슬러야 할까를 생각해보게 한다. 소중한 것과 함께 했던 행복한 순간들은 시간이 지나도 아이들의 마음속에 남아 아이들의 삶을 보다 더 풍요롭게 해줄 것이다. 아기여우가 노란 양동이를 잃고도 씩씩하게 웃는 모습은 눈앞에서 사라진다고 영원히 사라지는 것이 아니라 마음속에 소중히 간직될 수 있음을 잘 보여준다.

2 동화 깊이 읽기

이 수업은 자신이 소중하게 여겼던 것이나 기억에 대하여 자신이 취했던 행동과 생각, 느낌을 떠올려보고 이를 추억으로 소중히 간직하자는 의미에서 '언제까지나 내 마음 속에 있어'라는 주제로 정하였다. 아이들이 생각하는 소중한 보물은 단순한 객체가 아니라 아이들의 생활 속에서 함께 하며 아이들의 간절한 마음이 담겨진 무엇이라는 걸 작가는 작품을 통해서 보여 준다. 그런 보물들은 망가지기도 하고 없어지기도

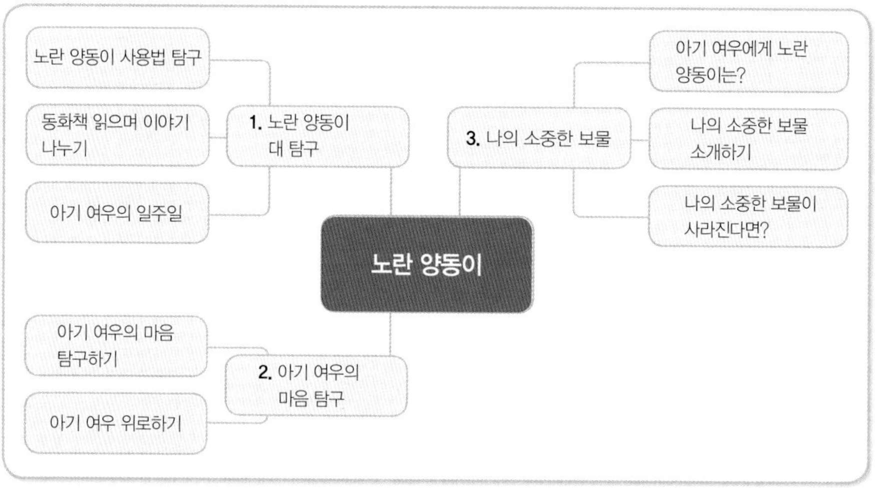

하지만 보물과 함께한 시간은 영원히 가슴 속에 남아 있다. 아이들은 보물을 하나씩 잃어버릴 때마다 한 걸음 한 걸음 어른의 세계로 다가서는 것인지도 모른다.

3 실제 활용 방법

1~2차시

- 차시 주제 : 노란 양동이 대 탐구
- 시간 : 80분
- 준비물 : 학습지(요일 별로 아기여우가 한 일을 정리)

가 노란 양동이 사용법 탐구

[책의 표지를 보고 이야기를 나눈다.]

1) (책 표지를 보여주며) 무엇을 볼 수 있나요?
   - 여우가 노란 양동이를 들고 숲 속을 걷고 있어요.

2) 이 여우는 노란 양동이로 무엇을 할 것 같은가요?
   - 개울가로 물 뜨러 갈 것 같아요. 등

3) 여러분들에게 노란 양동이가 생긴다면 그것으로 무엇을 할 수 있을까요?
   - 고구마를 캐서 담을 수 있어요. 물 떠다 물장난해요. 비가 안 와서 가물 때 물을 떠다 줄 수 있어요. 등

나 동화책 읽으며 이야기 나누기

[무슨 일이 생겼는지, 주제가 무엇인지 파악할 수 있도록 천천히 이야기를 읽으며 이야기를 나눈다.]

1) 아기여우는 노란 양동이를 어디에서 발견하였고 처음 발견했을 때 어떤 상태였나요?
   - 외나무다리 근처에서 발견했고 물이 아주 조금 들어있었어요.

2) 처음 발견했을 때의 상태로 보아서 노란 양동이의 원래 주인은 양동이를 어떻게 사용했을까요?
   - 외나무다리가 있다면 냇가인 것 같아요. 냇가에서 물을 떠서 놀던 아이가 깜빡 잊고 놓고 갔을 것 같아요.

3) 노란 양동이를 발견한 첫날 아기여우와 아기곰과 아기토끼가 주고받은 말로 봐서 마음씨가 어떤 것 같은가요?
   - 아기곰과 아기토끼는 욕심을 부리지 않고 아기여우에게 잘 어울린다고 칭찬을 해주는 걸로 봐서 친한 친구 사이 같아요. 그리고 친구를 생각하는 마음이 착해요.
   - 양동이를 바로 가져가지 않고 일주일 동안 기다려보자고 하는 걸로 봐서 정직하고 착해요. 등

4) 일주일이 지나기를 기다리며 아기 여우는 노란 양동이를 가지고 어떤 일들을 하였나요?
   - 노란 양동이를 가만히 쳐다보기만 하였어요. 양동이 옆에서 자기도 했어요. 깨끗이 씻어주었어요. 물을 담아다 나무에게 주었어요. 비오는 날도 양동이를 보러 갔어요. 양동이에 이름을 쓰는 흉내도 냈어요. 등

[인상 깊은 장면이나 재미있는 장면, 감동적인 장면에 대해 이야기를 나눈다.]

5) 어느 장면이 가장 인상 깊거나 재미있거나 감동적이었나요? 그 이유는 무엇인가요?

• 노란 양동이가 아무리 마음에 들어도 주인이 나타날지도 모르니까 일주일이나 계속 기다린 것이 인상적이었어요. 저 같으면 주인이 없는 것 같으니까 그냥 가져갔을 것 같아요. 등
• 노란 양동이가 진짜로 바람에 날려간 줄 알았는데 꿈이었던 게 재미있었어요. 그런데 그 꿈 때문에 노란 양동이가 사라진 것 같아요. 등

다 아기 여우의 일주일

[요일 별로 아기 여우가 한 일을 정리한다.]

1) 요일 별로 아기 여우에게 일어났던 일을 학습지에 정리하여 봅시다.
• 월요일 : 노란 양동이를 발견하고 일주일이 지나도 주인이 나타나지 않으면 아기 여우가 갖기로 했어요.
• 화요일 : 노랑 양동이를 지켜보고 옆에서 낮잠도 자다가 저녁에는 깨끗이 씻어놓고 왔어요.
• 수요일 …… 토요일
• 일요일 : 노란 양동이가 바람에 날아가는 꿈을 꾸었어요.
• 월요일 : 노란 양동이는 사라지고 없었고 아기 여우는 괜찮다고 생각했어요.

[아기 여우의 일주일 정리한 내용을 바탕으로 '노란 양동이'의 이야기를 간추려 말한다.]

3차시

- **차시 주제 :** 아기 여우의 마음 탐구
- **시간 :** 40분
- **준비물 :** 편지지

가 아기 여우의 마음 탐구하기

[다양한 상황에 처한 아기 여우의 마음을 짐작해 본다.]

1) 아기여우가 노란 양동이를 처음 본 날 노란 양동이를 매우 마음에 들어한다는 것을 알 수 있는 표현을 찾아봅시다.
   - 양동이 안을 들여다보며 인사를 하고 웃기도 하는 모습을 보고 알 수 있어요.
   - 친구들에게 노란 양동이가 반짝반짝한다고 여러 번 말했어요.
   - 노란 양동이를 보고 유채꽃밭 같다고 했어요.
   - 노란 양동이를 손에 들고 눈이 반짝반짝 빛났어요. 등

2) 매일 노란 양동이를 보러 가는 아기 여우의 마음은 어땠을까요?
   - 누가 가져갔을까 봐 불안했을 것 같아요.
   - 빨리 가서 잘 있는지 확인하고 싶었을 것 같아요 등.

3) 화요일 아침에 양동이를 가만히 바라보고, 낮에 양동이 옆에서 잠이 들고, 오후에 깨끗이 씻어놓고 가는 여우의 행동에는 어떤 마음이 담겨있을까요?
   - 너무 너무 갖고 싶고 소중하게 간직하고 싶어 하는 마음이에요.

4) 일주일이 지나 노란 양동이가 사라졌을 때 아기 여우의 마음은 어땠을까요?
   - 사실은 무척 속상했는데 울지 않으려고 아무래도 좋다고 생각했을 것 같아요.

5) 만약 여러분이 아기 여우라면 노란 양동이가 없어졌을 때 어떻게 했을까요?
   - 너무 속상해서 눈물이 났을 것 같아요.

• 어디로 날아갔을까 막 찾아다녔을 것 같아요. 등

6) 여러분은 아기 여우가 '괜찮아, 이제!'라고 말한 것에 대해서 어떻게 생각하나요?

• 말은 그렇게 해도 실제로는 많이 속상했을 것 같아요.
• 그렇게 좋아했는데 포기도 쉽게 잘하는 것 같아요.
• 어쩔 수 없으니까 포기하고 그동안 좋았던 일만 생각하는 것 같아요. 등

나 아기 여우 위로하기

[노란 양동이를 잃은 아기 여우를 위로한다.]

1) 노란 양동이는 어디로 사라진 걸까요? 그 이후 노란 양동이는 어떻게 사용되었을까요?

• 원래 주인이 나타나 가져갔을 것 같아요.
• 바람에 날려 먼 곳으로 날아가 떨어졌고 거기에서 다른 동물이 주워 가지고 놀 것 같아요. 등

2) 노란 양동이를 잃은 아이 여우에게 위로의 말을 해 봅시다.

• 노란 양동이가 너의 것이 되기를 기다리는 일주일동안 무척 행복했잖아. 그러니까 너무 슬퍼하지 마. 원래 주인도 노란 양동이를 찾아서 무척 행복해할거야. 등

[아기 여우를 위로하는 편지를 쓴다.]

1) 노란 양동이를 잃은 아기 여우를 위로하는 편지를 써 봅시다.

4차시

- **차시 주제** : 나의 소중한 보물
- **시간** : 40분
- **준비물** : 그림 그릴 도구

가 아기 여우에게 노란 양동이는?

[노란 양동이가 아기 여우에게 소중한 이유를 생각해 본다.]

1) 비오는 금요일에도 우산을 쓰고 양동이를 찾아간 아기 여우에게서 어떤 마음이 느껴지나요?
   - 비오는 날에는 밖에 나가기 싫은데 아기 여우는 우산을 쓰고라도 노란 양동이를 보러 가는 것을 보니 양동이를 정말 좋아하는 것이 느껴져요.

2) '쏟아지는 비를 맞으며 젖은 양동이를 보고 있자니 아기 여우는 왠지 울고 싶어졌어요.'에서 아기 여우는 왜 울고 싶어졌을까요?
   - 자신이 소중하게 생각하는 노란 양동이가 그냥 비를 맞고 있는 것이 외롭고 슬퍼보여서...
   - 노란 양동이가 비에 젖지 않게 가져가고 싶은데 아직 일주일이 지나지 않아서 못 가져가니까 안타까워서...

3) 아기 여우에게 노란 양동이는 어떻게 소중한 물건이 되었나요?
   - 매일 매일 관심을 가져주었어요.
   - 함께 한 일이 즐거운 추억으로 남았어요.
   - 내 것이라는 기대를 하게 했어요. 등

나 나의 소중한 보물 소개하기

[자신이 소중하게 생각하는 것에 대하여 소개를 한다.]

1) 아기 여우에게 노란 양동이가 소중했던 것처럼 자신에게 소중한 보물을 그림으로 그려봅시다.

2) 그것이 왜 소중한지, 그 보물과 관련된 사연이나 추억을 소개해 봅시다.
   - 저한테 잘해주시고 집에서는 항상 뭐든지 같이 하는 할머니가 가장 소중해요. 할머니는 제가 아기 때부터 업어주고 놀아주고 아플 때도 돌봐주셨어요. 등

3) 그렇게 소중한 물건을 갖거나 소중한 사람과 함께 있기 위하여 어떤 노력을 하였나요?
   - 할머니랑 있고 싶어서 맨날 할머니만 따라 다니고 할머니랑 같이 자요.

다 만약 나의 보물이 사라진다면

[나의 보물이나 소중한 사람이 어느 날 사라진다면 어떤 심정일까 이야기한다.]

1) 자신이 무척 소중하게 생각했던 물건이나 소중한 사람이 사라진 경험이 있나요? 그때의 심정은 어땠나요?
   - 우리집에서 키우던 강아지가 차에 치여서 죽었어요. 강아지가 불쌍하고 우리 식구가 죽은 것 같이 속상해서 울었어요.

2) 만약 여러분이 가장 소중하게 여기는 물건이나 사람이 어느 날 사라진다면 어떤 심정이 들까요?
   - 너무 안타깝고 속상해서 막 울 것 같아요.
   - 아기 여우처럼 함께 했던 좋은 추억 생각하면서 울지 않으려고 할 것 같아요.

4 이런 책도 있어요

반려견의 죽음을 겪으며 슬픔을 마주하고 다스리는 법을 배우게 된 한 아이의 애절하고 가슴 따뜻한 이야기로 『다시 만난 내 친구』가 있다. 사랑하는 것들과 헤어지는 상황이 오더라도 그저 슬퍼만 하는 것이 아니라 그와 함께 보낸 시간을 기억하고 오래도록 좋은 추억으로 간직하는 것이 소중한 일이라는 것을 일깨워준다.

그리고 『노란 양동이』의 저자 모리야마 미야코가 펴낸 아기 여우 시리즈 4권은 모두 아이들의 순수한 마음을 정감있게 잘 나타내었다. 『보물이 날아갔어』에서는 하늘을 날아다니지 않는 종이비행기는 죽은 거나 마찬가지라며 멀리 날아가 버린 종이 비행기를 보며 좋아하는 아기여우, 『흔들흔들 흔들다리』에서는 흔들다리 건너편에 있는 여자 아기여우를 만나기 위해 매일매일 조금씩 흔들다리 건너는 연습을 하는 아기여우, 좀더 크면 다리 건너편에 있는 친구들을 만나러 가자고 아기여우를 말리는 곰과 토끼. 『그 아이를 만났어』에서는 여자 아기여우를 만나 즐겁게 놀다가 다시 친구들한테 돌아오는 아기여우의 이야기가 정겹게 펼쳐진다.

『다시 만난 내 친구』
(박현정 저/박세영 그림
좋은책어린이)

『흔들흔들 흔들다리』

『보물이 날아갔어』
(모리야마 미야코/현암사)

『그 아이를 만났어』

5 활동 결과물

아기 여우의 일주일

◆ 아기 여우가 일주일동안 한 일을 정리하여 봅시다.

요일	아기 여우가 한 일
월	아기 여우가 외나무 다리 근처에서 노란 양동이를 발견했다, 양동이를 갖고 싶었지만 주인이 나타날 때 까지 일주일을 기다리기로 했다.
화	아기 여우는 아침에 낮에 저녁에 모두 세번동안 노란 양동이에게 갔다.
수	아기 여우는 노란 양동이로 낚시를 하는 시늉을 했다.
목	노란 양동이에 물을 담아서 근처에 있는 나무에게 물을 주었다.
금	비가와도 우산을 쓰고 양동이를 보러 갔다. 가서 비를 맞고 있는 양동이를 보고 슬퍼 했다.
토	양동이 어다가 (아기여우 이여둘) 이라고 이름을 쓰는 시늉을 했다.
일	양동이가 바람에 날려 하늘로 날아가는 꿈을 꿨다.
월	노란 양동이는 사라 졌지만 아기여우는 괜찮다고 했다

아기 여우의 일주일

◆ 아기 여우가 일주일동안 한 일을 정리하여 봅시다.

요일	아기 여우가 한 일
월	아기 여우가 외나무 다리 에서 노란 양동이를 발견했다. 갖고 싶지만 주인이 나타날까봐 1주일을 기다린다.
화	여우는 아침에 한낮에 저녁에 몇번이나 왔다갔다 했다.
수	양동이를 이용해서 낚시하는 시늉을하며 놀았다.
목	양동이에 물을 담아 옆에 있는 나무에게 물을 줬다.
금	비가 오는 날 우산을 쓰고 양동이를 보러 갔는데 양동이가 비를 맞고 있어서 속상 했다.
토	양동이 바닥에다 자기 이름을 쓰는 흉내를 냈다.
일	양동이가 바람에 날라 가는 꿈을 꿨다.
월	노랑 양동이는 사라 졌지만 아기 여우는 "괜찮아" 라고 말했다.

〈1~2차시 아기 여우의 일주일 정리〉

아기여우에게

안녕? 난 윤비라고해. 아기여우야 노란양동이가 없어졌는데도 울지 않았다니 정말 넌 씩씩하구나. 난 뭘 잃어버리면 울거든. 넌 진짜 용감해. 양동이도 널 기억할꺼야. 또 양동이는 어딜 갔든 행복하게 살거야 또 언젠간 만날수있겠지. 양동이도 니가 양동이를 좋아한걸 알거야. 너무 속상해 하지마. 너에겐 아직 곰. 토끼. 원숭이. 돼지가 있잖아. 힘내! 그친구들은 널떠나지 않을거야. 넌 항상 얼굴이 밝아 좋아.

<양동이가 없는 아기여우 에게>

아기여우야 노란 양동이는 원래 주인에게 잘 돌아가서 잘 지낼거야 양동이가 없어 져서 슬퍼할줄 알았는데 괜찮다고 말해서 정말 다행이야, 노란 양동이는 분명 다시 만날 수있을거야. 그러니까 다 잊어 버리고 그냥 신나게 평소 처럼 놀아 그러면 저절로 잊어 버릴 거야 나도 응원 할게!

〈3차시 아기 여우 위로하기〉

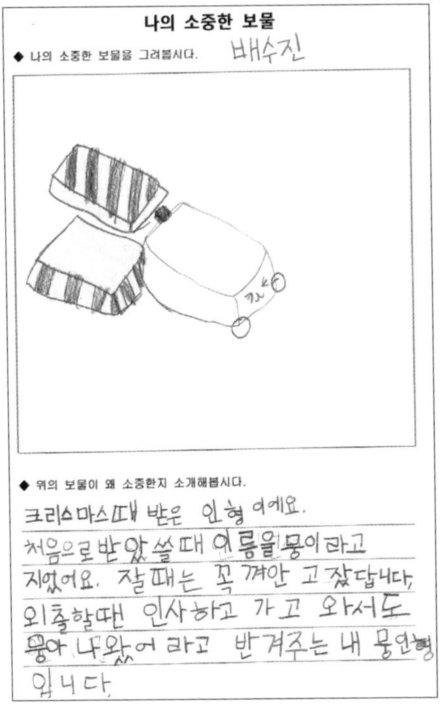
나의 소중한 보물
◆ 나의 소중한 보물을 그려봅시다.
배수진
◆ 위의 보물이 왜 소중한지 소개해봅시다.
크리스마스때 받은 인형이에요.
처음으로 받았쓸때 이름을 뭉이라고
지었어요. 잘때는 꼭 껴안고 잤답니다.
외출할때 인사하고 가고 와서도
뭉아 나왔어 라고 반겨주는 내 뭉인형
입니다.

나의 소중한 보물
원하미
◆ 나의 소중한 보물을 그려봅시다.
ZZ
◆ 위의 보물이 왜 소중한지 소개해봅시다.
이 소인형은 2살인가 3살때인가
부터 같이 자고 같이 놀고 내
가 슬프면 소가 위로해
줍니다.

〈4차시 나의 소중한 보물 소개하기〉

6 수업 성찰

요즘 출판되는 다른 그림동화책은 종이의 질감도 좋고 그림도 선명하여 시각적으로 사람을 끌어들인다. 그에 비해 『노란 양동이』는 책이 작고 그림도 선명하지 않아 아이들이 별 관심을 보이지 않으면 어떨까 걱정을 하며 수업을 시작하였다. 또한 이 책을 구하기도 어려웠는데 학교 도서관에도 없고 동네 도서관에서도 겨우 한 권만 빌릴 수 있었으며 나름 큰 서점에 가보았지만 한 권 밖에 남아있는 책이 없어서 할 수 없이 나 혼자 아이들에게 읽어주기만 하고 아이들 모두가 읽어보는 수업을 전개하지는 못했다. 다행히 이 책을 강력하게 추천하여 주신 김연옥 수

석선생님의 말씀대로 아이들은 책 속으로 푹 빠져 아기 여우의 마음에 공감하며 다양한 생각들을 표현하였다.

책 뒤편에 있는 저자의 말을 읽으며 과연 이 책을 읽는 아이들이 자신과 함께 추억을 만든 것이 소중하다는 생각을 할까, 그런 소중한 것은 사라져도 항상 마음에 남아 있으니 괜찮다는 마음을 이해할 수 있을까 의심스러웠다. 핸드폰이 가장 소중하다고 하지 않을까, 소중한 것이 사라지면 울고 속상해 하는 것이 자연스러운 아이들의 심정 아닐까 생각을 했다. 역시 어떤 아이들은 핸드폰이 가장 소중하다고 답을 했다. 그러나 대부분의 아이들은 주로 가족을 가장 소중하다고 하였고, 가족은 너무 당연히 소중한 거니까 물건 중에서 찾아보자고 하니 오랜 시간을 함께 한 물건 중에서 선택을 하여 설명하였다. 핸드폰이 가장 소중하다고 답한 친구에게는 교사인 내가 또 다른 언급을 할 필요도 없이 아이들이 '핸드폰은 없어져도 새로 사면 아무 문제 없으니까 가장 소중한 것이 아니야. 진짜 소중한 것은 대신할 수 없는거야.'라며 어른스러운 말을 해줘서 '아이들이 그간 많이 컸구나' 생각하며 감탄을 하였다.

[1-2학년군]
작품중심

나의 요술 조약돌

당나귀 실베스터와 요술 조약돌

(윌리엄 스타이그 글 · 그림/이상경 옮김/
다산기획/1994)

1 책 소개

『당나귀 실베스터와 요술 조약돌』은 실베스터가 요술 조약돌을 주우면서 벌어지는 사건들을 통해 가족 간의 사랑을 그린 작품이다. 조약돌을 모으는 것이 취미인 실베스터는 어느 날 소원을 들어주는 빨간 조약돌을 줍는다. 조약돌을 들고 집으로 가던 실베스터는 사자를 만나고 놀란 마음에 바위로 변했으면 좋겠다고 하자 진짜 바위로 변한다. 실베스터는 집에 못 돌아가게 되고 엄마 아빠는 큰 슬픔에 빠져 실베스터가 돌아오기만을 기다리는 가족 간의 사랑이 눈물겨운 작품이다.

이 동화는 환상적인 이야기와 유쾌한 그림이 어우러진 그림책으로 스타이그의 다른 책들과 마찬가지로 동물이 주인공이며 발단, 전개, 위기, 절정, 결말의 전형적인 이야기 형식을 탄탄하게 갖춘 짜임새 있는 이야기이다. 소원을 들어주는 요술 조약돌이라는 아이들의 흥미를 끌기에 충분한 소재와 바위로 변신하여 아무도 찾지 못하는 위기 상황, 가족을 애타게 그리워하는 사랑 등이 적절히 배합되어 재미와 교훈을 동시에 준다. 결말 부분에서 소원을 들어주는 요술 조약돌이 있음에도 불구하고 금고 속에 넣어버리고 가족이 함께 있는 지금은 더 바랄 것이 없다는 장면은 가족의 사랑이 가장 소중하다는 것을 느끼게 하는 감동을 준다.

2 동화 깊이 읽기

본 수업은 읽기 전 대화와 읽은 후 대화로 이야기를 깊이 있게 이해하고 나에게도 요술조약돌이 있다면 어떤 요술을 부릴까 상상해보게 하여 이야기의 재미를 극대화한다. 그리고 소중한 나의 가족에 대하여 생각해보는 활동을 통해 가족의 사랑, 소중함 등에 대해 느낄 수 있는 활동으로 구성하였다.

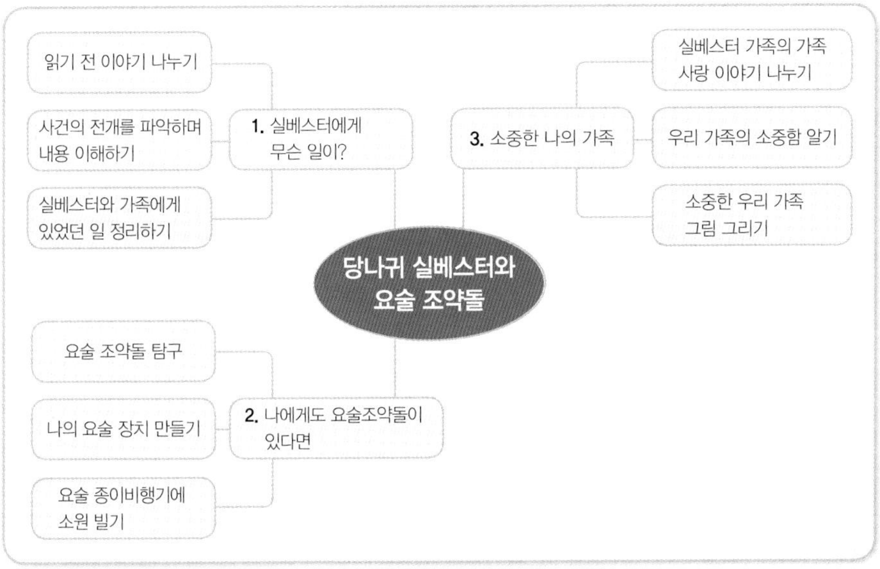

3 실제 활용 방법

1~2차시

• 차시 주제 : 실베스터에게 무슨 일이?
• 시간 : 80분
• 준비물 : 그림책의 장면 확대 ppt 자료

가 읽기 전 이야기 나누기

[책의 표지와 제목만 보고 내용을 상상하여 이야기한다.]

1) 표지 그림을 보고 어떤 상황인지 설명해 봅시다.
2) 당나귀는 돼지, 닭과 같은 동물들에게 무슨 이야기를 하고 있을까요?
3) 당나귀가 요술 조약돌을 가지고 무슨 일이 생길까요?

나 사건의 전개를 파악하며 내용 이해하기

[사건의 전개를 파악하며 내용을 이해할 수 있도록 질문을 하며 이야기를 읽어준다.]

1) 실베스터의 취미는 무엇인가요?
   • 모양과 색이 이상한 조약돌을 모으는 것입니다.

2) 실베스터처럼 무언가를 모으는 것이 취미인 친구 있나요? 무엇을 모으는 것이 취미인가요?

3) 요술 조약돌은 어떤 때 요술을 부리나요?
   • 손에 조약돌을 꼭 쥐고 소원을 빌 때 요술을 부립니다.

4) 실베스터는 사자를 만나자 바위로 변하라고 소원을 빌었어요. 여러분 같았으면 어떤 소원을 빌었을까요?

5) 그런데 실베스터는 왜 겨우 바위로 변하라는 소원을 빌었을까요?

• 생각이 잘 나지 않았기 때문입니다.

6) 여러분도 실베스터처럼 너무 당황해서 엉뚱한 말이나 행동을 한 경험이 있나요?

7) 실베스터를 잃은 부모님의 마음은 어떨까요?

• 하늘이 무너지는 것 같아요. 너무 슬퍼서 아무것도 할 수 없었을 것 같아요.

8) 실베스터는 어떻게 원래 모습으로 돌아올 수 있었나요?

• 실베스터의 부모님이 소풍을 와서 실베스터가 변한 바위 위에 요술 조약돌을 올려놓았어요. 실베스터는 원래대로 당나귀가 되고 싶다고 빌어서 원래 모습으로 돌아왔어요.

9) 실베스터 가족은 그 후 요술 조약돌을 어떻게 하였나요?

• 금고 속에 넣었어요.

다 실베스터와 가족에게 있었던 일 정리하기

[그림책을 다 읽고 실베스터와 가족에게 있었던 일을 이야기하며 정리한다.]

1) 4쪽 그림의 꽃과 32쪽 그림의 꽃이 달라진 까닭은 무엇일까요?

• 4쪽의 꽃은 가족이 함께 있으니까 행복해서 활짝 피어있고 32쪽의 꽃은 엄마가 슬픔에 빠져서 시들었어요.
• 엄마가 너무 슬퍼서 꽃에다 물을 줄 생각을 못 했을 것 같아요.

2) 많은 동물들이 실베스터를 걱정하고 함께 찾는 것으로 보아 평소 실베스터의 성격은 어땠을까요?
• 요술 조약돌이 생겼을 때 실베스터는 요술 조약돌로 엄마, 아빠, 친척들은 물론 친구들도 바라는 것이 있으면 다 들어준다고 하는 걸로 보아서 욕심을 부리지 않고 모두에게 친절하게 대할 것 같아요.

3) 아빠는 조약돌이 소원을 들어주는 요술 조약돌이라는 것을 알고도 왜 금고에 넣고 잠그었을까요?
• 실베스터를 찾아서 너무 행복하기 때문에 더 이상 바랄 것이 없기 때문입니다. 더 큰 욕심을 부리면 또 안 좋은 일이 생길까봐 겁이 났기 때문이에요. 등

라 인상 깊은 장면 이야기하기

[그림책을 읽고 인상 깊은 장면에 대해 이야기를 나눈다.]

1) 그림책에서 가장 재미있는 장면은 무엇인가요?
• 조약돌을 땅에다 내려놓고 말해보고 손에다 들고 소원을 말해보면서 손에 들고 소원을 말해야 소원이 들어진다는 것을 알게 되는 장면이 재미있었어요.

2) 가장 아슬아슬했던 장면은 어디인가요?
• 실베스터가 사자를 만났을 때요. 바위가 실베스터인 줄도 모르고 엄마 아빠가 바위 위에 식탁을 차릴 때요. 아빠가 요술 조약돌을 발견했을 때요. 등

3) 가장 감동적인 장면은 어디인가요?

• 바위 옆에서 엄마가 '실베스터가 가까이에 있는 것 같아요'라고 했을 때요.
• 아빠가 요술 조약돌을 바위 위에 놓고 실베스터는 그것도 모르고 소원을 빌 때요.
• 요술조약돌을 그냥 금고 속에 넣어버렸을 때요. 등

3차시

• **차시 주제** : 나에게도 요술 조약돌이 있다면
• **시간** : 40분
• **준비물** : 학습지, 종이비행기를 접을 색종이

가 실베스터의 요술 조약돌 탐구

[실베스터의 빨간 요술 조약돌에 대하여 탐구한다.]

1) 실베스터의 빨간 요술 조약돌을 탐구하여 다음의 표를 정리하여 봅시다.

모양 그리기	요술을 거는 장치	요술을 푸는 장치	요술을 부리는 조건
	소원을 빈다.	요술을 풀어달라고 소원을 빈다.	손에 꼭 쥐고 소원을 빈다.

나 나의 요술 장치 만들기

[내가 좋아하는 물건에 요술 장치를 만든다.]

1) 취미로 수집을 하는 것이 있나요?
• 딱지를 모아요, 병뚜껑을 모아요. 등

2) 만약 나에게도 요술을 걸 수 있는 물건이 있다면 어떤 물건이 요술을 부릴 수 있으면 좋은가요?

3) 자신이 좋아하는 물건에 실베스터의 요술 조약돌처럼 요술을 걸고 푸는 장치를 만들어봅시다.

모양 그리기	요술을 거는 장치	요술을 푸는 장치	요술을 부리는 조건
	손으로 물건을 비비면서 소원을 빈다.	발로 물건을 비비면서 요술을 풀어달라고 빈다.	눈을 감은 채로 소원을 빌어야 한다.

다 요술 종이비행기에 소원 빌기

[요술 조약돌이 있다면 무슨 소원을 빌까 이야기 나눈다.]

1) 만약 나에게 요술 조약돌이 있다면 무엇으로 변하고 싶은가요?
2) 만약 나에게 요술 조약돌이 있다면 어떤 소원을 빌고 싶은가요?

[소원을 들어주는 요술 종이비행기를 접어 날린다.]

1) 나의 간절한 소원을 들어주는 요술 종이비행기를 접어봅시다. 종이비행기에 소원을 먼저 적고 종이비행기를 만듭니다.
2) 소원이 이루어지길 바라는 마음을 간절히 담아 종이비행기를 날려봅시다.

4차시

- **차시 주제 :** 소중한 나의 가족
- **시간 :** 40분
- **준비물 :** 그림 그릴 도구, 학습지

가 실베스터 가족의 가족 사랑 이야기 나누기

[실베스터 가족의 지극한 가족 사랑에 대하여 알아가는 이야기를 나눈다.]

1) 실베스터가 부모님을 사랑하는지 어떻게 알 수 있나요?
   - 요술 조약돌을 발견하고 엄마, 아빠의 소원을 들어주어야겠다고 생각하고 엄마, 아빠를 놀래주고 싶어 했어요.

2) 부모님이 실베스터를 사랑하는지 어떻게 알 수 있나요?
   - 실베스터가 없어지고 계절이 여러 번 바뀌어도 실베스터 생각에 슬퍼했어요.

3) 실베스터의 조약돌을 모으는 취미를 부모님은 어떻게 생각했을까요?
   - 실베스터의 취미니까 열심히 모으게 했을 것 같아요.

4) 만약 아빠가 실베스터의 조약돌 모으는 취미에 관심이 없었다면 일이 어떻게 되었을까요?
   - 바위 옆의 빨간 조약돌을 보고도 실베스터가 좋아할 거란 생각을 못하고 바위 위에 올려놓지 않았을 거예요. 그래서 실베스터는 당나귀로 돌아오지 못했을 거예요.

나 우리 가족의 소중함 알기

[우리 가족의 사랑과 소중함에 대하여 생각해 본다.]

1) 가족이 소중하다고 느꼈을 때가 언제인지 이야기하여 봅시다.
   - 내가 아파서 엄마가 옆에서 계속 간호해줄 때 가족이 소중하다고 생각했어요.
   - 운동회 때 가족이 아무도 안 오면 슬프겠다고 생각했는데 우리 가족이 와서 기뻤어요.

2) 우리 가족은 나의 취미에 대해 관심이 있는지, 나는 가족들에게 얼마나 많은 관심이 있는지 생각해봅시다.

다 소중한 우리 가족 그림 그리기

[우리 가족의 모습이나 가족의 소중함을 느낀 장면을 그린다.]

1) 내가 사랑하는 우리 가족의 모습이나 가족의 소중함을 느꼈을 때를 그려봅시다.
2) 왜 이 장면을 그렸는지 설명해 봅시다.

[소중한 우리 가족을 지키기 위한 다짐을 한다.]

1) 소중한 우리 가족을 지키기 위하여 앞으로 나는 어떻게 할 것인지 이야기하고 다짐해 봅시다.
   - 우리 가족이 무엇을 좋아하고 싫어하는지 더 관심을 갖겠습니다. 가족과 함께 있다면 더 큰 욕심을 부리지 않겠습니다. 등

4 이런 책도 있어요

변신을 소재로 하여 가족의 사랑을 다루고 있다는 다른 동화로 『녹슨 못이 된 솔로몬』이 있다. 녹슨 못으로 변하는 재주를 가지고 있던 토끼가 고양이에게 잡혀갔다가 가족들 품으로 돌아오게 된다는 이야기로 『당나귀 실베스터와 요술 조약돌』과 거의 똑같은 이야기 구조를 가졌으며 작가도 '윌리엄 스타이그'로 동일하다.

『녹슨 못이 된 솔로몬』
(윌리엄 스타이그/시공사)

5 활동 결과물

실베스터의 빨간 요술 조약돌 대탐구

모양 그리기	요술을 거는 장치	요술을 푸는 장치	요술을 부리는 조건
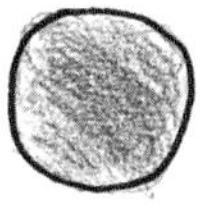	조약돌을 잡고 원하는 소원을 말한다.	조약돌을 잡고 소원을 풀어달라 한다.	손에 꼭 쥐고 있어야 한다.

나의 요술 장치 만들기

모양 그리기	요술을 거는 장치	요술을 푸는 장치	요술을 부리는 조건
	팔에 끼고 자신에 사진을 껴야한다 그리고 소원을 빈다.	자신에 사진을 빼면 된다	팔에 꼭 끼고 있어야 된다.

〈3차시 실베스터의 요술 조약돌과 나의 요술 장치〉

1. 마술사가 되게 해주세요.
2. 가족이 건강하게 해주세요.
3. 친구 기태의 소원인 축구선수가 되게 해주세요.

〈3차시 나의 소원 적어보기〉

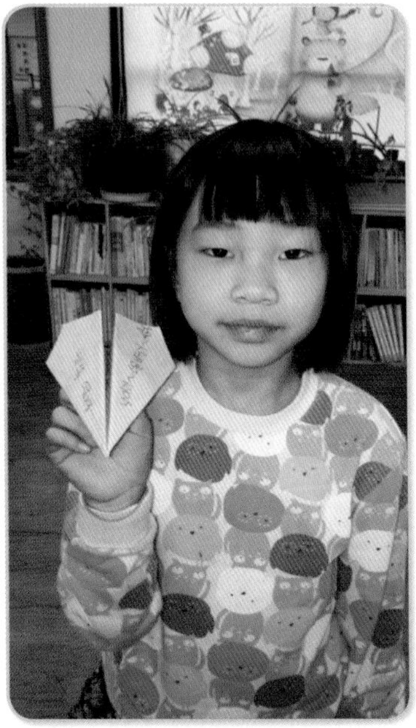

〈3차시 소원 들어주는 종이비행기〉

〈4차시 소중한 우리 가족 그림 그리기〉

6 수업 성찰

요술을 부리는 조약돌을 발견하여 그 조약돌로 요술을 부리고 어떤 문제가 발생하였다가 다시 원래대로 돌아온다는 단순하고 뻔한 이야기이지만 아이들은 이야기 속으로 쏙 빠져들었다. 특히 엄마, 아빠가 봄나들이를 나왔는데 실베스터가 변한 바위 위에 앉아서 실베스터를 그리워하고 바위 위에 식탁을 차릴 때는 아이들이 모두 안타까워하면서 이야기에 귀를 기울였다. 뻔한 이야기 속에서도 자식을 사랑하고 그리워하는 부모의 마음이 애절하게 느껴졌고, '세월호 사건'으로 자식을 떠나보낸 부모의 마음까지 생각해보며 안타까움을 함께 느낄 수 있었던 수업이었다.

'가족 간의 사랑'이라는 주제와 관련된 활동만 전개한 것이 아니라 '요술'이라는 아이들이 좋아하는 소재를 활용하여 여러 가지 소원을 빌어보는 활동을 전개함으로써 흥미를 배가시킬 수 있었다. 아이들은 대부분 자신의 꿈(장래 희망)이 이루어지게 해달라는 소원과 가족이 건강하게 오래 같이 살게 해달라는 소원을 빌었다. 어떤 물질적인 욕망보다 꿈, 가족을 소중하게 여기는 아이들의 순수함을 느끼며 그들의 소원이 이루어지길 함께 빌었다. 아이들은 선생님의 소원은 뭐냐고 물었는데 나는 거짓을 말할 수도 없고 사실을 말하자니 부끄러워 비밀이라고 말하며 대답을 회피했다.

[1-2학년군]
교과통합

마음의 눈으로 바라보기

악어오리 구지구지

(천즈위엔/예림당/2003)

관련 교과 및 성취 기준

국어

- [2국01-05] 말하는 이와 말의 내용에 집중하며 듣는다.
- [2국03-03] 주변의 사람이나 사물에 대해 짧은 글을 쓴다.

통합(가족)

- [2슬03-01] 우리 가족의 특징을 조사하여 소개한다.
- [2즐03-01] 가족 구성원이 하는 역할을 고려하여 고마운 마음을 작품으로 표현한다.

창의적 체험활동

- (창의주제활동) 음식 재료를 이용하여 우리 가족을 만든다.

1 책 소개

오리 알 둥지 속으로 데굴데굴 굴러 들어간 악어 알. 얼마 후, 점박이, 얼룩이, 달빛이가 나오고 악어 알에서도 구지구지가 태어난다. 아기오리들과 함께 구지구지는 헤엄치기도 배우고, 다이빙도 배우고, 뒤뚱뒤뚱 걸음마도 배우고, 생김새는 다르지만 엄마오리는 모두를 똑같이 사랑해준다. 어느 날 악어가 나타나 구지구지에게 악어임을 말해주며 오리를 잡아먹는 것을 도와야 한다 하지만 물결위에 비친 자신의 모습을 보며 자신은 악어오리라 말하고 꾀를 내어 악어로부터 오리 가족을 지키는 이야기이다.

태어날 때부터 생김새가 달랐지만 엄마오리나 아기오리들은 한 번도 구지구지를 가족이 아니라고 생각한 적이 없다. 그렇기 때문에 자신과 똑같은 모습을 한 악어들로 인해 자신의 정체성을 고민하게 되지만 "나는 악어오리야!"라는 행복한 결론을 내리는 힘을 가질 수 있었을 것이다. 물결에 비친 모습을 보며 악어 모습을 보게 되지만 그보다 더 중요한 것은 자신의 마음임을 알게 되는 모습을 통해 겉모습이 중요하지 않음을 느끼게 하는 동화이다.

2 프로젝트 주제

본 프로젝트의 주제는 '마음의 눈으로 바라보기'이다. 이 프로젝트에서는 학생들은『악어오리 구지구지』를 통해 자신과 가족의 참모습을 바라보며, 가족의 소중함을 직접 표현하게 한다.

통합 '가족과 친척[2슬03-01] 우리 가족의 특징을 조사하여 소개한다.'와 '듣기 · 말하기[2국01-05] 말하는 이와 말의 내용에 집중하며 듣는다.' 성취기준과 연계하여 자신뿐 아니라 가족에 대해서도 보여지는 모습뿐 아니라 보이지 않는 모습까지 볼 수 있도록 한다. 창의적 체험활동 시간과 통합 '가족과 친척[2즐03-01] 가족 구성원이 하는 역할을 고려하여 고마운 마음을 작품으로 표현한다.'을 연계하여 음식 재료를 활용하여 우리 가족을 만들어보며, 국어 '쓰기[2국03-03] 주변의 사람이나 사물에 대해 짧은 글을 쓴다.'를 통해 가족에게 고마운 마음을 편지로 전하는 글을 써서 마음을 전달하도록 한다.

이와 같은 과정을 통해 학생들은 보여지는 모습으로 판단하는 것이 아닌 마음의 눈으로 자신과 친구, 가족을 바라보는 따뜻한 마음을 키울 수 있으며, 주변을 더욱 자세히 관찰하며 새로운 친구를 만들어 내기에 상상력을, 표현 시 재미있는 흉내 내는 말을 넣어 사용하므로 창의적 사고역량과 문화 향유 역량을 키우게 될 것이다. 마음을 음식 만들기와 편지로 직접 전달하는 활동을 통해 의사소통능력을 키울 수 있다.

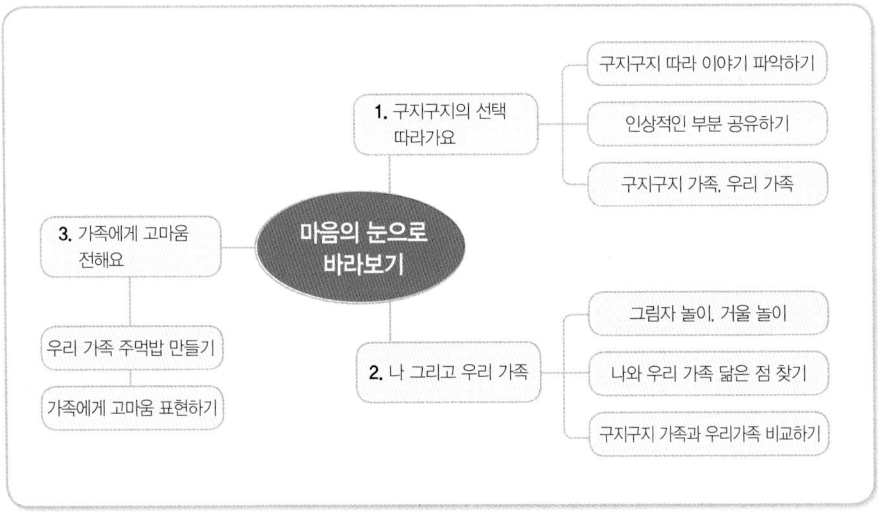

3 실제 활용 방법

1~2차시

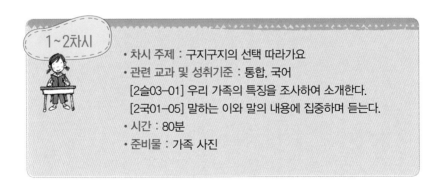

- 차시 주제 : 구지구지의 선택 따라가요
- 관련 교과 및 성취기준 : 통합, 국어
  [2슬03-01] 우리 가족의 특징을 조사하여 소개한다.
  [2국01-05] 말하는 이와 말의 내용에 집중하며 듣는다.
- 시간 : 80분
- 준비물 : 가족 사진

가 구지구지 따라 이야기 파악하기

[제목과 표지를 통해 이야기를 예측해 본다.]

1) (책을 보여주기 전) 악어오리 구지구지 제목을 듣고 떠오르는 것을 발표해 봅시다.
   - 악어랑 오리가 나오는 이야기 같아요. 악어를 닮은 오리 이야기 같아요. 등

2) 오리와 악어의 특징을 생각해 봅시다.
   - 오리는 날개가 있고 악어는 다리가 네 개에요.

3) 오리와 악어의 공통점을 생각해 봅시다.

4) 오리와 악어의 사이는 어떠할까요?
   - 악어가 오리를 잡아먹기에 서로 친구는 아닐 것 같아요.

5) 오리에게 이름을 지어준다면 어떤 이름을 지어줄지 이유와 함께 이야기 해봅시다.
   - 꽥꽥 우니 꽥꽥이요. 뒤뚱뒤뚱 걸어다니니 뒤뚱이요.

6) 악어에게 이름을 붙여준다면 어떤 이름을 지어줄지 이유와 함께 이야기 해 봅시다.
   - 네 발로 엉금엉금 걸어다니니 엉금이요. 무서우니 무서움이요.

7) (책 표지를 보여주며)누가 악어오리 구지구지일까요?
   - 오리가 깔고 앉아 있는 악어가 구지구지일 것 같아요.

8) 표지를 보고 생각이나 느낌을 이야기해 봅시다.
   - 악어와 함께 있는데 오리가 너무 편해 보여요. 악어랑 오리가 친해 보여요. 등

9) 악어를 왜 악어오리라고 부를까요?

• 오리랑 같이 있어서 악어오리라고 하는 것 같아요.

10) 악어는 왜 이름이 구지구지일까요?

• 구지구지라고 울어서 구지구지일 것 같아요.

11) 오리와 악어는 왜 함께 있을까요?

• 착한 악어여서 오리를 안잡아 먹고 친구로 지내는 것 같아요.

12) (책 속지를 보여주며) 네 개의 그림자의 닮은 점을 찾아봅시다.

• 오리랑 악어의 그림자가 닮았어요.

[악어오리 구지구지의 탄생과 생활을 살펴본다.]

1) 엄마오리는 오리 아기들에게 어떻게 이름을 지어 주었나요?

• 특징을 살려 이름을 지어주었어요. 점박이, 얼룩이, 달빛이라고 지었어요.

2) 네 번째 오리에게는 어떻게 이름을 지어주었나요?

• 자꾸 '구욱구욱' 하고 중얼거려서 구지구지라고 지었어요.

3) 알에서 태어난 구지구지는 어떻게 생활했나요?

• 엄마 오리를 따라 오리처럼 행동하며 생활했어요.

4) 구지구지는 자신을 누구라고 생각하고 있을까요?

• 엄마오리와 형제오리와 같은 오리라고 생각하고 있을 것 같아요.

[악어오리 구지구지의 선택을 파악해본다.]

1) 호수에서 무서운 악어를 만났을 때 구지구지는 어떤 생각을 했을까요?

• 오리인 자기를 잡아먹을까봐 무서웠을 것 같아요.

2) 악어들이 구지구지에게 '너는 악어야!'라고 말했을 때 어떤 기분이었을까요?

• 믿지 못했을 것 같아요. 무서웠을 것 같아요.

3) 악어들이 오리를 데리고 다리 위로 오라고 했을 때 고민했던 까닭은 무엇일

까요?

- 자기는 악어이기 때문에 악어를 도와야 할 것 같기도 하고, 오리랑 가족으로 살았으니 오리를 죽게 할 수 없을 것 같아서 속상했을 것 같아요.

4) 구지구지는 악어이니 악어 가족의 말을 들어야하겠지요?

- 안돼요. 오리랑 같이 살았으니 오리가 가족이에요.

5) 구지구지는 자신과 똑같이 생긴 악어들의 부탁들 왜 들어주지 않았을까요?

- 모습만 닮았다고 가족은 아니에요.

나 인상적인 부분 공유하기

[정체성을 찾아가는 구지구지의 모습을 파악한다.]

1) 이야기 중에서 기억에 남는 장면이나 내용을 발표해 봅시다.

- 악어 아저씨들이 오리를 먹으려고 데려오라는 장면이 기억나요. 호수에서 자기 모습을 바라보는 모습이 기억에 남아요. 구지구지와 오리들이 다리 밑으로 돌덩이를 던지는 것이 재미있어요. 마지막에 호수에 오리랑 똑같은 그림자가 재미있었어요.

2) 악어들을 만난 후 구지구지는 왜 호수로 갔을까요?

- 자기가 악어인지 오리인지 모르겠기에 속상해서 간 것 같아요.

3) 호수에 비친 자기 모습을 보며 어떤 생각을 했을까요?

- 생긴 겉모습은 악어인데, 악어처럼 무섭지 않고 표정이 오리처럼 귀여워서 오리를 잡아먹는 무서운 악어가 아니라고 생각한 것 같아요.

4) 오리들은 무서운 악어 모습을 한 구지구지와 계속 사는 이유는 무엇일까요?

- 겉모습은 무서운 악어지만, 구지구지는 착하고 처음부터 함께 살았기 때문에요.

[연못에 비친 구지구지의 모습에서 대상을 바라보는 관점을 생각해 본다.]

1) 구지구지가 자기에 대해 깊게 생각하는 장면을 정리해 봅시다.

- 호수에서 '나는 악어오리야!'라고 하는 부분 같아요. 연못에 비친 모습을 보며 '얼룩이랑 똑같죠?' 하는 부분이요.

2) 구지구지는 자신을 악어 또는 오리라고 하지 않고 '악어오리'라고 했을까요?

- 생긴 것은 악어지만, 마음은 오리이기에 악어나 오리 어느 한 쪽이 아니라 두 개를 합한 악어오리라고 생각한 것 같아요.

3) 자신이 생각할 때 구지구지는 악어일까요? 오리일까요?

- 악어처럼 생겼으니 악어에요. 하는 행동이나 마음이 오리이니 오리에요. 구지구지 말처럼 모습은 악어지만 마음은 오리이니 악어오리에요.

다 구지구지 가족, 우리 가족

[가족에 대해 생각하며 우리 가족을 소개한다.]

1) 가족이란 무엇이라고 생각하나요?

- 함께 살고 있는 사람들이 가족이에요.

2) 구지구지의 가족은 누구누구 입니까?

- 엄마오리, 점박이, 얼룩이, 달빛이 오리 형제들입니다.

3) 가족 사진을 보며 친구들에게 자신의 가족을 소개해 봅시다.

4) 가족별 특징을 소개해 봅시다.

3차시

- 차시 주제 : 나 그리고 우리 가족
- 관련 교과 및 성취기준 : 통합
  [2슬03-01] 우리 가족의 특징을 조사하여 소개한다.
- 시간 : 40분
- 준비물 : 거울, 가족사진, 가족과 닮은 점 찾는 학습지

가 그림자 놀이, 거울 놀이

[그림자 놀이, 거울 놀이를 통해 자신에 대해 생각해 본다.]

1) 자신에 대해 알고 있는 점을 소개해 봅시다.
   - 파마머리에요. 키가 커요. 무서움을 많이 느껴요.

2) 자신에 대해 소개한 것은 어떻게 알게 된 것인가요?
   - 엄마가 말해줬어요. 친구가 말해줬어요. 거울로 봤어요.

3) 구지구지처럼 그림자를 통해 알게 된 것을 찾아봅시다.
   - 짝과 내 손 모양이 다른데, 그림자는 똑같아 보여요. 생긴 것이 달라도 그림자는 비슷해요.

4) 친구와 함께 거울 놀이를 통해 자신에 대해 생각해 봅시다.
   - 짝과 닮은 점도 있는데, 다른 점도 보여요.

5) 겉으로 보이지 않는 자신의 모습을 색이나 모양으로 그리고 설명해 봅시다.
   - 저는 얼굴이 까만 편이지만 마음은 따뜻한 노란색이에요. 등

나 나와 우리 가족 닮은 점 찾기

[가족과 닮은 점을 보이는 모습과 보이지 않는 모습을 찾아본다.]

1) 가족의 사진을 보며 자신의 모습과 비교해 봅시다.

- 눈 모습이 닮았어요. 코가 닮았어요. 등

2) 보이지 않지만 닮은 점을 생각해 봅시다.

- 좋아하는 음식이 똑같아요. 무서움을 많이 타는 것이 닮았어요. 등

3) 가족과 닮은 점을 눈에 보이는 것과 보이지 않는 점으로 정리해 봅시다.

4) 가족사진과 함께 친구들에게 자신과 닮은 점을 소개해 봅시다.

다 구지구지 가족과 우리 가족 비교하기

[구지구지 가족과 비교하며 우리 가족에 대해 생각해 본다.]

1) 구지구지 가족과 우리 가족 모습을 비교해 봅시다.

- 구지구지네 가족이 4명인데, 우리 가족도 4명이에요. 구지구지네는 아빠가 없는데 우리는 아빠가 있어요. 우리 가족은 할아버지도 있어요. 구지구지네 가족은 모습이 다른데, 우리 가족도 아빠가 외국에서 태어나서 얼굴 색깔이 달라요. 등

2) 구지구지 가족과 우리 가족의 같은 점을 찾아봅시다.

- 함께 살아요. 서로서로 사랑해요. 등

4~5차시

- 차시 주제 : 가족에게 고마움 전해요
- 관련 교과 및 성취기준 : 국어, 통합, 창의적 체험활동
  [2국03-03] 주변의 사람이나 사물에 대해 짧은 글을 쓴다.
  [2즐03-01] 가족 구성원이 하는 역할을 고려하여 고마운 마음을 작품으로 표현한다.
  [창의적 체험활동] 음식 재료를 이용하여 우리 가족을 만든다.
- 시간 : 80분
- 준비물 : 주먹밥 만들 재료, 편지학습지

가 우리 가족 주먹밥 만들기

[가족의 특징을 생각하며 가족 모습을 주먹밥으로 만들어 본다.]

1) 가족의 어떤 특징을 주먹밥으로 만들고 싶은가요?
   - 안경 쓴 모습의 아빠를 만들고 싶어요. 입이 큰 형의 모습을 만들고 싶어요. 등

2) 어떤 재료를 이용해 가족 모습 주먹밥을 만들 것 인가요?
   - 김으로 머리를 만들고 싶어요. 당근으로 엄마 핀을 만들고 싶어요. 치즈로 얼굴색을 표현하고 싶어요.

3) 다양한 재료를 이용하여 가족들의 특징이 나타나도록 가족 주먹밥을 만들어 봅시다.

4) 만든 가족 주먹밥을 보며 잘한 점을 칭찬해 봅시다.

나 가족에게 고마움 표현하기

[가족 모습 주먹밥과 함께 전달할 가족에게 고마움을 쓴 편지를 쓴다.]

1) 누구에게 쓰고 싶은가요?

2) 어떤 내용을 쓰고 싶은가요?

3) 특히 어떤 고마움을 전하고 싶은가요?

- 내가 아플 때, 엄마가 없을 때 보살펴준 할머니에게 고마운 마음을 전하고 싶어요. 우리 학교에 보내주어 좋은 친구들과 지낼 수 있게 해준 아빠에게 고마움을 전하고 싶어요. 등

4 이런 책도 있어요

'다름'에 대한 편견과 화합의 길, 그리고 다함께 사는 사회의 소중함에 대해 이야기 할 수 있는『까만 아기 양』,『달라서 좋아요!』도 있다. 겉모습을 보지 못한 상황에서 서로 교감한 후, 겉모습을 본 이후에도 서로를 믿는『폭풍우 치는 밤에』도 있다.

『까만 아기 양』
(엘리자베스 쇼/푸른그림책)

『달라서 좋아요!』
(후세 야스코/대교출판)

『폭풍우 치는 밤에』
(기무라 유이치/아이세움)

5 활동 결과물

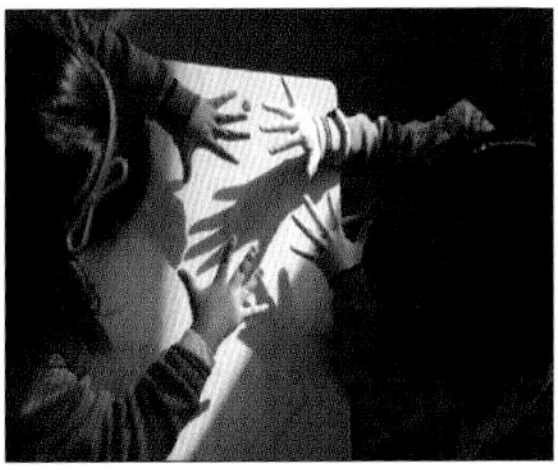

〈2차시 우리 가족 소개하기〉　　〈3차시 그림자놀이, 거울놀이로 자기를 바라보는 활동〉

〈3차시 우리 가족 닮은 점 찾기〉

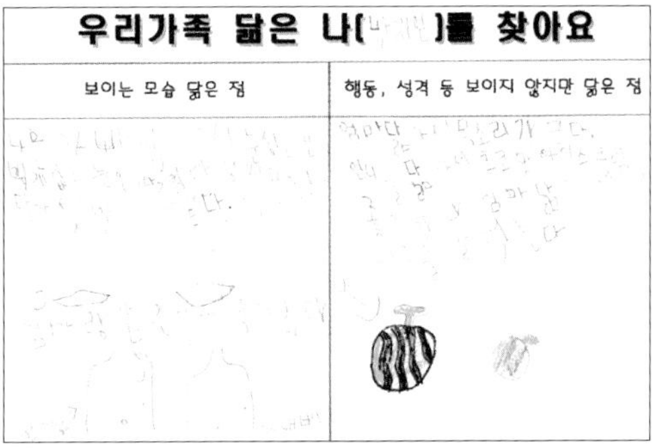

〈3차시 보이는 모습과 보이지 않는 모습 닮은 점 정리 작품〉

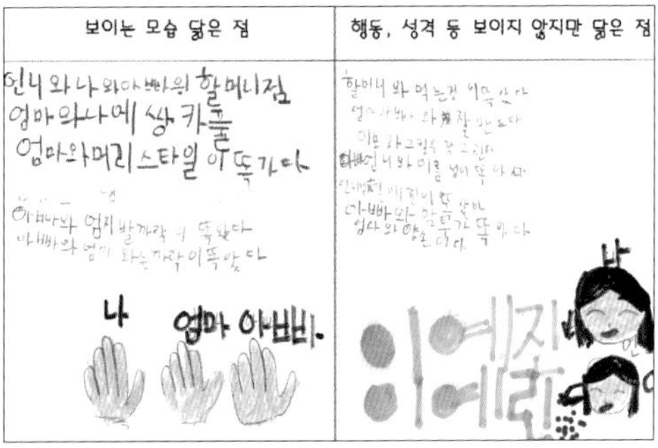

〈3차시 보이는 모습과 보이지 않는 모습 닮은 점 정리 작품〉

〈4차시 우리 가족 특징 나타나도록 가족 주먹밥 만들기〉

〈5차시 가족에게 고마움 표현하는 편지 쓰기 작품〉

6 수업 성찰

『악어오리 구지구지』와 함께 한 '마음의 눈으로 바라보기' 프로젝트를 통해 겉모습뿐 아니라 보이지 않는 부분까지 바라볼 수 있는 활동을 통해 자기에 대해서도 생각해 보는 시간을 가질 수 있었다. 자존감이 낮은 학생은 보이지 않는 자신의 장점을 찾아 자신있게 자신을 소개하기도 하였다. 가족과 보이는 점과 보이지 모습과 보이지 않는 모습을 생각하며 닮은 점을 찾는 활동에서는 진정한 가족의 의미에 대해 생각하는 모습을 보였다. 가족에게 고마움을 표현하는 편지 쓰기에서는 머리카락이 닮은 반려견에게 편지를 쓰는 모습에서 가족의 범위에 대해서도 확장하여 생각하는 열린 사고를 공유할 수 있었다.

[1-2학년군]
교과통합

'풍덩풍덩, 쪼롤루르' 친구와 함께 말놀이 여행

장수탕 선녀님

(백희나/책읽는곰/2012)

관련 교과 및 성취 기준

국어

- [2국01-03] 자신의 감정을 표현하며 대화를 나눈다.
- [2국03-02] 자신의 생각을 문장으로 표현한다.
- [2국05-03] 여러 가지 말놀이를 통해 말의 재미를 느낀다.

통합(학교)

- [2슬01-02] 여러 친구의 다양한 특성을 이해하고 친구와 잘 지내는 방법을 알아본다.
- [2즐01-01] 친구와 친해질 수 있는 놀이를 한다.

1 책 소개

엄마를 따라 목욕탕에 간 덕지는 깊게 파인 주름과 풍만한 알몸이 선녀님이라기보다 동네 할머니에 가까운 장수탕 선녀님을 만난다. 장수탕 선녀님은 덕지에게 오랫동안 연마한 냉탕에서 노는 법을 알려주고, 이에 대한 보답으로 덕지는 요구르트를 선물로 드린다. 목욕탕을 다녀온 날 밤 감기에 걸려 힘들어하는 덕지에게 다시 나타나 덕지를 낫게 해주는 장수탕 선녀님 이야기이다.

덕지가 선녀 할머니를 만나면서 일상적이었던 목욕탕은 현실 세계와 상상 세계를 넘나들며 신 나게 노는 장소로 변하게 된다. 목욕탕에서 마셨던 달콤하고 시원한 요구르트, 냉탕에서 신나게 물장구를 치는 모습을 재미있는 의성어와 의태어로 표현하여 살아있는 글을 읽게 만든다. 선녀 할머니에게 요구르트를 선물하고 싶어 싫은 때밀이도 참는 덕지, 선물로 받은 요구르트를 행복하게 마신 후 밤에 아픈 덕지를 낫게 해주는 선녀님의 모습에서 따뜻함이 느껴지며 친구에 대해 생각하게 하는 동화이다.

2 프로젝트 주제

본 프로젝트의 주제는 '풍덩풍덩 쪼릅루르 친구와 함께 말놀이 여행'이다. 이 프로젝트에서는 학생들은 『장수탕 선녀님』을 통해 흉내 내는 말에 대한 재미를 느끼고 학생들이 직접 말의 재미를 느끼게 하며, 자신만의 상상의 친구에 대한 이야기를 만들도록 한다.

국어 '듣기·말하기[2국01-03] 자신의 감정을 표현하며 대화를 나눈다.'와 '문학[2국05-03] 여러 가지 말놀이를 통해 말의 재미를 느낀다.' 성취기준과 연계하여 이야기를 파악하며 등장인물이 되어 감정을 표현해보며, 이야기에서 흉내 내는 말을 찾아보도록 한다. 흉내 내는 말의 유무에 따른 문장의 느낌을 나눈다. 그리고 우리 주변의 다양한 소리와 모습을 체험을 통해 다양한 흉내 내는 말을 사용하면서 말의 재미를 느끼게 한다.

통합 '학교와 친구[2슬01-02] 여러 친구의 다양한 특성을 이해하고 친구와 잘 지내는 방법을 알아본다.'와 연계하여 덕지를 통해 장수탕 선녀님의 특성을 이해하고 그를 통해 자신의 친구의 특성을 파악하도록 한다. 장수탕 선녀님에게 요구르트를 드리는 덕지의 모습을 통해 자신의 친구와 잘 지낼 수 있는 방법에 대해 생각하도록 한다.

국어 '쓰기[2국03-02] 자신의 생각을 문장으로 표현한다.'와 통합 '학교와 친구[2즐01-01]친구와 친해질 수 있는 놀이를 한다.' 성취기준과 창의적 체험활동과 연계하여 학생 주변을 살펴보고 여러 장소 중에서 학생들이 자신만의 상상의 친구를 만들어 보도록 한다. 만날 수 있는 장소를 정하게 하고 상상의 친구를 직접 만들며 이야기를 만든다. 친구들에게 나만의 비밀 친구와의 하고 싶은 일을 소개하기 위한 글에는 흉내 내는 말을 넣어 문장을 넣어 말놀이를 하며 말의 재미를 높인다. 이와 같은 과정을 통해 학생들은 주변을 더욱 자세히 관찰하며 새로운 친구를 만들어 내기에 상상력을, 표현 시 재미있는 흉내 내는 말을 넣어 사용하므로 창의적 사고역량과 문화 향유 역량을 키우게 될 것이다.

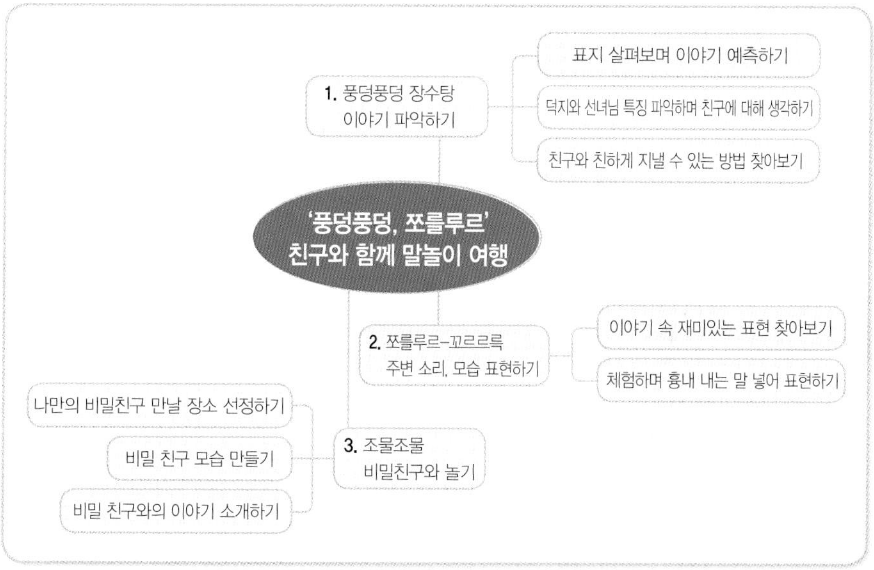

3 실제 활용 방법

1~2차시

- 차시 주제 : 풍덩풍덩 장수탕 이야기 파악하기
- 관련 교과 및 성취기준 : 국어, 통합
  [2국01-03] 자신의 감정을 표현하며 대화를 나눈다.
  [2슬01-02] 여러 친구의 다양한 특성을 이해하고 친구와 잘 지내는 방법을 알아본다.
- 시간 : 80분
- 준비물 : 『나무꾼과 선녀님』 동화책, 선녀님에게 소개하고 싶은 물건 학습지

가 표지 살펴보며 이야기 예측하기

TIP

선녀님에 대한 학생들의 기존 생각을 발표하게 한 후,『장수탕 선녀님』책을 제시한다.

[선녀에 대한 다양한 모습을 상상해 본다.]

1) 자신이 생각하는 선녀님의 모습을 발표해 봅시다.
   - 하늘하늘 예쁜 옷을 입고 있어요. 예뻐요. 선녀님 머리 모양이 있어요. 등

2) 선녀님은 어디에 살고 있을까요?
   - 하늘에서 살아요.

[표지를 통해 '장수탕'이라는 장소를 파악해본다.]

1) (책을 보여주기 전)'장수탕 선녀님'의 제목으로 알 수 있는 것은 무엇일까요?

• 선녀님 이름이 장수탕인 것 같아요. 장수탕이라는 곳에 사는 선녀님인 것 같아요. 등

2) 『장수탕 선녀님』 표지를 보고 선녀님의 모습에 대한 생각을 나누어 봅시다.

• 평소에 제가 생각하는 선녀님과 다른 모습이에요. 그냥 할머니 같아요. 등

3) 표지의 선녀님을 보며 '장수탕'은 어디일지 생각해 봅시다.

• 옷을 안 입고 있는 것 같고 요구르트를 먹고 계신 것 보니 목욕탕 같아요. 저도 엄마랑 목욕탕 갔다가 요구르트 먹어 본 적 있어요. 등

[제목과 선녀님의 모습으로 이야기를 예측해 본다.]

1) 장수탕 선녀님이 요구르트를 마시는 모습을 표현해 봅시다.

• 쪽쪽 빨아 먹고 계십니다. 쪼오옥 빨아 먹고 있어요. 등

2) 제목과 선녀님의 모습으로 어떤 이야기일지 발표해 봅시다.

나 덕지와 선녀님의 특징 파악하며 친구에 대해 생각하기

TIP

선생님이 한 장씩 넘기며 읽어주고, 장면과 내용에 대해 학생들의 생각을 자유롭게 생각을 표현하도록 유도한다.

[『장수탕 선녀님』 이야기를 읽으며 장소에 따라 내용을 정리해본다.]

1) (속지를 보여주며)이런 장소를 가 본 경험을 이야기해 봅시다.

• 우리 동네 목욕탕도 큰 욕조가 있어요. 찜질방에도 있어요. 등

2) 덕지가 장수탕을 좋아하는 이유는 무엇인가요?

• 울지 않고 때를 밀면 엄마가 요구르트를 하나 사주시기 때문입니다. 냉탕에서 노는 것이 재미있기 때문입니다.

3) 덕지는 냉탕에서 어떻게 놀았나요?

• 개헤엄 치기, 수영하기, 장난감을 가지고 놀았어요.

4) 덕지가 이상한 할머니 이야기를 끝까지 들어준 이유는 무엇일까요?

• 할머니가 말씀하기 때문에 끝까지 들어준 것 같아요. 덕지가 착한 아이 같아요. 등

5) 덕지는 선녀 할머니와 냉탕에서 어떻게 놀았나요?

• 폭포수 아래서 놀기, 바가지 타고 물장구치기, 숨 참기를 했어요.

6) 선녀 할머니가 덕지와 냉탕에서 다양하게 놀아준 이유는 무엇일까요?

• 할머니 말을 잘 들어주어 고마워서일 것 같아요. 친구라고 생각한 것 같아요. 등

7) 덕지처럼 목욕하며 놀았던 경험을 이야기해 봅시다.

• 덕지처럼 냉탕에서 수영을 했었어요. 인형 목욕을 시켜줬었어요. 등

8) 선녀 할머니는 왜 요구르트를 모르고 있었을까요?

• 선녀님이라 요구르트를 먹어본 적이 없으신가 봐요.

9) 엄마가 때를 밀 때 덕지의 기분은 어땠을까요?

• 아프지만 할머니에게 요구르트를 드릴 것을 생각해 기뻤을 것 같아요. 자기랑 놀아준 할머니가 고마워서 요구르트를 주고 싶었을 것 같아요. 때를 밀면 엄마가 요구르트를 사주시기 때문에 선녀할머니에게 주고 싶었을 것 같아요.

10) 요구르트를 처음 먹은 할머니는 어떤 기분이었을까요?

• 행복했을 것 같아요. 맛있다는 생각을 했을 것 같아요. 덕지가 고마웠을 것 같아요. 등

11) 감기에 걸린 덕지가 깬 이유는 무엇일까요?

• 머리가 아파서 깼어요. 몸에 열이 나서 깼어요. 나도 아팠을 때 밤에 깬 적이 있어요. 등

12) 선녀 할머니가 덕지 이마에 손을 대어준 이유는 무엇일까요?

- 친구인 덕지가 아프니깐 아프지 말라고 그런 것 같아요. 냉탕에 있는 할머니이니 열이 나는 덕지를 식혀주고 싶어서 그런 것 같아요. 등

13) 다음 날 덕지는 어떤 기분이었을까요?

- 아프지 않아 기뻤을 거예요. 빨리 또 목욕탕에 가서 선녀 할머니와 놀고 싶었을 것 같아요. 등

[장수탕 선녀님과 덕지를 통해 친구에 대해 생각해 본다.]

1) 친구는 어떤 사이일까요?

- 함께 놀아주는 사이입니다. 먹을 것도 나누어 먹어요. 등

2) 장수탕 선녀님과 덕지가 친구라고 생각되는 장면을 이야기해 봅시다.

- 덕지가 선녀 할머니 이야기를 들어주는 장면이요. 함께 냉탕에서 같이 노는 장면이요. 덕지가 선녀 할머니에게 요구르트를 주는 장면이요. 아픈 덕지 이마에 할머니가 손을 대어준 장면이요. 등

다 친구와 친하게 지낼 수 있는 방법 찾아보기

[덕지와 선녀 할머니의 모습을 통해 친구와 친하게 지내는 방법을 생각해 본다.]

1) 덕지와 선녀 할머니의 공통점은 무엇인가요?

- 냉탕에서 노는 것을 좋아해요. 서로 도와주어요. 서로 선물을 주었어요. 서로 고마움을 표현해요. 등

2) 덕지나 장수탕 선녀님을 보며 생각나는 사람이 있었나요?

- 친한 내 친구가 생각났어요. 아플 때 보살펴 준 외할머니가 생각났어요. 등

[친한 친구가 되는 방법을 찾아본다.]

1) 우리가 장수탕 선녀님과 친구가 될 수 있는 방법은 무엇일까요?

- 선녀님 이야기를 잘 들어주어요. 요구르트를 선물해 주어요. 선녀님이 모르는 다른 것도 알려드려요. 등

2) 장수탕 선녀님에게 소개하거나 선물하고 싶은 물건을 표현해 봅시다.

- 예쁜 옷을 선물하고 싶어요. 토끼 인형을 소개하여 친구가 되도록 해주고 싶어요. 빵을 소개하고 싶어요.

3) 덕지와 장수탕 선녀님처럼 자신의 친구의 특징을 소개해 봅시다.

- 제 친구는 지민이인데 웃는 모습이 좋아요. 성훈이는 달리기를 잘해요. 윤서는 무거운 물건도 잘 옮겨요. 등

4) 친구들과 더 친하게 지낼 수 있는 방법을 모둠별로 토의해 봅시다.

- 덕지처럼 친구가 말할 때 잘 들어주어요. 맛있는 것을 나누어 먹어요. 서로 어려울 때 도와주어요. 함께 재미있게 놀아요. 등

3차시

- 차시 주제 : '쪼르루르, 꼬르르륵' 주변 소리, 모습 표현하기
- 관련 교과 및 성취기준 : 국어
  [2국05-03] 여러 가지 말놀이를 통해 말의 재미를 느낀다.
- 시간 : 40분
- 준비물 : 요구르트, 빨대, 수조

가 이야기 속 재미있는 표현 찾아보기

[재미있거나 인상적인 장면을 찾아본다.]

1) 재미있거나 기억에 남는 장면을 발표해 봅시다.

- 덕지가 혼자 냉탕에서 노는 모습이 재미있어요. 할머니가 선녀라고 말

하는 장면이 재미있어요. 장수탕 선녀님과 냉탕에서 노는 모습이 재미있어요. 선녀 할머니가 요구르트를 먹는 장면이요.

2) 덕지가 선녀님을 위해 한 행동 중 기억에 남는 장면은 무엇인가요?
- 참기 힘든데도 뜨거운 탕에 들어가 때를 밀고 요구르트를 할머니에게 주는 장면이요. 아픈 다음 날 장수탕 선녀님에게 고마워하는 모습이요.

3) 장수탕 선녀님이 덕지를 위해 한 행동 중 기억에 남는 장면은 무엇인가요?
- 아픈 덕지를 위해 밤에 나타나 안 아프게 해 준 장면이요.

[흉내 내는 말의 효과를 알아본다.]

1) 소리나 모습을 흉내내는 말을 찾아봅시다.
- '풍덩풍덩', '어푸어푸', '꾸르륵', '쫘아아', '첨범첨벙', '꼬로록꼬로록', '따끔따끔' 등이 있습니다.

2) 흉내 내는 말이 있고 없을 때 느낌을 발표해 봅시다.
- 흉내 내는 말이 있으니 더 재미있어요. 실감나요.

나 체험하며 흉내 내는 말 표현하기

[이야기 속 한 장면을 흉내 내는 말을 넣어 문장으로 표현해 본다.]

TIP
직접 체험하기 전 학생들이 생각하는 흉내 내는 말을 넣어 문장을 바꾸어 보게 하고, 이후 직접 체험을 통해 듣거나 본 모습을 창의적으로 표현하도록 한다.

1) 이야기 속 흉내 내는 말을 다른 말로 바꾸어 봅시다.

풍덩풍덩 발 딛고 개헤엄 치기	(　　　　　　　　　　　　　) 발 딛고 개헤엄 치기
어푸어푸 국가대표 덕지 선수 금메달!	(　　　　　　　　　　　　　) 국가대표 덕지 선수 금메달!
꾸르륵 으악, 배가 침몰한다.	(　　　　　　　　　　　　　) 으악, 배가 침몰한다.
쏴아아, 폭포수 아래서 버티기!	(　　　　　　　　　　　　　) 폭포수 아래서 버티기!
꼬로록꼬로록, 탕 속에서 숨 참기	(　　　　　　　　　　　　　) 탕 속에서 숨 참기

• 첨범첨범 개 헤엄 치기, 푸어푸어 수영하기, 꼬르르르 침몰한다. 등

[직접 체험하며 소리와 모습을 흉내 내는 말로 표현해 본다.]

1) 장수탕 선녀님이 요구르트를 마시는 모습을 흉내 내는 말을 넣어 말해 봅시다.

• 쪽쪽, 요구르트를 마셔요. 쭉 마셔요.

2) 장수탕 선녀님이 되어 직접 요구르트를 마시며 들리는 소리나 친구의 모습을 표현해 봅시다.

• 요구르트 소리가 '쪼릅루르' 났어요. '꼬르르륵' 요구르트를 마셔요. 등

3) 물이 흐르는 소리를 직접 들어보고 흉내 내는 말로 표현해 봅시다.

• 샤아아 샤, 물이 흘러요. 터닥터닥 따다다 물이 많아져요.

4) 물이 담긴 수조에 직접 손을 넣어 놀며 들리는 소리와 모습을 표현해 봅시다.

• 착착차악 물장구를 쳐요. 허기적허기적 손이 움직여요.

5) 생활에서 흉내 내는 말을 넣어 표현할 수 있는 상황을 표현해 봅시다.

• 공이 데굴데굴 굴러갑니다. 어어헝 크크하며 눈물콧물을 흘리며 울었습니다.

4~5차시

- 차시 주제 : 조물조물 비밀 친구와 놀기
- 관련 교과 및 성취기준 : 국어, 통합
  [2국03-02] 자신의 생각을 문장으로 표현한다.
  [2국05-03] 여러 가지 말놀이를 통해 말의 재미를 느낀다.
  [2즐01-01] 친구와 친해질 수 있는 놀이를 한다.
- 시간 : 80분
- 준비물 : 비밀 친구 학습지, 클레이 점토

가 나만의 비밀친구 만날 장소 선정하기

[주변의 모습 살펴보며 나만의 비밀친구 만날 장소를 선정해 본다.]

1) 덕지는 선녀님을 어디에서 만났나요?
   - 장수탕 목욕탕의 냉탕과 자기 방 차가운 물이 담긴 그릇에서 만났어요.

2) 자기 주변을 살펴봅시다.

3) 내가 좋아하는 물건이나 장소를 발표해 봅시다.
   - 책상 밑을 좋아합니다. 술래잡기할 때도 좋고 포근한 느낌이 납니다. 필통이 좋습니다. 항상 나와 함께 하기 때문입니다. 내 옷장이 좋습니다. 내 옷만 있기 때문입니다.

4) 나만의 비밀친구를 만날 장소를 선정해 봅시다.

나 비밀친구 모습 만들기

[비밀친구 모습과 하고 싶은 일을 정리해본다.]

1) 자신의 비밀친구의 모습을 상상하여 그린 후, 이름을 지어줍시다.

- 우리 집 옷장에서 만나고 싶은 '이비밀', 필통 속에서 만나고 싶은 '김미래'

2) 자신의 비밀친구와 하고 싶은 일을 발표해 봅시다.

- 친한 친구에게도 못하는 말을 털어놓고 싶어요. 놀이동산에 가서 놀고 싶어요. 등

3) 자신의 비밀친구를 만들어 봅시다.

다 비밀친구와의 이야기 소개하기

[흉내 내는 말을 넣어 비밀친구와의 이야기를 발표해 본다.]

1) 만든 비밀친구를 보여주며, 그 친구와의 이야기를 나누어 봅시다.

- 클레이점토를 이용해서 조물조물 음식을 만들고 싶어. 윙윙 바이킹을 같이 타고 싶어. 소곤소곤 아무도 모르게 비밀 이야기를 나누고 싶어. 등

4 이런 책도 있어요

의성어와 반복 후렴구가 운율이 있어 소리 내어 읽으면 더 흥이 나는『곰 사냥을 떠나자』가 있고, 의성어, 의태어로 우리말을 풍부하게 살려주는 전래동화인『팥죽 할머니와 호랑이』도 있다. 서로 다른 친구의 특징을 알아보고, 친구와 친하게 지내는 방법을 찾는 활동을 위해서는『우리는 친구』를 활용하여 서로 어울릴 것 같지 않은 고릴라와 고양이를 활용하면 좋다. 자신만의 비밀친구를 만날 장소를 선정하기 위해 자기 주변을 자세히 살펴보게 하기 위해서는『만희네 집』을 활용하면 좋다.

『곰 사냥을 떠나자』
(마이클 로젠/시공주니어)

『우리는 친구』
(앤서니 브라운/웅진주니어)

『만희네 집』
(권윤덕/길벗 어린이)

5 활동 결과물

〈2차시 장수탕 선녀님에게 소개하거나 주고 싶은 물건 표현하기 활동〉

〈3차시 직접 체험으로 소리와 모습 흉내 내는 말을 넣어 문장으로 표현하기 활동〉

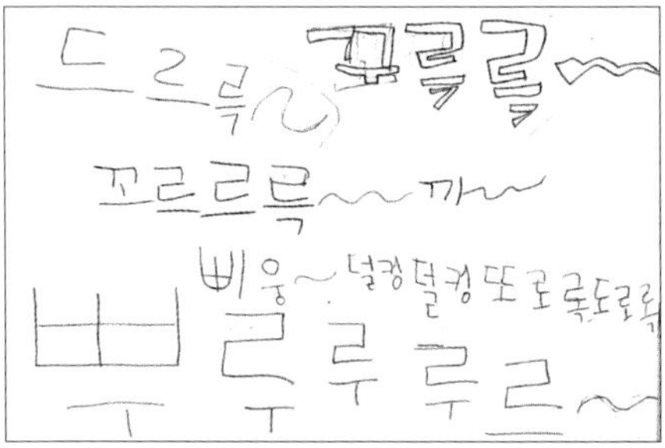

〈3차시 요구르트를 직접 마셔보고 흉내 내는 말을 넣어 표현하는 활동〉

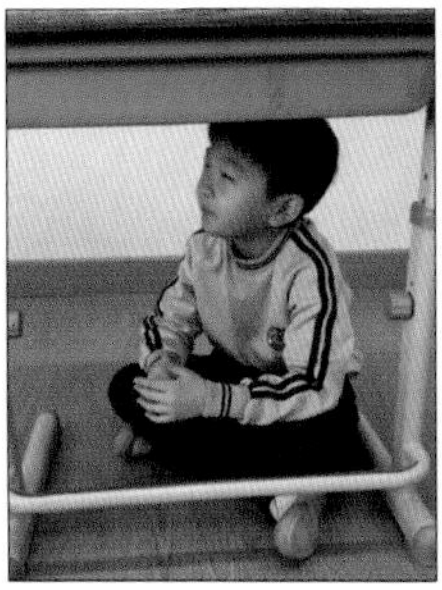

〈4차시 나만의 비밀친구 만나고 싶은 장소 선정〉

〈5차시 비밀친구 만들기〉

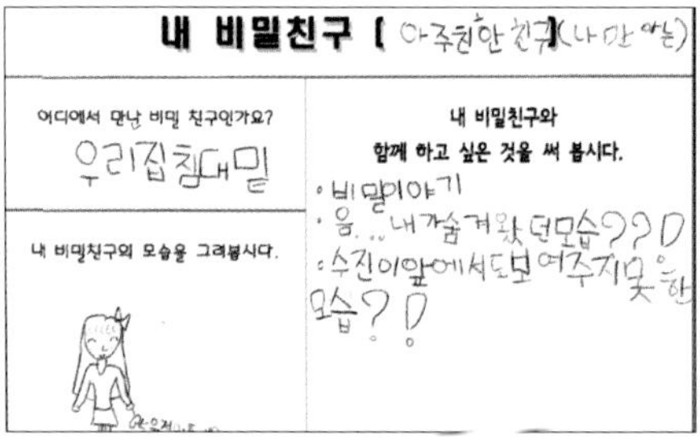

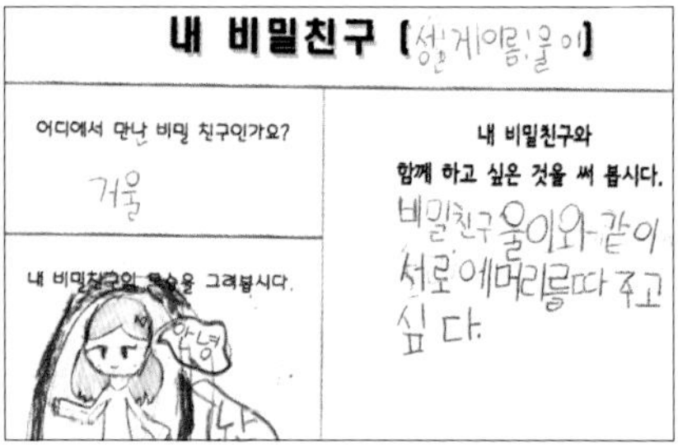

〈5차시 비밀친구와 하고 싶은 것을 문장으로 쓰고, 흉내 내는 말을 넣어 발표하는 활동〉

6 수업 성찰

덕지와 장수탕 선녀님의 모습에서 친구의 의미와 친구와 친하게 지내는 방법을 찾아가며 옆에 있는 친구뿐 아니라 자신을 돌봐주셨던 할머니를 생각하며 앞으로 할머니에게도 잘해드리고 싶다는 학생의 모습을 보였다. 비밀친구에게 가장 친한 친구에게도 하지 못하는 이야기를 나누고 싶다는 모습에서 아직 어리지만 고민을 엿볼 수도 있었다.

학습을 통한 정형화된 흉내 내는 말이 아닌 학생들이 직접 체험을 통해 들리고 보이며 느끼는 그대로 표현하는 말놀이 활동에서 학생들이 저마다 다른 표현을 발표할 때 서로 "맞아, 맞아. 저런 소리도 들렸었어."하며 소통하는 모습으로 창의적 표현력이 향상되는 수업이었다.

[1-2학년군]
교과통합

엄마는 내 마음을 몰라

망태 할아버지가 온다

(박연철/시공주니어/2007)

관련 교과 및 성취 기준

국어

- [2국03-04] 인상 깊었던 일이나 겪은 일에 대한 생각이나 느낌을 쓴다.
- [2국05-02] 인물의 모습, 행동, 마음을 상상하며 그림책, 시나 노래, 이야기를 감상한다.

수학

- [2수01-03] 네 자리 이하의 수의 범위에서 수의 계열을 이해하고, 수의 크기를 비교할 수 있다.
- [2수03-02] 시계를 보고 시각을 '몇 시 몇 분'까지 읽을 수 있다.

1 책 소개

2007 볼로냐 국제 어린이 도서전에서 '올해의 일러스트레이터'로 선정된 작품인 '망태 할아버지가 온다'는 망태 할아버지에 대한 공포감과 엄마에 대한 반감을 갖고 있는 아이의 독백으로 이야기가 전개되는 책이다. 망태 할아버지는 말 안 듣는 아이를 잡아다 혼내준다는 이야기를 들은 아이는 망태 할아버지를 너무 무서워한다. 엄마도 잘 안 지키는 것들(군것질하지 않기, 거짓말하지 않기, 일찍 자기 등)을 아이에게 강요하거나 혼을 내

면 무척 화가 나지만 망태 할아버지가 무서워서 어쩔 수 없이 엄마 말을 듣는다. 그러던 어느 날, 아이는 엄마와 크게 싸우고 잠자리에 들었는데…….

이 동화는 어른들에게는 언행불일치에 대한 부끄러움을 느끼게 하고 아이들에게는 통쾌함을 느끼게 하는 책이다. 아이들은 자신들의 마음을 대변하는 이야기에 '맞아, 맞아!' 공감을 하며 이야기에 빠져든다. 잠 안 자는 아이들을 부엉이로 만들거나 우는 아이는 바늘로 입을 꿰매 버리는 장면은 무시무시하기도 하지만 오히려 아이들을 이야기에 몰입시키는 역할을 한다. 그리고 이야기 장면 곳곳에 숨어있는 이야기와 깊은 관련을 맺고 있는 그림들은 그림이 주는 의미를 짐작해보게 하여 마치 숨은그림찾기를 하는 것과 같은 재미와 즐거움을 더해준다. 또한 이야기의 마지막 장면에 나오는 엄마의 뒷모습은 망태 할아버지가 말 안 듣는 아이들을 잡아다 착한 아이로 만드는 과정과 연관되며 큰 반전을 일으킨다. 이 동화의 앞부분에는 '망태 할아버지는 이 세상 모든 나쁜 아이들을 잡아다 얌전하고 말 잘 듣는 착한 아이로 만들어 돌려보낸대.'라는 글과 함께 밝은 표정의 자유롭고 개성있는 아이들이 망태 할아버지가 도장을 찍은 후로는 질서정연하지만 무표정한 얼굴로 무채색의 옷을 입고 줄맞춰 걷는 장면이 있다. 어른들의 재단에 의해 아이들이 개성과 행복을 잃은 것은 아닌지 반성하게 하는 어른을 불편하게 하는 동화이다.

2 프로젝트 주제

본 프로젝트 주제는 어른들은 안 지키면서 아이들에게만 강요하는 다양한 상황에 대해 아이들의 마음속에 쌓인 불만을 토로하는 과정에서 카타르시스를 느낄 수 있도록 의도하며 '엄마는 내 마음을 몰라'로 설정하였다. 또한, 그림이 포함된 책을 읽으며 내용의 흐름을 이해하고, 글의 분위기를 살려 이야기를 낭독하는 과정에서 읽기의 재미를 느끼게 하며, 글의 내용과 자신이 겪은 일을 관련지어 이해하는 등 국어 사용 능력을 신장하는 데 주된 목적을 두었다. 이 프로젝트를 통해 학생들은 문학 작품을 자신의 경험과 관련지어 감상하고 수용하며 발표하는 능력과, 다른 사람과 문학 작품에 대한 감상을 공유하는 태도를 기를 수 있을 것이며, 이러한 과정에서 문학 작품이 주는 즐거움을 경험하게 될 것이다. 더불어 가족 간에 서로의 마음을 이해하고 소통하는 기회가 되어 가족애를 키우는 데 도움이 될 것이다.

3 실제 활용 방법

1차시

- 차시 주제 : 나도 그랬어
- 관련 교과 및 성취기준 : 국어
  [2국05-02] 인물의 모습, 행동, 마음을 상상하며 그림책, 시나 노래, 이야기를 감상한다.
- 시간 : 40분
- 준비물 : 글을 가리고 그림만 스캔한 ppt자료, 주인공의 경험과 나의 경험 비교 학습지

가 배경 지식 활성화하기

[망태 할아버지와 관련하여 가지고 있는 배경 지식을 이야기한다.]

1) 여러분은 말을 안 들을 때 누가 와서 잡아간다는 이야기를 들은 적이 있나요?
   - 호랑이가 잡아간다고 들었어요. 망태 할아버지가 잡아간다고 들었어요. 등

[책 표지를 보고 망태 할아버지의 모습에 대해 상상해 본다.]

[글을 가리고 그림만 보여주고 내용을 상상해 본다.]

나 이야기 들려주기

[주인공의 마음을 느끼고 그림을 살펴볼 수 있는 여유를 주면서 천천히 이야기를 읽어준다.]

다 주인공이 경험한 일 살펴보기

[경험이란 무엇인지 상기한다.]

1) 주인공의 경험을 알아보기 위해 무엇을 살펴보아야 하나요?
 • 주인공이 한 일, 본 것, 들은 것, 생각이나 느낌을 살펴봅니다.

[주인공이 경험한 일을 살펴본다.]

1) 주인공이 늘 들었던 이야기는 무엇인가요?
2) 주인공이 어떤 행동을 했을 때 엄마에게 꾸중을 듣나요?
3) 주인공이 본 엄마의 잘못된 행동은 어떤 것이 있나요?
4) 엄마도 잘못하면서 주인공을 혼낼 때 주인공은 어떤 생각이나 느낌이 들었나요?

라 비슷한 경험 떠올리기

[주인공과 비슷한 자신의 경험을 떠올려본다.]

1) 이야기와 비슷하게 어른들은 안 지키면서 아이들에게만 지키라고 강요해서 화가 났던 경험을 이야기해봅시다.

마 주인공의 경험과 나의 경험 비교하기

[주인공의 경험과 자신의 경험을 비교하여 글로 쓴다.]

2차시

- 차시 주제 : 그림 속의 비밀을 찾아라
- 관련 교과 및 성취기준 : 수학
  [2수01-03] 네자리 이하의 수의 범위에서 수의 계열을 이해하고, 수의 크기를 비교할 수 있다.
  [2수03-02] 시계를 보고 시각을 '몇 시 몇 분'까지 읽을 수 있다.
- 시간 : 40분
- 준비물 : 그림을 스캔하여 확대한 자료(PPT나 실물화상기), 그림 그릴 도구

※ 2차시의 활동은 1학년 국어 교육과정으로 운영되었던 활동이기 때문에 정규 국어교과 시간 보다는 창의적체험활동의 독서교육 시간을 확보하여 활동을 전개한다.

가 그림에 집중하며 이야기 읽기

[그림을 눈여겨 볼 수 있는 시간을 확보하며 이야기를 읽어준다.]

나 그림 분석하기

[글과 그림의 관계를 살펴보며 내용의 흐름을 파악한다.]

1) 첫 장면에서 왜 올빼미 사람, 새장 속에 갇힌 아이, 입이 바늘로 꿰매진 아이들이 등장할까요?
   - 망태할아버지가 밤늦도록 안 자는 아이는 올빼미로 만들고, 떼쓰는 아이는 새장 속에 가두고, 우는 아이는 입을 꿰매 버린다고 했기 때문입니다.

2) 이야기에 나오는 숫자를 찾아보고 그 숫자가 그려진 이유를 생각해봅시다.
   - 10과 100이 나옵니다. 엄마가 거짓말하는 것 열 번도 더 보았고, 엄마가 밥 안 먹는 거 백 번도 더 보았다고 했기 때문입니다.

3) 시계를 찾아보고 몇 시인지 말해봅시다.

• 9시, 9시 30분, 9시 35분이 나옵니다.

[그림의 의미에 대해서 짝과 함께 질문을 하고 답해 본다.]

1) 자신이 파악한 그림의 의미에 대해 짝에게 질문을 하고 답해봅시다.
   • 이 그림의 시계는 왜 9가 없을까요? 9시만 되면 자라고 해서 주인공이 9시를 싫어하기 때문입니다.
   • 이 그림에서 식탁의 음식은 왜 흑백으로 그렸을까요? 식탁의 음식은 먹기 싫은 음식이기 때문입니다. 등

다 내 마음을 그림 속에 나타내기

[1차시에 이야기했던 자신의 경험을 자신의 마음이 드러나게 그림으로 표현해 본다.]

1) 자신이 이 동화의 작가가 되었다고 생각을 하고 자신의 경험을 그림 속에 마음이 나타나게 그려봅시다.

3차시

• 차시 주제 : 나도 성우!
• 관련 교과 및 성취기준 : 국어
  [2국05-02] 인물의 모습, 행동, 마음을 상상하며 그림책, 시나 노래, 이야기를 감상한다.
• 시간 : 40분
• 준비물 : 녹음기, 그림책의 각 장면을 스캔한 ppt 자료

가 밋밋한 목소리로 이야기 읽기

[이야기의 느낌을 살리지 않고 밋밋한 목소리로 이야기를 읽어준다.]

[이야기를 다 듣고 밋밋하게 들려준 이야기를 들은 느낌을 이야기한다.]

나 느낌을 살려 이야기를 읽는 방법 알기

[이야기의 느낌을 살려 읽는 방법에 대하여 이야기한다.]

1) 이야기의 느낌을 살려 읽으려면 어떻게 읽어야할까요?
   - 인물의 마음을 생각하며 읽어요.
   - 인물에게 알맞은 목소리와 표정을 생각하며 읽어요.

다 인물의 말에 어울리는 목소리와 표정으로 읽기

[주인공의 말에 어울리는 목소리와 표정으로 이야기를 읽는다.]

1) (동화의 장면을 보여주며) 이 장면은 어떤 목소리와 표정으로 읽어야할까요?
   - 무서워서 겁에 질린 표정과 목소리로 읽어요.
   - 엄마가 자신의 말을 믿지 않아서 화가 나고 속상한 목소리로 읽어요. 등

2) 인물의 말에 어울리는 목소리와 표정으로 각자 읽는 연습을 해보세요.

라 녹음하여 들어보기

[느낌을 살려 이야기를 읽는 것을 녹음한다.]

[녹음한 자료를 같이 듣고 친구가 잘한 점을 칭찬한다.]

※ 스마트폰의 음성녹음 기능을 활용하면 편리하다.

4차시

- 차시 주제 : 내 마음을 전해요
- 관련 교과 및 성취기준 : 국어
  [2국03-04] 인상 깊었던 일이나 겪은 일에 대한 생각이나 느낌을 쓴다.
- 시간 : 40분
- 준비물 : 엄마와 아이 역할놀이 가면, 편지지

가 엄마의 마음을 생각하며 이야기 읽기

[주인공의 입장이 아닌 엄마의 입장이 되어 이야기를 읽어본다.]

[자신이 엄마라고 생각하고 엄마의 마음을 이야기해 본다.]

- 우리 아이가 밤에 일찍 자야 키가 크는데 만날 늦게 자려고 하고 엄마한테 대들기나 해서 속상해요.
- 우리 애가 음식을 골고루 먹어야 건강하게 잘 크는데 만날 군것질만 하려고 해서 속상해요. 등

[엄마와 아이가 되어 역할놀이를 해 본다.]

[엄마의 역할을 할 때 어떤 마음이었는지 이야기한다.]

나 편지를 쓸 때에 주의할 점 알아보기

[편지를 쓸 때 꼭 써야할 것을 이야기한다.]

- 받는 사람, 첫인사, 전하고 싶은 말, 끝인사, 쓴 날짜, 쓴 사람

[편지를 쓸 때 마음을 잘 전달하기 위해 주의할 점을 알아본다.]

1) 마음을 전달하는 편지를 쓸 때 어떤 점을 주의하면 좋겠습니까?
- 편지를 쓸 때 들어가야 하는 내용을 빠뜨리지 않아야 해요.
- 어떤 일에 대해 자세히 쓰고 그때의 생각이나 느낌도 자세히 써요. 등

다 엄마에게 편지쓰기

[엄마에게 전하고 싶은 말을 이야기한다.]

1) 엄마 때문에 속상했던 일 또는 고마웠던 일을 떠올려봅시다.
2) 그때 어떤 생각이나 느낌이 들었나요?

[엄마에게 전하고 싶은 말을 편지로 쓴다.]

라 자신이 쓴 편지 발표하기

[엄마에게 쓴 편지를 발표하고 마음을 잘 전달했는지 친구들과 이야기한다.]

4 이런 책도 있어요

『괴물들이 사는 나라』
(모리스 샌닥/시공주니어)

어린이의 욕구, 마음 속 세계를 세밀한 그림과 함께 재미있게 엮어낸 작품으로 『괴물들이 사는 나라(모리스 샌닥/시공주니어)』가 있다. 그리고 어처구니없는 상황에서도 어른들의 긍정적인 말 한마디가 아이들을 어떻게 변화시킬 수 있는지 보여주는 작품으로 『에드와르도 세상에서 가장 못된 아이(존 버닝햄/비룡소)』가 있다.

『에드와르도 세상에서 가장 못된 아이』(존 버닝햄/비룡소)

5 활동 결과물

국어과 학습지

2학년 1반 이름 (강)

프로젝트 주제	엄마는 내 마음을 몰라	차시 주제	나도 그랬어!
공부할 문제	글의 내용과 비슷한 자신의 경험을 떠올려 글을 써봅시다.		

◆'망태 할아버지가 온다'에서 '나'의 경험과 비슷한 자신의 경험을 정리하여 봅시다.

	무슨 일이 있었나요?	어떤 생각이나 느낌이 들었나요?
이야기 속 '나'의 경험	밥을 안 먹을때.	엄마도 밥 굶으면서 나한테만 밥 먹으라고 하고
나의 경험	배아파서 밥안먹어서 배안아프다고인심할때	나 진짜 배아퍼 죽겠는데 할머니는 안믿고 나빠

◆'망태 할아버지가 온다'의 '나'처럼 어른들은 안 지키면서 아이들에게만 강요해서 속상했던 경험을 떠올려 간단히 써 봅시다.

밥먹기 전에 아빠는 아무것도 먹지 말라고 하고 아빠는 어른이라고 커피마시고 등 맛있는 것을 먹어서 속상하고 기분이 안좋다.

국어과 학습지

2학년 1반 이름 (허)

프로젝트 주제	엄마는 내 마음을 몰라	차시 주제	나도 그랬어!
공부할 문제	글의 내용과 비슷한 자신의 경험을 떠올려 글을 써봅시다.		

◆'망태 할아버지가 온다'에서 '나'의 경험과 비슷한 자신의 경험을 정리하여 봅시다.

	무슨 일이 있었나요?	어떤 생각이나 느낌이 들었나요?
이야기 속 '나'의 경험	엄마는 늦게 자면서 아이는 9시가 되면 자라고 하는 것.	화가 나고. 엄마가 밉다.
나의 경험	엄마는안자면서 나하고 영재만 얼른 들어가 자라고 한것.	방에들어가서 안자고 놀아야 겠다.

◆'망태 할아버지가 온다'의 '나'처럼 어른들은 안 지키면서 아이들에게만 강요해서 속상했던 경험을 떠올려 간단히 써 봅시다.

어른들은 일찍 자지 않으면서 나와 영재에게만 "얼른 들어가서자" 라고 한 것이 속상하고 기분이 안좋았다.

〈1차시 주인공의 경험과 나의 경험 비교하기〉

〈2차시 내 마음을 그림 속에 나타내기〉

〈3차시 인물의 말에 어울리는 목소리와 표정으로 읽기〉

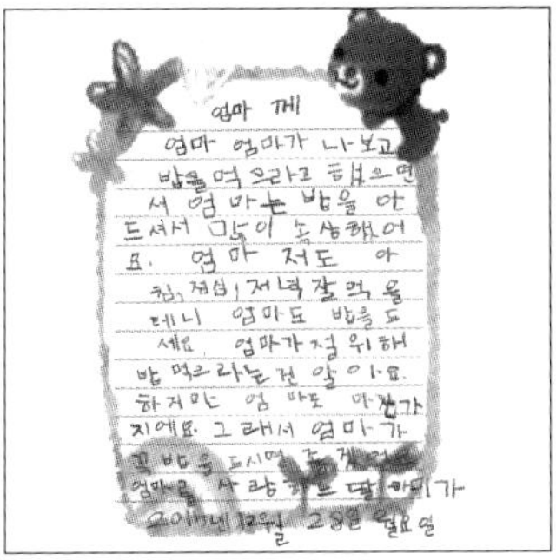

〈4차시 엄마에게 편지 쓰기〉

6 수업 성찰

이 동화책을 활용한 수업을 몇 해에 걸쳐서 했었는데 주로 국어교과에서의 학습목표를 도달하기 위하여 한 차시 내에서 모든 활동이 마쳐지는 그런 수업을 했었다. 물론 그때도 아이들은 이 동화책을 무척 좋아하였고 학습목표 도달에도 효과적이었다. 올해는 교과간 주제중심 통합수업을 위해 좀 더 장기적 관점에서 재구성을 하였고 동화책이 재미있기 때문에 아이들이 몰입하여 활동함으로써 의도했던 활동들을 나름 의미 있게 마칠 수 있었다. 그리고 아이들이 엄마에게만 불만을 얘기하는 것이 아니라 선생님도 자신들에게는 하라고 강요하면서 선생님은 안 하는 것(밥 먹기 전에 손 닦고 오라고 하면서 선생님은 손 안 닦는 것. 학교에 오면 우리들 핸드폰은 꺼놓으라고 하면서 선생님은 안 꺼놓고 핸드폰을 자주 보는 것)에 대해 몇 가지 이야기를 해서 뜨끔했던 기억도 난다.

[1-2학년군]
교과통합

다양한 직업이 있어 더 행복한 세상

프레드릭

(레오 리오니/시공주니어/1999)

관련 교과 및 성취 기준

국어

- [2국01-03] 자신의 감정을 표현하며 대화를 나눈다.
- [2국02-04] 글을 읽고 인물의 처지와 마음을 짐작한다.

통합교과(나, 마을)

- [2슬05-04] 동네 사람들이 하는 일, 직업 등을 조사하여 발표한다.
- [2슬01-04] 나의 과거와 현재 모습을 통해서 재능과 흥미를 찾고, 이에 근거하여 미래의 모습을 예상한다.

1 책 소개

칼데콧아너상을 네 번이나 수상한 레오 리오니의 너무도 유명한 작품인 프레드릭은 들쥐 가족의 이야기이다. 겨울이 다가오자 들쥐가족은 겨울 날 대비를 하며 옥수수, 나무 열매, 밀, 짚을 모으느라 모두가 밤낮없이 열심히 일한다. 딱 한명 프레드릭만 빼고. 프레드릭은 다른 들쥐들이 양식을 모으는 동안 햇살, 색깔, 이야기를 모은다. 긴 겨울동안 들쥐들이 모은 양식이 다 떨어져갈 때 프레드릭은 자신이 모은 햇살, 색깔, 이야기로 들쥐들의 허기를 채워준다.

이 동화는 이솝우화 '개미와 베짱이'와 비슷한 점이 많아서 두 작품이 자주 비교된다. 개미와 들쥐들은 겨울을 준비하며 열심히 양식을 모으고 베짱이와 프레드릭은 자신이 좋아하는 예술 활동에 몰입되어 있다. 그러나 결말은 완전히 다르기 때문에 많은 생각할 거리를 준다. 대부분의 사람들은 이 동화가 육체적 노동 뿐 아니라 정신적 노동(주로 예술가의 활동)의 소중함을 일깨워준다고 이야기한다. 여기에 덧붙여 개인과 공동체의 공존, 공동체 속에서 개인역할의 다양함에 대하여 이야기하고 싶다. 프레드릭이 일을 안 하고 꿈을 꾸고 있을 때도 다른 들쥐들은 '너는 무얼 하고 있니?', '너는 왜 일을 안 하니?' 정도로만 묻지, 일을 안 하는 것에 대하여 타박을 하지 않는다. 겨울에 프레드릭이 멋진 이야기를 들려주자 들쥐들은 '프레드릭, 너는 시인이야!'라며 칭찬을 아끼지 않는다. 이 동화는 다른 사람의 다양한 일을 존중해주고 칭찬에 인색하지 않은 세상을 보여주는 것 같아서 더 따뜻하게 느껴진다. 마지막으로 들쥐들이 프레드릭에게 시인 같다고 칭찬을 하자 프레드릭은 '나도 알아'라고 말을 하며 얼굴을 붉히는 장면에서도 프레드릭의 긍정적인 자아의식을 볼 수 있어서 흐뭇해진다. 프레드릭처럼 모든 아이들이 자신에 대해 긍정적인 자아의식을 갖게 되길 바란다.

2 프로젝트 주제

본 프로젝트는 국어활동과 진로활동의 통합으로 구성하였고 다양한 직업세계에 대해 알아보고 자신의 꿈을 찾는다는 의미에서 '다양한 직업이 있어 더 행복한 세상'이라는 주제로 정하였다. '개미와 베짱이'가 겨울을 준비하는 개미를 긍정적으로 보고 겨울에 대한 대비 없이 바이올린만 연주하는 베짱이를 게으른 인간으로 비유하고 있다. 그에 반해

'프레드릭'은 겨울을 대비하며 양식을 모으는 들쥐들은 몸에 필요한 양식만 생각하지만 프레드릭은 정신적 양식을 추구한다는 의미에서 좀 더 긍정적으로 묘사되고 있다. 그러나 우리는 의식주만 해결된다고 인간다운 삶을 사는 것은 아니지만 정신적인 충만감만 느끼고 살 수 있는 것도 아니다. 다양한 직업세계가 있음을 알고 모든 일이 소중하다는 것을 느낄 수 있도록, 더불어 자신의 꿈을 찾을 수 있는 범위를 더 넓게 볼 수 있도록 의도하였다.

본 프로젝트는 주로 진로교육 쪽에 무게를 두었지만 국어활동과도 연관을 지었고 통합교과 '나'와 '이웃'에서 이루어지는 진로교육과 연계하였다. 국어교과와 연계하여 상대의 마음을 헤아리며 칭찬과 충고의 말을 하는 활동을 전개하고 인형극으로 꾸며서 인물의 성격을 생각하며 인형극 대본을 실감나게 읽어보는 활동을 한다. 통합교과 '이웃'과 연계하여 다양한 일에 대해 알아보고, 통합교과 '나'와 연계하여 자신의 재능을 살펴보고 자신에게 맞는 꿈을 찾아보는 활동으로 마무리를 한다.

3 실제 활용 방법

1차시

- 차시 주제 : 너와 나, 우리
- 관련 교과 및 성취기준 : 국어
  [2국02-04] 글을 읽고 인물의 처지와 마음을 짐작한다.
- 시간 : 40분
- 준비물 : 이솝우화 '개미와 베짱이', 프레드릭과 들쥐 가면

가 표지 보고 이야기 상상하기

[이야기를 읽기 전에 표지를 보며 이야기를 나눈다.]

1) 여러분은 쥐라는 동물에 대해서 어떤 생각이나 느낌이 떠오르나요?
2) 이 표지에서 보이는 쥐는 어떤 느낌을 주나요?
3) 이 쥐에게 어떤 사건이 펼쳐질 것 같은가요?

나 이야기 들려주기

[콜라주 기법으로 그려진 그림을 감상할 수 있는 여유를 주며 책을 읽어준다.]

[이야기의 내용에 대하여 이야기를 나눈다.]

1) 다른 들쥐들이 열심히 식량을 모을 때 프레드릭은 무엇을 하였나요?
2) 겨울이 되어 식량이 다 떨어지자 들쥐들과 프레드릭은 어떻게 하였나요?
3) 이 이야기와 비슷한 다른 이야기가 떠오르지 않나요? (개미와 베짱이요~!)

[개미와 베짱이 이야기를 읽어준다.]

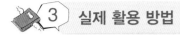

다 프레드릭과 들쥐들의 본받을 점 이야기하기

['개미와 베짱이'와 '프레드릭'을 비교해 본다.]

1) 개미와 베짱이의 인물들과 프레드릭의 인물들의 공통점과 차이점을 비교해봅시다.
   - 개미와 들쥐들은 여름에 열심히 일하고 베짱이와 프레드릭은 일하지 않았다는 것이 같아요.
   - 베짱이는 겨울에 굶어죽었고 프레드릭은 겨울에 친구들에게 이야기를 들려주며 사이좋게 지냈어요. 개미는 베짱이에게 먹을 것을 주지 않았지만 들쥐들은 프레드릭에게 먹을 것도 주고 프레드릭이 잘하는 것을 칭찬해주었어요.

2) 개미와 베짱이에 비추어봤을 때, 프레드릭과 들쥐들의 본받을 점은 무엇인가요?
   - 개미는 베짱이가 겨울에 굶어죽어도 상관 안했지만 들쥐들은 프레드릭이 일을 안 한다고 화내지도 않고 먹을 것도 같이 먹고 잘한다고 칭찬도 하였어요.
   - 베짱이는 개미에게 아무 것도 해준 것이 없지만 프레드릭은 들쥐들에게 아름다운 이야기를 들려줘서 들쥐들이 겨울을 따뜻하게 보낼 수 있게 하였어요.

라 상대의 마음을 헤아리지 않고 말할 경우 상상해보기

[상대의 마음을 헤아리지 않고 말을 하면 어떻게 될지 생각해 본다.]

1) 만약 들쥐들이 프레드릭의 마음을 헤아리지 않고 일을 안 한다고 타박만 하거나, 프레드릭이 열심히 일하는 들쥐들에게 말을 함부로 했다면 어떻게 되었을까요?

마 프레드릭과 들쥐가 되어 서로를 칭찬하고 충고해주기

[프레드릭이 되어 들쥐에게 충고를 해주거나 칭찬을 해준다.]

1) 프레드릭과 들쥐의 가면을 쓰고 자신이 프레드릭이나 들쥐가 되었다고 생각하고 상대의 마음을 헤아려 충고하거나 칭찬하는 말을 해봅시다.

2~3차시

- 차시 주제 : 인형극 공연
- 관련 교과 및 성취기준 : 국어
  [2국01-03] 자신의 감정을 표현하며 대화를 나눈다.
- 시간 : 80분
- 준비물 : 막대인형 만들 도구, 인형극 무대

가 인물의 성격 파악하기

[이야기를 다시 읽고 인물의 성격을 파악한다.]

1) 프레드릭의 성격은 어떤가요?
   - 걱정이 별로 없고 평화로워요.
   - 자신이 좋아하고 잘하는 것을 자신있게 표현할 수 있어요.

2) 들쥐들의 성격은 어떤가요?
   - 부지런하고 마음이 넓어요.
   - 남이 잘하는 것을 인정하고 칭찬할 줄 알아요.

나 인형극 대본 만들기

[프레드릭을 인형극으로 꾸미기 위하여 역할을 정하고 대본을 만든다.]

다 성격에 어울리게 대본 읽는 연습하기

[프레드릭과 들쥐들의 성격이 잘 나타나게 대본을 읽는 연습을 한다.]

라 막대 인형 만들기

[인형극으로 공연하기 위하여 프레드릭과 들쥐들 막대 인형을 만들고 연습한다.]

마 인형극 공연하고 소감 이야기하기

[막대 인형극 공연을 하고 공연을 마친 소감을 이야기한다.]

4차시

- 차시 주제 : 다양한 직업 세계
- 관련 교과 및 성취기준 : 통합교과(마을)
  [2슬05-04] 동네 사람들이 하는 일, 직업 등을 조사하여 발표한다.
- 시간 : 40분
- 준비물 : 학습지

가 프레드릭이 하는 일과 들쥐들이 하는 일 비교하기

[프레드릭의 일과 들쥐들의 일에 대하여 생각하면서 이야기를 다시 읽는다.]

[프레드릭이 하는 일 들쥐들이 하는 일의 특징을 비교해 본다.]

1) 들쥐들이 일을 안했다면 어떻게 되었을까요?

- 들쥐들이 일을 안했다면 겨울에 먹을 것이 없어서 모두 굶어죽었을 것 같아요.

2) 프레드릭이 프레드릭의 일을 안했다면 어떻게 되었을까요?

• 굶어죽거나 하지는 않지만 겨울을 지내기가 힘들었을 것 같아요.

나 각각에 어울리는 직업 찾기

[들쥐들과 프레드릭이 하는 일과 어울리는 직업을 찾아본다.]

• 들쥐에게 어울리는 직업은 농부, 어부, 공장에서 만드는 사람 등이 있습니다.
• 프레드릭에게 어울리는 직업은 화가, 동화작가 등이 있습니다.

다 여러 직업의 사람들에게서 받는 도움 생각해보기

[여러 직업의 사람들에게서 받는 도움에 대하여 이야기한다.]

※ 다음의 내용이 들어간 학습지를 제작하여 수업 시간에 활용한다.

들쥐들이 하는 일의 특징은 무엇입니까?	프레드릭이 하는 일의 특징은 무엇입니까?
들쥐들이 하는 일과 비슷한 일을 하는 직업은 어떤 것이 있습니까?	프레드릭이 하는 일과 비슷한 일을 하는 직업에는 어떤 것이 있습니까?
위와 같은 직업의 사람들에게서 우리는 어떤 도움을 받나요?	위와 같은 직업의 사람들에게서 우리는 어떤 도움을 받나요?

5차시

- 차시 주제 : 나의 꿈을 찾아서
- 관련 교과 및 성취기준 : 통합교과(나)
  [2슬01-04] 나의 과거와 현재 모습을 통해서 재능과 흥미를 찾고, 이에 근거하여 미래의 모습을 예상한다.
- 시간 : 40분
- 준비물 : 컴퓨터실('시도별 교육청에서 운영하는 진로교육지원 센터'에서 직업 조사활동)

가 나의 흥미와 적성 생각해보기

[진로 탐색을 위하여 나의 흥미와 적성에 대해 생각해 본다.]

나 나에게 어울리는 직업 조사해보기

[나의 흥미와 적성에 어울리는 직업은 어떤 것이 있는지 진로교육지원센터에서 조사를 한다.]

[그 직업에 대하여 자세한 정보를 조사한다.]

다 나의 직업이 다른 사람에게 줄 도움 이야기하기

[자신에게 어울리는 직업을 선택하고 그 직업이 다른 사람에게 어떤 도움을 줄 수 있는지 생각해 본다.]

[자신에게 어울리는 직업에 대하여 친구들에게 소개한다.]

4 이런 책도 있어요

프레드릭과 내용 구성이 거의 유사한 동화로 『개미와 베짱이』가 있다. 그러나 주제는 서로 정반대이다. 학생들에게 유사한 구조이지만 정반대의 주제를 다루고 있는 『개미와 베짱이』를 들려줌으로써 프레드릭의 주제를 유추하도록 한다.

다음으로 독일 거리에서 표지판을 닦는 청소부의 이야기인 『행복한 청소부』가 있다. 청소부는 늘 예술가의 거리를 청소하고 있었지만 그 예술가들에 대해 아는 것이 없음을 깨닫고 시와 음악에 대하여 공부를 시작한다는, 예술이 세상을 따뜻하게 한다는 프레드릭과 주제가 어느 정도 통하는 이야기이다.

『개미와 베짱이』
(이솝 우화)

『행복한 청소부』
(모니카 페트/김경연 옮김/풀빛)

5 활동 결과물

〈2~3차시 프레드릭 막대 인형극하기〉

〈1차시 프레드릭과 들쥐 역할극〉

다양한 직업 세계

들쥐들이 하는 일의 특징은 무엇입니까?	프레드릭이 하는 일의 특징은 무엇입니까?
먹고 사는데 꼭 필요한 일이다.	눈에 보이진 않지만 우리를 더 즐겁게 해준다.
들쥐들이 하는 일과 비슷한 일을 하는 직업은 어떤 것이 있습니까?	프레드릭이 하는 일과 비슷한 일을 하는 직업에는 어떤 것이 있습니까?
농부, 어부, 건축가	배우, 가수, 화가, 운동선수, 개그맨, 소설가
위와 같은 직업의 사람들에게서 우리는 어떤 도움을 받나요?	위와 같은 직업의 사람들에게서 우리는 어떤 도움을 받나요?
사는데 꼭 필요한 것을 준다.	더 즐겁고 스트레스가 풀린다.

〈4차시 다양한 직업 세계 학습지〉

〈5차시 컴퓨터로 직업 조사하기〉

6 수업 성찰

우리들이 어렸을 적 읽었던 '개미와 베짱이'에서는 추운 겨울에 베짱이가 개미를 찾아와 구걸을 하고 개미는 베짱이를 혼내기만 할 뿐 아무것도 주지 않아 베짱이는 눈이 내리는 추운 겨울 밖에서 얼어 죽고 만다는 끔찍한 이야기였다. 요즘 아이들이 읽는 '개미와 베짱이'에서는 개미가 베짱이에게 먹을 것을 나누어주고 베짱이는 자신의 잘못을 뉘우친다는 훈훈한 이야기로 바뀌었다. '개미와 베짱이'와 비슷한 구조의 '프레드릭'은 먹고 사는 데 직접적으로 관여하는 직업 뿐 아니라 우리의 정신세계를 풍부하게 해주는 예술의 가치 등에 대해 생각하게 하는 이야기이다.

예전에 내가 이 책을 처음 접하게 된 연수에서 한 선생님이 자신의 아버지는 농부인데 농부와 같은 사람보다 예술가를 높이 인정하는 것 같다며 약간 불편한 심경을 표현했던 것이 오래 기억에 남아있었다. 그래서 생각해낸 활동이 프레드릭과 들쥐들이 서로를 칭찬해주는 활동이었다. 여러 유형의 직업에 대해 서로를 존중하고 인정하기를 바라는 마음이었다. 아이들은 서로가 하는 일(직업)의 중요성만 인정하고 칭찬하는 것이 아니라 내가 일할 때 나와 같이 일하지 않는다고 화를 내지 않고 이야기나, 빛을 모은다는 프레드릭의 말을 그대로 받아들이는 들쥐들, 추운 겨울 다들 지쳐가고 있을 때 자신의 재능을 펼쳐 보일 수 있는 프레드릭, 프레드릭을 인정해주고 칭찬해주는 들쥐들을 칭찬하며 배품과 나눔, 칭찬과 격려 등에 대해서도 생각해볼 수 있는 뿌듯한 수업이었다.

[3-4학년군]
작품중심

이야기 잔치

거미 아난시

(제럴드 맥더멋 글 · 그림/열린어린이/2005)

1 책 소개

세계 여러 곳의 신화와 설화, 민담 등을 재구성한 애니메이션과 그림책으로 유명한 제럴드 맥더멋이 아프리카 아샨티에 전해오는 거미 아난시의 이야기를 그렸다. 아난시에게는 여섯 명의 아들이 있었는데 재미있는 이름에 알맞은 역할을 해내는 이야기이다.

어느 날 아난시가 집을 나서 멀리 갔다가 그만 길을 잃고서 물고기와 매에게 공격을 받아 죽을 위기에 처하게 되는데… 어려움에 처한 아빠를 여섯 아들들이 가진 재주를 살려 구하고 함께 아주 행복하게 집으로 돌아오는 길에 아난시가 숲속에서 무척이나 신비스럽고 아름다운 커다란 빛구슬을 발견하게 된다. 이 구슬을 어떻게 할지 밤새 의논을 하는 중 지켜보던 아샨티의 신 니아메는 그만 빛 구슬을 들고 하늘로 올라가 버린다.

2 동화 깊이 읽기

이 동화책은 화려한 색으로 이루어진 재미있는 신화 이야기이다. 큰아들 '큰일났다', 둘째 아들 '길내기', 셋째 아들 '강물 다 마셔', 넷째 아들 '먹잇감 손질', 다섯째 아들 '돌 던져', 여섯째 아들 '방석', 이와 같이 재미있는 이름과 같이 제 역할을 해내는 아난시의 아들 이야기를 들으며 과연 누구에게 빛구슬을 주어야 할지 고민하고 이어질 뒷이야기를 상상하는 활동을 통해 활발한 사고의 장을 열 수 있을 것이다.

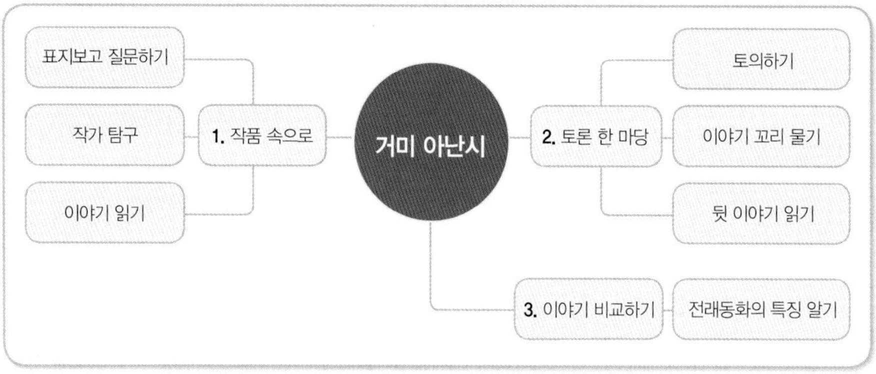

3 실제 활용 방법

1차시

- 차시 주제 : 작품 속으로
- 시간 : 40분
- 준비물 : 그림책 ppt 자료

가 표지보고 질문하기

[책의 표지를 보고 추론할 수 있는 부분을 생각해 본다.]

1) 책의 표지에 그려진 그림의 특징은 무엇인가요?

- 붉은 색이어서 태양이 떠오릅니다.
- 인디언이 떠오릅니다.
- 거미가 보여요. 거미가 다가오는 듯해요. 거미가 주인공인 것 같습니다.

2) 맞아요. 주인공 거미 이름이 아난시에요

- 빨강 검정 노랑 파랑 색이 강해요
- 판화 같아요

3) 떠오르는 책이 있나요?

- 『샬롯의 거미줄』입니다.
- 『태양으로 날아간 화살』입니다.

4) 왜 그 책이 떠오르나요?

- 거미가 등장하기 때문입니다.
- 분위기가 비슷합니다.

나 작가 탐구하기

[비슷한 작품에 대해 생각해보며 작가를 떠올린다.]

1) 맞아요. 『거미 아난시』와, 『태양으로 날아간 화살』의 작가가 같아요. 미국의 그림책 작가 제럴드 맥더멋입니다.
2) 『거미 아난시』는 아프리카 아샨티의 신화를 『태양으로 날아간 화살』은 뉴멕시코의 푸에블로 인디언 신화를 그림으로 그렸어요.

다 이야기 읽기

[그림책을 ppt로 만들거나, 실물화상기를 통해 보여주며 교사가 읽어준다.]

[구슬을 누구에게 줄까요? 까지 읽고 이야기 내용을 파악한다.]

1) 아빠는 어떤 위험에 처했나요?

- 멀리 나가 강물에 빠지고 물고기에게 잡아먹혔습니다.

2) 위험에 처한 아난시를 어떻게 구했나요?

- 첫째 아들 큰일났다가 아빠에게 위험한 일이 닥친 걸 보고 "아빠에게 큰일났디고 외치자. 둘째 아들 길내기가 다들 나를 따라와 하자 여섯 명의 아들이 아빠를 구하러 나섰습니다. 강물 물고기 뱃속에 있는 아빠를 찾기 위해 셋째 아들이 강물을 다 마셔 강바닥이 드러났고, 넷째 먹잇감 손질이 물고기 배를 갈라 아빠를 구하였습니다. 이 때 매가 아빠를 채어 가자 돌던져가 매의 머리를 명중하여 아빠가 하늘에서 떨어지고 방석이 달려가 아빠를 폭신하게 받았습니다.

3) 온 가족이 돌아오는 길에 무엇을 발견하였나요?

- 빛 구슬을 발견하였습니다.

4) 아빠는 그 빛 구슬을 어떻게 하기로 하였나요?

- 자신을 구해준 아들에게 주기로 하였습니다.

5) 또 다시 어떤 어려움이 생겼나요?

- 구슬은 하나인데 구해준 아들은 여섯명입니다.

6) 어떻게 해결할까요?

- 신인 니아메에게 구슬을 맡기고 밤새 토의하였습니다.

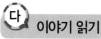

2차시

- 차시 주제 : 토론 한 마당
- 시간 : 40분
- 준비물 : 그림책 ppt 자료

가 토의하기

[빛구슬 주인에 대하여 모둠별 독서토의를 한다.]

1) 우리가 구슬의 주인을 찾아볼까요?

2) 빛구슬을 누가 가져야 할까요? 그 까닭은 무엇인가요?

※ 모둠끼리 근거를 들어서 말하게 하며 어떠한 생각도 모두 수용하여 사고활동이 활발하게 일어나도록 한다.

- 첫째가 가져야 합니다. 왜냐하면 '큰일났다'가 보지 않았으면 아빠를 구할 수 없었기 때문입니다.
- 둘째입니다. 길을 모르면 아빠에게 갈 수 없었기 때문입니다.
- 셋째입니다. 강물 속에 있는 아빠를 찾을 수 있었기 때문입니다.
- 넷째입니다. 물고기 뱃속의 아빠를 구했기 때문입니다.
- 다섯째입니다. 매에게서 아빠를 구했습니다.
- 여섯째입니다. 방석이 없었으면 아난시는 떨어져 죽었습니다.
- 엄마입니다. 엄마가 키워주시기 때문입니다.
- 아빠입니다. 아빠가 우리를 낳아주셨기 때문입니다.

3) 아, 아빠가 낳으셨군요. 부생아신 모국아신(아버지 날 낳으시고 어머니 날 기르시니)사자소학의 첫 구절이죠.

- 집에 두고 월화수목금토일 하루씩 가져요.
- 복사해서 하나씩 주고, 진짜는 집에 두어요.
- 아무도 안 가지고 버려요

4) 버려요? 왜 그렇게 생각하나요?

• 서로 싸우기 때문입니다.

5) 형제투금(금덩이를 강물에 버린 형제이야기) 이야기를 떠올렸군요.

6) 형제끼리 싸울까 봐 빛구슬을 버린다는 생각을 했군요. 정말 재미있는 좋은 생각들이네요.

〈형제투금 이야기〉

형제가 나란히 길을 가다가 누런 금덩이를 두 개 발견하였지요. 그래서 하나씩 나눠가지고 가다가 공암나루에서 배를 타고 가는데 강 한가운데에 이르자 '풍덩' 동생이 금덩이를 강물에 던졌어요. 깜짝 놀란 형이 "왜 그래?" 하고 물으니 "전에는 형이 정말 좋았는데 지금은 형이 없었다면 내가 금덩이를 두 개 가질텐데 갑자기 형이 미워졌어 그래서 이 나쁜 생각을 하게하는 물건을 던져버린 거지." 그 말을 들은 형도 풍덩 던지고는 둘이 마주보며 씩 웃었대요.

※ 어떤 이야기도 다 수용하고 근거를 들어 말하게 한다.

나 이야기 꼬리 물기

[거미 아난시와 관련된 여러 이야기를 알아본다.]

1) 이렇게 재주를 가진 형제들 이야기에는 또 무엇이 있지요?

• 재주 많은 다섯 친구가 있어요

〈재주 많은 다섯 친구 이야기〉

할머니 할아버지가 기도하여 단지에서 태어난 엄청 힘이 센 단지손이가 세상구경을 가다가 만난 콧김손이, 오줌손이, 배손이, 무쇠손이와 함께 호랑이들과 내기를 하여 이기고 호랑이를 물리친 이야기

• 재주 많은 여섯 쌍둥이도 있어요

〈재주 많은 여섯 쌍둥이 이야기〉

쌍둥이의 이름은 천리보기 만리보기, 여니 딸깍, 진둥만둥, 맞아도 간질, 뜨거워도 찰세, 깊으니 얕으니

어느 마을에 흉년이 들어 고을 사람들이 모두 굶어죽고 있는데 쌍둥이가 산에 올라가 천리보기만리보기가 내려다보니 원님의 창고에는 곡식가마니가 그득히 쌓여있었지, 밤에 형제들이 창고에 가서 여니딸깍이 창고문을 열어 진둥만둥이 양쪽어깨에 60가마니를 지고 사뿐사뿐 집집마다 마당에 한가마니씩, 다음날 아침 깜짝 놀란 사또, 집집마다 쌀가마니가 있는 것을 보고 모두 줄줄이 묶어 끌고 가는데 맞아도 간질이 자기가 저지른 일이라고 모두 풀어주고 자신을 데려가라고 하여 매를 맞는데~

2) 또 어떤 이야기 있을까요?

- 탈무드의 삼형제 이야기가 있습니다.(공주를 구한 삼형제)

3) 마법의 안경, 마법의 양탄자, 마법의 사과를 가진 3형제가 공주를 구한 이야기이지요. 누가 공주와 결혼 할까요?

4) 자신의 생각을 근거를 들어 말해봅시다.

다 뒷 이야기 읽기

[거미 아난시 이야기를 이어서 들려준다.]

1) 거미 아난시로 돌아가 구슬을 어떻게 해결했을까요?

2) 이야기를 이어서 읽어볼까요?

※ 교사가 읽어주고, 내용을 확인한다.

3) 밤새 이야기가 끝이 나지 않았어요. 이걸 지켜보던 니아메는 그만 빛구슬을 들고 하늘로 올라갔어요. 니아메는 이 빛구슬을 모두가 볼 수 있도록 하늘에다 갖다 두었답니다. 그래서 언제나 거기에 있고 오늘 밤에도 거기에 있답니다.

- 아 하늘의 달이 되었군요.

4) 거미 아난시 이야기는 아프리카 지방의 달이 된 전설 이야기네요.

5) 여기서, 또 어떤 이야기 생각나나요?

• 해와 달이 된 오누이가 생각납니다.

6) 그렇지요. 아프리카 아샨티에는 달이 된 이야기, 우리나라엔 해와 달이 된 오누이 참 비슷한 이야기가 전해지는 것을 알 수 있어요.

3차시

• **차시 주제 :** 이야기 비교하기
• **시간 :** 40분
• **준비물 :** 그림책 ppt 자료

가 전래동화의 특징 알기

[전래동화의 특징을 알아본다.]

1) 재주꾼 5형제, 재주많은 다섯친구, 제목도 주인공의 이름도 조금씩 달라요. 단지손이가 큰손이로 나오기도 하고 재주 많은 여섯쌍둥이, 일곱 쌍둥이 어떤 책은 천리보기만리보기 이름이 먼데보기로 나온답니다.

2) 왜 그렇게 다를까요?

• 할머니 할아버지가 들려주는 옛날이야기를 기억해서 이야기하다보니 조금씩 이야기가 달라지는 것 같아요.
• 그래서 우리나라의 『콩쥐팥쥐』 이야기와 유럽의 『신데렐라』 이야기도 비슷해요.

3) 그럼 이렇게 비슷한 이야기를 모둠별로 찾아 비교해 볼까요?

※ 콩쥐팥쥐와 신데렐라 비교하기(신데렐라 비슷한 이야기는 500가지가 넘으며 중국에도 이와 비슷한 이야기 『오러와 오도』가 있다.)

4) 비슷한 이야기를 친구들 앞에서 소개해봅시다.

5) 오늘의 과제는 '이야기 기억하여 부모님께 옛이야기 해드리기.'입니다.

[학습한 느낌 발표하기]

1) 오늘 공부한 내용과 느낀 점을 발표해 봅시다.

4 이런 책도 있어요

『거미 아난시』와 비슷한 이야기를 가진 다양한 이야기를 통해 각 나라의 전래 동화의 공통점을 찾아보며 이야기의 지평을 확장할 수 있을 것이다.

『태양으로 날아간 화살』
(제럴드 맥더멋/시공주니어)

『공주를 구한 삼형제』
(편집부 저/세상모든책)

『재주 많은 다섯친구』
(양재홍/보림)

『재주 많은 여섯쌍둥이』
(서정오/보림)

『재주 많은 일곱쌍둥이』
(홍영우 글·그림/보리)

5 활동 결과물

〈2차시, 빛구슬을 누구에게 줄 것인가에 대해 활발한 토의를 한 후 각자의 생각을 쓰고 있는 아이들〉

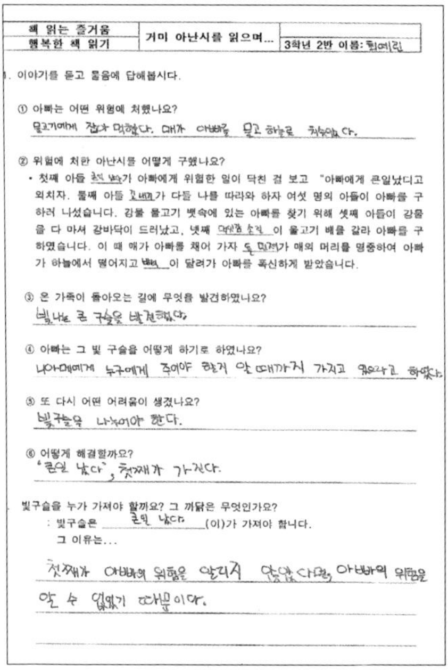

책 읽는 즐거움 행복한 책 읽기	거미 아난시를 읽으며...	3학년 2반 이름: 황예림

1. 이야기를 듣고 물음에 답해봅시다.

① 아빠는 어떤 위험에 처했나요?
물고기에게 잡아 먹혔다. 매가 아빠를 물고 하늘로 치솟았다.

② 위험에 처한 아난시를 어떻게 구했나요?
• 첫째 아들 _큰일 났다_가 아빠에게 위험한 일이 닥친 걸 보고 "아빠에게 큰일났다고 외치자. 둘째 아들 _길내기_가 다들 나를 따라와 하자 여섯 명의 아들이 아빠를 구하러 나섰습니다. 강물 물고기 뱃속에 있는 아빠를 찾기 위해 셋째 아들이 강물을 다 마셔 강바닥이 드러났고, 넷째 _대번에 조각_이 물고기 배를 갈라 아빠를 구하였습니다. 이 때 매가 아빠를 채어 가자 _돌 맞히기_가 매의 머리를 명중하여 아빠가 하늘에서 떨어지고 _방석_이 달려가 아빠를 폭신하게 받았습니다.

③ 온 가족이 돌아오는 길에 무엇을 발견하였나요?
빛나는 큰 구슬을 발견했다.

④ 아빠는 그 빛 구슬을 어떻게 하기로 하였나요?
니아메에게 누구에게 주어야 할지 알 때까지 가지고 있으라고 하였다.

⑤ 또 다시 어떤 어려움이 생겼나요?
빛구슬을 나누어야 한다.

⑥ 어떻게 해결할까요?
'큰일 났다', 첫째가 가진다.

2. 빛구슬을 누가 가져야 할까요? 그 까닭은 무엇인가요?
: 빛구슬은 큰일 났다(이)가 가져야 합니다.
그 이유는...
첫째가 아빠의 위험을 알리지 않았다면, 아빠의 위험을 알 수 없었기 때문이다.

〈1, 2차시 활동지 결과물〉

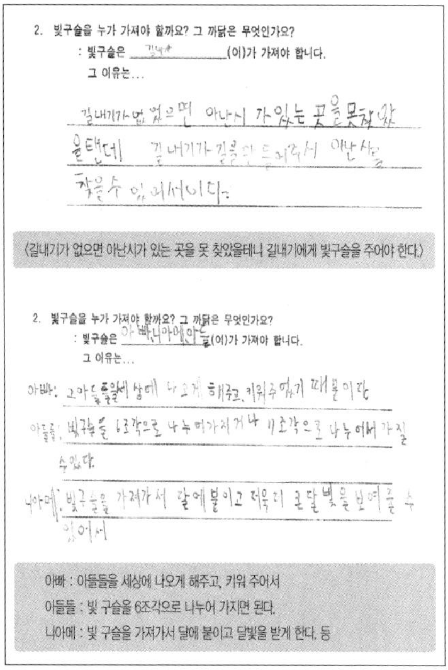

2. 빛구슬을 누가 가져야 할까요? 그 까닭은 무엇인가요?
: 빛구슬은 길내기(이)가 가져야 합니다.
그 이유는...
길내기가 없으면 아난시가 있는 곳을 못찾았을텐데 길내기가 길을 만들어줘서 아난시를 찾을수 있어서이다.

〈길내기가 없으면 아난시가 있는 곳을 못 찾았을테니 길내기에게 빛구슬을 주어야 한다.〉

2. 빛구슬을 누가 가져야 할까요? 그 까닭은 무엇인가요?
: 빛구슬은 아빠, 니아메, 아들(이)가 가져야 합니다.
그 이유는...
아빠: 그 아들들을 세상에 나오게 해주고, 키워주었기 때문이다.
아들들: 빛구슬을 6조각으로 나누어가지거나 7조각으로 나누어서 가질 수 있다.
니아메: 빛구슬을 가져가서 달에 붙이고 더욱 더 큰 달빛을 보여줄 수 있어서

아빠 : 아들들을 세상에 나오게 해주고, 키워 주어서
아들들 : 빛 구슬을 6조각으로 나누어 가지면 된다.
니아메 : 빛 구슬을 가져가서 달에 붙이고 달빛을 받게 한다. 등

〈2차시, 빛구슬은 ~에게 주어야 한다에 대한 의견〉

6 수업 성찰

동화 수업이 있는 날… 아침부터 아이들의 기대가 크다.

『거미 아난시』의 책 표지를 보자마자 붉고 원색적인 색의 마력에 아이들은 잠시 넋을 놓는다. 책 표지가 이야기와 어떻게 관련이 있을지 미리부터 추론하는 아이들도 있을 정도이다. 우선, 이 책의 주인공 거미 아난시의 여섯 형제들의 이름부터 예사롭지 않다.

첫째인 '큰일 났다', 둘째는 '길 내기', 셋째는 '강물 다 마셔', 넷째는 '먹잇감 손질', 다섯째는 '돌 던져', 여섯째는 '방석'… 여기서부터 아이들은 흥미를 가지면서 신나는 이야기 속으로 집중하기 시작한다. 아난시가 위험한 순간에 닥칠 때마다 특정한 문양을 가진 아들들이 제 이름 값을 하며 아난시를 구해내는 장면이 재미있게 표현되어 있다. (그런 장면마다 교사는 그림도 자세히 살펴볼 수 있도록 해준다.) 아이들은 까르르 웃으며 이야기 한 글자 한 글자에 매우 집중하는 모습을 보인다. 아난시가 큰 빛 구슬을 어떤 아들에게 주어야 할지 고민하는 장면까지 이야기를 읽어준 뒤 아난시가 어떻게 행동할지 생각해 보는 토론의 장을 열었다. 말 하지 않아도 모둠으로 자리배치를 바꾸고서 한 없이 토론하는 아이들. 모두 제 나름의 이유가 있고, 그 근거도 그럴 듯 하다. 자신의 생각을 토대로 이어질 뒷 이야기를 상상하여 꾸며 쓰고, 발표를 하면서 다양한 친구들의 생각도 들어본다. 원활한 활동을 위해 학습지를 제공하고, 이야기를 쓴 뒤 친구들이 만든 이야기도 진지하게 들을 수 있도록 환경을 만들어 준다면 아주 풍성한 이야기 잔치를 벌일 수 있을 것이다.

[3-4학년군]
작품중심

아름다운 우정

생쥐와 고래

(윌리엄 스타이그 글 · 그림/다산기획/2007)

1 책 소개

바닷가에 사는 아모스는 바다를 무척이나 사랑하는 생쥐다. 아모스는 언제나 바다 저편의 세계가 어떻게 생겼는지 궁금했고 작은 배를 만들어 항해를 시작했다. 즐거운 바다 여행을 하던 아모스는 그만 바다 속에 빠져 죽음의 위기를 맞게 된다. 그 때, 아모스는 고래 보리스를 만나게 되고 보리스는 아모스를 안전하게 집까지 데려다주었다. 아모스는 "네가 내 도움을 필요로 할 때면 언제라도 도와줄게."라는 말을 남기며 집으로 돌아간다. 어느 날, 보리스는 엄청난 태풍을 만나게 되고 아모스네 집이 있는 바닷가 모래밭 위로 밀려와 뜨거운 모래밭에 누워 죽음을 예감한다. 그 때, 보리스는 바닷가를 지나던 아모스를 만나게 되고 아모스는 코끼리 두 마리를 데려와 보리스를 밀어서 바다로 다시 돌려보내준다. 이후 둘은 아쉬운 작별 인사를 하며 헤어진다.

모험심이 강하고 호기심이 많은 생쥐 아모스와 친절하고 우직한 보리스가 친구가 되는 과정은 우리에게 많은 점을 시사한다. 서로 다른 존재가 서로를 돕고 친구가 되어 끈끈한 우정을 나누게 되는 것이다. 이 동화를 통해 아이들은 현실 속에서 친한 친구가 곤란한 상황에 처했을 때 도움을 주었던 경험이나 그 때의 기분에 대해서 생각해보게 되고 이야기의 흐름을 자연스럽게 따라가게 된다.

이 책은 『아모스와 보리스』(윌리엄 스타이그 글 · 그림, 김경미 옮김/비룡소/2017)로 출판되기도 했다.

2 동화 깊이 읽기

대화에 주목하며 이야기의 흐름 속에서 감동적인 장면이나 인상 깊었던 등장인물의 말을 파악하도록 한다. 그리고 생쥐 아모스가 바다를 향해 출발하는 장면부터 아모스가 보리스를 구하는 장면까지 동화 속에 있는 여러 삽화 중에서 감동적이거나 인상 깊었다고 생각한 장면을 고르고 그 이유를 학습지에 적어본다. 이를 통해 동화 '생쥐와 고래'에 대한 다양한 느낌을 서로 나눠보고 공감해 보며 이야기 속 끈끈한 우정과 감동을 느껴보게 한다.

3 실제 활용 방법

1차시

• 차시 주제 : 동화 맛보기
• 시간 : 40분
• 준비물 : 동화책, 실물화상기

가 작가 탐구하기

[『생쥐와 고래』의 작가 윌리엄 스타이그의 작품에 대하여 알아본다.]

1) 윌리엄 스타이그의 또 다른 작품들은 어느 것이 있나요? 그리고 그의 작품은 어떤 특징이 있나요?

• 『당나귀 실베스터와 요술 조약돌』, 『치과 의사 드소토 선생님』, 『멋진 뼈다귀』, 『녹슨 못이 된 솔로몬』, 『진짜 도둑』 읽었어요.
• 애니메이션으로 나온 『슈렉』도 있어요.
• 유쾌하고 재미있어요. 생각이 기발해요. 동물이 주인공이예요.
– 어린이 그림책의 노벨상이라 할 수 있는 한스 크리스티안 안데르센상을 받기도 한 작가지요.
– 이 『생쥐와 고래』는 미국문학상을 받았어요.
• 그림이 만화같아요.
– 맞아요. 원래 만화를 그렸는데 61살이 되어 그림책 작가가 되었어요.
– 미국의 도서관 협회에서 지난해의 최고의 그림을 뽑아 칼데콧 상을 주는데 1970년에 『당나귀 실베스터와 요술 조약돌』이 칼데콧상을 받았어요. 『멋진 뼈다귀』로 칼데콧 아너 상을 받기도 했어요.
– 또한 『치과 의사 드소토 선생님』으로 최고의 작품에 주는 뉴베리상을 받기도 했지요.

나 표지 보고 질문하기

[표지그림을 보고 어떤 이야기일지 추측하여 발표한다.]

1) 생쥐가 무엇을 하고 있나요?

2) 생쥐가 어떻게 바다에 나갔을까요?

3) 『생쥐와 고래』는 어떤 이야기일까요?

다 메모하며 듣기

[교사는 그림을 보여주며 책을 읽어주고 학생은 동화를 들으며 기억하고 싶은 것을 자유롭게 메모한다.]

[질문 만들기 활동을 통해 내용을 파악한다.]

[짝과 함께 질문 주고받기를 한다.]

- 생쥐 아모스는 어디에 살고 있었나요?
- 생쥐 아모스는 무슨 생각을 가지고 배를 만들었나요?
- 생쥐 아모스는 바다에서 누구를 만났나요?
- 고래 보리스는 생쥐 아모스를 바다에서 만났을 때 어떤 생각을 했나요?
- 생쥐 아모스와 고래 보리스는 왜 헤어졌을까요?
- 고래 보리스는 생쥐 아모스와 어떻게 다시 만나게 되었나요?

[이야기 속 주요사건을 알아본다.]

라 낱말 빙고놀이

[떠오르는 낱말을 적고 빙고놀이를 한다.]

1) 동화를 듣고 어떤 말이 떠오르나요?

- 우정, 도움, 만남, 이별, 친구, 바다, 육지(뭍), 아모스, 보리스, 고래, 생쥐 등

2) 선생님이 부르는 낱말에 ○ 표시하며 빙고놀이를 해 봅시다.

– 학생들이 돌아가며 낱말을 부르기도 한다.

– 1,2,3 빙고놀이로 이어간다.

아모스	보리스	도움
우정	바닷가	육지
만남	이별	친구

마 낱말로 문장 만들기

[빙고놀이 낱말을 이용하여 문장을 만든다.]

1) 빙고놀이에 사용한 낱말을 이용하여 문장을 만들어 봅시다.

- 고래 보리스가 생쥐 아모스를 등에 태우고 집에 데려다 주었다.
- 아모스와 보리스는 깊은 우정을 나누는 친구가 되었다.
- 보리스가 바닷가에서 어려움에 처했을 때 조그만 생쥐가 커다란 고래를 도와주었다.

[짝과 함께 자신이 만든 문장을 한 문장씩 이야기한다.]

[문장을 이어 줄거리를 써 본다.]

2차시

- 차시 주제 : 장소와 인물 탐구
- 시간 : 40분
- 준비물 : 동화책

가 주인공을 따라 사건이 일어나는 장소의 변화 살피기

[생쥐와 고래에게 일어난 일을 살펴본다.]

1) 생쥐 아모스는 어디에 살고 있었나요?
2) 생쥐 아모스는 무엇이 궁금했나요?
3) 생쥐 아모스는 바다에 가기 위해 무엇을 했나요?
4) 바다로 떠난 생쥐호에 무슨 일이 일어났나요?
5) 바다에 빠진 생쥐 아모스는 어떤 생각이 들었을까요?
6) 생쥐 아모스는 바다에서 누구를 만났나요?
7) 고래 보리스는 어디를 가는 길이었나요?
8) 고래 보리스는 생쥐 아모스에게 어떤 도움을 주었나요?
9) 시간이 흐른 뒤, 고래 보리스에게 어떤 일이 일어났나요?
10) 해변가에 밀려온 고래 보리스를 그대로 두면 어떤 일이 일어날까요?
11) 고래 보리스는 해변가에서 누구에게 도움을 요청했나요?

[장소의 변화를 중심으로 내용을 살펴본다.]

※ '생쥐와 고래'이야기를 다시 한 번 되돌아봅시다.
1) 생쥐 아모스는 어디에 가보고 싶었나요?
2) 생쥐 아모스는 바다에서 어떤 위험에 처했나요?
3) 생쥐 아모스는 어떻게 집에 돌아오게 되었나요?
4) 어른이 된 고래 보리스는 육지에서 어떤 위험에 처했나요?
5) 고래 보리스는 어떻게 다시 바다로 돌아가게 되었나요?

[장소의 변화에 따른 사건의 전개를 정리하기]

장소	일어난 일	만남과 이별
바다	물에 빠진 생쥐를 고래가 구해 줌	만남
뭍(육지)	고래가 생쥐를 집에 데려다줌	헤어짐
뭍(육지)	폭풍우로 고래가 바닷가 모래밭으로 떠밀려 옴	만남
바다	생쥐가 코끼리를 불러와 바다로 밀어보냄	헤어짐

나 작품을 깊이 탐구하기 위해 인물의 행동 살피기

[인물의 행동을 살펴본다.]

1) 보리스는 아모스에게 어떻게 해 주었나요?

- 바다에 빠진 아모스를 보리스가 구해주었고 둘은 친구가 되었습니다. 그리고 보리스가 아모스의 집이 있는 바닷가까지 데려다 주었습니다.

2) 생쥐 아모스는 어떻게 고래 보리스를 도와주었나요?

- 태풍을 만나 바닷가 모래밭에 밀려 온 보리스를 발견하고 코끼리 두 마리를 데려와 바다 쪽으로 밀어주었습니다.

[인물의 행동을 통해 마음 알아보기]

1) 보리스는 어떤 인물인가?

- 회의에 가야하는데도 아모스를 먼저 데려다주는 친절과 배려심

2) 아모스는 어떤 인물인가?

- 은혜를 잊지 않고 꼭 갚으려는 마음과 지혜

3) 아모스와 보리스의 행동을 보고 인물의 마음을 이야기하여 봅시다.

다 이야기 속 등장인물이 되어 역할극 해보기

[대화 글을 실감나게 읽어보기]

1) 생쥐 아모스와 고래 보리스는 헤어질 때 어떤 기분이었을까 생각해보며 다음 대화 글을 실감나게 읽어봅시다.

> 보리스 : 우리는 영원히 친구가 되었으면 좋겠다. 그래, 영원한 친구가 될 거야. 그렇지만 같이 살지는 못하겠지? 너는 뭍에서 살아야 하고 나는 바다에서 살아야 하니까 말이야. 하지만 결코 너를 잊지 못할 거야.
>
> 아모스 : 나도 너를 결코 잊지 못할 것이라는 걸 너도 알 거야. 그리고 내 생명을 구해 줘서 정말 고마워. 이것만은 꼭 기억해줘. 네가 내 도움을 필요로 할 때면 언제라도 도와 줄게.

[생쥐와 고래가 되어 짝과 함께 역할극을 한다.]

1) 인상적인 장면을 찾아 읽어봅시다.
2) 역할을 나누어 실감나게 읽어봅시다.
3) 역할극을 발표해 봅시다.

[아모스와 보리스에게 내 마음을 전하는 편지를 써 봅시다.]

3차시

- **차시 주제** : 인상적인 부분 이야기 나누기
- **시간** : 40분
- **준비물** : 삽화 장면 확대 ppt 자료, 동화책

가 삽화보고 내용 이야기하기

[여러 삽화 중 감동적인 장면을 찾아본다.]

1) 이야기 속 재미있었던 장면에 대해 이야기해봅시다.
2) 어떤 장면이 재밌었나요?
3) 어떤 장면이 감동적이었나요? 그렇다면 왜 감동적이었나요?
   - 고래 보리스가 자신을 구해준 생쥐 아모스에게 작별 인사를 하는 장면이 가장 감동적입니다. 다시는 서로 만나지 못할 것을 알고, 친구끼리 눈물을 흘리며 헤어지는 모습을 보면서 전학을 간 친한 친구가 생각났습니다.

4) 생쥐와 고래의 만남을 보여주는 문장을 찾아봅시다.
   - 아름다운 밤바다를 가르는 한 무리의 고래를 보았습니다.
   - 바다에 빠져 생쥐호를 잃었습니다.
   - 죽음의 위기에 처했을 때 고래 보리스가 구해 주었습니다.
   - 고래 보리스가 친구가 되어 생쥐 아모스를 육지까지 데려다 주었습니다.

나 만남과 헤어짐을 중심으로 사건 되짚어보기

[모둠 친구들과 함께 사건을 정리해본다.]

1) 만남과 헤어짐의 반복을 생각하며 이야기를 나누어 봅시다.
2) 모둠별로 한 사람씩 돌아가며 줄거리를 이야기하여 봅시다. 한 바퀴 다 돌면 다시 이어서 합니다.

다 기억하고 싶은 문장과 그 까닭 말하기

[감동적인 문장을 찾아본다.]

1) 기억하고 싶은 감동적인 문장을 찾아봅시다.

- 두 친구는 서로를 깊이 존경하게 되었습니다.
- 보리스는 아모스의 섬세함, 우아함, 부드러운 손길, 조용한 목소리, 보석처럼 빛나는 눈빛에 감탄했습니다.
- 아모스는 보리스의 거대함, 당당함, 엄청난 힘, 굳은 의지, 풍부한 목소리, 그리고 친절함에 탄복했습니다.
- 보리스와 아모스는 아주 친한 친구가 되었습니다. 그들은 자신들의 삶과 꿈에 대해 서로 이야기를 나누었습니다. 그들의 서로의 가장 깊은 비밀을 나누었던 것입니다.
- 내 생명을 구해줘서 정말 고마워. 이것만은 꼭 기억해줘. 네가 내 도움을 필요로 할 때면 언제라도 도와줄게
- 만일 그럴 수만 있다면 정말로 보리스를 돕고 싶다는 마음만큼은 무척 간절했습니다.
- 보리스의 커다란 뺨 위로 눈물이 흘러내렸습니다. 아모스의 작은 눈에도 눈물이 고였습니다.
- 안녕 친구야. 친구야 안녕! 두 친구는 다시는 서로 만나지 못하리라는 것을 알고 있었습니다. 그렇지만 서로를 결코 잊지 못하리라는 것도요.

2) 그 문장을 선택한 까닭도 이야기하여 봅시다.

라 나의 경험 나누기

[아모스, 보리스와 비슷한 경험 이야기하기]

1) 이야기 속 아모스와 보리스처럼 서로를 도와주는 좋은 친구가 있나요?

2) 친구의 도움을 받은 경험이 있나요? 있다면 말해봅시다.

3) 친구가 도와주었을 때 어떤 기분이 들었나요?

4) 자신이 도움을 주었을 때 어떤 기분이 들었나요?

5) 삽화를 고르고 왜 그 장면이 감동적인지 그리고 그와 같은 같은 경험이 있다면 서로 나누어 봅시다.

[작가의 의도 알아보기]

1) 작가는 이 이야기에서 무슨 말을 하고 싶은 걸까요?

- 우정, 서로 다른 존재라도 도울 수 있다.

2) 자유롭게 의견을 나누어 봅시다.

4 이런 책도 있어요

우정을 다룬 책으로 누군가와 관계를 형성하고 소통이 되는 순간 비로소 진정한 우정임을 보여주는 고릴라와 고양이의 우정을 다룬『우리는 친구』, 함께 친구하며 서로 어울려 노는 것이 왜 어려울까? 하는 메시지와 질문을 던지고, 진정한 친구란 무엇인지 묻고 있는『우리 친구하자』, 포악한 원님을 피해 수호를 찾아와 죽은 말로 악기 마두금을 만들어 영원히 함께하는 수호와 말의 우정을 다룬『수호의 하얀 말』등이 있다.

『우리는 친구』
(앤서니 브라운/웅진주니어)

『우리 친구하자』
(앤서니 브라운/현북스)

『수호의 하얀 말』(오츠카 유우조 글/아카바 수에키치 그림/한림 출판사)

5 활동 결과물

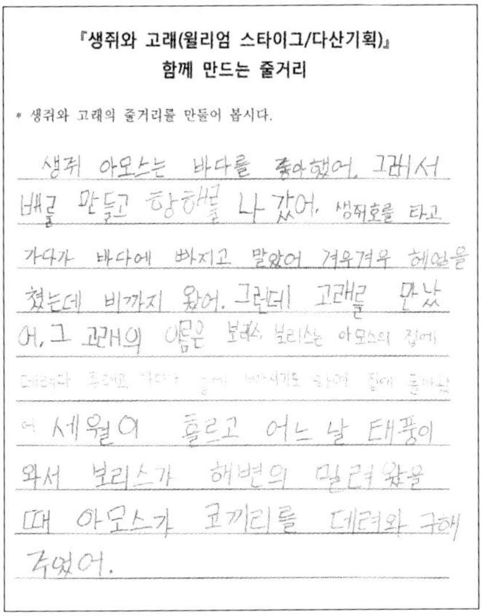

『생쥐와 고래(윌리엄 스타이그/다산기획)』
함께 만드는 줄거리

* 생쥐와 고래의 줄거리를 만들어 봅시다.

생쥐 아모스는 바다를 좋아했어. 그래서 배를 만들고 항해를 나 갔어. 생쥐호를 타고 가다가 바다에 빠지고 말았어 겨우겨우 헤엄을 쳤는데 비까지 왔어. 그런데 고래를 만났어. 그 고래의 이름은 보리스, 보리스는 아모스의 집에 데려다 주려고 가다가 [illegible] 집에 돌아갔어 세월이 흘르고 어느 날 태풍이 와서 보리스가 해변의 밀려 왔을 때 아모스가 코끼리를 데려와 구해 주었어.

〈3차시 함께 만드는 줄거리〉

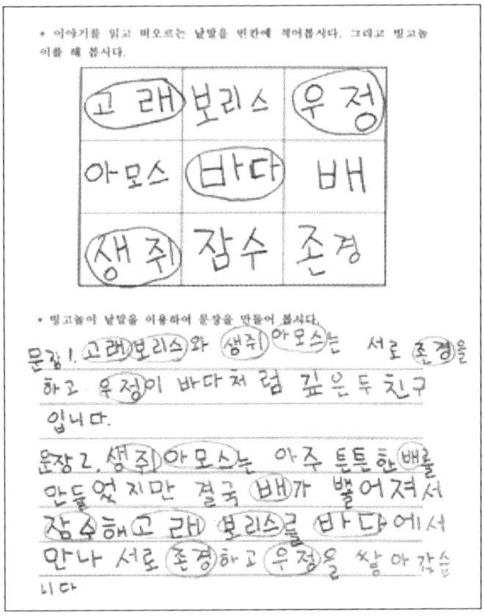

* 이야기를 읽고 떠오르는 낱말을 빈칸에 적어봅시다. 그리고 빙고놀이를 해 봅시다.

고래	보리스	우정
아모스	바다	배
생쥐	잠수	존경

* 빙고놀이 낱말을 이용하여 문장을 만들어 봅시다.

문장 1. 고래 보리스와 생쥐 아모스는 서로 존경을 하고 우정이 바다처럼 깊은 두 친구입니다.

문장 2. 생쥐 아모스는 아주 튼튼한 배를 만들었지만 결국 배가 뿔어져서 잠수해고 고래 보리스를 바다에서 만나 서로 존경하고 우정을 쌓아 갔습니다

〈1차시 빙고놀이하기, 문장 만들기〉

6 수업 성찰

조그맣고 단순한 이야기를 담은『생쥐와 고래』가볍게 접근했다가, 반복하여 읽으며, 깊은 매력에 빠지게 되는 작품이다. 작고 작은 생쥐가 큰 바다를 향해 나가기 위해 치밀하게 준비하는 장면에서 아이들의 시선을 끌어들이고, 가던 길을 되돌아 생쥐를 집까지 데려다주는 고래의 행동에서 감탄을 느끼며, 문장을 꼼꼼하게 읽으며 아모스와 보리스의 매력, 둘의 대화, 헤어지는 장면 등 기억하고 싶은 문장을 공책에 적으며 친구와 우정에 대한 생각을 하게 된다. 윌리엄 스타이그의 다른 작품에도 관심을 가져『진짜도둑』을 찾아 재미있다고 가져오는 친구도 있다. 삽화의 매력 또한 대단하여 바다에서 바라보는 별, 고래의 눈에 맺힌 눈물을 찾아내고 그림으로 표현한다.

[3-4학년군]
작품중심

다름과 차별 차이

젓가락 달인

(유타루/바람과아이들/2014)

1 책 소개

젓가락질은 만만치 않다. 특히 어린이들이라면 손가락에 힘이 없고 요령도 없어 어설프기도 하다. 『젓가락 달인』은 어려운 젓가락질을 통달하여 젓가락 달인이 되고 싶은 반 아이들의 이야기이다. 소년 우봉이는 어느 날 전학 온 김주은이라는 여자아이를 보고 한 눈에 반한다. 여자아이의 피부색은 까맣고 눈은 커서 낯선 외모를 지니고 있지만 우봉이는 순수하게 좋아한다.

주은이에게 잘 보이고 싶은 우봉이는 젓가락질을 연습하기로 결심한다. 그런데 이럴 수가, 틀니를 끼고 어딘가 냄새가 나 꺼려졌던 할아버지가 젓가락 달인이었던 것이다. 우봉이는 젓가락을 열심히 연습하지만 최후의 경쟁자 주은이를 이길 것인지 고민한다.

다문화는 현대사회에서 가장 중요한 이슈이다. 하지만 그만큼 다소 접근하기가 조심스럽다. 다문화는 소수자에 대한 존중과 배려가 핵심이다. 이 책은 할아버지로 대표되는 노인 소수자와 주은이로 대표되는 혼혈 소수자를 비추고 있다. 우봉이가 할아버지의 도움을 받으면서 할아버지에 대한 마음이 달라졌고, 피부색이 다르다며 주은이를 놀렸던 아이들은 주은이의 젓가락 실력을 보며 다른 눈으로 바라보게 된다. 이 책을 읽으며 아이들은 자연스럽게 소수자에 대해 인식이 전환될 것이다.

2 동화 깊이 읽기

본 작품에서는 다문화와 선입견에 대해 알아본다. 먼저 읽기 전 활동으로 삽화를 보여주며 이들 중 누가 젓가락 달인일지 추측해보도록 한다. 이 추측에서 아이들의 선입견이 드러난다. 다음, 읽기후 활동으로 질문과 답변으로 내용 파악을 한 뒤 인물집중탐구로 할아버지와 주은이를 살펴본다. 이 두 인물은 이야기 속에서 평가가 달라진다. 어떠한 계기로 어떻게 평가가 달라졌는지, 어떠한 선입견이 사라졌는지 위주로 내용을 파악한다.

그리고 독서토론을 하며 누구를 젓가락 달인으로 생각했는지, 왜 그렇게 생각했는지 토론하며 선입견에 대해 생각해 볼 계기를 제공한다. 할아버지나 주은이처럼 내가 선입견을 가지는 대상이 있지는 않은지, 우리가 어떠한 태도를 보여야 할지 이야기를 통해 다문화에 접근한다.

그 후 책에 등장하는 인물(할아버지, 주은이, 우봉이 등) 중 하나를 선정하여 편지를 써보면서 독서토론을 통해 느꼈던 것들을 표현한다. 어떠한 선입견을 가지고 있었는지, 어떻게 대해야 할지 써보면서 자신의 생각을 정리한다.

마지막으로 이 책의 결말은 열려있다. 주은이와 우봉이 중 누가 젓가락 달인이 되었을지, 그 뒤에 어떻게 되었을지 자유롭게 뒷이야기를 상상해보도록 한다.

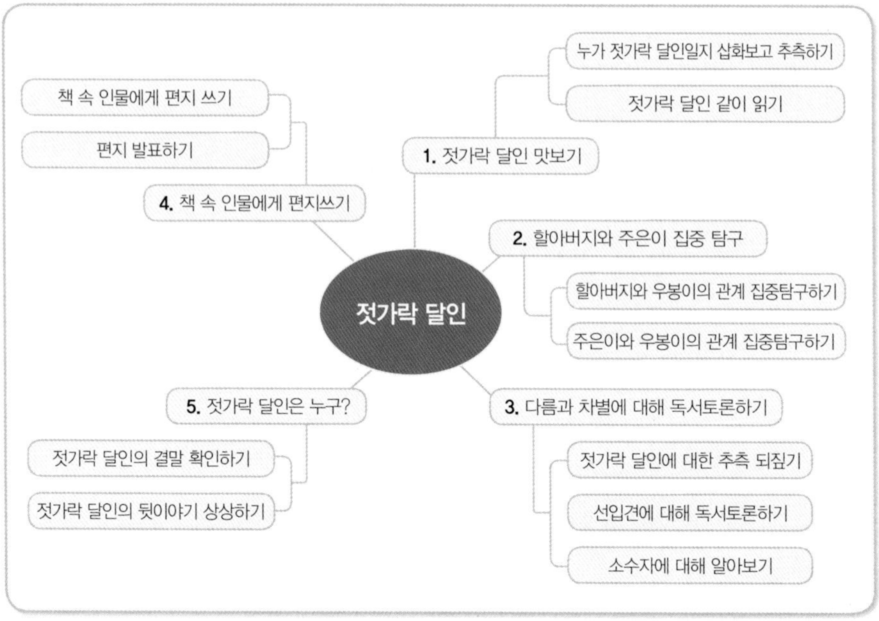

3 실제 활용 방법

1차시

- 차시 주제 : 젓가락 달인 맛보기
- 시간 : 40분
- 준비물 : 실물화상기, 동화책

TIP

1차시는 읽기전 활동과 읽기중 활동으로 구성되어 있다. 학생들은 1차시 활동 후, 한 권의 책을 다 읽어오게 된다. 따라서 책을 깊이 있게 읽어오기 위해, 이 차시에서 책의 앞부분을 같이 읽어보며 책을 읽는 방법을 배운다.

가 누가 젓가락 달인일지 삽화를 보고 추측하기

[『젓가락 달인』을 읽기 전 삽화를 보고 누가 젓가락 달인일지 추측해본다.]

1) 삽화를 보고, 누가 젓가락 달인일지 추측해봅시다.

- 할아버지일 것 같습니다.

2) 왜 그렇게 생각했나요?

- 할아버지는 보통 젓가락질을 잘하기 때문입니다.

3) 책에 나오는 인물들을 보면 어떠한 생각이 드나요?

TIP

아이들이 솔직하게 대답하도록 유도한다. 좋은 생각뿐만 아니라 부정적인 생각도 답하도록 한다.

4) 할아버지, 할머니에 대해 어떤 생각이 드나요?

- 냄새 난다, 좋다, 잔소리를 한다, 용돈을 준다, 틀니를 낀다 등

5) 피부색이 우리와 다른 사람에 대해 어떤 생각이 드나요?

- 무섭다, 이상한 말을 할 것 같다, 아무 생각 없다 등

나 『젓가락 달인』 같이 읽기(7~12쪽): 작품 읽는 방법 안내하기

우봉이가 학교에서 돌아왔을 때, 거실은 난장판이었어요. 보따리에서 쏟아져 나온 채소들과 나물들이 널려 있었어요.

"우봉아, 할아버지께서 너 주려고 씨암탉도 가져오셨어."

채소를 다듬던 엄마가 옆에 있는 비닐봉투를 가리켰어요. 할아버지는 식탁에 앉아 차를 마시고 있었어요.

"아따, 우리 우봉이가 그새 쑥 자랐구먼."

할아버지가 우봉이를 와락 껴안은 채 등을 다독였어요.

할아버지 품에 안긴 우봉이는 찡그리며 코를 벌름거렸어요.

'흙, 바람, 풀, 냄새가 할아버지 옷에 배어서 그런 거야.'

언젠가 엄마가 한 말이 생각났지만, 그래도 우봉이는 할아버지한테서 나는 냄새가 께름했어요.

"이 할애비 눈에 쏙 넣었으면 좋겠구먼."

할아버지가 우봉이 얼굴을 들여다보며 웃었어요. 우봉이는 머쓱한 표정을 지었어요. <u>냄새도 냄새지만 할아버지 이마 주름이 지렁이처럼 꿈틀대는 것 같았거든요.</u>

(중 략)

할아버지가 말하고는 입을 쫙 벌렸어요. 손을 입 안에 넣고 흔들흔들하더니 뭔가를 꺼내 소금물이 든 유리컵 안에 넣었어요. 틀니였어요.

책을 들고 곁눈질하던 우봉이는 그만 움찔했어요. 틀니는 볼수록 정말 괴상했어요. 아니, 끔찍했어요.

<u>"나랑 안 자르켜어? 하래비는 우봉이랑 가취이 자고 쉬쿠머언."</u>

윗니만 남은 할아버지 입에서 쉑쉑 바람 빠지는 소리가 났어요. 마치 성난 괴물의 거친 숨소리 같았어요.

[어려운 낱말을 찾아 뜻을 알아본다.]

1) 책을 읽으면서 어려운 낱말이 나오면 국어사전에서 그 뜻을 찾아 공책에 정리해봅시다.

예 씨암탉 : 씨를 받으려고 기르는 암탉

예 곁눈질 : 곁눈으로 보는 짓. 얼굴은 돌리지 않고 눈알만 옆으로 돌려서

보는 것.

[재미있거나 인상적인 구절에 밑줄을 친다.]

1) 책을 읽으면서 재미있거나 인상적인 구절이 나오면 밑줄을 쳐봅시다.

예 냄새도 냄새지만 할아버지 이마 주름이 지렁이처럼 꿈틀대는 것 같았거든요.

예 나랑 안 자르켜어? 하래비는 우봉이랑 가취이 자고 쉬쿠머언."

[책을 읽으며 궁금한 점이 생기면 질문을 만든다.]

1) 책을 읽으면서 궁금한 점이 생기면 질문을 공책에 써봅시다.

예 우봉이는 할아버지를 어떻게 생각할까?

예 할아버지에게 어떤 냄새가 날까?

TIP

1차시 수업 후, 학생들은 아침활동시간을 활용하거나 과제로 제시하여 책을 다 읽도록 한다. 학생들은 책을 읽을 때마다 읽은 쪽수를 적고 메모하도록 지도한다. 교사는 학생들이 잘 읽고 있는지 중간점검을 통해 확인하도록 한다.

2차시

- 차시 주제 : 할아버지와 주은이 집중 탐구
- 시간 : 40분
- 준비물 : 활동지

가 할아버지와 우봉이의 관계 집중 탐구하기

[교사의 질문과 학생의 답변을 통해 인물에 대해 자세히 알아본다.]

1) 할아버지는 어떻게 생겼나요? 책에서 근거를 찾아 그려봅시다.

- 냄새가 나고 틀니를 낍니다. 코를 곱니다. 등

2) 우봉이는 처음에 할아버지를 어떻게 생각했나요?

- 냄새가 나고 틀니를 껴서 싫어했습니다.

3) 처음에 우봉이의 젓가락 실력은 어떠했나요?

- 서툴러서 도토리묵 잡기를 어려워했습니다.

4) 우봉이는 왜 할아버지에게 젓가락질을 배웠을까요?

- 할아버지와 간식을 먹을 때, 할아버지가 도토리묵을 젓가락으로 먹는 모습을 보았기 때문입니다.

5) 손으로 밥을 먹는 것에 대해 우봉이가 묻자, 할아버지는 무엇이라고 답변했나요?

- 손으로 먹는 걸 두고 나쁘다고, 또 야만인이라고 해서는 안 되는겨. 그게 그 나라 풍습이고 문화인겨.

6) 애들을 이기지 말고 달인만 되었으면 좋겠다는 할아버지의 말씀은 무슨 뜻일까요?

- 대회 결과에 집착하지 말고 젓가락질 실력이 늘었으면 좋겠다는 뜻입니다.

7) 우봉이는 왜 할아버지가 떠나는 게 아쉬웠을까요?

- 할아버지와 친해졌고 할아버지에 대해 잘 알게 되었기 때문입니다.

8) 우봉이는 할아버지에 대한 생각이 왜 바뀌었을까요?

- 낯설었던 할아버지를 이해하기 시작했기 때문입니다.

나 주은이와 우봉이의 관계 집중 탐구하기

1) 우봉이네 반에 전학 온 학생은 누구인가요?
- 주은이입니다.

2) 주은이는 어떻게 생겼나요? 책에서 찾아봅시다.
- 피부는 가무잡잡하고 눈이 크고 맑습니다. 등

3) 주은이를 처음 본 친구들은 주은이를 어떻게 생각했을까요?
- 조금은 이상하게 생각했을 것 같습니다.

4) 우봉이는 주은이를 처음 보았을 때 어떻게 생각했나요? 왜 주은이를 좋아할까요?
- 아주 예쁘다고 생각했습니다.

5) 왜 우봉이는 젓가락 달인이 되고 싶나요?
- 주은이에게 잘 보이고 싶기 때문입니다.

6) 주은이가 젓가락질을 잘하는 이유는 무엇일까요?
- 젓가락질을 못한다고 애들에게 놀림 받기 싫기 때문입니다.

7) 주은이의 어머니를 보고 우봉이는 어떠한 생각이 들었나요? 여러분은 어떤가요?
- 처음에는 이상한 사람이라고 생각했습니다. 속이 메스꺼워했습니다.

8) 주은이에 대한 친구들의 생각이 달라졌나요? 달라졌다면 왜 달라졌나요?
- 주은이가 우리말도 잘하고 젓가락질도 잘하기 때문입니다.

9) 젓가락 달인의 결과는 어떠했나요?
- 주은이와 우봉이만 남아서 결승전을 치루게 되었습니다.

10) 여러분은 주은이와 우봉이 중에 누가 젓가락 달인이 되었을 거라고 생각하나요?
- 주은이가 될 것 같습니다. 우봉이가 져줄 것 같습니다.
- 우봉이가 될 것 같습니다. 할아버지와 많이 연습했기 때문입니다.

TIP

교사는 학생들과 함께 이야기를 하며 칠판에 할아버지와 주은이의 모습을 그린다. 학생들도 직접 활동지에 그림을 그리고 답변한 내용을 정리하여 쓰도록 하며 수업한다.

3-4차시

- **차시 주제 :** 다름과 차별에 대해 독서토론하기
- **시간 :** 80분
- **준비물 :** 도화지, 색연필, 싸인펜, 동화책

가 젓가락 달인에 대한 추측 되짚기

[읽기 전에 누가 젓가락 달인이라고 추측했는지 다시 되짚어본다.]

1) 여러분은 누가 젓가락 달인이라고 생각했나요? 왜 그렇게 생각했나요?

2) 왜 주은이는 젓가락 달인이 아닐 거라고 생각했나요?
- 주은이는 피부색이 달라서 다른 나라 사람이기 때문에 젓가락질이 서투를 것이라고 생각했습니다.

나 선입견에 대해 독서토론하기

[『젓가락 달인』에 나온 선입견을 확인하고, 이러한 선입견에 대해 독서토론한다.]

1) 『젓가락 달인』에 나온 선입견에는 어떤 것들이 있을까요?
- 할아버지는 저랑 안 통할 것 같아요.
- 피부색이 다르면 한국인이 아닐 것 같아요.
- 손으로 밥을 먹는 것은 더러운 행동이에요. 등

TIP

책에 나온 다양한 선입견을 찾도록 한다. 학생들이 쉽게 찾을 수 있는 주은이에 대한 선입견뿐만 아니라, 주은이의 어머니, 할아버지 등 책에 나온 다양한 인물을 대상으로 찾아보도록 지도한다.

1) 『젓가락 달인』에 나온 인물들이 이러한 선입견을 버리려면 어떠한 태도를 가져야 할까요?

- 다른 사람을 있는 그대로 봐야 합니다.
- 열린 마음으로 다른 사람을 존중해주어야 합니다.
- 차이점을 인정해주어야 합니다. 등

다 소수자에 대해 알아보기

1) 우리 주변에서 찾아볼 수 있는 선입견이나 어려움에는 무엇이 있을까요?

- 동남아시아 노동자 : 피부색이 달라 놀림을 받는다.
- 장애인 : 장애인은 일반 사람들과 일하기 어렵다. 등

2) 이렇게 다수와 달라 사회적으로 차별을 받는 사람을 소수자라고 합니다. 이런 소수자를 위해 우리가 할 수 있는 일은 무엇이 있을까요?

- 동남아시아 노동자 : 선입견을 가지지 않는다.
- 장애인 : 장애인을 위한 시설을 만든다. 등

TIP

사회 수업이 아니므로 지나치게 지엽적인 내용으로 흘러가지 않도록 주의한다. 책 속 내용에 근거해 사회에 존재하는 차별을 찾고, 이를 확장한다.

5차시

- **차시 주제 :** 책 속 인물에게 편지 쓰기
- **시간 :** 40분
- **준비물 :** 편지지, 필기도구

가 책 속 인물에게 편지 쓰기

[책 속 인물 중 하나를 선정해 편지를 쓴다.]

1) 책 속 인물을 하나 선정해 봅시다. 누구에게 편지를 쓰고 싶나요?
   - 할아버지, 주은이, 반 친구들, 우봉이 등

2) 그 친구들에게 어떠한 말을 하고 싶나요? 아까 토론했던 내용을 생각해 봅시다.
   - 우봉이 : 주은이의 어머니 같은 사람에게 편견을 가지지 말자
   - 할아버지 : 열린 마음으로 대하는 점이 멋있다
   - 주은이 : 어머니를 이해하고 친하게 지내자 등

TIP

2명씩 짝을 지어 어떤 내용으로 편지를 쓸 것인지 생각을 공유해보도록 한다.

나 편지 발표하기

[자신이 쓴 편지를 발표하여 공유한다.]

1) 자신이 쓴 편지를 발표하여 봅시다.
2) 여러분은 친구의 편지를 보고 어떠한 생각이 들었나요?

6차시

- 차시 주제 : 젓가락 달인은 누구?
- 시간 : 40분
- 준비물 : 활동지, 동화책

가 『젓가락 달인』의 결말 확인하기

[『젓가락 달인』의 결말을 확인한다.]

1) 『젓가락 달인』의 결말은 어떻게 끝났나요?
   - 주은이와 우봉이가 젓가락 달인 결승전을 치루게 되었습니다.

나 『젓가락 달인』의 뒷이야기 상상하기

[젓가락 달인의 뒷이야기를 상상하여 발표한다.]

1) 젓가락 달인은 누가 되었을까요?
2) 우봉이가 되었다면 그 뒤에 우봉이와 주은이는 어떻게 지냈을까요?
   - 주은이가 젓가락질 실력이 좋은 우봉이에게 호감을 느꼈을 것 같습니다.
   - 주은이가 상품을 받지 못해 실망해서 우봉이와 사이가 좋지 않을 것 같습니다.

3) 주은이가 되었다면 주은이는 어떻게 지낼까요?
   - 주은이는 반 아이들의 인정을 받고 더 잘 지낼 것 같습니다.

4) 주은이의 어머니는 어떻게 지낼 것 같나요?
   - 주은이가 어머니에게 젓가락질을 가르쳐 주어서 주은이와 어머니의 사이가 더 친해질 것 같습니다.
   - 주은이가 어머니의 다른 점을 인정할 것 같습니다.

5) 우봉이는 할아버지와 어떻게 지낼 것 같나요?

- 할아버지와 더욱 친하게 지낼 것 같습니다.
- 할아버지에게 젓가락질 말고도 다른 것을 더 배울 것 같습니다. 등

[상상한 뒷이야기를 글로 써 본다.]

1) 여러분들이 상상한 젓가락 달인의 뒷이야기를 글로 써 봅시다.
2) 여러분의 글을 발표해 봅시다.
3) 여러분은 친구의 발표를 듣고 어떠한 생각이 들었나요? 재미있거나 기억에 남는 점, 나와 다르게 쓴 점 등을 이야기해 봅시다. 이외에 발표한 학생에게 궁금한 점이 있다면 그 친구에게도 질문해 봅시다.

4 이런 책도 있어요

『까만 달걀』(황복실 외/샘터)

『까만 달걀』은 다문화가정 아이가 편견을 겪는 이야기 5편을 실었다. 아랑, 재현, 경주, 경민, 달이라는 5명의 아이가 다문화가정에서 태어난 혼혈로 한국사회에서 겪는 어려움을 그린 동화이다. 살색 크레용은 왜 살색이라는 이름이 붙었을까 등 일상생활의 소재를 통해 표현했다.

『하이퐁 세탁소』 또한 다문화가정 이야기이다. 베트남 엄마와 한국인 아빠 사이에서 태어난 웅이는 세상의 많은 편견에 시달린다. 친구들은 웅이를 놀리고 선생님마저 웅이의 이야기를 들어주지 않는다. 다문화가정이라는 편견에 지쳐 베트남 문화를 거부하는 웅이네 가족에게 베트남에서 이모와 사촌형이 오며 달라진다.

『하이퐁 세탁소』
(원유순 외/아이앤북)

5 활동 결과물

할아버지와 우봉이의 관계 탐구
책에서 할아버지의 모습이 나온 부분을 찾아 그려봅시다.

〈2차시, 할아버지와 주은이 집중 탐구〉

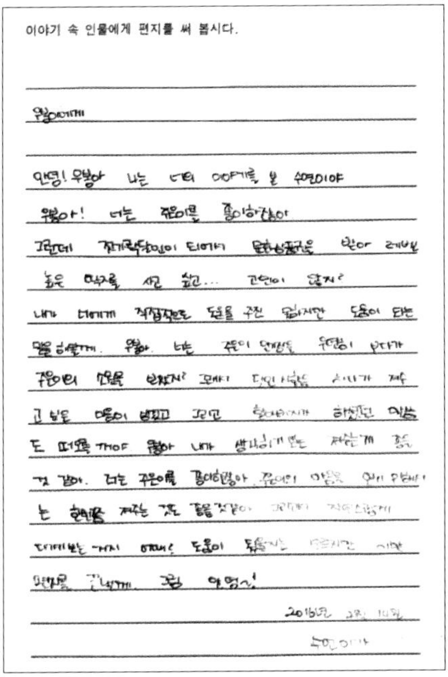

이야기 속 인물에게 편지를 써 봅시다.

우봉이에게

안녕! 우봉아 나는 너의 이야기를 본 수연이야

우봉아! 너는 주은이를 좋아하잖아

〈5차시, 이야기 속 인물에게 편지 쓰기〉

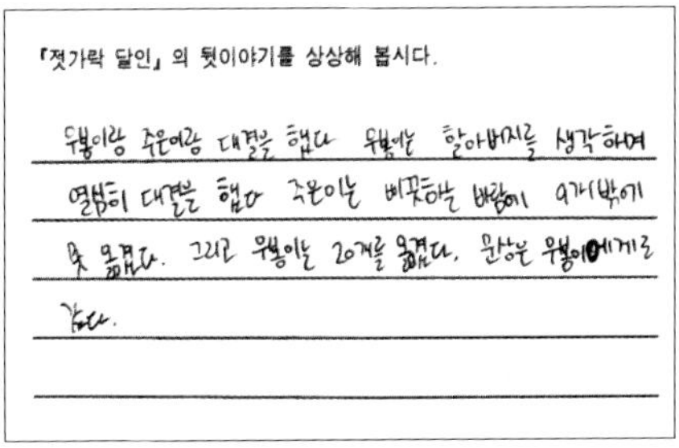

「젓가락 달인」 의 뒷이야기를 상상해 봅시다.

우봉이랑 주은이랑 대결을 했다 우봉이는 할아버지를 생각하며 열심히 대결을 했다 주은이는 비꼿하는 바람에 9개밖에 못 옮겼다. 그리고 우봉이는 20개를 옮겼다. 문상은 우봉이에게로 갔다.

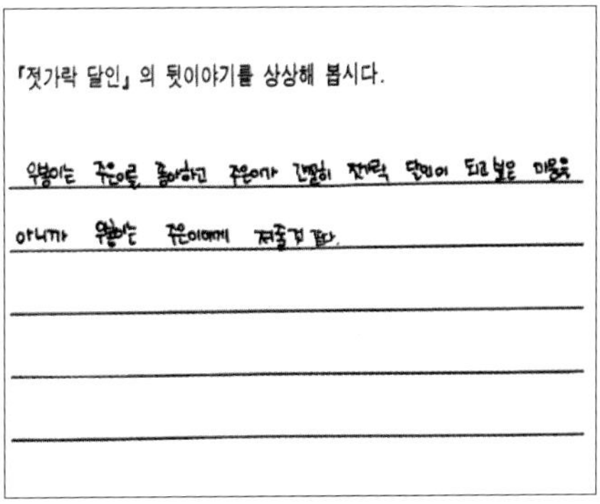

「젓가락 달인」 의 뒷이야기를 상상해 봅시다.

우봉이는 주은이를 좋아하고 주은이가 간절히 젓가락 달인이 되고 싶은 마음을 아니까 우봉이는 주은이에게 져줄것 같다.

〈6차시, 뒷이야기 상상하기〉

6 수업 성찰

『젓가락 달인』은 길지 않으면서도 생동감 있는 인물과 서사가 매력적이다. 젓가락 달인이라는 큰 주제 아래 할아버지, 주은이 등 우리 주변에서 볼 수 있는 인물들에게 집중하도록 지도하였다. 특히 주은이네 같은 다문화가정뿐만 아니라 노인에 대해 학생들이 가지고 있는 선입견을 이끌어내려고 노력하였다.

학생들은 사회 속에서 많은 것들을 배우면서 자신도 모르게 선입견을 배운다. 그 과정에서 다문화에 대한 이해가 부족해질 수밖에 없다. 이를 이야기를 통해 접근하니 한결 재미있고 쉽게 접근할 수 있었다.

특히 할아버지와 주은이의 인물을 상상한 뒤, 활동을 진행하니 학생들의 몰입도가 더욱 높았다. 마지막 뒷이야기 상상하기에서는 학생들의 다양한 아이디어가 돋보였다. 우봉이가 이긴 모습에 주은이가 반했을 것이다, 주은이네 어머니에게 주은이가 젓가락질을 가르쳐줄 것 같다 등 다양한 뒷이야기 상상이 나왔다. 선입견에 대해 재미있게 생각하고 진지하게 고민해볼 수 있는 수업이었다.

[3-4학년군]
작품중심

이야기의 힘

조선에서 가장 재미난 이야기꾼

(김기정/비룡소/2013)

1 책 소개

『조선에서 가장 재미난 이야기꾼』은 '전기수'라 불렸던 조선 시대의 이야기꾼을 다루고 있다. 사람들은 늘 이야기꾼을 기다렸지만, 정작 바람처럼 돌아다니는 이야기꾼에 대해서는 아무도 몰라 이야기꾼에 대해 알려진 건 거의 없다. 다만 이야기꾼을 만난 적이 있다는 몇몇이 입에서 입으로 전했던 이야기만 남아 있다. 이 책은 이야기꾼을 만났던 못난이 아줌마, 깽깽이꾼, 구두쇠, 도둑의 이야기이다.

이 책을 읽다 보면, 서술자의 말투가 재미를 더한다. 서술자는 독자와 대화하면서도 생생한 비유로 날렵하게 이야기를 그려나간다. 무겁지 않고, 재치 있는 묘사는 시적이다. 책에 담겨 있는 메시지도 인상적이다. 이야기꾼이 이야기를 들려주는 이유, 이야기가 세상에 필요한 이유를 생각하게 해준다. 독자는 이야기꾼을 만났던 4명의 입장에서 이야기꾼의 말에 공감하고, 깨달음을 얻는다. 4명의 각각 다른 말투도 이 책의 또다른 재미이다. 못난이 아줌마, 깽깽이꾼, 구두쇠, 도둑의 목소리가 귀에 들리는 듯하다.

2 동화 깊이 읽기

『조선에서 가장 재미난 이야기꾼』은 '이야기의 힘'을 말하고 있다. 못난이 아줌마, 깽깽이꾼, 구두쇠, 도둑은 이야기꾼의 이야기를 듣고 변화한다. 책을 읽어나가며 왜 이야기를 하는지, 이야기에는 어떤 힘이 있는지를 느낄 수 있다.

'이야기의 힘'을 느끼기 위해서는 책을 깊이 읽어야 한다. 이를 위해 1차시에 읽기 전 활동과 읽기중 활동으로 표지를 보며 내용을 예측하고, '이야기꾼'에 대해 알아보며 배경지식을 활성화한다. 그리고 책의 일부분을 같이 읽으며, 책을 읽는 방법을 학생들에게 안내한다. 재미있는 구절에 밑줄을 치며 읽거나 어려운 낱말을 찾고 그 뜻을 국어사전에서 확인해보는 활동을 한다. 이후 책의 나머지 부분은 아침활동 시간을 활용하거나 과제로 제시해 다 읽도록 한다.

2차시부터는 책을 다 읽고 독후활동을 한다. 먼저 발문을 통해 이야기 4편의 내용을 파악한다. 그리고 활동지에 이야기를 듣기 전과 들은 후 주인공의 변화를 찾아 정리한다. 3차시에서는 이야기 4편의 각 주제를 찾고, 이 4개의 주제를 아우르는, 『조선에서 가장 재미난 이야기꾼』을 종합할 수 있는 하나의 큰 주제를 생각해 본다. 이야기꾼은 어떤 사람인지 학생들이 한 줄로 정리한다.

다음 차시에서는 이야기 속 인물이 되어 편지를 쓰고 공유한다. 마지막 차시에서는 내가 주인공처럼 이야기를 듣고 바뀐 경험이 있는지 발표한다. 그리고 내가 이야기꾼이 되어 친구들의 고민에 어울리는 이야기를 찾아주며 독후활동을 마무리한다.

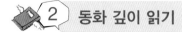

3 실제 활용 방법

1차시

- 차시 주제 : 이야기꾼 알아가기
- 시간 : 40분
- 준비물 : 실물화상기, 동화책

TIP

1차시는 읽기전 활동과 읽기중 활동으로 구성되어 있다. 학생들은 1차시 활동 후, 한 권의 책을 다 읽어오게 된다. 따라서 책을 깊이 있게 읽어오기 위해, 이 차시에서 책의 앞부분을 같이 읽어보며 책을 읽는 방법을 배운다.

가 표지 샅샅이 살펴보기

[『조선에서 가장 재미난 이야기꾼』의 표지를 살펴보고 내용을 예측한다.]

1) 책의 표지를 살펴봅시다. 누가 보이나요?

2) 책의 제목과 표지를 연결지어 보면, 어떤 내용이 펼쳐질 것 같나요?
 - 갓을 쓴 남자가 사람들에게 이야기를 들려줄 것 같습니다.
 - 신나는 이야기를 해서 사람들이 즐거워할 것 같습니다.

TIP

읽기전 활동으로 작가 탐구를 해도 좋다. 이 책을 쓴 김기정 작가는 『바나가가 뭐예유?』, 『금두껍의 첫수업』이라는 책으로도 유명하며, 비유적 표현이 가득한 구어체와 그 안에 담긴 메시지가 인상적이다.

나 이야기꾼 알아보기

[이야기꾼은 어떤 사람인지 알아본다.]

1) 제목에 나온 이야기꾼은 어떤 사람일까요?
 - 이야기를 하는 사람일 것 같아요.

2) 이야기꾼은 한자어로 전기수(傳奇叟)라고 합니다.

TIP

〈학생들에게 들려줄 전기수에 대한 이야기〉

조선 후기의 직업적인 낭독가. 조수삼(趙秀三)의 『추재집(秋齋集)』 기이편(紀異篇)에 전기수에 대한 기록이 전한다. 그 내용은 다음과 같다. "전기수는 동문 밖에 살았다. 『숙향전』·『소대성전』·『심청전』·『설인귀전』 등과 같은 전기를 구송하였다. 월초 1일은 제일교 아래에 앉고, 2일은 이교 아래에 앉고, 3일은 이현에 앉고, 4일은 교동 입구에 앉고, 5일은 대사동 입구에 앉고, 6일은 종루 앞에 앉았다. 이렇게 거슬러 올라갔다가 7일째부터는 다시 내려오고, 내려왔다가는 다시 오르고 하여 한 달이 차면 다음달에 또다시 반복하였다. 전기수의 책을 읽는 솜씨가 뛰어나서 주위에 많은 사람들이 모였다. 읽어가다가 아주 긴요하여 꼭 들어야 할 대목에 이르러 문득 읽기를 그치면 사람들은 그 다음 대목을 듣고 싶어서 다투어 돈을 던져 주었다. 이것이 이른바 요전법이다.

〈출처: 한국민족문화대백과(한국학중앙연구원)의 전기수 항목에서 발췌〉

3) 『책 읽어주는 아이 책비』(김은중 지음, 김호랑 그림/파란정원/2014)도 전기수에 관한 이야기입니다.

다 『조선에서 가장 재미난 이야기꾼』 읽어보기(7~10쪽)

〈종로의 이야기꾼〉

아주 옛날부터 이야기꾼이 있었대.

왜 '옛날 옛날에'가 아니고 '옛날부터'냐고? 이야기꾼이 들을지 모르니까 그렇지. 지금도 어디서 속닥속닥하고 있을지 뉘 알겠니?

사람들이 이야기를 좋아하는 것은 예나 지금이나 마찬가지란다. 요즘이야 누구나 책을 사서 읽고 하니 이야기를 쉬 제 것으로 삼는다지만 옛날에는 안 그랬지. 책도 귀하거니와 글을 못 읽는 이가 참 많았거든. 그래서 이야기꾼이 세상에 나타났는지도 모르겠어.

이야기꾼은 신기하고 재밌는 이야기를 주절주절 늘어놓았대. 한 번도 가 보지 않은 먼 나라부터 이웃에서 벌어진 작은 이야기까지. 아무리 바쁜 일이 있어도 사람들은 걸음을 멈추어야 했어. 귀를 솔깃 세우고 이야기에 빠져들었으니까. 해 기우는 줄도 모르고 말이야. 이야기에 취해 같이 웃고 울고 하였대. 생각만 해도 참 멋진 세상이지?

이제 말하려는 게 바로 그 이야기꾼 얘기란다.

이야기꾼은 성 밖에 살았어. 이야기하러 맨날 성안으로 들어가는구나. 성문에 이야기꾼이 나타나면 꼭 이랬단다. 시끌벅적하던 거리에 문득 바람이 일고, 꾸벅꾸벅 졸던 성문지기가 냅다 고둥 나팔을 불어 대지. 사람들은 정신이 번쩍, 눈알이 초롱초롱, 몸짓은 허둥지둥 난리야. 아낙들은 종종걸음을 놓기 시작하고, 장사치들은 일찌감치 가게문을 닫고, 심심하던 아이놈들은 "이야기꾼이닷!"하고 겅중겅중 달음질을 친단다.

[어려운 낱말을 찾아 뜻을 알아본다.]

1) 책을 읽으면서 어려운 낱말이 나오면 공책에 그 뜻을 찾아 정리해봅시다.

예 고둥 나팔 : 고둥 모양의 나팔. 예전에는 다 자란 나팔고둥을 악기로 사용했었다고도 한다.

예 종종걸음 : 발을 가까이 자주 떼며 급히 걷는 걸음.

예 달음질 : 빨리 뛰어 달려간다.

[재미있는 구절에 밑줄을 긋는다.]

1) 책을 읽으면서 재미있는 구절이 나오면 밑줄을 그어 봅시다.

예 사람들은 정신이 번쩍, 눈알이 초롱초롱, 몸짓은 허둥지둥 난리야.

TIP

1차시 수업 후, 학생들은 아침활동시간을 활용하거나 과제로 제시하여 책을 다 읽도록 한다.

2-3차시

- 차시 주제 : 이야기꾼을 만난 사람은?
- 시간 : 80분
- 준비물 : 동화책, 활동지

TIP

학생들의 성향에 따라 수업의 형태를 달리하여 진행할 수 있다. 활발한 학생들이라면, 활동지에 이야기꾼을 만난 사람을 그리고 그 특징을 옆에 쓴 뒤 짝꿍에게 설명해 주는 활동으로 대체할 수 있다.

가 못난이 아줌마 집중탐구하기(17~27쪽)

[못난이 아줌마 이야기의 내용을 파악한다.]

1) 못난이 아줌마의 소원은 무엇이었나요?

- 아이를 낳는 것이었습니다.

2) 박가네 자식들은 모두 몇 명이었나요?

- 15명이었습니다.

3) 박가네의 형편은 어떠하였나요?

• 매우 어려웠습니다.

4) 수염 영감은 못난이 아줌마에게 어떤 이야기를 들려주었나요?

• 박가네 오누이가 박을 쳐다보며 박에서 살이 많이 나오는 이야기를 한다고 하였습니다.

5) 못난이 아줌마는 수염 영감의 이야기를 듣고 어떻게 행동했나요?

• 박가네 자식들에게 저녁을 푸짐하게 해주었습니다.

[못난이 아줌마 이야기를 자세히 알아본다.]

1) 박가네 오누이가 한 이야기가 사실이었나요?

2) 왜 박가네 오누이는 그런 이야기를 했을까요?

• 너무 배가 고파서 그런 이야기를 해서 배고픔을 잊으려고 한 것 같습니다.

3) 박가네 이야기를 들으면 어떤 이야기가 떠오르나요?

• 흥부 이야기가 떠오릅니다.

4) 왜 못난이 아줌마의 생각이 바뀌었을까요?

• 이야기꾼의 이야기 때문입니다.

5) 이야기꾼의 말 중 못난이 아줌마의 생각을 바꾸는 데 가장 중요한 역할을 한 말을 찾아봅시다.

• 없는 목숨 바라지 말고 산 목숨이나 제대로 키울 일이다.

6) 못난이 아줌마에게 이야기꾼이 하고 싶었던 말은 무엇이었을까요?

• 주변을 먼저 살펴보자. 이웃을 돌보자. 마음을 내려놓자. 등

나 깽깽이꾼 집중탐구하기(28~37쪽)

[깽깽이꾼 이야기의 내용을 파악한다.]

1) 깽깽이꾼은 무엇을 하는 사람일까요?
- 해금이라는 악기를 연주하는 사람입니다.

2) 깽깽이꾼의 실력은 어떤가요?
- 온갖 짐승 소리 흉내를 다 낼만큼 뛰어납니다.

3) 깽깽이꾼이 서울에 올라가 앉은 자리는 누구의 자리였나요?
- 이야기꾼의 자리였습니다.

4) 이야기꾼이 자리를 비켜달라는 말에 깽깽이꾼은 어떻게 대답했나요?
- 내가 먼저 앉았으니 자신의 차지라고 했습니다.

5) 이야기꾼은 깽깽이꾼의 깽깽이 소리에 어떻게 대처했나요?
- 깽깽이 소리에 맞추어 이야기를 했습니다.

6) 나중에는 어떻게 되었나요?
- 이야기꾼의 소리에 맞추어 깽깽이꾼이 장단을 탔습니다.

[깽깽이꾼 이야기를 자세히 알아본다.]

1) 깽깽이꾼의 성격은 어떠할 것 같나요? 글에서 근거를 찾아 말해봅시다.
- 자신만만합니다. 큰소리 치는 것을 좋아합니다.

2) 왜 이야기꾼은 이런 깽깽이꾼을 말로 타이르지 않았을까요?
- 자신이 가장 잘하는 이야기로 깽깽이꾼을 바꾸려고 한 것 같습니다. 말로 하면 깽깽이꾼이 듣지 않을 것 같아서 그랬습니다.

3) 깽깽이꾼은 어떻게 달라졌을까요?
- 더 이상 자신의 실력만 믿고 큰소리 치지 않을 것 같습니다.

4) 깽깽이꾼이 달라진 점은 깽깽이 소리에 나타나겠지요? 나중에 깽깽이꾼은 깽깽이 가락 다음에 어떤 이야기를 덧붙였나요?

• 이야기꾼은 힘 하나 안 쓰고 깽깽이 타는 젊은 놈을 깨우치네.

5) 깽깽이꾼에게 이야기꾼이 하고 싶었던 말은 무엇이었을까요?

• 겸손하게 살자. 다른 사람과 협동하자. 등

다 구두쇠 집중탐구하기(38~45쪽)

[구두쇠 이야기의 내용을 파악한다.]

1) 구두쇠는 어떻게 해서 재산을 모았나요?

• 돈을 한 푼도 쓰지 않고 모았습니다.

2) 구두쇠에게 이야기꾼은 어떤 이야기를 들려주었나요?

• 손이 튀어나와 있는 상여 이야기였습니다.

3) 왜 상여에 손이 튀어나와있었나요?

• 부자도 죽어서는 빈손으로 저승 가는 것을 보게 하기 위해서였습니다.

[구두쇠 이야기를 자세히 알아본다.]

1) 구두쇠는 이야기를 듣고 무엇을 깨달았나요?

• 재물을 쓰는 방법에 대해 궁리하게 되었습니다.

2) 현명하게 재물을 쓰는 방법에는 무엇이 있을까요?

• 어려운 이웃을 돕습니다. 여행을 다닙니다. 등

3) 구두쇠에게 이야기꾼이 하고 싶었던 말은 무엇이었을까요?

• 베풀면서 살자. 주변을 살피자. 등

라 도둑 집중탐구하기(46~59쪽)

[도둑 이야기의 내용을 파악한다.]

1) 도둑이 이야기꾼에게 이상하게 느낀 점은 무엇이었나요?

- 부자일 텐데 왜 차림이 매일 똑같은지 궁금해 했습니다.

2) 이야기꾼은 돈으로 무엇을 샀나요?

- 약 한 첩과 떡을 샀습니다.

3) 이야기꾼은 약과 떡을 가지고 누구에게 갔나요?

- 가난한 초가집으로 가서 아이들에게 쌀과 떡을 주었습니다.

4) 약은 누구에게 주었나요?

- 빨래하는 가난한 아이에게 주었습니다.

5) 남은 떡은 누구에게 주었나요?

- 쥐들에게 주었습니다.

6) 이야기꾼은 도둑이 못 훔치는 것이 무엇이라고 하였나요?

- 이야기꾼의 마음이라고 하였습니다.

[도둑 이야기를 자세히 알아본다.]

1) 도둑의 성격은 어떠한 것 같나요? 글 속에서 근거를 찾아 말해봅시다.

- 오만한 것 같습니다. 자신만만합니다. 등

2) 왜 도둑은 이야기꾼의 말을 듣고 가슴이 철렁하여 도망쳤을까요?

- 스스로가 부끄러웠기 때문입니다. 등

3) 도둑이 이야기를 듣고 어떻게 바뀌었을까요?

- 사람 마음은 못 훔친다는 것을 알고 겸손해졌어요.

4) 도둑에게 이야기꾼이 하고 싶었던 말은 무엇이었을까요?

- 겸손해지자. 정말 중요한 것은 물건이 아니다. 등

4차시

- **차시 주제 :** 재미있는 표현 찾기
- **시간 :** 40분
- **준비물 :** 활동지

가 『조선에서 가장 재미난 이야기꾼』에서 재미있던 표현 찾아보기

[『조선에서 가장 재미난 이야기꾼』에서 재미있던 표현을 찾아 발표한다.]

1) 책을 읽으며 가장 재미있었던 표현을 찾아 발표해 봅시다.

- 어흠 기침 한번 하면 뙤약볕 한낮에 시원한 소낙비 나리고 등

2) 왜 그 표현이 재미있었나요?

- 비유적인 표현이 많아서요. 말하듯이 말해서요. 등

3) 아래의 두 문장을 읽어봅시다. 어떻게 다른가요?

- 사람들은 정신이 번쩍, 눈알이 초롱초롱, 몸짓은 허둥지둥 난리야.
- 사람들은 정신이 번쩍, 눈알이 초롱초롱, 몸짓은 허둥지둥 난리였다.

- 위의 문장은 말하듯이 말해서 재미있는데, 아래 문장은 더 딱딱해요.

- 어흠 기침 한번 하면 뙤약볕 한낮에 시원한 소낙비 나리고
- 기침 한번 하면 한낮에 소낙비 나리고

- 위의 문장은 꾸며주는 표현이 많아서 더 실감나요. 등

4) 재미있었던 표현을 실감나게 읽어볼까요?

TIP

구어체이면서도 리듬감이 넘치는 문체이므로, 이를 살려서 재미있게 읽어보도록 지도한다.

5차시

- **차시 주제 :** 이야기의 힘 알아보기
- **시간 :** 40분
- **준비물 :** 『훨훨 간다』 동화책

가 『조선에서 가장 재미난 이야기꾼』의 주제 생각하기

[『조선에서 가장 재미난 이야기꾼』의 주제를 생각해 본다.]

1) 이야기꾼은 왜 이런 이야기를 들려주었을까요?
   - 깨우치게 하기 위해서요. 교훈을 주기 위해서요. 등

2) 그렇다면 이 4가지 주제를 합쳐보면 이야기꾼은 우리에게 어떠한 깨우침을 주고 싶었던 것일까요?
   - 다른 사람을 생각하는 삶을 살자. 나누고 베풀며 살자. 등

나 이야기에 대한 경험 떠올리기

[이야기에 대한 경험을 떠올려본다.]

1) 여러분들은 이야기를 좋아하나요?
2) 여러분들은 요즘 읽은 것 중에 가장 재미있던 책은 무엇인가요? 드라마나 영화에는 무엇이 있나요?
3) 이야기를 들으면 기분이 어떠한가요?

TIP

권정생의 『훨훨 간다』라는 동화책은 옛사람들이 얼마나 이야기를 좋아했는지에 관한 이야기다. 이 활동을 하면서 참고로 읽어주어도 좋다.

다 이야기꾼을 한 줄로 정의하기

[이야기꾼은 어떤 사람인지 한 줄로 정의해 본다.]

1) 『조선에서 가장 재미난 이야기꾼』에 나왔듯이, 옛날에는 책이 귀하고 글을 못 읽는 사람이 많았대요. 이 때 이야기꾼이 오면 사람들 기분은 어떠하였을까요?
   • 무척 즐거웠을 것 같아요. 정말 좋았을 것 같아요. 등

2) 여러분이 이 시대에 태어났으면 이야기꾼에게 어떤 이야기를 듣고 싶은가요?
   • 내가 못 가본 나라 이야기요. 등

3) 요즘의 이야기꾼은 누구일까요?
   • 라디오 DJ요. 작가요. 등

4) 왜 사람들은 이야기를 할까요?
   • 즐거움을 주기 위해서요. 교훈을 주기 위해서요. 등

5) 이러한 이야기를 들려주는 이야기꾼은 어떠한 사람일까요?
   • 우리에게 깨우침을 주는 사람이다. 등

6차시

• **차시 주제** : 이야기 속 인물이 되어 이야기꾼에게 편지 쓰기
• **시간** : 40분
• **준비물** : 편지지, 필기도구

가 이야기 속 인물이 되어 이야기꾼에게 편지 쓰기

[이야기 속 인물이 되어 이야기꾼에게 편지를 써본다.]

1) 여러분은 이야기 속 인물 중 어떤 인물이 되어 편지를 쓰고 싶은가요? 왜 그런가요?
2) 4명의 인물 중 한 명의 인물이 되어 이야기꾼에게 편지를 써봅시다.
3) 이야기꾼에게 어떠한 이야기를 하고 싶나요?

TIP

개인별로 편지를 쓰기 어려워하는 학생이 많다면 2명이 짝을 지어 어떤 내용으로 편지를 쓸 것인지 생각해보는 활동을 추가해도 좋다.

나 편지 발표하기

[자신이 쓴 편지를 발표하여 공유한다.]

1) 자신이 쓴 편지를 발표하여 봅시다.
2) 누구의 편지가 재미있었나요? 어떠한 점이 재미있었나요?

7-8차시

- **차시 주제 :** 내가 이야기꾼이라면?
- **시간 :** 80분
- **준비물 :** 쪽지

가 내가 듣고 싶은 이야기 떠올리기

[이야기꾼에게 어떤 이야기를 듣고 싶은지 떠올린다.]

1) 여러분은 이야기를 듣고 생각이나 행동이 바뀌었던 적이 있나요?
   - 『돼지책』을 읽고, 엄마가 힘드신 것을 알아서 그 다음부터는 열심히 도와드렸어요.
   - 『무지개 물고기』를 읽고 친구를 도왔어요. 등

2) 여러분은 이야기꾼에게 어떤 이야기가 듣고 싶나요?

3) 여러분이 이야기꾼에게 들어야 할 이야기가 있나요?

나-1(선택활동) 내가 바로 전기수 !

[모둠별로 전기수를 뽑아 이야기를 듣는다.]

1) 모둠별로 전기수를 한 명씩 뽑아 봅시다.

2) 전기수가 된 학생들은 이야기를 하나씩 정해 모둠 친구들에게 들려줍시다.

TIP

전기수 역할을 맡은 학생들이 미리 이야기를 준비해와도 좋다. 모둠 친구들은 왜 그 책을 골랐는지 전기수에게 질문해 보며 '이야기의 힘'을 느껴보도록 한다. 모둠별로 전기수 역할을 돌아가면서 할 수도 있다.

[이야기를 듣고 난 뒤 전체적으로 소감을 나눈다.]

1) 어떤 이야기를 들었나요?

2) 감동적이거나 재미있는 부분을 발표해 봅시다.

3) 이야기를 듣고 달라진 점이 있나요? 어떤 점이 달라졌나요?

나-2(선택활동) 전기수, 내 고민을 해결해 줘!

TIP
사전에 학생들에게 고민거리나 듣고 싶은 이야기를 쪽지에 적도록 하여 수합해둔다.

[친구의 고민을 해결해 줄 이야기를 찾아본다.]

1) 쪽지를 하나씩 뽑고, 그 쪽지에 적힌 고민거리를 해결해 줄 이야기를 찾아봅시다.
   - 여자라서 차별을 받는 아이 –「종이봉지공주」
   - 늘 조용하고 소극적인 아이 –「빨강 머리 앤」
   - 편견이나 차별을 받는 아이 –「늑대가 들려준 아기돼지 이야기」

TIP
도서실에서 진행해도 좋다. 더불어 이야기를 찾을 때에는 자신이 이미 읽었던 이야기도 가능하며, 도서관에서 이야기를 새로 찾아도 된다. 고민을 해결해주기보다는 친구의 마음을 덜어줄 수 있는 이야기를 강조하여 지나치게 교훈 위주의 이야기로 흘러가지 않도록 유의한다. 예를 들어 힘들어하는 친구에게 재미있는 이야기를 찾아주어 힘을 내라고 응원을 해줄 수 있다.

다 이야기 읽기

[친구가 찾아준 이야기를 읽어본다.]

1) 친구가 찾아준 이야기를 읽고 나니, 기분이 어떠한가요?
   (조금 편해진 것 같아요./좋아요. 등)
2) 감동적이거나 재미있는 부분을 발표해 봅시다.
3) 이야기를 듣고 달라진 점이 있나요? 어떤 점이 달라졌나요?

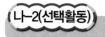

4 이런 책도 있어요

『나귀방귀』(서정오/보리)

『나귀방귀』는 서정오 작가가 쓴 옛이야기 보따리 시리즈 중 하나이다. 왕굴장굴대, 나귀 방귀, 바위로 이 잡기, 재주 많은 여섯 쌍둥이, 꽁당 보리밥과 쌀밥, 시아버지 팥죽땀, 세상에서 가장 긴 이름, 대문 밖에 소금 뿌려라, 달을 산 사또, 거짓말로 장가들기, 느린둥둥이 벼락팽팽이 약은살살이, 호랑이 꼬리와 호미 등 12편의 이야기가 실려 있다. '은근슬쩍 놀려 주는 이야기'라는 부제처럼 풍자가 인상적인 이야기이다.

『꼬리에 꼬리를 무는 만 냥짜리 이야기』도 옛이야기 모음집이다. 서정오 작가가 달을 산 사또, 방귀쟁이 며느리, 옹기 장수 송사 풀기, 꼬리에 꼬리를 무는 만 냥짜리 이야기, 도깨비 덕에 부자 된 영감까지 총 5편의 이야기를 판소리 가락으로 풀어 냈다. 읽다 보면 글의 가락에 절로 덩실덩실 흥이 나는 이야기이다. 따뜻하면서도 역동적인 삽화도 분위기를 더한다.

『꼬리에 꼬리를 무는 만 냥짜리 이야기』(서정오/별숲)

5 활동 결과물

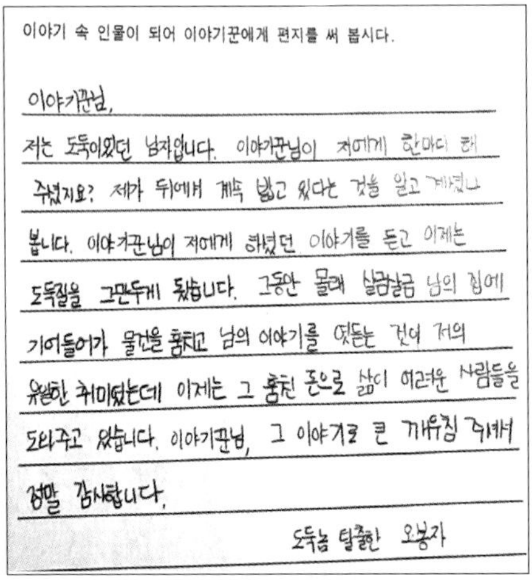

이야기 속 인물이 되어 이야기꾼에게 편지를 써 봅시다.

이야기꾼님,

저는 도둑이었던 남자입니다. 이야기꾼님이 저에게 한마디 해 주셨지요? 제가 뒤에서 계속 밟고 있다는 것을 알고 계셨나 봅니다. 이야기꾼님이 저에게 해줬던 이야기를 듣고 이제는 도둑질을 그만두게 됐습니다. 그동안 몰래 살금살금 남의 집에 기어들어가 물건을 훔치고 남의 이야기를 엿듣는 것이 저의 유일한 취미였는데 이제는 그 훔친 돈으로 삶이 어려운 사람들을 도와주고 있습니다. 이야기꾼님, 그 이야기로 큰 깨우침 주셔서 정말 감사합니다.

도둑놈 탈출한 오봉자

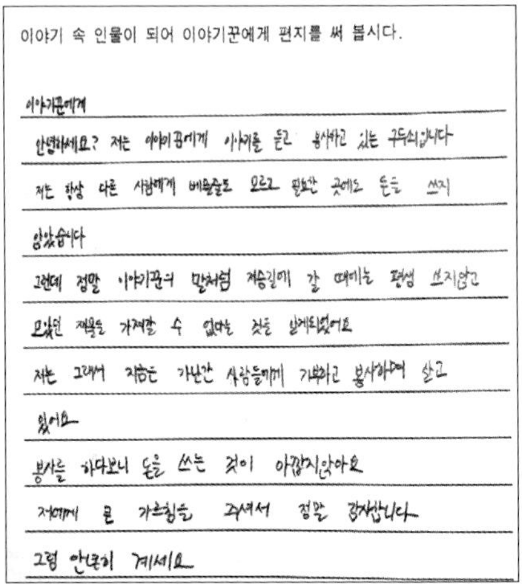

이야기 속 인물이 되어 이야기꾼에게 편지를 써 봅시다.

이야기꾼에게

안녕하세요? 저는 이야기꾼에게 이야기를 듣고 봉사하고 있는 구두쇠입니다 저는 항상 다른 사람에게 베풀줄도 모르고 필요한 곳에도 돈을 쓰지 않았습니다 그런데 정말 이야기꾼의 말처럼 저승길에 갈 때에는 평생 쓰지않고 모았던 재물을 가져갈 수 없다는 것을 알게되었어요 저는 그래서 지금은 가난한 사람들에게 기부하고 봉사하며 살고 있어요 봉사를 하다보니 돈을 쓰는 것이 아깝지않아요 저에게 큰 가르침을 주셔서 정말 감사합니다 그럼 안녕히 계세요

〈6차시, 이야기 속 인물이 되어 이야기꾼에게 편지 쓰기〉

6 수업 성찰

『조선에서 가장 재미난 이야기꾼』의 묘미는 구어체와 이야기의 메시지이다. 학생들과 함께 읽어가기에 부담감이 없고 재미있어 손쉽게 책을 읽고 수업에 임했다. 내용 파악 후 재미있었던 구절, 표현 등을 읽어보니 학생들의 집중도가 높았다. 실감나는 표현을 하여 박수를 받는 학생도 있었다.

이후에는 보다 진지하게 발문을 통해 책의 주제에 접근해보도록 지도했다. 못난이 아줌마, 깽깽이꾼 등 4명의 등장인물의 변화에 집중하여 주제를 찾아보도록 하였다. 그 후에는 이 4개의 이야기 주제를 아우르는 하나의 큰 주제를 찾아보았다.

주제에 대해 깊이 있게 수업을 한 후에 이야기꾼은 어떤 사람일지 정

의해보니, 처음과는 사뭇 다른 대답이 나왔다. 재미있는 이야기를 해주는 사람에 그치지 않고 우리에게 이야기를 통해 깨우침을 주는 사람이라는 것을 자연스럽게 느낄 수 있었다.

이 활동과 연계해 스스로 이야기꾼이 되어보는 활동도 의미 있었다. 이야기의 힘을 충분히 생각해본 뒤, 활동해보니 다양한 이야기들이 나왔다.

[3-4학년군]
교과통합

삐삐는 영원한 내 친구

내 이름은 삐삐롱스타킹

(아스트리드 린드그렌 글/
햇살과 나무꾼 옮김/시공주니어/1996)

관련 교과 및 성취 기준

국어

- [4국02-05] 읽기 경험과 느낌을 다른 사람과 나누는 태도를 지닌다.
- [4국05-02] 인물, 사건, 배경에 주목하며 작품을 이해한다.
- [4국05-04] 작품을 듣거나 읽거나 보고 떠오른 느낌과 생각을 다양하게 표현한다.
- [4국05-05] 재미나 감동을 느끼며 작품을 즐겨 감상하는 태도를 지닌다.

미술

- [4미01-02] 주변 대상을 탐색하여 자신의 느낌과 생각을 다양한 방법으로 나타낼 수 있다.

1 책 소개

뒤죽박죽 별장에 이사 온 아이, 하루 종일 말도 안 되는 거짓말만 하는 삐삐, 엄마는 천사, 아빠는 식인종의 왕이라고 한다. 어쨌든 힘이 세어 말도 번쩍번쩍 들어 올리고 옷 가방 가득 금화를 가진 삐삐는 혼자서도 씩씩하게 잘 살아간다. 삐삐는 친구가 된 토미와 아니카를 따라 학교에 가서는, 7 더하기 5가 뭐냐고 묻는 선생님한테 당황한 표정으로 되묻는다. "글쎄요, 선생님도 모르는 걸 제가 어떻게 알아요?" 그래도 삐삐 생각에, 학교는 있어야 한다. 왜냐하면 아이들에게는 방학이 있어야 하니까. 서커스를 보러 가서는 단원들을 놀라게 할 만큼 놀라운 재주를 보여 주고, 점잖은 부인들의 다과회를 망쳐놓기도 하지만, 순발력 있는 지혜로 아이들을 화재에서 구출하는 활약을 하기도 하는 삐삐의 장래 희망은 해적이 되는 것이다. 평범하게 살던 '토미'와 '아니카'가 '삐삐'를 만나서 얼마나 즐거워졌는지 이야기를 따라가 보면 책을 손에서 놓지 못할 것이다.

삐삐의 매력은 바로 이야기를 지어내는 것이다. 아빠와 항해하면서 겪었다는 모험담들은 사실 터무니없지만 하도 진지하게 이야기해서 열심히 들을 수밖에 없다. 똑같은 일에 대해서도 남들과 다른 시각에서 기발한 생각을 보여주기도 한다. 이를테면 삐삐를 어린이 집에 억지로 데려가려는 경찰들에게 하는 말이 그렇다. "난 이미 어린이 집에 살고 있는 걸요. 난 어린이이고 여긴 내 집이에요. 그러니까 이 집은 어린이집이죠. 이 집은 나 혼자 살고도 남을 만큼 넓어요." 연극을 보러 가서도 이렇게 얘기한다. "한쪽 눈으로만 보겠다고 약속하면, 반값에 들어갈 수 있어요?" 자유로운 상상력과 천방지축 행동을 따라가다 보면 어느새 삐삐의 순수한 매력에 푹 빠져들게 된다.

2 프로젝트 주제

표지 그림과 차례를 보면 온통 궁금한 것 투성이다. 또한 영화나 만화로 삐삐에 대한 친근감도 있어 책에 흥미를 불러일으키는 작품으로 본 프로젝트 수업은 아스트리드 린드그렌의 작품 맛을 보는 시간으로, 꼼꼼하게 원전 깊이읽기를 통해 자세히 읽어보고, 그 중 몇 장면을 중심으로 다양한 활동으로 주인공을 다각도로 탐구하여, 창의적이고 구김살 없이 순수한 삐삐의 행동을 보며 매력적인 주인공의 행동과 마음을 알고 친구 삼으며 즐거움과 대리만족을 느낄 수 있도록 하였다.

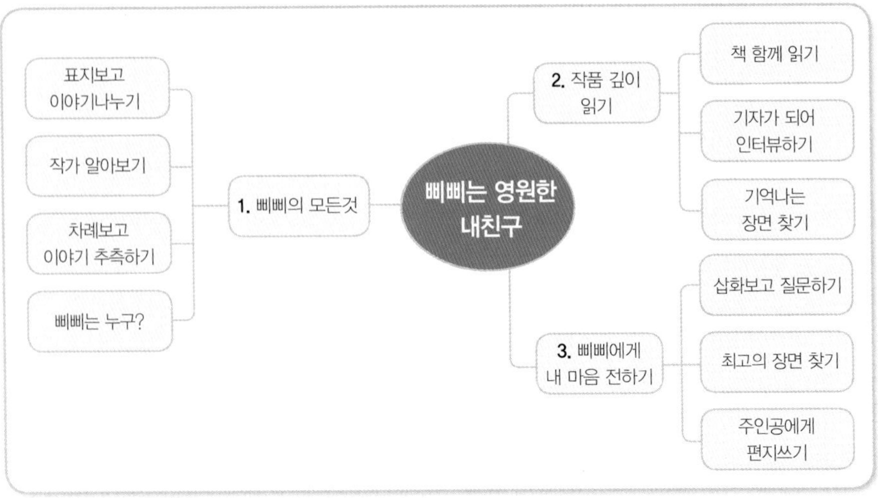

3 실제 활용 방법

1-3차시

- 차시 주제 : 삐삐의 모든 것
- 관련 교과 및 성취기준 : 국어, 미술
  [4국05-05] 재미나 감동을 느끼며 작품을 즐겨 감상하는 태도를 지닌다.
  [4미01-02] 주변 대상을 탐색하여 자신의 느낌과 생각을 다양한 방법으로 나타낼 수 있다.
- 시간 : 120분
- 준비물 : 삽화 장면 확대 ppt 자료, 동화책

읽기 전 활동

가 읽기 전 이야기 나누기

[표지보고 궁금한 점에 대해 이야기를 나눈다.]

1) 책의 표지와 제목만 보고 내용을 상상하여 이야기해봅시다

2) 아이의 외모를 보고 어떤 생각이 들었는지 발표해 봅시다.

- 머리모양이 재미있어요. 양말이 짝짝이네요. 구두가 무척 커요. 개구쟁이 같아요.
- 말을 번쩍 들고 있는 걸 보니 힘이 무척 센 것 같아요.
- 이름이 재미있어요.

나 작가 알아보기

[작가의 다른 작품 읽은 것이 있는지요?]

- 『에밀은 사고뭉치』 읽었어요.
- 아주 기발하고 재미있어요.

[작가에 대한 이야기를 들려준다.]

1) 아스트리드 린드그렌은 스웨덴의 작은 마을에서 태어났다.

어린 딸에게 자장가 대신 들려주던 이야기 『삐삐 롱스타킹』을 첫 작품으로 내놓으면서 커다란 화제를 불러일으키기 시작했다. 이 작품이 출판되자마자 아이들에게 큰 인기를 얻어 후속편인 『삐삐선으로』, 『삐삐의 남양여행』이 시리즈로 선보이게 된다. 작품으로는 『에밀은 사고뭉치』, 『미오 나의 미오』, 『산적의 딸 로냐』, 『라스무스와 방랑자』, 『사자왕 형제의 모험』 등 200여 편의 작품을 발표하며 활발한 작품활동을 하였으며, 국제 안데르센상 대상(1958)을 받고 95세의 나이로 사망했을 때 스웨덴 국왕 내외를 비롯하여 그녀의 작품을 읽고 자랐던 수많은 인파가 장례식장을 찾았으며 그녀의 이름을 딴 초등학교가 1백50개가 넘을 만큼 스웨덴의 보배임을 넘어 인류의 유산으로 대우받고 있다.

또한 2015년 봄에 서울 국립어린이청소년도서관에서 린드그렌과 삐

삐전을 하였다. 전시 안내를 하고 현장을 다녀온 경험을 나누며 멀리 스웨덴의 작가를 가까이 느낄 수 있는 경험을 나누었다.

삐삐 전시회

전시장 모습

아스트리드 린드그렌

다 차례를 보며 이야기 추측하기

[책의 차례를 보고 궁금증을 질문으로 만들어본다.]

1) K W L 표에 정리해 봅시다.

2) L(알게 된 것)은 책을 읽은 후에 정리하도록 합시다.

K(알고 있는 사실)	W(궁금한 것)	L(알게 된 것)
• 작가가 아스트리드 린드그렌이다. • 『에밀은 사고뭉치』를 지었다. • 매우 재미있다. • 삐삐는 늘 사고를 친다. • 이 작가의 작품에는 늘 개구쟁이가 나온다.	**표지보고, 차례보고** • 어떻게 말을 번쩍 들어올릴 수 있을까? • 왜 원숭이와 말이 있을가? • 엄마는 천사, 아빠는 식인종? • 어린이에게 학교가 필요한 이유 단 한 가지는 뭘까? • 서커스 단원 뺨치는 묘기는 뭘까? • 도둑과 함께 춤을 출 수 있을까? • 왜 화재 신고를 삐삐한테 할까?	

라 삐삐는 누구?

[삐삐의 겉모습을 상상하고 그려본다.]

1) 다음 내용을 듣고 삐삐의 모습을 상상하여 그려봅시다.(17~18쪽을 교사가 읽어준다. 학생이 책을 갖고 있으면 함께 찾아서 읽는다)

> 삐삐의 모습은 이랬다. 홍당무처럼 빨간 머리카락은 두 갈래로 야무지게 땋아져 옆으로 쫙 뻗어 있었다. 감자같이 생긴 조그만 코는 주근깨투성이였다. 그 코 밑에는 커다란 입이 있었는데, 튼튼하고 새하얀 이가 엿보였다. 거기에다 삐삐의 옷은 정말 특이했다. 삐삐가 직접 만든 옷이었다. 원래 삐삐는 파란색 옷을 만들 생각이었는데 파란색 천이 부족했다. 그래서 파란 색 천에 빨간 천 조각을 여기저기 기워서 옷을 만들었던 것이다. 길고 비쩍 마른 다리에는 긴 양말을 신고 있었는데 한 짝은 밤색이고 한 짝은 검은색이었다. 그리고 자기 발의 두 배가 되는 까만 구두를 신고 있었다. 그 구두는 삐삐의 아빠가 남아메리카에서 사준 것인데, 삐삐가 자라서도 신을 수 있게 큼직한 구두를 고른 모양이었다. 삐삐는 이 구두 말고 다른 구두는 신으려고 하지도 않았다. (17~18쪽에서)

2) 자신이 그린 삐삐의 모습을 짝에게, 모둠원에게 서로 서로 설명해봅시다.
3) 서로의 그림을 비교해보며 궁금한 것을 질문해봅시다.

[삽화 장면을 설명한다.]

1) 다음의 삽화를 보고 자신이 상상한 모습과 비교해 본다.
2) 삽화를 보며 삐삐의 모습을 설명해 본다.

예 빨간 머리카락은 두 갈래로 땋아져 옆으로 쫙 뻗어 있다. 코는 주근깨투성이, 개구쟁이 같다, 머리모양이 재미있다. 양말이 짝짝이다. 구두가 무척 크다.

어깨에 원숭이가 앉아있다.

['삐삐의 상상력은 무한대'라는 표현에 맞는 내용을 찾는다.]

1) 삐삐의 상상력을 엿볼 수 있는 것은 무엇인지 찾아봅시다.

- 이집트에서는 누구나 뒤로 걷는다.
- 인도에서는 물구나무를 서서 걷는다. 엄마는 천사 아빠는 식인종의 왕이야.
- 콩고에서는 거짓말을 하지 않는 사람이 한 명도 없어.

[삐삐 보고서]

1) 삐삐에 대해 알게 된 사실을 정리해본다.
2) 더 궁금한 사실을 차근차근 탐구하고자 메모하며 작품 깊이읽기를 안내한다.
① 매일 아침 독서시간에 읽고 공책에 읽은 내용을 정리한다.
② 날짜, 읽은 쪽수, 내용, 느낌 등을 기록한다.

마 메모하며 읽기 안내

2015 개정 교육과정에서는 한 학기 한 권 읽기를 교육과정에 삽입하여 전국의 3학년 이상 어린이들이 국어시간에 한 권 읽기를 계획하여 읽도록 한다.

문학 작품의 원전을 찾아 교실에서 함께 읽는 활동으로 3학년 학생에게 가장 인기 있는 작품이 『내 이름은 삐삐롱 스타킹』이다. 이 책을 함께 마련하여 매일 읽기를 안내하였다. 작품을 손에 들면 우선 내용이 궁금하여 그냥 끝까지 읽게 된다. 이렇게 한 번 훑어읽기를 한 후 공책에 기억하고 싶은 것을 메모하며 꼼꼼히 읽는다(정독).

그리고 수업시간에 교사가 읽어주며 수업을 한다. 교사 대신 학생이 돌려 읽기로 해도 좋다.

[함께 읽기]

1) 책을 꼼꼼하게 읽고 삐삐의 모든 것을 알아본다.

2) 제1장 **'엄마는 천사, 아빠는 식인종' 부분(9-28쪽)**을 함께 꼼꼼히 읽어봅시다.

삐삐의 엄마는 돌아가시고 선장이었던 아빠는 폭풍우치는 날 바다에서 실종되어 홀로 원숭이 닐슨 씨와 말과 함께 뒤죽박죽 별장으로 오게 된다. 삐삐의 외모는 정말 특이했다. 이웃에 사는 토미와 아니카는 삐삐의 행동과 말에 놀라움을 금치 못한다. 삐삐가 만들어주는 팬케이크를 함께 먹고 선물을 받아 집으로 돌아온다.

[책과 관련된 나의 경험나누기]

1) 새로 전학 온 친구, 이사 온 친구에 대한 경험을 서로 나눈다.

2) 친구를 처음 만났을 때의 느낌을 나누어본다.

[작품 읽기]

1) 돌려 읽기, 낭독, 묵독 등 다양한 방법으로 읽도록 합니다.

2) 읽으며 재미있었던 점은?

[질문나누기]

1) 짝활동, 모둠활동, 전체활동으로 질문나누기를 확장한다.

2) 질문을 통해 그동안 읽은 내용을 생각하도록 합니다.

3) 삐삐가 사는 집은 어디입니까?

- 뒤죽박죽 별장입니다.

4) 부모님은 어디에 계신가요?

- 엄마는 돌아가시고 아빠는 바다에서 폭풍우에 실종되셨습니다.
- 그래서 말과 원숭이와 같이 살고 있습니다.

[질문 주고받기 혹은 브레인스토밍으로 삐삐에 대해 알아보기]

1) 알게 된 사실이나 기억하고 싶은 부분을 정리해봅시다.(KWL학습지 활용)

- 삐삐롱 스타킹은 9살의 혼자 사는 아이다.
- 엄마는 돌아가시고, 아빠는 아빠는 선장이었는데 폭풍우을 만나 실종되었다. 그래서 삐삐는 엄마가 천사가 되고, 아빠는 식인종의 왕이 되어 있다고 생각한다.
- 삐삐의 집은 뒤죽박죽 별장이다.
- 힘이 장사다. 말도 번쩍 들어올린다.
- 옆집에 토미와 아니카가 살고 있다.
- 삐삐의 어깨에 원숭이가 앉아 있다.
- 삐삐의 모습은 빨간 머리카락, 주근깨 얼굴, 힘이 매우 세고, 짝짝이 양말을 신고, 매우 큰 구두 신고, 상상력이 대단하여 거짓말도 많이 한다.
- 삐삐의 거짓말은 이집트에서는 누구나 뒤로 걷고, 인도 사람은 물구나무를 선 채 걷고, 콩고에서는 거짓말만 한다고 한다.

2) 이와 같이 책을 꼼꼼히 읽으며 알게 된 사실과 느낌을 정리해봅시다.

4-5차시

- 차시 주제 : 작품 깊이 읽기(63-82쪽)
- 관련 교과 및 성취기준 : 국어
  [4국05-02] 인물, 사건, 배경에 주목하며 작품을 이해한다.
  [4국05-04] 작품을 듣거나 읽거나 보고 떠오른 느낌과 생각을 다양하게 표현한다.
- 시간 : 80분
- 준비물 : 동화책, 학습지, 마이크

가 책 함께 읽고 내용 파악하기

['어린이에게 학교가 필요한 이유 단 한 가지'(63-82쪽)을 읽고 이야기를 나눈다.]

삐삐는 방학이 있다는 말에 말을 타고 학교를 간다. 이름도 엄청나게 길어 30글자가 넘는다. 선생님이 수학문제를 물어보자, “선생님도 모르는 걸 제가 어떻게 알아요?” 하고 반문하고, 읽기공부를 가르치려고 고슴도치 앞에 있는 글자를 ‘기역’이라고 읽는다고 하자, 그건 막대기 위에 파리똥이 앉은 거라고 대답한다. ‘ㅂ’을 가르치려고 뱀이 그려진 카드를 꺼내자 인도에서 겪은 뱀에 대한 이야기를 끝없이 펼쳐 모두를 놀래킨다. 그림을 그리라고 하자 마룻바닥에 엎드려 엄청나게 큰 말을 그리고 있다.

1) 교사가 읽어주기, 교사와 학생 돌려 읽기, 낭독, 묵독 등 다양한 방법으로 읽도록 합니다.
2) 삐삐의 학교생활을 읽고 생각을 나누어 봅니다.
3) 질문 만들기와 짝대화를 통해 글의 내용을 나누도록 합니다.

나 기자가 되어 인터뷰하기

[학교에서 있었던 일을 읽어 보고 기자와 삐삐 역할을 정하여 짝과 함께 인터뷰 활동을 한다.]

1) (기자) “ㅇㅇ통신 ☆☆☆기자입니다. 삐삐에게 묻습니다”

2) (기자) “학교를 좋아하지 않았는데 왜 갑자기 학교를 가려고 생각했습니까?”
- (삐삐) 방학을 하고 싶어 학교에 갔습니다.

3) (기자) 당신의 이름이 뭐지요?
- (삐삐) 삐삐로타 델라카테사 윈도쎄이드 맥크렐민트 에프레임즈 도우터 롱스타킹

4) (기자) 출석부에 그 긴 이름을 어떻게 적지요?
- (삐삐) 그냥 삐삐롱스타킹이라 하세요

5) 인터뷰 학습지를 활용하여 짝과 함께 주고받으며 인터뷰를 진행해봅시다.

TIP

인터뷰 대상을 다음과 같이 다양하게 설정하여 활동할 수 있다.

1. 삐삐를 부러워하는 주변 친구
2. 삐삐를 싫어하는 학교 선생님
3. 삐삐를 걱정하는 주변 어른들 등

[인터뷰를 마치고 느낀 점 발표하기]

1) 모둠활동으로 나누기

2) 인터뷰를 통해 느낀 점을 모둠의 1번 친구에게 이야기해봅시다.

3) 1번 친구는 친구들의 말을 요약하여 전체에게 발표해 봅시다.

[삐삐에 대해 알게 된 사실을 전체 친구와 공유하기]

1) 인터뷰 후 삐삐에 대해 생각한 점을 발표해 봅시다.

- 매우 창의적이고 기발하다.
- 무척 순수하다.
- 학교를 다니지 않고 사람들과 어울려 살지 않아서 잘 모르는 것도 많다. 등등

2) 삐삐의 성격이 잘 드러난 말과 행동을 찾아봅시다.

- ㄱ은 막대기 위에 파리똥 이라고 말합니다.
- 우리가 전혀 생각하지 못하는 것을 생각해내고 행동합니다.

다 삐삐의 행동 중 기억나는 장면을 찾아 이야기하기

[삐삐의 다음 행동을 보고 삐삐에 대한 느낌을 나눈다.]

1) 삐삐의 말과 행동을 통해 느낀 점을 이야기해봅시다.

예 선생님 : 7+5는 얼마인지요?
삐 삐 : "선생님도 모르는 것을 제가 어떻게 알아요?"
선생님 : 수학시간 리자한테 사과 7개, 악셀한테 사과 9개가 있는데 합하면 몇 개가 될까?
삐 삐 : "아이들이 배가 아플 것이네요. 그리고 그 사과는 어디서 났을까요?"
선생님 : 왜 그렇게 선생님께 버릇없이 말하나요?
삐 삐 : "제가 버릇이 없었나요? 세상에, 전 몰랐어요."

[기억나는 장면을 발표한다.]

1) 작품을 읽고 난 후 특히 인상깊은 장면을 발표해 봅시다.
- 삐삐가 청소할 때 솔을 발에 묶고 스케이트 타듯이 하는 장면입니다.
- 서커스장에서 말을 타고 줄타기 묘기를 하고, 천하장사 아돌프를 이겼을 때입니다.

TIP
모둠별로 장면을 정하고 배역과 역할을 의논하여 연극으로 표현할 수도 있다.

6차시

- 차시 주제 : 삐삐에게 내 마음 전하기
- 관련 교과 및 성취기준 : 국어
  [4국02-05] 읽기 경험과 느낌을 다른 사람과 나누는 태도를 지닌다.
  [4국05-04] 작품을 듣거나 읽거나 보고 떠오른 느낌과 생각을 다양하게 표현한다.
- 시간 : 40분
- 준비물 : 동화책, 포스트잇, 도화지, 편지지

독서 후 활동

가 삽화장면을 보고 질문 주고받기

[삽화를 보며 단계별 질문 나누기]

1) 〈화재신고는 삐삐한테〉 부분의 삽화를 보며 이야기를 나누어봅시다.

2) 어떤 장면입니까?

   • 원숭이와 함께 나무에 올라가 3층 화재현장에 갇힌 아이 둘을 구해 준 일입니다.

1) 장면을 보고 단계별로 질문을 만들어 봅시다.

2) 1단계 질문에 대한 답은 예, 아니오입니다.

예 원숭이는 불을 끄기 위해 나무 위로 올라갔나요?

3) 2단계 질문은 단답형으로 대답할 수 있는 것으로 만들어봅시다.

예 나무에 올라간 이유는 무엇입니까?

4) 3단계 질문에 길게 서술형으로 대답할 수 있는 것으로 만들어봅시다.

예 이 장면에서 삐삐의 성격은 어떤가요? 이유를 들어 대답해주세요.

나 책을 한 권 모두 읽은 후 기억나는 장면 나누기

[가장 재미있고 기억나는 장면 뽑기]

1) 포스트잇에 각자 장면을 적어 붙이며 모둠별로 이야기를 나눕니다.

2) 모둠별 가장 재미있는 장면을 뽑아 발표해 봅시다.

- 〈화재신고는 삐삐에게〉입니다. 삐삐가 불 속에서 아이를 구한 것이 정말 기발하고 감동적입니다.
- 〈도둑과 함께 춤을〉입니다. 집에 도둑이 들었을 때 원숭이 닐슨 씨가 주인인 줄 알고 도둑이 도로 물러갔을 때입니다.
- 집에 들어온 도둑에게 밤새 춤을 추게 하고 수고비를 주어 보내는 장면입니다.

3) 모둠별 발표를 보고 질문을 해 봅시다.

- 삐삐가 "엄마 아빠는 돌아가셨어요."라고 말했을 때 도둑들의 기분은 어땠을까요?

다 편지쓰기

[책 전체를 읽고 삐삐의 매력포인트를 찾아본다.]

1) 전체의 내용을 통해 내가 생각하는 삐삐의 매력은 무엇인지 발표해 봅시다.
- 학교에서 선생님께 엉뚱한 대답을 하는 장면에서 삐삐는 매우 생각이 기발하고 행동이 거침이 없다고 생각합니다.
- 서커스 장에서 천하장사 아돌프를 이기는 장면이 놀랍고 힘이 센 것이 매력입니다.
- 도둑이 들어왔는데 밤새 춤을 추고 금화 한 닢을 주어 보내는 장면이 통쾌합니다.
- 화재현장에서 지혜를 발휘하여 아이를 둘이나 구해내 오는 장면이 감동적입니다.

[미래의 삐삐를 예상해 본다.]

1) 앞으로 삐삐는 어떻게 될지 상상해봅시다.
- 자신은 해적이 될 거라고 했는데 제 생각으로는 소방관이 되면 좋을 것 같습니다. 불을 무서워하지 않기 때문입니다.
- 선생님이 되면 좋겠어요. 학생들을 잘 이해해 줄 것 같아요.

[칭찬과 충고 찾아본다.]

1) 삐삐에게 칭찬과 충고의 편지를 써 봅시다.
2) 삐삐에게 닮고 싶은 점, 자신과 비슷한 점, 아쉬운 점등을 생각하여 글로 표현해봅시다.

TIP
작가에게 편지 쓰기도 가능합니다.

[삐삐의 모든 것을 알아보고 매력포인트, 미래, 칭찬과 충고를 모아 삐삐에게 전하는 편지를 써 봅시다.]

[그림그리기 활동도 좋을 것 같습니다. 내가 삐삐가 된다면 무엇을 할까? 그림 그리고 쓰기도 좋아요.]

4 이런 책도 있어요

아이의 입장에서 아이의 편이 되어 순수한 동심을 그대로 간직한 모습을 그리는 아스트리드 린드그렌의 작품으로 잠시도 쉬지 않고 일을 저지르는 에밀의 이야기, 자연에서 순수한 본성을 그대로 지니고 사는 로냐이야기 등 아이들에게 흥미와 위로를 주는 작품이 많다.

몽고메리가 쓴 '빨강머리 앤'의 주인공 앤은 삐삐와 공통점이 매우 많다. 외모가 비슷하고 매우 수다스러운 점, 그리고 창의적이고 순수하다는 점이 매우 비슷하다. 두 인물을 비교해보는 활동도 매우 재미있을 것이다.

『에밀은 사고뭉치』
(아스트리드 린드그렌)

『산적의 딸 로냐』
(아스트리드 린드그렌)

『빨강머리 앤』
(몽고메리)

5 활동 결과물

내 이름은 삐삐롱스타킹

이름 (김시연)

K(알고 있어요)	W(궁금해요)	L(배워서 알아요)
아스트리드 린드그렌이 지었다	삐삐는 왜 그렇게 힘이 셀까?	삐삐는 9살 혼자산다.
에밀은 사고뭉치도 썼어요	엄마는 천사 아빠는 식인종이 무슨 말?	엄마가 하늘나라에 있다. 그래서 천사다.
주인공이 사고뭉치다	어린이에게 학교가 필요한 단 한 가지 이유는 뭘까?	아빠는 선장이었는데 실종되서 식인종 의 왕이라고 믿어서 아빠는 식인종의 왕이 되었다고 생각한다
삐삐는 힘이 세다	어떻게 도둑과 춤을 추지?	옆집에는 토미와 아니카가 살고있다
삐삐에겐 말이있다.	화재신고는 삐삐한테? 삐삐가 소방관인가?	삐삐는 뒤죽박죽 별장에 산다

내 이름은 삐삐롱스타킹

3학년(3)반 이름 (김윤서, [illegible])

K(알고 있어요)	W(궁금해요/질문하기)	L(배워서 알아요/책을 읽고)
아스트리드 린드그렌이 지음	누가 꼬마숙녀일까?	꼬마숙녀는 삐삐롱스타킹이다.
에밀은 사고뭉치도 아스트리드 린드그렌이 지었다.	어린이에게 학교가 필요한 이유 한 가지가 뭘까?	방학을 하고싶어서 삐삐는 학교에 갔다.
삐삐는 힘이 세다.	삐삐의 생일은 언제일까?	삐삐의 생일은 11월이다.
삐삐는 거구쟁이다.	못된 황소를 어떻게 길들일까?	[illegible]
삐삐는 돈이 많다.	발견가가 무엇 무엇일까?	삐삐가 숨긴 물건을 찾으러 다니는 사람이다.
애완동물을 (말을) 잘 키운다	서커스 단원 벌렁거리는 묘기는 무엇이고 어떻게 하는 묘기일까?	말을 타고, [illegible]
	우리만의 비밀장소는 어디일까?	비밀장소는 나무 안이다.
	도둑과 함께 무슨 춤을 췄을까?	도둑과 함께 삐삐는 폴카춤을 췄다.
	화재신고는 왜 삐삐한테 해야할까?	불이 났을 때 아이들을 구했기 때문이다.

〈KWL 학습지〉

〈삐삐 모습 상상하여 그리기〉

<내 이름은 삐삐롱스타킹>을 읽고 인터뷰하기

※ 기자가 되어 삐삐에게 궁금한 것을 물어봅시다.
인터뷰를 마치고 느낀 점도 적어봅시다.

삐삐가 학교에서 있었던 일이죠.
선생님: 7+5는 얼마인지요?
삐삐 : 선생님도 모르는 것을 제가 어떻게 알아요?
선생님: 수학시간 리자한테 사과 7개 , 악셀한테 사과 9개가 있는데 합하면 몇 개가 될까?
삐삐 : 배가 아플 것이네요. 그리고 그 사과는 어디서 났을까요?
선생님: 왜 그렇게 선생님께 버릇없이 말하나요?

대오 통신 김윤서 기자입니다.

기자: 당신은 어떻게 황소를 길들였나요?
삐삐: 저는 황소의 뿔을 [illegible] 길들였어요.
기자: 당신은 어떻게 도둑과 춤을 추게 되었나요?
삐삐: 저는 용기를 내서 도둑과 폴카춤을 추었습니다.
기자: 화재 신고는 왜 당신에게 해야 하나요?
삐삐: 왜냐하면 화재속에서 제가 아이들을 구했기 때문이에요
기자: 어떻게 아이들을 구했나요?
삐삐: 우선 [illegible] 나무에 밧줄을 묶게 한 후에 밧줄을 타고 올라간 후 나무판자를 불이 난 집에 걸쳤어요. 나무판자를 놓고 그후, 나무판자에 들어가서 아이들을 구하고 [illegible]

삐삐를 만난 느낌 적어보기

삐삐에게는 또 어떤 재능이 있을까?
삐삐가 돈이 많고, 힘이 세다, [illegible]
나도 삐삐처럼 자유로운 생활을 하고 싶다.
나도 아니카처럼 삐삐를 만나고 싶다

〈인터뷰하기〉

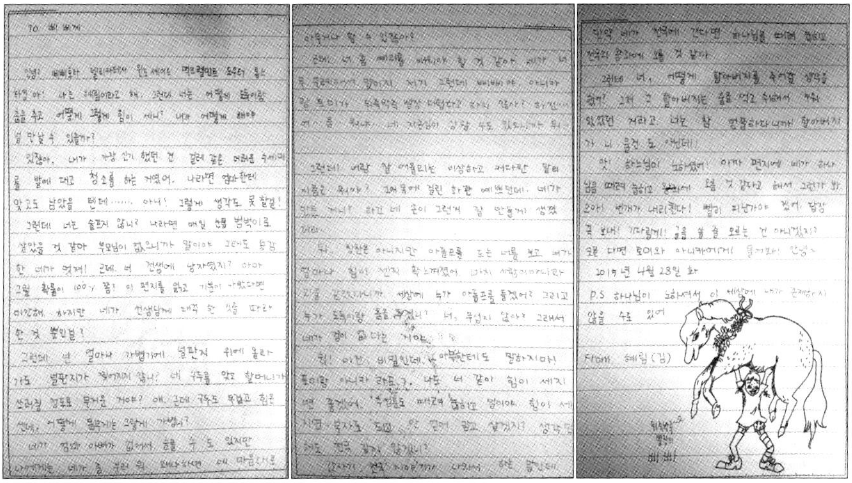

〈주인공에게 편지쓰기〉

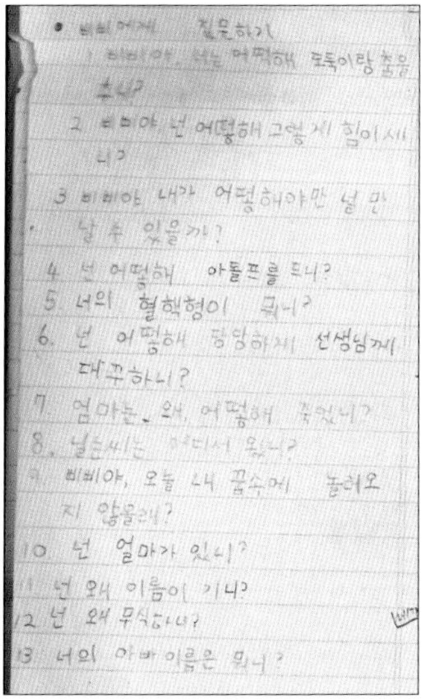

〈질문하기〉

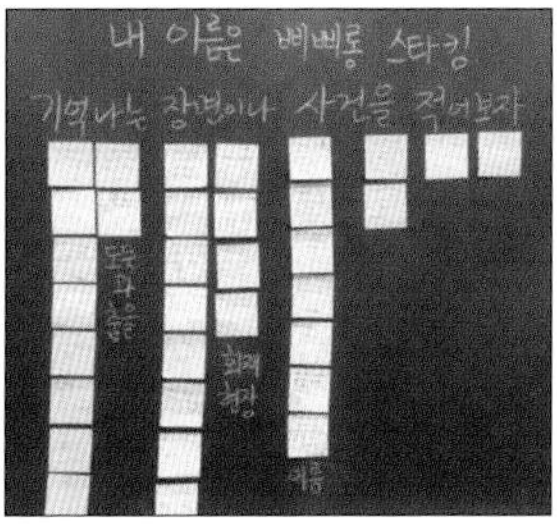

〈기억나는 장면〉

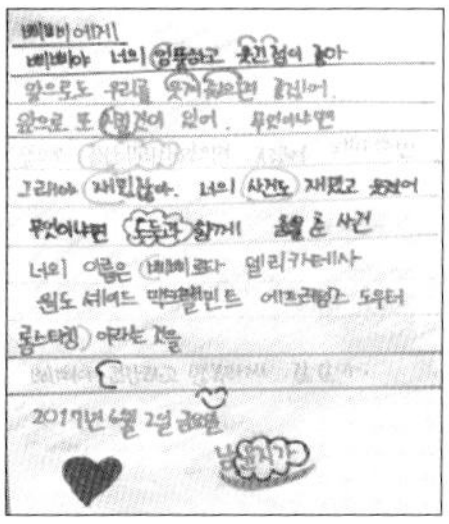

〈편지쓰기〉

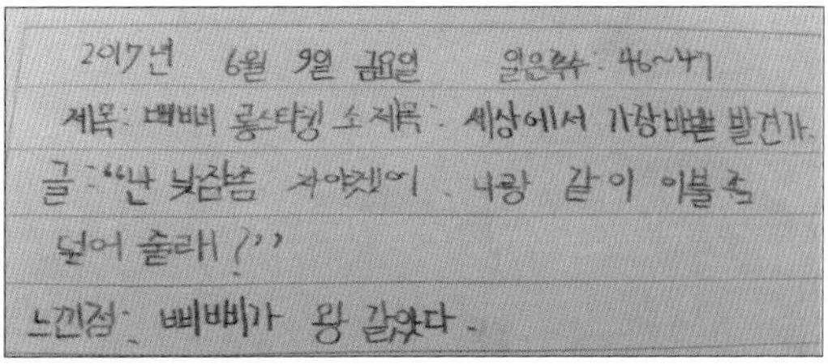

〈메모하며 읽기〉

6 수업 성찰

아이들과 장편동화 꼼꼼히 읽기(Slow Reading)를 이 책으로 해보았다. 한 달 동안 아침 독서시간과 자유로운 독서시간을 이용하여 각자 읽어 오게 한 후 수업을 하였다. 마침 2015년 봄 국립 어린이청소년도서관에서 삐삐전을 하기에 전시장 다녀온 사진을 보여주며 작가 '아스트리드 린드그렌'에 대해 이야기를 나누었다. 2학년에 『에밀은 사고뭉치』를 학년 권장도서로 읽은 아이들도 많고 삐삐를 영화나 만화로 본 아이들이 있어서 아이들이 흥미있게 받아들였다. 주인공의 엉뚱한 행동을 무척 재미있어하며 아이들이 모두 읽어 와서 수업시간이 매우 활기찼다.

삐삐의 길고 긴 이름을 외우며 재미있어하는 아이들을 보며 아스트리드 린드그렌이 얼마나 아이들과 가까운지 느낄 수 있었다. 고아지만 긍정적이고 많은 능력을 가진 삐삐, 무엇보다도 기발한 창의력을 지닌 캐릭터에 아이들은 대단한 매력과 부러움을 느끼고 나에게도 삐삐같은 친구가 있었으면 하는 바람을 이야기한다. 오래오래 기억에 남는 친구가 되기를 바라는 마음으로 동화를 꼼꼼히 읽어보는 수업을 시도하였다.

2018년 시행되는 새 교육과정엔 3학년 이상 국어교과에 원본 동화 한 권씩 읽기가 들어간다. 이는 매우 바람직하고 필요한 방향이라 생각한다.

[3-4학년군]
교과통합

우체부 아저씨 따라 동화나라 여행

우체부 아저씨와 비밀편지

(앨런 앨버그 글/자넷 앨버그 그림/
미래아이, 2003)

관련 교과 및 성취 기준

국어

- [4국05-02] 인물, 사건, 배경에 주목하며 작품을 이해한다.
- [4국05-03] 이야기의 흐름을 파악하여 이어질 내용을 상상하고 표현한다.
- [4국05-04] 작품을 듣거나 읽거나 보고 떠오른 느낌과 생각을 다양하게 표현한다.
- [4국05-05] 재미나 감동을 느끼며 작품을 즐겨 감상하는 태도를 지닌다.

사회

- [4사01-01] 우리 마을 또는 고장의 모습을 자유롭게 그려본다.

미술

- [4미02-02] 주제를 자유롭게 떠올릴 수 있다.

창의적 체험활동

- 동화책 만들기를 할 수있다.

1 책 소개

영국 작가 앨런 앨버그, 자넷 앨버그 부부가 5년 동안이나 공들여 함께 만들어 1986년에 발표한 그림책으로, 케이트 그린어웨이 상과 커트 매실러 상을 받은 유명한 작품으로 오늘까지도 어린이 책의 역사에서 두고두고 칭송되는 걸작 그림책으로 꼽히고 있다.

작가 앨런은 작가가 되기 전 우체부로 일한 적이 있었고, 어린딸이 편지더미를 가지고 노는 것을 보고 착안하였다고 한다.

우체부 아저씨가 전해주는 여섯 통의 편지를 중심으로 그에 얽힌 사연을 짧고 재미나게 풀어놓았다. 한 장에는 실제 편지의 겉모습처럼 우표와 수신인을 써 두었고, 장을 넘기면 봉투 안에 들어있는 편지를 직접 꺼내볼 수 있게 한 기발한 구성이다. 여섯 통의 편지는 아이들이 잘 알고 있는 동화와 연관되어 있어 더욱 재미있다. 자전거를 타고 다니는 싱글벙글 우체부 아저씨가 멀고 먼 곳에서 언덕을 넘어 곰 세 마리네 집에 편지를 전하러 온다. 봉투에서 꺼내 본 편지에는 삐뚤삐뚤한 글씨로 쓴 사연이 그림과 함께 담겨 있다. 편지를 쓴 이는 빈 집에 들어와 아기 곰의 죽을 먹어버린 금발머리 꼬마 아가씨. 깜찍한 사과의 글과 함께 생일 초대 사연을 담았다. 다시 길을 떠난 아저씨는 마늘빵으로 지은 집에 사는 못된 마녀, 콩나무 농장 하늘만큼 높은 집에 사는 거인 아저씨께 편지를 전하고, 신데렐라 왕비에겐 신데렐라 이야기를 담은 그림책 출판 요청을 허락해달라는 출판사의 편지를 전하고, 빨간모자 아가씨의 부탁으로 변호사가 늑대에게 보내는 퇴거명령서를 전하고, 금발머리에게 편지를 전하러 떠난다.

한 장, 한 장 넘길 때마다 작가의 기발한 착상으로 봉투에서 편지를 꺼내보는 재미가 가득한 책. 아이들 눈높이에 맞는 앙증맞은 사연들과 구성이 이 책이 왜 오래도록 인기를 끌고 있는지 알려준다.

2 프로젝트 주제

편지의 사연을 따라 동화『금발머리와 곰 세 마리』,『잭과 콩나무』,『신데렐라』,『빨간 모자』등의 동화 이야기를 나누고, 편지쓰기, 동화책 만들기, 작가의 그림을 자세히 보며 그림의 아름다움을 느낀다. 그리고 우체부 아저씨가 오는 마을을 상상하며 내가 살고 싶은 마을 그리기 등의 활동을 하며 작품의 재미에 깊이 빠져들도록 한다.

3 실제 활용 방법

1-2차시

- 차시 주제 : 우체부 아저씨 따라가 보기
- 관련 교과 및 성취기준 : 국어
  [4국05-02] 인물, 사건, 배경에 주목하며 작품을 이해한다.
  [4국05-05] 재미나 감동을 느끼며 작품을 즐겨 감상하는 태도를 지닌다.
- 시간 : 80분
- 준비물 : 그림책, 실물화상기(그림책에서 직접 편지를 꺼내 읽어 준다)

가 읽기 전 이야기 나누기

[제목보고 궁금한 점에 대해 이야기를 나눈다.]

1) 왜 비밀편지일까요?

2) 누구에게 주는 편지일까요?

[뒤표지 살펴보기]

※ 책 소개를 볼까요?

- 편지봉투에 들어있는 비밀편지를 꺼내서 읽을 수 있어요.
- 책에 편지봉투가 있어요. 책이 편지네요.
- 곰 아저씨와 아주머니에게 편지가 왔어요.
- 이 그림책은 상을 많이 받았어요.
- 21개 언어로 번역되어 수백만 권 이상이 팔린 어린이 책의 명작이라고 신문에 소개했어요.
- 와우 재미있겠어요.
- 궁금해요.

나 그림책 읽어주기

[그림만 보며 이야기를 추측해본다. 어떤 동화가 생각나나요?]

[그림을 보며 이야기를 읽어준다. 편지도 꺼내어 직접 읽어준다.]

다 메모하며 듣기

[교사는 책을 읽어주고 학생은 기억하고 싶은 부분을 자유롭게 메모하며 듣는다.]

TIP

교사는 편지에 등장하는 동화의 내용을 깊이 알고 있어야 하며, 아이들이 모를 경우 알고 있는 아이들이나 교사가 이야기를 들려준다.

라 편지를 중심으로 이야기 내용 파악하기

[메모한 것을 보며 읽어준 동화로 질문을 만들어 짝과 나눈다.]

※ **짝에게 질문하고 짝이 답하고, 서로 교대로 주고받으며 생각을 나누어봅시다.**

[함께 그림을 보며 내용을 확인한다.]

1) 우체부 아저씨가 제일 먼저 찾아간 곳은 어디인가요?

- 숲 속 마을 곰 세 마리네 오두막입니다.

2) 3쪽의 편지는 누가 보낸 것인가요?

- 금발머리

3) 왜 편지를 썼나요?

- 아기 곰의 죽을 먹고 아기곰의 의자를 망가뜨려서 사과하려고

4) 또 덧붙이는 내용은 무엇이었나요?

- 자신의 생일 잔치에 초대하는 내용입니다.

5) 우체부 아저씨는 다음 누구에게 편지를 전했나요?

- 마늘빵으로 지은 집에 사는 심술마녀입니다.

6) 8쪽의 편지는 뭘까요?

- 마녀에게 필요한 도구를 선전한 상품전단지입니다.

7) 왜 우체부 아저씨는 차를 마시지 않았나요?

- 진한 초록색 차를 마시면 혹시 개구리로 변할까 두려워서입니다.

8) 10쪽의 그림에서 재미있는 점은 무엇입니까?

- 거인의 발이 무척 큽니다.
- 거인이 마시는 우유병이 사람 키만큼 큽니다.

9) 11쪽의 편지에서 받는 사람은 누구인가?

- 콩나무 농장의 하늘만큼 높은 집 거인아저씨입니다.

10) 이 장면을 보고 떠오르는 동화는 무엇인가요?

- 잭과 콩나무입니다.

11) 잭은 거인 아저씨께 무슨 이야기를 했나요? 편지를 읽으며 함께 찾아봅시다.

12) 14쪽에서 우체부아저씨가 만난 사람은 누구입니까?

- 왕국로 금구슬 궁전 신데렐라 왕비입니다.

13) 누가 편지를 보냈나요?

- 출판사에서

14) 왜 편지를 썼나요?

- 신데렐라 왕비 이야기를 책으로 내기 위해서입니다.

15) 19쪽 늑대에게 보내는 편지는 왜 빠른 우편일까요?

- 늑대를 빨리 내쫓아야 하기 때문입니다.

16) 아저씨는 왜 차를 마시며 덜덜 떨었을까요?

• 늑대에게 잡아먹힐까 두려워서입니다.

17) 22쪽 금발머리에게 준 생일선물은 무엇이었나요?

• 요술나라 돈입니다.

18) 생일잔치에 초대된 인물은 누구인가요?

• 편지에 나온 동화 속 인물 모두입니다.

19) 잔치에 초대된 인물을 보며 편지의 내용을 다시 나누어봅니다.

마 비밀 편지 탐구

[편지를 보며 주인공이 나오는 동화를 떠올려본다.]

• 다음 낱말을 듣고 떠오르는 동화를 말해볼까요?
• 아기곰, 죽, 금발머리 → 금발머리와 곰 세마리
• 콩나무, 잭, 거인 → 잭과 콩나무
• 왕국, 마차, 유리구두 → 신데렐라
• 늑대, 할머니, 빨간모자 → 빨간 모자

[편지의 내용을 자세히 탐구해 본다.]

받는사람	보낸사람	편지종류	내용
곰아저씨와 아주머니	금발머리 아가씨	사과 편지	아기곰의 죽을 먹어서 미안해요 망가뜨린 의자를 고쳐줄 거에요 생일에 초대해요
심술마녀	도깨비공업 주식회사	상품소개서	마녀에게 필요한 물건을 팝니다. 전등갓, 빗자루, 개구리가루 저주모음집 요술 찻잔 검정 마녀 장화 등
거인 아저씨	잭	우편엽서	아저씨의 황금알을 낳는 암탉과 잘지내요. 더 큰 거인을 조심하세요.

받는사람	보낸사람	편지종류	내용
신데렐라왕비	출판사	출판허락을 청하는 편지, 책	왕비님이야기를 우리 출판사에서 출판하게 허락해주세요. 견본 책도 보세요.
늑대	변호사	빠른우편	할머니집에 마구 침입한 늑대에게 경고장을 보냈습니다. 피해를 입은 아기돼지에게도 보상해야해요.
금발머리	곰아줌마와 아기곰	생일축하카드와 선물	금발머리야 생일 축하해 축하선물로 돈도 넣었어

※ 동화 속 주인공들의 모습을 각자 상상하여 발표해 봅시다.

3-4차시

- 차시 주제 : 책 속 동화 나누기
- 관련 교과 및 성취기준 : 국어
  [4국05-03] 이야기의 흐름을 파악하여 이어질 내용을 상상하고 표현한다.
  [4국05-05] 재미나 감동을 느끼며 작품을 즐겨 감상하는 태도를 지닌다.
- 시간 : 80분
- 준비물 : 동화책 4종류, 그림책 ppt자료, 도화지, 필기구

가 그림책 다시 살펴보기

[『우체부아저씨와 비밀편지』의 특징을 찾아 발표한다.]

1) 이 책의 재미있는 점에 대해 발표해 봅시다.

- 동화 속 주인공에게 편지를 전하는 것이 재미있어요.
- 편지의 종류가 다양합니다.
- 상품광고지, 그림엽서, 출판사와 변호사의 업무편지, 초대장 등이 재미있어요.

[편지를 중심으로 연관되는 작품을 찾아본다.]

1) 어떤 동화 이야기가 떠오르는지 생각해봅시다.

- 금발머리와 곰 세 마리
- 잭과 콩나무
- 신데렐라
- 빨간 모자

[편지 속에 들어있는 『신데렐라』 책을 읽어본다.]

1) 동화이야기를 나누어 봅시다.

나 함께 만드는 이야기

[모둠별로 동화 이야기를 나눈다.]

1) 신데렐라이야기처럼 다른 동화도 이야기해봅시다.
2) 한 문장씩 이야기를 말합니다.
3) 서로의 이야기를 이어서 동화를 완성해 봅시다.
4) 모둠원 전체가 다 돌아가면 다시 한 바퀴 돕니다.

[함께 만든 이야기를 발표한다.]

1) 모둠별로 나와 만든 이야기를 전체에게 들려줍시다.
2) 앞 사람의 이야기를 잘 경청하여 자연스럽게 이야기가 이어질 수 있도록 합니다.
3) 발표 모둠의 이야기를 듣고 좋았던 점에 대해 칭찬해봅시다.

〈참고자료-동화 이야기〉

1) 금발머리와 곰 세 마리 : 골디락스가 어느 날 숲 속에 들어갔다 길을 잃고 헤매다 오두막을 발견했다. 이 오두막의 주인은 세 마리의 곰(아기 곰, 엄마 곰, 아빠 곰)이다. 세 마리 곰은 외출하고 집에 없었다. 오두막에 들어간 골디락스는 식탁에 차려 놓은 세 그릇의 수프를 발견했다. 하나는 막 끓여 놓은 뜨거운 수프이고, 하나는 식어서 차가운 수프이고, 다른 하나는 "뜨겁지도 차갑지도 않은 먹기에 적당한"수프였다. 허기에 지쳐있던 골디락스는 먹기에 적당한 수프를 먹었다. 피곤했던 골디락스는 수프를 먹은 후 온 몸이 나른해지며 졸리기 시작했다. 골디락스가 부엌 옆의 침실을 열어보니 세 개의 침대가 보였다. 하나는 아주 딱딱한 침대이고, 하나는 쿨렁거리는 부드러운 침대, 또 하나는 적당한 탄력을 가진 침대였다. 그녀는 이 가운데 너무 딱딱하지도 않고 너무 부드럽지도 않은 적당한 탄력을 가진 침대를 골라 낮잠에 빠졌다. 세 마리의 곰이 집에 돌아와 보니 누군가가 자기들이 준비한 음식을 먹어버렸고, 침대에서 자고 있는 것을 보게 되었다. 곰들이 돌아와 깜짝 놀랐다.

2) 잭과 콩나무 : 홀어머니와 함께 사는 잭에게는 소 한 마리가 전부이다. 소가 나이가 들어 더 이상 우유를 만들어 낼 수 없게 되자, 잭은 소를 팔기 위해 길을 떠나고 우연히 한 노인을 만나 소를 마법의 콩과 바꾼다. 잭의 어머니는 돈 한 푼 받지 못하고 소를 팔아 넘긴 잭을 나무라며 콩알을 창밖으로 던져버린다. 하지만 하룻밤 사이 그 콩은 하늘까지 자라고, 잭은 그 콩나무를 타고 올라가 하늘 나라에 있는 거인의 집까지 올라가 돈세기에 열중하고 있는 거인 몰래 금화 한 꾸러미를 훔쳐 콩나무를 내려온다. 이후로도 황금 알을 낳는 닭, 스스로 연주하는 하프 등 거인의 보물들을 가지고 내려온다.

3) 신데렐라 : 아버지, 새어머니, 그리고 두 명의 새 언니와 함께 사는 신데렐라는 힘든 집안일을 도맡아 하면서도 온갖 구박을 받지만, 마음씨 착한 그녀는 묵묵히 견뎌낸다. 어느 날, 그 나라의 왕자가 신붓감을 찾기 위해 무도회를 열고 젊은 여자들을 모두 초대한다. 새어머니와 두 언니는 화려하게 치장을 하고 무도회에 가지만, 신데렐라는 세 모녀가 시킨 집안일들 때문에 갈 수가 없었다. 그녀가 절망하여 울고 있을 때, 한 요정이 나타나 마술지팡이로 호박은 황금마차로, 생쥐들은 말로, 큰 쥐는 마부로 만들더니, 예쁜 옷과 유리구두로 신데렐라를 변신시켜 주었다. 그리고는 자정이 되면 원래의 모습으로 돌아가게 될 것이라는 말을 남긴

채 사라진다. 무도회에 참석한 신데렐라는 왕자님과 춤을 출 수 있는 기회를 얻게 되고, 춤을 추던 중 12시가 되어 급히 집으로 돌아가다가 그만 한 쪽 유리구두를 잃어버린다.

4) **빨간모자** : 언제나 빨간 모자를 쓰고 있기 때문에 '빨간 모자'라고 불리는 어린 소녀가 아픈 할머니에게 음식을 가져다 드리러 가던 도중 늑대를 만난다. 늑대는 소녀를 잡아먹고 싶었지만 근처에 나무꾼들이 있었기 때문에 선뜻 그러지 못하고, 점잖은 모습으로 빨간 모자에게 다가가 어디로 가고 있는지를 묻는다. 순진한 소녀가 할머니 댁이 어딘지 이야기 해주자, 늑대는 지름길을 달려 소녀보다 먼저 할머니 댁에 도착한다. 그리고는 빨간 모자 행세를 하며 집에 들어가 할머니를 잡아 먹는다. 그래도 배가 고팠던 늑대는 할머니의 모습을 하고 침대에 누워 빨간 모자를 기다린다. 마침내 소녀가 문을 열고 들어오자 늑대는 소녀마저 먹어 치운다.

5차시

- 차시 주제 : 마녀 탐구하기
- 관련 교과 및 성취기준 : 국어
  [4국05-02] 인물, 사건, 배경에 주목하며 작품을 이해한다.
  [4국05-03] 이야기의 흐름을 파악하여 이어질 내용을 상상하고 표현한다.
- 시간 : 40분
- 준비물 : 모둠 준비물(마녀 표현놀이)

가 마녀의 필수품 알기

[마녀에게 필요한 것에 대해 이야기를 나눈다.]

1) 마녀에게 필요한 것은 무엇일까요?(마술도구 카타로그 삽화 제시)
   - 마술가루, 마술봉, 마법도구, 저주모음집 등입니다.

2) 이런 마술도구로 무엇을 할 수 있을지 생각해봅시다.
3) 내가 상상하는 마술도구는 어떤 것인지 발표해 봅시다.

나 마녀가 등장하는 동화 찾기

[마녀가 나오는 동화에 대해 이야기를 나눈다.]

1) 마녀가 나오는 동화는 어떤 것이 있을까요?

- 헨젤과 그레텔, 개구리왕자, 백설공주, 잠자는 숲 속의 공주, 인어공주, 라푼젤 등이 있습니다.

다 마녀 표현놀이하기

[마녀가 등장하는 동화로 표현놀이를 한다.]

1) 마녀가 나오는 동화이야기로 할 수 있는 놀이를 모둠별로 생각해봅시다.

- 퀴즈놀이, 역할극, 손가락인형극, 막대인형극 등이 있습니다.
- 동화를 정하고 알맞은 놀이방법을 의논한다.
- 장면을 정하여 대본을 쓰고 역할극을 한다.
- 전체에게 발표한다.

2) 마녀의 마술도구, 목소리, 생김새 등의 특징을 잘 살려 표현해봅시다.

3) 모둠별로 준비한 마녀 표현놀이를 발표해 봅시다.

6-7차시

- 차시 주제 : 다양한 표현놀이
- 관련 교과 및 성취기준 : 국어, 사회, 미술, 창체
  [4국05-04] 작품을 듣거나 읽거나 보고 떠오른 느낌과 생각을 다양하게 표현한다.
  [4사01-01] 우리 마을 또는 고장의 모습을 자유롭게 그려본다.
  [4미02-02] 주제를 자유롭게 떠올릴 수 있다.
  [창체] 동화책 만들기를 할 수 있다.
- 시간 : 80분
- 준비물 : 편지지, 도화지, 그림도구, 색도화지, 필기구

가 『우체부아저씨와 비밀편지』의 창작과정 생각해보기

[작가에 대해 알아보고 작품을 완성하는 과정에 대해 이야기한다.]

1) 왜 작가는 이 책을 만드는 데 5년이나 걸렸을까? 생각해봅시다.

2) 작품을 세심하게 관찰하여 각자의 생각을 자유롭게 발표해 봅시다.
   - 그림이 매우 섬세하기 때문에 시간이 오래 걸린 것 같아요.
   - 직접 편지를 넣은 생각이 기발합니다.
   - 재미있는 동화에 대해 이야기를 나눌 수 있어요.

나 표현방법 정하기

TIP
편지쓰기, 그림으로 표현하기, 책 만들기 중 선택하여 활동할 수 있다.

[우체부 아저씨께 드릴 편지 쓰기]

1) 우체부 아저씨는 이제 어느 마을로 갈까? 상상해봅시다.
2) 동화이야기를 생각하며 뒷이야기를 이어봅시다.
3) 이어지는 뒷이야기를 생각하며 우체부 아저씨께 드릴 편지를 써 봅시다.

[우리 마을에 우체부 아저씨가 온다면 그림으로 표현하기]

1) 우체부 아저씨께 받고 싶은 편지를 생각하며 우리 마을을 그려봅니다.
2) 자유로운 발상을 통해 자신이 표현하고 싶은 마을의 모습을 표현해 봅시다.
3) 느낌과 생각을 자유롭게 표현해봅시다.

[동화 속 동화책 만들기]

1) 책 속의 책 신데렐라 이야기를 읽고 내용을 확인해 봅시다.

2) 동화 속 동화처럼 자신이 창작하여 미니북을 만들어봅시다.

TIP

작은 책 만드는 방법은 자유롭게 다양하게 할 수 있다. 가운데를 자르고 밀어넣고 접어 책만들기, 층층이책, 병풍책 등 선택하여 할 수 있다.

3) 이야기 속에 자연스럽게 이야기가 스며들어 멋진 작품이 되도록 만들어봅시다.

4 이런 책도 있어요

『우체부아저씨와 크리스마스』는 우체부아저씨시리즈로 편지 속에 크리스마스카드, 주사위놀이판, 조각그림맞추기, 크리스마스신문, 늑대감시원안내서, 만화경 엽서 등이 아주 다채롭게 들어 있습니다.

『편지를 기다리는 마초바 아줌마』는 매일 편지를 기다리는 아줌마에게 드디어 편지가 오게 되어 행복한 이야기가 펼쳐지는데 과연 누가 보낸 편지일까요?

『우체부 아저씨와 크리스마스』
(앨런앨버그 글 자넷 앨버그 그림/미래 아이)

『편지를 기다리는 마초바 아줌마』
(하리에트 그루네발트 글/젤다 마를린 조간치 그림/단비어린이)

5 활동 결과물

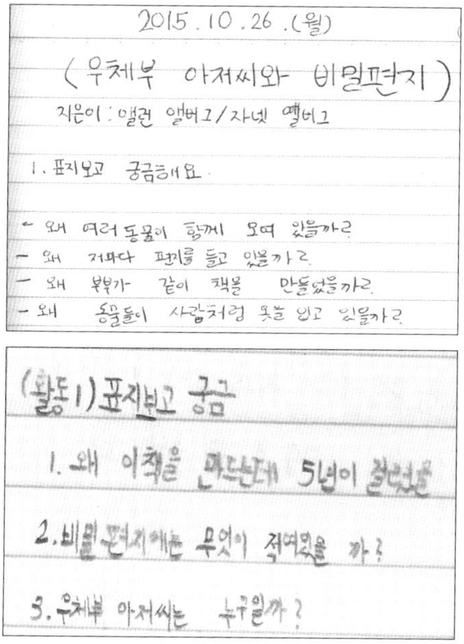

2015. 10. 26. (월)

(우체부 아저씨와 비밀편지)

지은이 : 앨런 앨버그/자넷 앨버그

1. 표지보고 궁금해요.

- 왜 여러 동물이 함께 모여 있을까요
- 왜 저마다 편지를 들고 있을까요
- 왜 부부가 같이 책을 만들었을까요
- 왜 동물들이 사람처럼 옷을 입고 있을까요

(활동 1) 표지보고 궁금

1. 왜 이책을 만드는데 5년이 걸렸을까

2. 비밀 편지에는 무엇이 적혀있을 까?

3. 우체부 아저씨는 누구일까?

〈표지 보고 질문하기〉

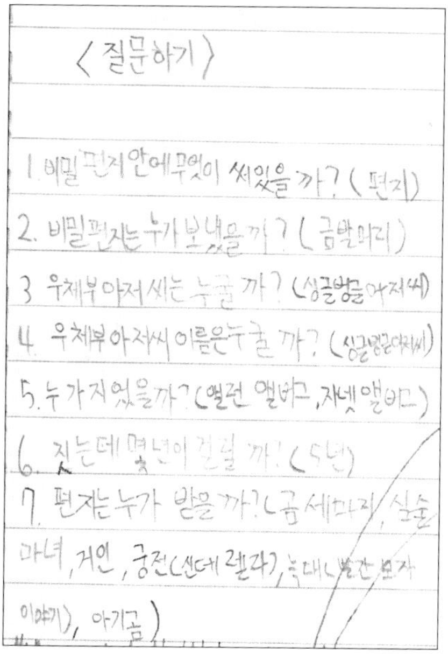

〈질문하기〉

1. 비밀 편지 안에 무엇이 써있을 까? (편지)

2. 비밀편지는 누가 보냈을까? (곰발머리)

3 우체부아저씨는 누굴 까? (싱글벙글아저씨)

4. 우체부아저씨 이름은누굴 까? (싱글벙글아저씨)

5. 누가 지었을까? (앨런 앨버그, 자넷 앨버그)

6. 짓는데 몇년이 걸렬 까! (5년)

7. 편지는 누가 받을 까? (곰 세마리, 신술 마녀, 거인, 궁전 (신데렐라), 늑대 (빨간 모자 이야기), 아기곰)

〈읽고 파악하기〉

〈마녀 동화 인형극하기〉

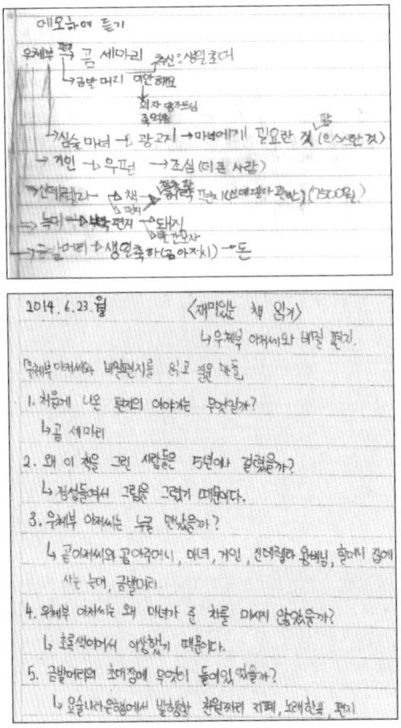

메모하며 듣기

우체부 곰 세마리

2014. 6. 23. 월 〈재미있는 책 읽기〉

ㄴ우체부 아저씨와 비밀 편지.

「우체부 아저씨와 비밀편지」를 읽고 질문 만들기

1. 처음에 나온 편지의 이야기는 무엇일까?

ㄴ곰 세마리

2. 왜 이 책을 그린 사람들은 5년이나 걸렸을까?

ㄴ정성들여서 그림을 그렸기 때문이다.

3. 우체부 아저씨는 누굴 만났을까?

ㄴ곰아저씨와 곰아주머니, 마녀, 거인, 신데렐라 왕비님, 할머니 집에 사는 늑대, 금발머리

4. 우체부 아저씨는 왜 마녀가 준 차를 마시지 않았을까?

ㄴ초록색이어서 이상했기 때문이다.

5. 금발머리의 초대장에 무엇이 들어있었을까?

ㄴ요술나라은행에서 발행한 천원짜리 지폐, 노래한곡, 편지

〈메모하며 듣기〉

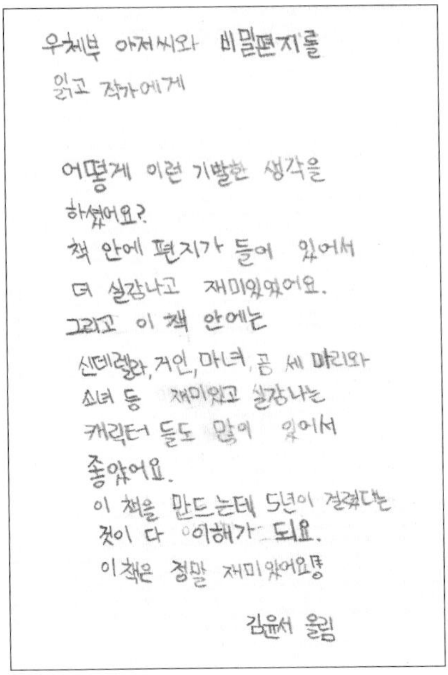

우체부 아저씨와 비밀편지를 읽고 작가에게

어떻게 이런 기발한 생각을 하셨어요?

책 안에 편지가 들어 있어서 더 실감나고 재미있었어요.

그리고 이 책 안에는 신데렐라, 거인, 마녀, 곰 세 마리와 소녀 등 재미있고 실감나는 캐릭터 들도 많이 있어서 좋았어요.

이 책을 만드는데 5년이 걸렸다는 것이 다 이해가 되요.

이책은 정말 재미있어요

김유서 올림

〈작가에게 편지쓰기〉

〈동화 속 동화 미니북 만들기〉

6 수업 성찰

처음 아름다운 그림과 제목에 궁금증을 갖고 시선을 집중하더니, 책에서 직접 꺼내는 편지에 일제히 '우와' 하며 놀라움을 표현하였다. 다양한 형태의 편지와 마술도구 광고지에서는 환호성을 울렸다. 또한 편지내용이 동화 속 주인공들에게 보내는 편지라고 저마다 동화이야기 하기에 바빴다. 그래서 동화 줄거리 발표와 퀴즈, 역할극 표현 등 자유로운 방법으로 동화이야기 표현하는 시간을 마련해보았다. 특별한 형태로 다가온 아름답고 신기한 동화에 빠져 아이들에게 인기 있는 책이 되었다. "아, 그래서 5년이 걸렸네요." 인정하는 표현, 작고 아름다운 책 속의 책 신데렐라 이야기를 보고는 "우리도 책 만들어요."하며 미니북 만들기에 열중한다. 동화 속 동화에 자신이 또 창조해보는 동화이야기… 한바탕 동화나라 여행이었다.

[3-4학년군]
교과통합

우리가 만들어가는 세상

기호 3번 안석뽕

(진형민 글/창비/2013)

관련 교과 및 성취 기준

국어

- [4국01-04] 적절한 표정, 몸짓, 말투로 말한다.
- [4국02-02] 글의 유형을 고려하여 대강의 내용을 간추린다.
- [4국05-02] 인물, 사건, 배경에 주목하며 작품을 이해한다.
- [4국05-04] 작품을 듣거나 읽거나 보고 떠오른 느낌과 생각을 다양하게 표현한다.

사회

- [4사03-06] 주민 참여를 통해 지역 문제를 해결하는 방안을 살펴보고, 지역 문제의 해결에 참여하는 태도를 기른다.

도덕

- [4도03-01] 공공장소에서 지켜야 할 규칙과 공익의 중요성을 알고, 공익에 기여하고자 하는 실천 의지를 기른다.

1 책 소개

6학년 3반 안석진, 기무라, 조조는 말썽쟁이 3인방이다. 얼떨결에 전교 회장 후보에 나가게 된 안석진은 당선을 위해 다른 후보와는 다른 노선을 걷게 된다. 떡집 아들이라는 캐릭터를 살려 안석뽕으로 기상천외한 선거 운동을 펼친다. 공약은 내팽개친 채 조조는 할머니 고무줄 치마를 추켜 입고 립스틱을 바르며 노래를 부르고 기무라는 가래떡을 나누어주고 안석뽕은 붓글씨를 쓴다. 공부 잘하는 애보다 공부를 싫어하는 애들이 몇 배는 되니까 그 애들을 노리자고 공략도 세운다.

안석뽕이 친구들과 함께 선거운동에 정신없는 사이, 집에는 불길한 전운이 감돈다. 떡집이 있는 시장 옆에 대형 마트가 들어선 것이다. 안석뽕은 새로 지은 마트에 감탄하고 마트에 없는 물건이 없는 것에 놀란다. 하지만 같은 반 친구이자 시장 슈퍼 딸인 백발마녀의 생각은 다르다. 재래시장 옆 마트, 정말 문제가 없는 걸까?

이야기는 재래시장과 회장 선거, 두 개의 축을 중심으로 흘러간다. 과연 안석뽕은 이 얼렁뚱땅한 선거운동으로 당선될 수 있을까? 재래시장의 운명은?

작가는 기무라, 조조 등 별명처럼 생생한 캐릭터와 재치 있는 문체 사이에 날카로운 메시지를 숨겨놓았다. 학교라는 작은 사회 속 권력의 핵심인 회장 선거와 사회에서 지역 상권의 운명은 다른 이야기인 듯 보이지만 맞물려 돌아가고 있다.

2 프로젝트 주제

이 수업은 이야기의 두 축인 재래시장과 전교 회장 선거를 깊이 살펴보고 이해하고자 한다. 이 책에서는 아이들의 활동이 두드러진다. 전교 회장 선거도 아이들이 나서서 선거 운동을 하고, 재래시장 사건에서도 아이들이 마트에 바퀴벌레를 풀어놓으면서 이에 자극 받아 어른들이 행동을 시작하기 때문이다.

먼저 읽기 전 활동으로 제목을 보고 내용을 유추해본 뒤 같이 책을 일부분 읽어본다. 이 후 과제로 책을 다 읽도록 제시한다. 이 책은 장편(146쪽)이므로 먼저 내용 파악을 한 뒤 학생들과 함께 재미있었던 장면과 대사를 살펴본다. 그리고 책에서 불공정하다고 느낀 장면을 찾고 그러한 경험이 있는지 이야기를 나눈다. 다음으로는 책 속 인물들의 행동에 대해 독서토론한다. 마지막으로 이야기의 조건이 달라졌으면 이야기가 어떻게 흘러갔을지 상상해 본다.

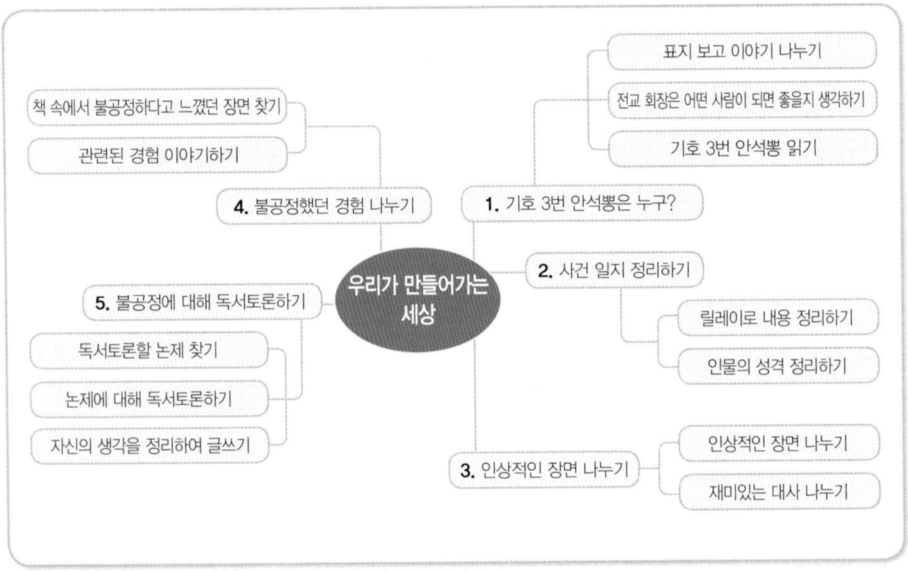

3 실제 활용 방법

1차시

- 차시 주제 : 기호 3번 안석뽕은 누구?
- 관련 교과 및 성취기준 : 국어
  [4국05-02] 인물, 사건, 배경에 주목하며 작품을 이해한다.
- 시간 : 40분
- 준비물 : 동화책, 독서공책

TIP
1차시는 읽기전 활동과 읽기중 활동이다.

가 표지 보고 이야기 나누기

[책의 제목을 보고 이야기를 나눈다.]

1) 책의 제목은 무엇인가요?
   - 기호 3번 안석뽕

2) 제목을 볼 때 어떤 내용일 것 같나요?
   - 기호 3번이니까 어느 선거에 나갈 것 같습니다.

3) 표지를 살펴봅시다. 표지 속에서 안석뽕은 누구일까요?
   - 주인공이므로, 가운데 서 있는 남학생일 것 같습니다.

4) 안석뽕이라는 이름은 왜 지어졌을 것 같나요?
   - 방귀를 많이 뀌어서요. 석봉처럼 글씨를 잘 써서요. 등

나 전교 회장은 어떤 사람이 되면 좋을지 생각하기

[전교 회장은 어떤 사람이 되면 좋을지 의견을 나눈다.]

1) 여러분은 전교 회장은 어떤 사람이 되어야 한다고 생각하나요?
   • 똑똑한 사람, 리더십이 있는 사람, 착한 사람, 활발한 사람 등

2) 왜 그렇게 생각하나요?
   • 똑똑해야 일을 잘 할 수 있어서, 리더십이 있어야 일을 잘 할 것 같아서 등

3) 여러분이 그동안 치루었던 반장 선거를 생각해 봅시다. 반장 선거 때 여러분은 어떤 사람을 뽑았나요? 솔직하게 이야기해 봅시다.
   • 나와 친한 사람, 나랑 성별이 같은 사람 등

4) 이름과 표지를 볼 때, 안석뽕은 전교 회장으로 어울릴까요? 왜 그렇게 생각하나요?

다 『기호 3번 안석뽕』 읽기(7~20쪽)

[책을 읽으며 재미있는 구절에 밑줄을 쳐 본다.]

1) 책을 읽으며 재미있는 구절에 밑줄을 쳐 봅시다.
   • 이런 젠장, 기무라의 배 째라 정신에 또 발동이 걸리고 있었다.(8쪽)
   • 아무리 거봉 선생이라지만, 사람도 아니고 물건 내다 파는 시장한테 "너 올해부터 삼 년 동안 재수 없대."이러는 게 얼마나 웃기는 일인가.(18쪽)
   • "꿀떡, 꿀떡." 교감 선생님이 우리 옆을 지나가자 기무라가 재까닥 목소리를 죽이고 두꺼운 입술을 옴죽거렸다. 꿀떡! 그러니까 꿀떡 좀 집

어주고 입막음을 하자는 거다. (15쪽)

TIP

공책에 재미있는 구절을 필사해보는 것도 좋다.

[책을 읽으며 인물의 심정을 생각한다.]

1) 책을 읽으며 그 장면에서 인물의 마음이 어떠할지 생각해 봅시다.

- 기무라가 전교 회장 후보로 안석진이 나갈 것이라고 말하는 장면 : (안석진) 정말 내가 나간다고? 그건 아닌데? (9쪽)
- 부반장인 서영지가 안석진을 보고 웃어준다고 말하는 장면 : (안석진) 서영지가 나를 좋아하나? (11쪽)
- 30분이 남은 상황에서 전교 회장 후보 등록을 하겠다고 교무실에 내려가는 장면 : (교감 선생님) 정말 이 애들이 하려는 건가? (12쪽)

[책을 읽으며 어려운 낱말의 뜻을 유추한다.]

1) 책을 읽으며 어려운 낱말이 나오면 그 뜻을 한 번 추측해 봅시다.

14쪽 하단

교감선생님이 우리 옆을 지나가자 기무라가 재까닥 목소리를 죽이고 두꺼운 입술을 움죽거렸다.

- 옴죽거렸다 : 몸의 한 부분을 움츠리거나 펴면서 한 번 움직이는 모양. (15쪽)

17쪽 하단

"요즘 안팎이 왜 이리 어수선한가 했더니만, 쯧쯧쯧, 삼재가 들었지 뭐냐."

"삼재가 뭔데요?"

"삼재는, 그러니까 나쁜 운 같은 거다. 한마디로 재수가 없는 거지."

- 삼재 : 인간에게 9년 주기로 돌아온다는 3가지 재난.

2) 책을 읽으며 어려운 낱말이 나오면 그 뜻을 한 번 추측해 봅시다.

• 옴죽거렸다 : 몸의 한 부분을 움츠리거나 펴면서 한 번 움직이는 모양.(15쪽)

• 삼재 : 인간에게 9년 주기로 돌아온다는 3가지 재난.(18쪽)

TIP

1차시 후 학생들에게 아침활동 시간을 활용하거나 과제로 제시하여 책을 다 읽어오도록 지도한다. 교사는 학생들이 읽기중 활동을 활용하여 읽고 있는지 중간점검한다.

2차시

• 차시 주제 : 사건일지 정리하기

• 관련 교과 및 성취기준 : 국어
[4국02-02] 글의 유형을 고려하여 대강의 내용을 간추린다.
[4국05-02] 인물, 사건, 배경에 주목하며 작품을 이해한다.

• 시간 : 40분

• 준비물 : 활동지

가 릴레이로 내용 정리하기

[모둠원들끼리 릴레이로 내용을 정리한다.]

1) 『기호 3번 안석뽕』에 어떠한 사건들이 나오나요?

• 전교 회장 선거와 재래시장 사건입니다.

TIP

『기호 3번 안석뽕』 이야기는 '전교 회장 선거'와 '재래시장 사건'이라는 두 축을 중심으로 전개된다. 이에 유의하여 내용을 파악하도록 지도한다.

1) 각 사건을 모둠원들끼리 한 문장씩 돌아가며 내용을 정리해 봅시다.

예

사 건 일 지	
전교 회장 선거	**재래시장 사건**
1. 안석진이 얼떨결에 전교회장선거에 나간다. 2. 안석진이 친구들과 함께 가래떡을 나누어주고 안석뽕이라는 이름으로 선거운동을 한다. 3. 안석뽕이 공부 못하는 애를 타겟으로 선거 공약을 세운다. 4. 안석뽕이 가래떡을 나누어주었다는 이유로 회장 선거에서 경고를 1번 받는다. 5. 안석뽕이 마트에서 바퀴벌레를 풀어서 경고를 2번 받을 뻔하다. 6. 안석뽕이 선거에 나서지만 2등을 한다.	1. 어느 날 재래시장 근처에 큰 건물이 들어선다. 2. 그 큰 건물의 정체는 대형마트인 것으로 밝혀진다. 3. 백발마녀가 안석뽕의 선거 추천인으로 나오는 대신 같이 마트에 가서 바퀴벌레를 푼다. 4. 바퀴벌레를 풀어서 마트에서는 난리가 났고 범인을 조사한다. 5. 범인이 백발마녀와 안석뽕인 것으로 밝혀진다. 6. 재래시장에 일하는 상인들은 아이들의 행동에 용기를 얻고 시위를 한다.

나 인물의 성격 정리하기

[책에 나오는 인물의 성격을 찾아본다.]

1) 책에 어떠한 인물들이 나오나요?

- 안석뽕, 기무라, 조조, 서영지, 고경태, 백발마녀, 부모님 등

2) 각 인물들의 성격이 어떠한지 책에서 그 근거를 찾아 정리해 봅시다.

예

인물	말과 행동	성격
안석뽕	여자애들이 자꾸 자신을 보고 웃는다고 착각한다. 선거운동 연설에 나갔을 때 떨려했다.	착각이 심하다. 의외로 소심하다.
기무라	아이들에게 지기 싫어 자신들도 선거운동에 나간다고 말했다. 선거 공약을 세운다.	배짱이 있다. 잔머리가 잘 돌아간다.
조조	선거운동을 할 때 분장을 하고 노래를 불러서 사람들의 시선을 끈다.	부끄러움을 잘 타지 않는다. 눈치가 빠르다.

예

인물	말과 행동	성격
서영지	부반장 당선 후 올린 글을 보면 앞으로 도와줄 일이 있으면 도와주겠지만 이상한 일은 사절이라고 썼다.	야무지다. 할 말을 꼭 하는 편이다.
고경태	선거 공약에 1등, 공부, 명품 이런 표현을 많이 쓴다.	잘난 척한다. 1등, 명품 이런 것들을 밝힌다.
백발마녀	알 수 없는 행동을 한다. 백발 마녀를 두고 시장 사람들이 지독스럽다고 이야기한다.	속을 알 수가 없다. 특이하다.

3차시

- 차시 주제 : 인상적인 장면 나누기
- 관련 교과 및 성취기준 : 국어
  [4국01-04] 적절한 표정, 몸짓, 말투로 말한다.
  [4국05-04] 작품을 듣거나 읽거나 보고 떠오른 느낌과 생각을 다양하게 표현한다.
- 시간 : 40분
- 준비물 : 동화책, 독서공책, 메모지

가 인상적인 장면 나누기

[책을 읽으며 재미있었거나 기억에 남았던 장면에 대해 이야기를 나눈다.]

1) 어떠한 장면이 기억에 남나요? 왜 그런가요?

- 안석뽕의 선거 공약이 재미있었습니다. 그동안 본 선거공약 중에서 가장 마음에 들었습니다.

〈석뽕 가라사대/기호 3번 안석진이 약속합니다.〉

1. 시험을 일 년에 한 번만 보자고 하겠습니다.
2. 공부 못하면 무조건 나머지 공부 해야 되는 것 좀 없애자고 하겠습니다.

3. 수학 시간 좀 줄이자고 하겠습니다.
4. 6학년 수학여행을 공짜로 가자고 하겠습니다.
5. 1학년 엄마들한테 급식 도우미 좀 시키지 말라고 건의하겠습니다.

일등만 좋아하는 학교, 너나 가지삼!/일등부터 꼴등까지 다 좋아하는 학교, 우리가 만드셈!(62-63쪽)

• 안석뽕이 친구들과 함께 각 교실을 다니면서 선거운동을 하는 장면이 기억에 남습니다. 무척 재밌었습니다.

조조는 진짜 중국 사람이 주인인 시장통 중국집 개천루에서 중국 모자를 빌려다 썼고, 기무라는 머리에 왁스를 발라 앞가르마를 타고 코밑에 얌체 수염까지 오려 붙였다.

"우리 살람 쭝국에서 온 조조라고 해. 띵호와, 쒜쒜. 무지무지 반갑다 해."

"아리가또, 아리가또! 나는 기무라 상이라고 하므니다. 어저께 일본에서 와쓰므니다."(64-65쪽)

• 담임선생님이 안석뽕에게 후보를 사퇴하라고 권유하는데 안석뽕은 자신의 편을 들어주는 줄 알고 착각하는 장면이 재밌었습니다.

"그러니까 선생님 말은, 우리 반에서 후보가 꼭 둘씩이나 나가야 하느냔 거다."

뭔 말인가 싶어 얼른 돌아보는데, 선생님이 나를 빤히 쳐다보고 있다.

"후보가 없는 반도 많은데 한 반에서 후보가 둘이나 나가는 게 좀 그렇기도 하고, 같은 반 친구끼리 적이 되어 싸우는 건 아무래도 좋아 보이지가 않는데. 네 생각은 어떠냐, 안석진?"

"……."

"또 우리 반 애들을 생각해 봐라. 도대체 누굴 찍어야 할지 얼마나 고민이 되겠냐, 석진아?"

"남북이 분단되어 사는 것도 가슴 아픈데, 우리끼리 갈라져서 꼭 이래야 되겠냐? 우리가 앞장서서 통일하는 마음으로다 후보 통일을 하는 건 어떻겠냐, 안석진?"

담임이 계속 내 이름만 불러 댔다. 이제라도 나한테 잘해 주는 건 고마웠지만 옆에 서 있는 고경태에게 자꾸 신경이 쓰였다. 너무 눈에 띄게 나한테만 잘해 주면 아무리 반장이라도 서운한 마음이 들 것 같아서였다. 그러다 보면 후보에서 물러나야겠단 생각이 더 안 들지도 모르는데……. (67-68쪽)

• 고경태가 안석뽕과 마찬가지로 부정 선거 행위를 했는데 꾀에 넘어가 인정하는 장면이 재밌었습니다.

"고경태가요, 자기가 전교 회장 되면 4, 5, 6학년들한테 전부 햄버거 돌린다 그랬어요. 자기 엄마가 벌써 그러기로 했다고 애들한테 말하는 거, 제가 다 들었다고요."

언제나 말보다 주먹이 앞서던 기무라가 오늘은 입으로 크게 한 방 날렸다. 아마도 주먹을 날리기엔 상대가 너무 멀리 있어서 그랬을 거다.

"그게 진짜냐?"

교감 선생님이 이번엔 고경태를 돌아보며 물었다.

"아니, 그게 아니고요.……."

고경태가 우물쭈물 대답을 못 하고 얼굴만 벌게져 있는 사이에 1반 반장이 끼어들었다. 1반 반장은 아까부터 손에 들고 있던 종이를 높이 쳐들면서 이렇게 말했다.

"여기 선거 규약에 거짓 소문을 퍼뜨리는 것도 부정 선거라고 돼 있는데요?"

그러자 고경태가 울컥하는 목소리로 1반 반장을 향해 소리쳤다.

"거짓말 아니거든! 우리 엄마가 진짜 햄버거 쏜다고 했거든!"(95-96쪽)

나 재미있는 대사 나누기

[인물이 한 대사 중 기억에 남거나 재미있는 대사를 이야기한다.]

1) 책에 나온 인물이 한 대사 중 기억에 남거나 재미있는 대사가 있나요?

• 기무라 : 두부는 다 팔려서 못 샀어. 두부나 두유나 비슷한 거니까 일

단 마셔 둬. (116쪽)

• 거봉 선생 : 얼뜨기 경찰 놈들! 내 앞에다 겨우 넉 장을 들이대면서 다 찾아낸 것처럼 으스대는 거, 너도 봤냐? 내가 모두 아홉 장을 갖다 붙였으니, 다섯 장은 아직 그대로 있다는 말이렷다. 크하하, 크하하하하! (120쪽)

1) 인물의 성격과 그 상황을 살려 실감나게 읽어 봅시다.

2) 친구들의 발표를 들어봅시다. 어떠한 점이 좋았나요?

4차시

• 차시 주제 : 불공정했던 경험 나누기
• 관련 교과 및 성취기준 : 사회
[4사03-06] 주민 참여를 통해 지역 문제를 해결하는 방안을 살펴보고, 지역 문제의 해결에 참여하는 태도를 기른다.
• 시간 : 40분
• 준비물 : 활동지

가 『기호 3번 안석뽕』에서 불공정하다고 느꼈던 장면 찾기

[『기호 3번 안석뽕』에서 불공정하다고 느꼈던 장면을 찾아본다.]

1) 책에서 불공정하다고 느꼈던 장면을 찾아봅시다. 왜 불공정하다고 느꼈나요?

• 재래시장 옆에 큰 마트가 들어선 것 – 시장과 마트가 경쟁이 되지 않아서
• 전교회장 선거연설 때 어머니들이 모여서 이야기하는 장면 – 자식이 회장이 되려면 어머니가 학교에 자주 와서 일해야 한다고 말해서
• 담임 선생님이 안석진에게 회장 선거 후보 사퇴를 권유하는 장면 – 정정당당하게 경쟁하면 되는데 사퇴를 권유해서 등

나 관련된 경험 이야기하기

[앞의 활동에서 이야기한 장면과 관련된 경험을 이야기한다.]

1) 여러분은 이와 관련된 경험을 하거나 주변에서 본 적이 있나요? 이야기해 봅시다.

- 전교회장 어머니는 학교에 시간과 돈을 쏟아야 한다고 해서 내가 선거에 나가는 것을 어머니가 싫어했다.
- 회장이 되고 싶었는데 똑똑한 학생이나 하는 거라고 해서 나갈 용기를 내지 못했다.
- 부모님이 맞벌이라서 녹색어머니회 활동을 하지 못하셔서 아쉬웠다.
- 구멍가게 옆에 큰 마트가 생겨서 구멍가게가 사라졌다 등

5-6차시

- 차시 주제 : 불공정에 대해 독서토론하기
- 관련 교과 및 성취기준 : 도덕, 사회
  [4사03-06] 주민 참여를 통해 지역 문제를 해결하는 방안을 살펴보고, 지역 문제의 해결에 참여하는 태도를 기른다.
  [4도03-01] 공공장소에서 지켜야 할 규칙과 공익의 중요성을 알고, 공익에 기여하고자 하는 실천 의지를 기른다.
- 시간 : 40분
- 준비물 : 활동지

가 독서토론할 논제 찾기

[어떠한 주제로 독서토론을 할지 학생들과 논의한다.]

1) 『기호 3번 안석뽕』에서 친구들과 토론하고 싶은 주제가 있나요?

- 바퀴벌레 사건
- 대형마트의 독점
- 전교회장 선거
- 재래시장과 P마트의 공존

1) 이중에서 '바퀴벌레 사건'과 '대형마트의 독점'에 대해 토론해 봅시다.

TIP

논제에 대한 내 생각을 활동지에 적은 뒤 짝과 토론한다. 토론이 끝나면 둘 중 한 명만 자리를 돌려가며 앉는다. 바뀐 짝과 함께 다시 토론한다. 학생들은 같은 주제로 여러 번 토론하며 자신의 주장 및 근거를 더욱 심화·발전시킬 수 있다.

나 논제에 대해 독서토론하기

['바퀴벌레 사건'에 대해 독서토론한다.]

1) 백발마녀는 P마트에 바퀴벌레를 풀었지요. 왜 바퀴벌레를 풀었을까요?

- P마트의 장사를 막기 위해서 풀었습니다.

2) 여러분들은 이 행동이 어떻게 생각하나요? 왜 그렇게 생각하나요?

- 이해한다: P마트에 행동으로 보여주어야 한다.
- 이해할 수 없다: 바퀴벌레를 풀면 엉뚱한 사람(고객, 물건을 납품하는 사람)들이 피해를 볼 수 있다. 등

['대형마트의 독점'에 대해 독서토론한다.]

1) P마트가 재래시장 옆에 들어와도 괜찮을까요? 왜 그렇게 생각하나요?

• 괜찮다: 재래시장이랑 경쟁해서 재래시장이 더 좋으면 사람들이 재래시장으로 갈 것이다.
• 괜찮지 않다: 재래시장은 대형마트와 경쟁이 되지 않으므로 위치를 바꿔야 한다.

TIP

관련 자료를 제시하여 학생들이 다양하게 사고할 수 있도록 유의한다.

유통산업발전법 : 우리나라는 2010년부터 대형마트와 전통시장의 상권문제를 해결하고자 유통산업발전법으로 규제를 시작했다. 지방자치단체가 지정한 전통상업보존구역의 500m 거리 이내에 대기업이 운영하는 대규모 점포와 준대규모 점포(SSM 등)의 출점은 3년 간 제한시켰다. 이외에 상생조례안에서 대형마트의 영업일을 제한했다. 지방자치단체장은 매월 1일 이상 2일 이내의 범위에서 대형마트의 의무휴업일을 지정할 수 있다.

• 전통시장과 대형할인마트, 상생의 길 모색하다.(산업통상자원부 블로그)
http://blog.naver.com/mocienews/220820952072

['재래시장과 P마트의 공존'에 대해 독서토론한다.]

1) 그렇다면 재래시장과 P마트 모두 살 수 있는 방법에는 무엇이 있을까요?
• 마트가 일정 요일에는 문을 닫는다.
• 재래시장 사람들이 마트에서 장사를 하거나 물건을 납품한다. 등

다 자신의 생각을 정리해서 글쓰기

[논제 중 1가지를 선택하여 자신의 생각을 정리해 글을 쓴다.]

1) 논제 중 1가지를 선택하여 자신의 생각을 정리해 글로 써 봅시다.
2) 자신이 쓴 글을 발표해 봅시다.

[글 쓴 내용을 발표한다.]

1) 친구들의 발표를 듣고 내 의견을 말해 봅시다. 찬성하는 점이나 반대하는 점, 보충하고 싶은 점이 있나요?
2) 친구의 의견을 듣고 글에서 고치고 싶은 점이 있나요? 글을 수정하여 마무리 해 봅시다.

4 이런 책도 있어요

『잘못 뽑은 반장』의 주인공은 바로 4학년 5반의 소문난 말썽쟁이 이로운. 늘 장난을 치다 '해로운'이라고 담임선생님께 혼나지만 반장 선거에 도전한다. 감투에 관심 없는 말썽꾸러기 아이들도 내면을 들여다보면 인정받고 싶은 욕구가 있다. '난 그런 거 관심 없어요!'라고 외쳐도 아이들의 대표가 되고 싶고, 모범생이 되고 싶은 마음도 가슴 속 한 구석에 존재하는 것이다. 이런 면에서 이 책은 떠들고 장난치다 혼나는, 평범한 아이들의 마음을 잘 읽어냈다. 좌충우돌 사건이 벌어지지만 그 과정에서 아이들의 화합과 성장이 느껴진다.

『잘못 뽑은 반장』
(이은재/주니어김영사)

『꼴뚜기』는 좌충우돌 5학년 3반의 이야기이다. '꼴뚜기'라는 별명이 나오는 '꼴뚜기' 이야기부터 '인생 최대의 위기', '사랑 사랑 누가 말했나', '축구공을 지켜라', '뛰어 봤자 벼룩', '오! 특별 수업'까지 총 6편의 사건사고가 담겨 있다. 『기호 3번 안석뽕』을 쓰기도 한 진형민 작가는 특유의 날카로운 문제의식 속에 유머와 재치가 가득하다.

『꼴뚜기』
(진형민/창비)

5 활동 결과물

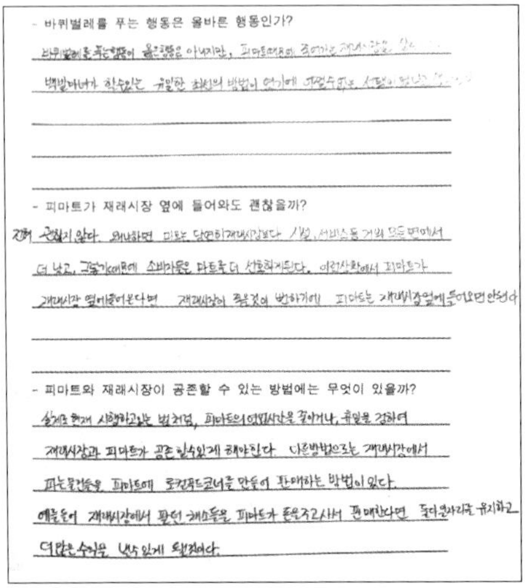

- 바퀴벌레를 푸는 행동은 올바른 행동인가?

바퀴벌레를 푸는행동이 옳은행동은 아니지만, 피마트때문에 죽어가는 재래시장을 살… 백발마녀가 할수있는 유일한 최선의 방법이 였기에 어쩔수없는 선택이 었다고…

- 피마트가 재래시장 옆에 들어와도 괜찮을까?

절대 괜찮지 않다. 왜냐하면 피마트는 당연히재래시장보다 시설, 서비스등 거의 모든면에서 더 낫고, 그렇기때문에 소비자들은 피마트를 더 선호하게된다. 이런상황에서 피마트가 재래시장 옆에들어온다면 재래시장이 죽을것이 뻔하기에 피마트는 재래시장옆에들어오면 안된다

- 피마트와 재래시장이 공존할 수 있는 방법에는 무엇이 있을까?

실제로 현재 시행하고있는 법처럼, 피마트의 영업시간을 줄이거나, 휴일을 정하여 재래시장과 피마트가 공존할수있게 해야한다. 다른방법으로는 재래시장에서 파는물건들을 피마트에 로컬푸드코너를 만들어 판매하는 방법이 있다. 예를들어 재래시장에서 팔던 채소들을 피마트가 돈을주고사서 판매한다면 둘다 일자리를 유지하고 더많은수익을 낼수있게 될것이다.

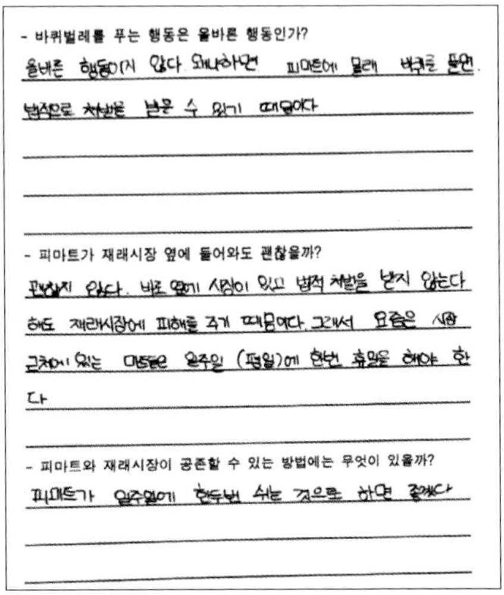

- 바퀴벌레를 푸는 행동은 올바른 행동인가?

올바른 행동이지 않다 왜냐하면 피마트에 몰래 벌레를 풀면 법적으로 처벌을 받을 수 있기 때문이다

- 피마트가 재래시장 옆에 들어와도 괜찮을까?

괜찮지 않다. 바로 옆에 시장이 있고 법적 처벌을 받지 않는다 해도 재래시장에 피해를 주기 때문이다. 그래서 요즘은 시장 근처에 있는 마트들은 일주일 (평일)에 한번 휴일을 해야 한다

- 피마트와 재래시장이 공존할 수 있는 방법에는 무엇이 있을까?

피마트가 일주일에 한두번 쉬는 것으로 하면 좋겠다

〈5–6차시, 독서토론 전 자신의 생각 적기〉

6 수업 성찰

『기호 3번 안석뽕』은 재치 있는 비유적 표현이 넘쳐난다. 그리고 그 안에 사회적인 메시지를 숨겨놓았다. 깔깔거리고 읽다보면 어느샌가 마음 한 켠에 쿵 하고 와닿는다. 교사인 내가 읽으면서 느낀 것만큼 아이들이 느낄 수 있을까 걱정하며 수업을 시작했지만 아이들은 내 생각 외로 많은 것을 찾아내었다.

이 책을 함께 읽으며 아이들과 이야기를 많이 했다. 어느 장면이 기억에 남는지, 나도 이런 경험이 있었는지, 왜 이게 문제인지 등 수많은 대화를 하며 학생들의 생각도 조금씩 커지는 것을 느꼈다. 우리 사회에 불합리한 것들에 대해 이야기를 통해 느낄 수 있었던 시간이었다.

[3-4학년군]
교과통합

전쟁의 슬픔

곰인형 오토

(토미 웅거러 글 · 그림/비룡소/2001)

블룸카의 일기

(이보나 흐미엘레프스카 글 · 그림/사계절/2012)

관련 교과 및 성취 기준

국어

- [4국02-03] 글에서 낱말의 의미나 생략된 내용을 짐작한다.
- [4국02-05] 읽기 경험과 느낌을 다른 사람과 나누는 태도를 지닌다.
- [4국05-05] 재미나 감동을 느끼며 작품을 즐겨 감상하는 태도를 지닌다.

도덕

- [4도04-01] 생명의 소중함을 이해하고 인간 생명과 환경 문제에 관심을 가지며 인간 생명과 자연을 보호하려는 태도를 가진다.

1 책 소개

독일의 한 인형 공장에서 태어난 곰인형 오토. 다비드라는 아이의 생일 선물이 된 오토는 다비드와 그의 친구인 오스카와 같이 즐겁게 지낸다. 그러던 어느 날, 다비드는 유태인이라는 이유로 노란 별표를 달게 된다. 결국 다비드네 가족은 잡혀 가고, 오스카와 오토는 전쟁의 위협을 겪는다. 공습으로 인해 오스카와도 헤어지게 된 오토는 우여곡절 끝에 미국의 한 골동품 가게에 전시된다. 오토는 다비드와 오스카와 영영 헤어지고 만 것일까?

바르샤바의 한 고아원에서 지내는 블룸카는 일상을 일기로 기록한다. 일기장에는 아이들과 코르착 선생님과 평온한 일상이 그려진다. 열두 명의 아이들은 선생님과 행복하게 지내지만 어느 날 전쟁이 일어나 블룸카의 일기도 끊긴다. 책에는 나타나 있지 않지만 코르착 선생님은 유태인 강제이주가 진행되던 날, 강제 수용소로 떠나는 기차를 타러 기차역까지 고아원 아이들 200여 명과 함께 행진을 가졌다고 한다. 결국 1942년 강제수용소 가스실에서 생을 마감했다.

홀로코스트 사건은 학생들에게 다소 어렵고 무거운 주제이다. 이 사건을 천진난만한 곰인형 오토와 블룸카의 시선으로 바라보면 더욱 가슴이 아파온다. 같이 놀던 친구가 인종 차별을 당하고, 이웃집 가족이 전쟁터에서 사망하는 등 전쟁의 비극을 구체적으로 보여준다. 다소 어둡고 낮은 채도의 그림 또한 사건의 비극성을 표현한다.

2 프로젝트 주제

이 수업은 학생들이 전쟁의 슬픔과 전쟁을 겪은 이의 아픔을 공감·이해하는 데 있다. 곰인형 오토의 시선을 통해 전쟁으로 인해 학생들과 같은 아이가 어떠한 일을 겪었는지 살펴보고자 한다. 홀로코스트 사건에 대한 배경지식보다 인물에게 생긴 사건과 인물의 마음을 따라가면서 전쟁을 이해하도록 한다. 더불어 같은 시대를 그린『블룸카의 일기』를 읽으며 두 작품 간의 비교를 통해 학생들이 전쟁의 고통을 이해하고, 평화의 중요성을 마음 깊이 깨닫길 바란다.

3 실제 활용 방법

1차시

- 차시 주제 : 오토의 삶 따라가기
- 관련 교과 및 성취기준 : 국어, 도덕
  [4국05-05] 재미나 감동을 느끼며 작품을 즐겨 감상하는 태도를 지닌다.
  [4도04-01] 생명의 소중함을 이해하고 인간 생명과 환경 문제에 관심을 가지며 인간 생명과 자연을 보호하려는 태도를 가진다.
- 시간 : 40분
- 준비물 : 그림책, 실물화상기

가 『곰인형 오토』 표지 보고 이야기 나누기

[책의 표지를 보고 이야기를 나눈다.]

1) 표지 속 곰인형의 모습이 어떠한가요?
   - 한쪽 눈에 잉크가 묻고, 가슴에 상처가 있어요.
   - 꾀죄죄하고 슬퍼 보여요.

2) 곰인형은 왜 이런 모습일까요?
   - 주인이 함부로 가지고 놀아서요.

3) 곰인형에게 어떠한 이야기가 숨겨져 있을까요?

나 『곰인형 오토』를 읽으며 내용 파악하기

[곰인형에게 무슨 일이 생겼을지 삽화를 보며 이야기를 읽는다.]

TIP

동화책을 읽기 전, 홀로코스트 사건에 대해 설명해주지 않는다. 동화책을 읽어나가며 학생들이 스스로 왜 이런 일이 벌어졌는지 궁금해하면, 그때 교사가 홀로코스트 사건에 대해 설명한다.

1) 곰인형 오토는 어디에서 태어났나요?

- 독일의 한 인형 공장입니다.

2) 곰인형 오토의 눈에 잉크가 묻은 이유는 무엇일까요?

- 다비드와 오스카가 오토에게 글씨 쓰는 방법을 가르쳐주려고 하다가 잉크가 묻었습니다.

3) 곰인형 오토는 다비드네 집에서 어떻게 지냈나요?

- 다비드와 오스카와 함께 장난도 치며 즐겁게 지냈습니다.

4) 다비드는 왜 노란 별표를 달았나요?

- 유태인이기 때문입니다.

5) 잡혀간 다비드는 어떻게 되었을까요?

- 강제 수용소에 끌려가서 힘들게 일을 했을 것 같습니다.

TIP

학생들이 이 부분을 읽을 때 다비드가 당한 일에 대해 놀라워하며 왜 유태인이라는 이유로 차별을 당하는지 궁금해하면, 교사가 홀로코스트에 대해 간략하게 설명해주도록 한다.

홀로코스트 : 1930~1940년대에 나치가 벌인 유대인 대학살을 말한다. 600만 명에 달하는 유대인이 인종 청소를 이유로 나치에 의해 학살되었다. 이를 다룬 영화나 소설도 많은데 3-4학년 학생이 볼만한 작품으로는 안네 프랑크의 『안네의 일기』와 영화 『인생은 아름다워』가 있다.

6) 오스카의 아버지는 어떻게 되었을까요?

- 군인으로 전쟁터에 나가서 적들과 싸웠을 것 같습니다.

7) 곰인형 오토의 가슴에 흉터가 생긴 이유는 무엇인가요?

- 미국 군인에게 날아온 총알을 대신 맞아서입니다.

8) 골동품 가게에서 오토를 발견한 사람은 누구였을까요?

- 다비드일 것 같습니다. 오스카일 것 같습니다.

다 『곰인형 오토』를 읽고 기억나는 부분에 대해 이야기 나누기

[이야기에서 가장 감동적이거나 슬픈 부분이 어디였는지 이야기를 나눈다.]

1) 이야기에서 가장 기억나는 부분은 어디였나요? 왜 그렇게 느꼈나요?

- 다비드가 끌려가는 장면이었습니다. 아직 어린 아이인데 끌려가서 어떻게 될지 무척 걱정되고 슬펐습니다.
- 곰인형 오토가 다비드와 오스카와 다시 만나는 장면이었습니다. 오랜 시간이 지났는데 모두 살아남아 다시 만나서 무척 감동적이었습니다.
- 곰인형 오토가 골동품 가게에 전시되는 장면이 가장 슬펐습니다. 곰인형 오토가 이제 버려졌다고 생각해서 슬펐습니다.

2-3차시

- 차시 주제 : 작품 속 인물의 일대기
- 관련 교과 및 성취기준 : 국어
  [4국02-03] 글에서 낱말의 의미나 생략된 내용을 짐작한다.
  [4국02-05] 읽기 경험과 느낌을 다른 사람과 나누는 태도를 지닌다.
- 시간 : 80분
- 준비물 : 활동지

가 곰인형 오토의 마음 파악하기

[각 삽화를 보고 곰인형 오토의 마음을 파악해본다.]

1) 각 삽화를 보며 오토가 어떤 상황인지, 오토의 마음이 어떠할지 적어봅시다.
2) 내가 적은 내용을 보며, 오토의 마음이 어떠했을지 친구들과 이야기 나누어 봅시다.

나 다비드와 오스카의 일대기 작성하기

[다비드와 오스카가 어떤 일을 겪었을지 동화책에 나온 내용으로 일대기를 작성한다.]

1) 다비드와 오스카가 어떠한 일을 겪었을지 일대기를 만들어봅시다.

TIP

아까 작성한 활동지를 토대로 다비드와 오스카가 어떠한 일을 겪었을지 정리한다. 실제 역사적 사실보다는 동화책에 나온 사실(예 : 다비드가 노란 별표를 달았다)을 토대로 정리한다.

장면	장면의 내용	오토의 마음	다비드 이야기	오스카 이야기
	오토가 다비드의 생일선물로 오게 되다.			
	노란 별표를 달고 잡혀가는 다비드를 보는 오토.			
	전쟁이 일어나고, 오토와 오스카는 지하 대피소에 숨는다. 하지만 오토는 폭격에 오스카와 떨어진다.			
	전쟁 통에 오토는 미국 군인 대신 가슴에 총을 맞는다.			
	오토는 미국 군인의 집에서 딸 자스민과 함께 즐겁게 지낸다.			
	미국 군인의 집을 떠나 골동품 가게에 전시된 오토. 우연히 오스카와 만나다.			

2) 내가 적은 다비드와 오스카의 일대기를 보며 다비드와 오스카의 마음이 어떠했을지 친구들과 이야기 나누어 봅시다.

다 내가 동화책 속 인물이었다면 생각하기

[내가 동화책 속 인물이었다면 어떠했을지 이야기한다.]

1) 여러분이 다비드처럼 유태인이라는 이유로 강제수용소에 끌려가게 된다면 어떻게 행동할건가요?
   - 아무 말도 하지 못하고 끌려갈 것 같아요.
   - 몰래 도망쳐서 끌려가지 않게 숨을 것 같아요.

2) 다비드와 오스카처럼 전쟁 때문에 부모님을 잃게 되면 여러분은 어떠했을까요? 왜 그렇게 생각하나요?
   - 무척 슬퍼서 전쟁을 피해 다른 나라로 도망갔을 것 같아요. 전쟁 때문에 돌아가셨으니까요.
   - 부모님을 죽인 원수를 갚기 위해 전쟁에 참여했을 것 같아요.

4차시

- 차시 주제 : 블룸카는 누구일까요?
- 관련 교과 및 성취기준 : 국어, 도덕
  [4국02-03] 글에서 낱말의 의미나 생략된 내용을 짐작한다.
  [4도04-01] 생명의 소중함을 이해하고 인간 생명과 환경 문제에 관심을 가지며 인간 생명과 자연을 보호하려는 태도를 가진다.
- 시간 : 40분
- 준비물 : 『블룸카의 일기』 동화책

가 『블룸카의 일기』의 표지 살펴보기

[책 표지를 살펴보며 이야기를 예측하게 한다.]

1) 책 표지를 보니 무엇이 보이나요?

- 여자 아이와 어른이 보입니다. 여자 아이가 노트 위에 앉아 있습니다.

2) 무슨 내용의 동화일까요?

- 여자 아이가 장난을 쳐서 어른이 화를 내는 것 같습니다.

나 『블룸카의 일기』 읽으며 내용 파악하기

[동화책을 읽어주며 내용을 파악한다.]

TIP

장면장면마다 삽화도 같이 살펴보면서 읽도록 한다. 『블룸카의 일기』를 그린 작가는 독특한 삽화풍으로도 유명하다.

1) 사진에는 몇 명이 있나요?

- 선생님 1명과 12명의 아이가 있습니다.

2) 블룸카와 같이 지내는 아이들은 누가 있나요?

- 지그문트, 레기나, 코칙, 아브라맥, 한나, 아론, 쉬apr, 폴라, 하이멕,

스타시엑, 리프카, 블룸카 등이 있습니다.

3) 블룸카와 아이들은 왜 코르착 선생님과 고아원에서 지낼까요?

• 부모님이 돌아가셨기 때문입니다. 전쟁 때문입니다. 등

4) 코르착 선생님은 어떤 성격일까요? 글 속에서 근거를 찾아 말해봅시다.

5) 무척 다정하신 것 같습니다./아이들에게 친절합니다. 아이들이 뛰고 시끄러우면 귀를 막지만 표정은 웃고 있습니다. 등

6) 블룸카의 일기가 끊긴 이유는 무엇일까요?

• 전쟁 때문입니다.

7) 블룸카는 왜 매일매일 일기를 썼을까요?

• 잊지 않고 기억하기 위해서입니다.

8) 블룸카와 코르착 선생님은 그 후에 어떻게 되었을까요?

• 전쟁으로 죽었을 것 같습니다.

• 강제 수용소에 끌려갔을 것 같습니다.

다 『블룸카의 일기』를 보며 이야기 나누기

[책에서 인상 깊은 말을 찾아본다.]

1) 『블룸카의 일기』에서 인상 깊은 대사가 있었나요? 왜 그렇게 느꼈는지 이유도 같이 발표해 봅시다.

• 코르착 선생님이 아이들도 어른과 똑같이 중요하다고 말한 장면입니다. 가끔 어리니까 어른들이 무시한다고 느낄 때가 있었습니다.

• 코르착 선생님이 남자든 여자든 똑같은 권리를 가지고 있다고 말하는 장면입니다. 옛날에는 남녀차별이 심했는데, 이런 말을 해서 신기했습니다.

[기억나는 장면과 느낌을 말해 본다.]

1) 『블룸카의 일기』에서 기억에 남는 장면이 있었나요? 왜 그렇게 느꼈나요?

- 코르착 선생님이 아이들이 웃으면서 시끄럽게 굴고 뛰어도 귀를 막고 웃는 장면이 인상적이었습니다. 자주 뛰다가 혼난 경험이 있어서 기억에 남았습니다.
- 마지막에 코르착 선생님과 아이들이 잡혀가서 아무도 없고 펜만 남아 있는 장면이 인상적이었습니다. 전쟁 때문에 고아원의 아이들까지 그런 일을 당하는 게 슬펐습니다.

TIP

『블룸카의 일기』의 삽화에서 놓치기 쉬운 포인트가 있다.

다윗의 별(다윗의 방패)

이야기의 초입부 중 '쉬멕'에 대한 소개에 대한 장면을 보면 유리창이 별모양으로 깨져 있는 것을 볼 수 있다. 이는 유대교의 상징으로 홀로코스트 당시 유대인이 달아야 했던 문양이다. 『곰인형 오토』에서도 '다비드'가 노란 별문양을 달고 있다.

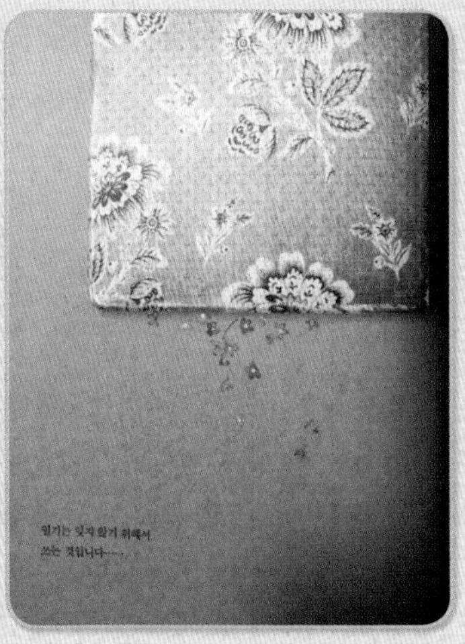

물망초의 꽃말

『블룸카의 일기』의 삽화는 밝은 표정의 아이들과 대비되게 어두운 분위기이다. 이를 더하고 있는 것은 파란 꽃인 물망초이다. 물망초의 꽃말은 '나를 잊지 마세요'로 안타깝게 죽은 코르착 선생님과 아이들을 비롯한 유대인을 연상케 한다.

5차시

- 차시 주제 : 전쟁의 비극 생각하기
- 관련 교과 및 성취기준 : 도덕
  [4도04-01] 생명의 소중함을 이해하고 인간 생명과 환경 문제에 관심을 가지며 인간 생명과 자연을 보호하려는 태도를 가진다.
- 시간 : 40분
- 준비물 : 『곰인형 오토』, 『블룸카의 일기』 동화책

가 이야기의 배경 살펴보기

[『곰인형 오토』와 『블룸카의 일기』의 배경에 대해 알아본다.]

1) 『곰인형 오토』에 나오는 이야기는 언제 어디서 벌어진 사건일까요?
   - 독일에서 큰 전쟁이 일어났을 때인 것 같습니다.

2) 『블룸카의 일기』는 『곰인형 오토』와 같은 나라, 같은 시대에 벌어진 실화를 그린 동화책입니다. 이 당시에 고아원에 있던 아이들은 과연 누구일까요? 『곰인형 오토』와 관련지어 생각해 봅시다.
   - 유대인일 것 같습니다.

3) 그렇다면 『블룸카의 일기』의 뒷이야기는 과연 어떻게 되었을까요? 왜 블룸카는 일기를 쓰지 못했을까요?
   - 다비드처럼 유대인이라는 이유로 끌려갔기 때문입니다.

4) 이 당시에 끌려간 유대인들은 어떻게 되었을까요?
   - 죽었을 것 같습니다. 고문을 당했을 것 같습니다. 등

나 전쟁과 평화에 대해 생각하기

[『곰인형 오토』와 『블룸카의 일기』를 살펴보며 전쟁에 대해 이야기를 나눈다.]

1) 전쟁을 벌인 독일인들은 어떻게 살았나요? 『곰인형 오토』에 나온 오스카의 삶을 생각해 봅시다.

- 공습을 피해 힘들게 살았습니다. 가족을 전쟁터에 보내야 했습니다. 등

2) 이외에 전쟁으로 피해를 입은 사람들은 누구인가요?

TIP

인명피해뿐만 아니라 재산피해 등 다양한 피해에 대해 생각해보고 답하도록 한다.

- 유태인이 억울하게 희생되었습니다.
- 미국 군인도 전쟁에서 크게 다칠 뻔했습니다.
- 전쟁으로 인해 재산 피해를 입은 사람도 있습니다. 등

3) 전쟁 때문에 겪는 슬픔에는 어떤 것들이 있을까요?

- 가족들과 친구들이 죽습니다.
- 건물들이 무너집니다.
- 인종 차별 등 우리가 하지 말아야 할 비극이 생깁니다.

4) 여러분은 전쟁에 대해 어떻게 생각하나요? 한 문장으로 정의해 봅시다.

- 전쟁은 슬픔이다.
- 전쟁은 절대 피해야 할 불이다.

4 이런 책도 있어요

『바람이 불 때에』는 핵폭탄이 터진 후 세상에 대해 그린 작품이다. 노부부가 핵폭탄이 터진 후 삶이 어떻게 바뀌어 가는지 만화 형식으로 표현해내었다. 『천사들의 행진』은 『곰인형 오토』와 동시대를 그리고 있다. 야누슈 코르착이 폴란드 바르샤바 거리를 유대인 고아들과 행진하는 내용을 표현한 이 책은 역사적 사실을 바탕으로 하고 있다. 야누슈 코르착은 2차 세계대전 중 '고아의 집' 어린이 200명과 함께 트레블링카 수용소의 가스실에서 사망하였다. 이 트레블링카 행 열차로 향하는 행진을 표현한 책이다.

『코르착 선생님과 아이들의 마지막 여행』은 『블룸카의 일기』처럼 코르착 선생님과 있었던 한 고아의 눈으로 바라본 일을 일기 형식으로 그려냈다.

『바람이 불 때에』
(레이먼드 브릭스/시공주니어)

『천사들의 행진』
(강무홍/양철북)

『코르착 선생님과 아이들의 마지막 여행』
(이렌느 코앙-장카/청어람아이)

5 활동 결과물

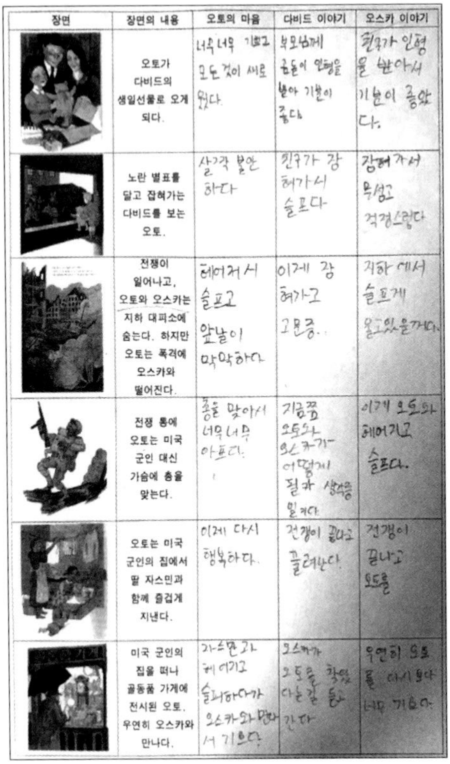

장면	장면의 내용	오토의 마음	다비드 이야기	오스카 이야기
	오토가 다비드의 생일선물로 오게 되다.	너무너무 기쁘고 모든 것이 새로웠다.	부모님께 곰돌이 인형을 받아 기분이 좋다.	친구가 인형을 받아서 기분이 좋았다.
	노란 별표를 달고 잡혀가는 다비드를 보는 오토.	살짝 불안하다	친구가 잡혀가서 슬프다	잡혀가서 무섭고 걱정스럽다
	전쟁이 일어나고, 오토와 오스카는 지하 대피소에 숨는다. 하지만 오토는 폭격에 오스카와 떨어진다.	헤어져서 슬프고 앞날이 막막하다	이제 잡혀가고 고문중..	지하에서 슬프게 울고있을거다.
	전쟁 통에 오토는 미국 군인 대신 가슴에 총을 맞는다.	총을 맞아서 너무너무 아프다.	지금쯤 오토와 오스카가 어떻게 될까 생각을 할거다	이제 오토와 헤어지고 슬프다.
	오토는 미국 군인의 집에서 딸 자스민과 함께 즐겁게 지낸다.	이제 다시 행복하다.	전쟁이 끝나고 풀려난다.	전쟁이 끝나고 오토를
	미국 군인의 집을 떠나 골동품 가게에 전시된 오토. 우연히 오스카와 만나다.	자스민과 헤어지고 슬퍼하다가 오스카와 만나서 기쁘다	오스카가 오토를 찾았다는걸 듣고 간다	우연히 오토를 다시 봐서 너무 기쁘다.

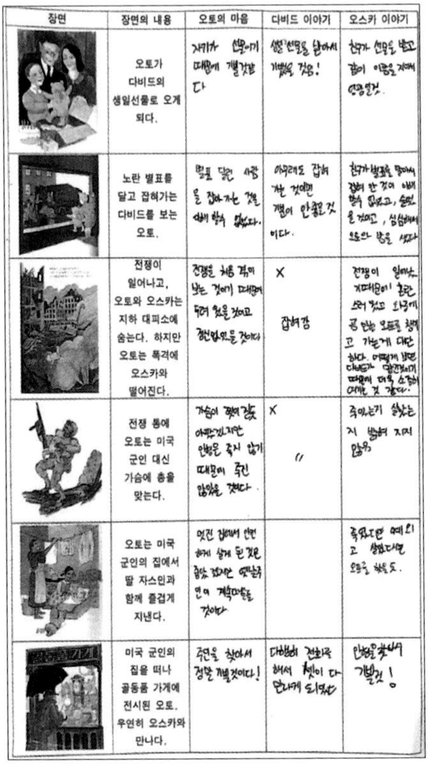

장면	장면의 내용	오토의 마음	다비드 이야기	오스카 이야기
	오토가 다비드의 생일선물로 오게 되다.	자기가 선물이기 때문에 기쁠것같다	생일 선물을 받아서 기뻤을 것임!	친구가 선물을 받고 곰이 이름을 지어서 [illegible].
	노란 별표를 달고 잡혀가는 다비드를 보는 오토.	별표 달린 사람을 잡아가는 것을 어찌 할수 없었다.	아무래도 잡혀가는 것이면 기분이 안좋을 것이다.	친구가 별표를 달아서 잡혀 간 것이 어찌 할수 없었고, 슬펐을 것이고, 심심해서 오토만 봤을 것다
	전쟁이 일어나고, 오토와 오스카는 지하 대피소에 숨는다. 하지만 오토는 폭격에 오스카와 떨어진다.	전쟁을 처음 겪어 보는 것이기 때문에 두려웠을 것이고 정신없었을 것이다	X 잡혀감	전쟁이 일어났기 때문에 혼란스러웠고 오스카가 곰 인형 오토를 챙기고 가는게 대단하다. 어떻게 보면 다비드가 맡긴것이기 때문에 더욱 소중히 여기는 것 같다.
	전쟁 통에 오토는 미국 군인 대신 가슴에 총을 맞는다.	가슴이 찢어질듯 아팠겠지만 인형은 죽지 않기 때문에 죽진 않았을 것이다.	X 〃	죽었는지 살았는지 밝혀 지지 않음
	오토는 미국 군인의 집에서 딸 자스민과 함께 즐겁게 지낸다.	멋진 집에서 편안하게 살게 된 것은 좋았겠지만 옛날 주인이 계속 떠올랐을 것이다		죽었다고 여기었고 살았다면 오토를 찾았을 듯.
	미국 군인의 집을 떠나 골동품 가게에 전시된 오토. 우연히 오스카와 만나다.	주인을 찾아서 정말 기쁠것이다!	다행히 전화를 해서 셋이 다 만나게 되었다	인형을 찾아서 기쁠것!

〈2–3차시, 삽화를 보며 오토의 마음을 파악하고 다비드와 오스카의 일대기를 썼다.〉

6 수업 성찰

『곰인형 오토』는 짧은 그림책이다. 아이들은 그림을 보며 이야기에 호기심을 가졌다. 왜 곰인형 오토가 이렇게 낡은 모습인지, 왜 다비드가 노란 별표를 달아야 하는지 역사적 사건에 자연스럽게 관심을 가졌다. 곰인형 오토, 다비드, 오스카의 인물을 집중 탐구하면서 이야기를 더욱 깊게 이해할 수 있었다.

이는 『블룸카의 일기』 그림책을 연결해 읽으면서 심화되었다. 학생들은 같은 주제의 책을 읽으며, 부담스럽지 않게 전쟁과 가슴 아픈 역사에 대해 접근하였다. 더불어 전쟁에 대해 자신의 생각을 정리할 수 있었다.

인종차별, 홀로코스트, 세계대전 등의 주제는 아직 4학년 학생들에게 어려운 주제이다. 지나치게 세밀한 역사적 사실에 치중하지 않고 큰 틀에서 어떠한 일이 벌어졌고, 사람들에게 어떠한 일이 발생했는지에 치중하여 수업하였다.

꿈과 희망

마당을 나온 암탉

(황선미/사계절/2002)

1 책 소개

알을 낳지 못해 폐계가 된 '잎싹'은 알을 품고 싶은 소망을 가진 암탉이다. 마당으로 나가기를 꿈꾸던 잎싹은 양계장을 탈출해, 청둥오리 나그네의 도움으로 마당으로 돌아오지만 마당 식구들에게 쫓겨나고 방랑하게 된다. 어느날, 주인 없이 버려진 뽀얀 오리알을 발견한 잎싹은 난생 처음 알을 품게 되고… 잎싹 앞에 사라졌었던 나그네가 갑자기 나타나 알을 품고 있는 잎싹을 보살펴 준다. 하지만 나그네는 알이 부화하기 직전에 잎싹과 알을 지키려다 족제비에게 잡아 먹히게 된다. 잎싹은 그 알에서 깨어난 아기 청둥오리를 '초록머리'라고 이름 지으며 아들처럼 보살피는데… 족제비의 위협으로부터 벗어나 안전한 늪으로 여정을 떠나는 암탉 잎싹과 청둥오리 초록 머리. 여기서부터 잎싹과 초록머리의 여정이 시작된다.

이 동화는 알을 낳을 수 없는 암탉 잎싹이 품은 '소망'을 큰 주제로 전개 된다. 그 누가 보아도 절대 자신의 꿈을 이루기 힘든 폐계, 잎싹. 하지만 잎싹은 알을 품게 되고, 그토록 간절히 원하던 소망을 이루게 된다. 잎싹이 소망을 품고 이루어가는 과정, 잎싹의 용기와 희생은 꿈과 소망 없이 살아가는 아이들에게 큰 의미로 다가갈 것이다.

2 동화 깊이 읽기

『마당을 나온 암탉』은 영화, 뮤지컬 등 다양한 장르로도 확장되었다. 영화와 동화의 느낌을 비교하며 작가에 대한 탐구를 한 뒤 전체 줄거리를 확인하도록 한다. 이야기 속에서 인상깊은 구절, 장면, 낱말 등에 대해 나누고, 최고의 문장을 뽑는 활동을 통해 작품을 깊이 이해할 수 있도록 돕는다.

특히 동화 속 인물, 사건, 배경에 대한 탐구로 인물 인터뷰, 인상 깊은 장면 몸으로 표현하기 등 다양한 활동을 하게 되는데 이는 작품에 대한 몰입과 깊은 이해를 돕는다. 마지막 시간에는 잎싹의 소망과 용기, 희생 등을 떠올리며 나의 꿈에 대해서 생각해보고 한 편의 글을 쓰며 마무리한다.

TIP

이 책은 장편이기 때문에 수업을 시작하기 전에 모든 아이들이 책을 한 번씩 읽어오도록 사전 과제를 제시한다. 매일 아침 15분씩 독서시간을 가지며, 독서공책에 기록을 한다. 날짜를 쓴 뒤, 책에서 인상 깊은 구절을 쓰고 그에 대한 느낀 점을 쓰도록 한다.⇒ Slow reading

3 실제 활용 방법

1~2차시

- 차시 주제 : 동화 맛보기
- 시간 : 80분
- 준비물 : 『마당을 나온 암탉』, 동화 삽화 ppt, 공책

가 표지 보고 질문하기

[동화책 표지를 본다.]

1) 책 표지를 보고 책 내용이 무슨 내용일지 유추해 봅시다.

- 닭 한 마리가 그려져 있습니다. 닭이 주인공인 동화인 것 같습니다.

2) 제목이 '마당을 나온 암탉'인데, 왜 암탉은 마당을 나왔을까요?

3) 마당이 의미하는 것은 무엇일까요?

TIP
책을 읽기 전 표지와 제목을 보고 자유롭게 상상의 나래를 펼 수 있도록 한다.

나 작가에 대하여

[작가 황선미에 대해 알아본다.]

1) 마당을 나온 암탉의 작가인 황선미 선생님에 대해 알아봅시다.

- 황선미 선생님이 2000년에 출간한 『마당을 나온 암탉』은 밀리언셀러를 기록하였어요. 우리나라를 제외한 해외 28개국에 판권이 수출되었습니다. 영국 대형 서점 베스트셀러 1위를 기록, 폴란드 그라니차 선정 2012년 '올해 최고의 책'으로 선정되었습니다. 황선미 작가가 쓴 작품으로 『나쁜 어린이표』, 『어느 날 구두에게 생긴 일』, 『과수원을 점령하라』, 『도대체 넌 뭐가 될 거니?』, 『뒤뜰에 골칫거리가 산다』, 『푸른 개 장발』 등이 있습니다.

다 삽화보고 줄거리 예측하기

[책 속 삽화 보여주기]

TIP
『마당을 나온 암탉』의 삽화를 모아 프리젠테이션으로 쭉 보여준다.

[책 속 삽화를 훑어보며 자유로이 발표하는 시간을 갖는다.]

1) 어떤 그림들이 보이나요?
 • 양계장이 보입니다. 청둥오리와 암탉이 도망치는 장면이 있습니다. 하늘을 나는 청둥오리가 있습니다.

2) 삽화로 미루어보아 어떤 내용이라고 짐작이 되나요?
 • 암탉이 청둥오리와 친구가 되어 펼쳐지는 이야기인 것 같습니다.

3) 왜 그렇게 생각하나요?

라 발단 부분 함께 읽기

[『마당을 나온 암탉』의 발단 부분을 함께 읽는다.]

1) 등장인물은 누구인가요?
 • 잎싹, 주인 남자, 마당 식구(수탉, 암탉, 늙은 개, 오리), 족제비, 청둥오리

2) 암탉이 잎싹이라는 이름을 가지게 된 이유는 무엇입니까?
 • 바람과 햇빛을 받아들이고, 떨어진 뒤에는 썩어서 거름이 되고, 결국 향기로운 꽃을 피워내는 아카시아의 잎사귀처럼 무언가를 하고 싶어서입니다.

3) 암탉 잎싹의 가장 간절한 소망은 무엇입니까?

- 알을 품어서 병아리의 탄생을 보는 것입니다.

4) 구덩이에 버려진 잎싹을 족제비로부터의 위험에서 벗어날 수 있게 도와준 이는 누구일까요?

- 청둥오리입니다.

5) 찔레덤불 속에서 잎싹이 발견한 것은 무엇일까요?

- 푸른 빛이 도는 흰 알입니다.

TIP
발단부분까지 읽고 질문을 만들어 서로 맞춰보며 내용을 확인한다.

6) 어떠한 사건이 있었나요?

- 양계장에서 알을 낳던 암탉 잎싹이 폐계가 되어 밖에 버려졌습니다.

7) 인상 깊은 장면을 나누어 봅시다.

8) 매일 조금씩 인상 깊은 장면과 글귀를 기록하며 이야기의 뒷부분을 읽어오도록 합니다.

마 온 작품 읽기 안내

[『마당을 나온 암탉』에서 모르는 낱말 뜻을 찾아본다.]

1) 책 속에서 모르는 낱말을 모아 국어사전에서 찾아 적어봅시다.

TIP
교사와 함께 책의 발단까지 읽으며 어떻게 독서를 해야 하는지 방법을 알려준다. 특히 이야기 속에 등장하는 '공간'에 담긴 의미가 무엇일지 생각해 볼 수 있도록 안내한다. 2~3주의 시간을 주고 이야기 뒷 부분을 읽어 오도록 지도하며 내용에 대한 질문을 만들어 오도록 과제를 낸다.

3~4차시

- **차시 주제** : 동화 속 배경 탐구
- **시간** : 80분
- **준비물** : 『마당을 나온 암탉』, '마당을 나온 암탉' 동영상 편집본, 동화 삽화 ppt, 공책

가 전체 줄거리 확인하기

[영화 장면과 동화를 비교해 본다.]

1) 영화 장면을 보고 떠오르는 생각은 무엇인가요?

2) 영화와 동화의 느낌을 비교해봅시다.

[책의 뒷부분 내용을 파악한다.]

1) 책 내용 확인을 위해 만들어온 질문을 짝과 주고 받으며 이야기 뒷부분을 확인해 봅시다.

2) 다 자란 아기에게 잎싹은 어떤 이름을 지어 주었습니까?

- 초록머리

TIP

책의 내용을 잘 파악했는지 독서 골든벨을 통해 즐겁게 확인할 수 있다.

나 주요 사건 정리하기

[동화의 줄거리를 정리한다.]

1) 삽화를 보며 읽은 동화의 줄거리를 정리해 봅시다.

TIP
주인공이 소망을 이루어가는 과정을 삽화를 보며 차례로 생각해 본다.

[이야기의 주요 사건을 뽑는다.]

1) 이야기의 주요 사건들을 이야기해봅시다.
2) 짝과 함께 주요 사건들을 뽑아봅시다.
3) 모둠별로 이야기하여 주요 사건들을 공책에 정리하여 봅시다.

TIP
모둠별로 정한 『마당을 나온 암탉』의 주요 사건들을 반 전체의 생각을 거쳐 공통된 생각을 공유하여도 좋다.

다 공간의 이동 살펴보기

[이야기의 주요 사건을 뽑는다.]

1) 책 속에 등장하는 장소들을 이야기해 봅시다.

- 닭장, 마당, 가시덤불, 갈대밭, 저수지입니다.

TIP
① 닭장, ② 마당, ③ 바깥 혹은 마당 밖의 장소로 정리한다.

2) 각 장소에 담긴 의미가 무엇일지 생각해 봅시다.

- 닭장 : 편안하고 익숙한 곳, 먹을 것이 충족되는 곳
- 마당 : 위계질서가 잡혀있는 곳, 텃새가 심한 곳
- 마당 밖 : 자유롭지만 위험한 곳, 꿈을 실현하는 곳

3) 내가 암탉이라면 어떤 장소에 살고 있는지 생각해보고 이야기하여 봅시다.

4) 내가 암탉이라면 어떤 장소에 살고 싶은지 생각해보고 이야기하여 봅시다.

TIP

교실을 세 부분으로 나누어 ① 닭장, ② 마당, ③ 바깥 혹은 마당 밖으로 정한다. 아이들에게 자신에게 해당하는 장소, 있고 싶은 장소에 서고, 그 이유를 말하도록 한다.

5) 동화책의 맨 마지막 삽화를 함께 봅시다. 무엇이 보입니까?

- 잎싹이 거쳐간 장소들이 한 눈에 보입니다. (양계장, 마당, 족제비 등)

6) 닭장에서 나온 잎싹이는 마당으로 갑니다. 그리고 갈대밭, 저수지를 거쳐 마지막에는 하늘로 올라갑니다. 어떤 의미를 담고 있을까요?

- 189쪽에서 잎싹이 말하는 부분을 보면 "한 가지 소망이 있었지. ㉠알을 품어서 병아리의 탄생을 보는 것! 그걸 이루었어. 고달프게 살았지만 참 행복하기도 했어. 소망 때문에 오늘까지 살았던 거야. ㉡이제는 훨훨 날아가고 싶어. 나도 초록머리처럼 훨훨, 아주 멀리까지 가 보고 싶어!"에서 잎싹이 간절히 소망한 것들(㉠, ㉡)을 이루었다는 의미입니다.
- 간절히 소망하는 것은 이루어진다는 의미입니다.

TIP

잎싹의 영혼이 훨훨 날아 세상을 내려다 보는 장면은 잎싹의 자아실현의 완성을 의미한다.

5~6차시

• 차시 주제 : 등장 인물 탐구
• 시간 : 80분
• 준비물 : 『마당을 나온 암탉』, 인물 역할 머리띠, 도화지

가 인물 깊이 이해하기

[이야기 속에서 생각할 부분을 찾아본다.]

1) 이야기 장면 중에서 생각해 볼 부분을 찾아봅시다.

TIP
함께 책을 보면서 쪽수를 확인하고 내용을 확인하도록 한다.

2) 70쪽을 보면 청둥오리가 밤마다 춤을 췄는데 왜 그랬을까요?

3) 71쪽에 보면 "같이 헤엄칠 수 있다면……"이라고 청둥오리가 말하는 장면이 있어요. 무슨 의미일까요?

4) 82쪽에 보면 "난 이제 괜찮아. 녀석도 배가 부르면 한동안 잠잠하겠지. 괜찮아, 알만 깨면. 준비가 됐어. 그렇고말고……"이 말은 무슨 의미일까요?

5) 180–184쪽을 보면 어미로써의 족제비의 모습이 보입니다. 여기서 생각할 수 있는 것은 무엇인가요?

6) 190쪽에 족제비 새끼들의 그 살덩이가 잎싹이 마지막으로 낳았던 알처럼 느껴졌다고 생각하였습니다. 여기서 엿볼 수 있는 잎싹의 심정은 어떠한가요?
• 족제비 새끼가 불쌍하고, 가엾게 여겨졌을 것 같습니다. 이로 인해 잎싹이 죽음을 받아들일 준비가 된 것 같습니다.

나 등장 인물에게 인터뷰 하기

[이야기 속 주요 등장인물 찾아본다.]

1) 책의 주요 등장인물을 찾아봅시다.

• 잎싹, 초록머리, 족제비, 나그네 등

[등장 인물들에게 인터뷰 하고 싶은 내용을 정리한다.]

1) 책의 주요 등장인물들에게 하고 싶은 인터뷰 질문을 적어봅시다.

2) 『마당을 나온 암탉』의 등장 인물들은 친구들의 질문에 답하여 봅시다.

TIP

각 인물별로 두 명씩 세워놓고 반 전체의 질문을 받는다. 한 친구가 질문에 답하지 못할 경우 그 역할을 맡은 다른 친구가 답하도록 하며, 책의 내용에 근거를 두어 답할 수 있도록 사전 지도를 한다.

다 인물 탐구 보고서 쓰기

[선택한 인물에 대한 자신의 생각을 적어본다.]

1) 책의 주요 등장인물 중 한 명을 골라 봅시다. (모둠별)

2) 도화지에 모둠에서 선택한 인물에 대해 자유로운 나의 생각을 돌아가며 적어 봅시다.

7차시

- **차시 주제** : 인상 깊은 장면과 주제 찾기
- **시간** : 40분
- **준비물** : 공책

가 생각과 느낌 나누기

[최고의 문장을 뽑는다.]

1) 최고의 문장을 뽑고, 뽑은 문장과 그 이유를 함께 발표해 봅시다.

TIP

기억하고 싶은 문장에는 밑줄을 그으며 읽고, 쪽수와 함께 공책에 옮겨 적고 그 까닭을 함께 쓴다.

- 잎사귀가 또 꽃을 낳았구나! – 표현이 너무 신선합니다.
- '왜 나는 닭장에 있고, 저 암탉은 마당에 있을까?' 잎싹은 혼자서 묻고 대답하곤 했다. – 자신의 상황을 그대로 받아들이지 않고 끊임없이 생각하는 잎싹의 모습이 인상 깊습니다.
- 알이 깨어나는 날을 기다리며 밤마다 족제비와 싸우는 나그네의 모습이 기억에 남습니다.

2) 친구의 생각과 자신의 생각, 느낌을 비교하여 봅시다.

TIP

쪽수를 찾아가며 책을 함께 본다.

나 감동적인 장면 찾기

[감동적인 장면을 나눠본다.]

1) 기억에 남는 장면을 하나씩 정해서 그 때 잎싹이의 마음을 읽어봅시다.

TIP
모둠별로 활동한다. 한 사람이 정한 장면을 모둠원들이 책 내용 속 근거를 찾아가며 (쪽수를 펴보며)함께 잎싹의 마음을 추론해 본다.

- 폐계가 되어 언덕에 버려진 장면–족제비의 위험을 잘 몰라서 어리둥절한 마음입니다. 등
- 찔레 덤불 속에 있는 푸르스름한 알을 발견한 장면–떨리고, 빨리 알을 품고 싶을 것 같습니다.
- 청둥오리가 잎싹에게 훌륭함 암탉이라고 하는 장면–알에 대해 알게 된다면 어쩌나 노심초사 하였을 것 같습니다.
- 족제비가 청둥오리를 문 채 잎싹을 노려보는 장면–심장이 얼어붙을 것 같이 무섭고, 두려울 것 같습니다. 친구가 물려가는 모습을 보면서 너무나도 슬펐을 것 같습니다.
- 마지막에 잎싹이 족제비에게 물렸을 때 "자, 나를 잡아먹어라. 그래서 네 아기들 배를 채워라." 장면–어미로서의 족제비 모습을 보고 측은한 마음이 들기도 하고, 이제 곧 죽을 자신에 대해 생각하였을 것 같습니다.

2) 가장 인상적인 사건을 모둠별로 정하여 정지장면으로 표현하여 봅시다.

TIP
정지장면으로 정한 사건이 무엇인지 함께 맞춰 보고, 왜 그 장면을 선택했는지 나눈다.

다 작가와 인터뷰 하기

[각 모둠에서 대표 작가 한 명씩 나와 가상 인터뷰를 해본다.]

1) 모둠을 대표하는 작가를 뽑아 앞으로 나옵니다.

2) 반 전체는 각 모둠 대표로 나온 작가를 선택하여 묻고 싶은 내용을 질문하여 봅시다.

TIP

각 모둠에서 나온 대표는 반 전체의 질문을 받는다. 대표 작가로 선정된 학생은 친구들의 질문에 책의 내용에 근거를 두어 답할 수 있도록 사전 지도한다.

라 작가가 하고 싶은 이야기 알기

[작가와의 인터뷰 활동을 바탕으로 생각을 정리해본다.]

1) 이야기를 읽은 후 생각과 느낌을 메모한 내용을 발표해 봅시다.

2) 이야기를 읽고 마음에 남는 낱말은 무엇입니까?

- 꿈, 용기, 희생, 생명, 탄생, 존경, 사랑 등

3) 이 책을 통해 작가가 하고 싶은 이야기는 무엇이라고 생각하나요? 그 이유도 함께 발표해 봅시다.

- 꿈을 이루기 위해 소망하고 실천하자. 그 이유는 버려진 잎싹이도 스스로의 꿈을 계속 소망하였더니 있을 수 없는 우연의 기회가 생겨 소원을 이루었기 때문입니다.
- 잎싹이의 모성애, 자아실현, 생명존중 등

8~9차시

- **차시 주제** : 잎싹의 꿈, 나의 꿈
- **시간** : 80분
- **준비물** : 학습지

가 '거위의 꿈' 노래 듣기

['거위의 꿈' 노래 가사를 살펴본다.]

1) 무슨 노래인가요?
   - '거위의 꿈'입니다.

2) 노래 속 거위는 어떤 상황인가요?
   - 남루하고 찢겨졌습니다.
   - 꿈을 이룰 수 없는 상황입니다.

3) 거위의 꿈은 무엇인가요?
   - 하늘을 높이 나는 것입니다.

4) 꿈에 대한 거위의 생각은 어떠합니까?
   - 도전하고 노력할것입니다.

5) 기억에 남는 가사를 발표해 봅시다.
   - 저 차갑게 서 있는 운명이란 벽 앞에 당당히 마주칠 수 있어요. 언젠가 난 그 벽을 넘고서 저 하늘을 높이 날을 수 있어요.
   - 그래요 난 난 꿈이 있어요. 그 꿈을 믿어요. 등

TIP

유튜브에 나오는 '거위의 꿈'과 관련된 애니메이션 영상을 함께 보여주며 이해를 돕는다.

나 책에 나오는 세 종류의 암탉 알기

[『마당을 나온 암탉』에 등장하는 세 종류의 닭을 알아본다.]

TIP

『마당을 나온 암탉』의 195쪽 평론 글을 참고하면 된다.

1. 철망에 갇힌 채 배부르게 먹고 품지도 못할 알을 낳으면서 아무 생각 없이 살아가는 암탉
2. 마당에서 수탉과 병아리와 만족스럽게 살면서 혹시라도 누가 생활을 흐트러뜨리지 않나 전전긍긍하는 암탉
3. 알을 품어 병아리를 탄생시키겠다는 소망을 굳게 간직하고 결국 그것을 실천하는 암탉

1) 잎싹은 어떤 종류의 닭이었습니까?

- 소망을 품고 그것을 실천하는 암탉입니다.

2) 내가 암탉이라면 어떤 종류의 암탉이었을까요? 왜 그렇게 생각하나요?

- 그냥 제 삶에 만족하며 별 생각 없이 살아가는 암탉이었을 것 같습니다. 왜냐하면 닭장 밖으로 나가면 족제비와 같은 동물들로부터 잡아먹힐 것 같기 때문에 그냥 양계장에 있기를 선택했을 것 같습니다.

다 잎싹의 꿈과 나의 꿈

[잎싹의 꿈에 대해 알아본다.]

1) 잎싹의 꿈은 무엇인가요?

- 알을 품어서 병아리의 탄생을 보는 것입니다.
- 닭장에서 마당으로 나가는 것이었습니다.
- 새끼를 위한 강한 사랑

2) 잎싹은 꿈을 이룰 수 있는 환경이었나요?

- 난용종 암탉이어서 병아리의 탄생을 보기 힘든 환경이었습니다.

• 어림 없는 일이었습니다.

3) 잎싹의 이름은 '잎사귀'라는 뜻입니다. 잎싹은 왜 이렇게 자신의 이름을 지었을까요? 본문 속에서 찾아봅시다.

• 아카시아 잎사귀가 부러워서입니다.

• 바람과 햇빛을 한껏 받아들이고, 떨어진 뒤에는 썩어서 거름이 되는 잎사귀, 향기로운 꽃을 피워내는 잎사귀를 보며 잎싹도 아카시아 나무의 잎사귀처럼 무언가를 하고 싶었습니다.

4) 결국 잎싹의 꿈은 이루어졌나요?

• 병아리의 탄생은 보지 못했지만, 알을 품어 초록 머리를 낳았습니다.

5) 잎싹의 꿈을 생각하며 나의 꿈에 대하여 글을 써 봅시다.

라 잎싹에게 한 마디

[잎싹에게 하고 싶은 말을 정리한다.]

1) 잎싹과 만날 수 있다면 하고 싶은 말은 무엇인가요?

• 넌 참 특별한 암탉이야, 잎싹아. 닭장 속에 있으면서도 아카시아 꽃을 보면서 꿈과 희망을 품었다니... 실은 네가 품은 그 알은 나그네의 알이야. 잎싹, 너는 잘 몰랐던 것 같아. 정말 너는 나그네가 말했듯이 훌륭한 암탉이야.

4 이런 책도 있어요

『갈매기의 꿈』, 『꽃들에게 희망을』, 『니 꿈은 뭐이가?』는 모두 꿈에 대해 고민해볼 수 있는 책이다. 자신의 모습을 있는 그대로 사랑하고, 바른 시선으로 자신의 꿈과 희망을 꿈꾸며 이루어 가는 과정을 살펴보고, 잎싹이 꿈과 나의 꿈에 대해 다시금 생각해보기 좋은 책이다.

『갈매기의 꿈』
(리처드 바크/현문미디어)

『꽃들에게 희망을』
(트리나 폴러스/시공주니어)

『니 꿈은 뭐이가?』
(박은정 글/웅진 주니어)

5 활동 결과물

『마당을 나온 암탉』과 같은 장편 동화책은 Slow reading을 활용한다. Slow reading은 매일 아침마다(일정시간에) 책을 읽고 기록하는 것이 핵심이다. 그 날 읽은 책 내용 중 인상깊은 구절과 느낀점을 날짜, 책 쪽수와 함께 독서록에 기록하도록 지도한다. 이는 학생들이 날마다 조금이라도 책을 읽을 수 있도록 함과 동시에 책 내용을 한 문장 한 문장 꼼꼼하게 살펴보고 그에 대한 숨은 의미와 자신의 생각을 자유롭게 써 내려감으로서 깊이 있는 독서를 돕는다.

2015. 9. 9 〈수〉요일　　9~18

- 주인 여자가 이런 알도 가져갈까? 알이 점점 작아진다고 불평하면서도 꼬박꼬박 꺼내 갔으니 불품없다고 남겨 두는 일은 결코 없을 것이다. "단 한 번 만이라도 알을 품을 수 있다면, 그래서 병아리의 탄생을 볼 수 있다면..."

하루종일 닭장에서 알만 낳아야 하는 잎싹의 일생이 불쌍하게만 느껴졌다 그리고 기껏 낳은 알도 처참히 버려지는 잎싹에게 희망을 주고 싶다. 앞으로 어떤 일이 있을지 너무 궁금하다.^^

2015. 9. 10 〈목〉요일　19~32

- "언제나 알을 품고 싶었지. 꼭 한번이라도. 나만의 알, 내가 뚝 닦이는 말을 들을 수 있는 아기. 절대로 너를 혼자 두지 않아 아가야, 알을 깨렴. 너를 보고 싶어. 무서워하지 마라 .... "

드디어 잎싹이 좁디좁은 철장에서의 생활을 마치고 밖으로 나왔다. 그리고 청둥오리의 도움으로 다행히 살았다. 너무 안도스러웠다. 하지만 뭔가 족제비가 마음에 걸린다. 무슨 일이 일어나게 될까?

2015. 9. 12 〈토〉요일 33~50

- 잎싹은 두 다리에 힘을 주고 가슴을 폈다. 그리고 목청을 돋워서 기쁘게 꼬꼬거렸다. 수탉 부부가 이렇게 넓은 밭을 다 차지할 수는 없을 테니까!

잎싹이 전보다는 훨씬 행복해진 것 같아 나도 기분이 좋았다. 이 행복이 오래가길~ 비나이다 비나이다. 잎싹의 미소를 계속 볼 수 있게 해주십시오

마당을 나온 암탉 독후감

책을 읽기전 영화를 보았던나. 흥미진진하고 재미있던 영화에 비해 책은 재미없을 것 같아 한동안 책을 읽지 않았다. 그런데 나는 수석선생님의 권유로 '마당을 나온 암탉' 책을 읽게 되었다. 영화로 인해 원래 알던 내용이었지만, 책을 읽으니 좀 더 자세한 표현 덕분에 내용을 더 잘 알 수 있었다."

마당을 나온 암탉 이 책은 나의 존재에 대하여 생각해볼 수 있는 진지한 시간을 내주었다. 소망과 희망이 있으면 꿈을 이룰 수 있다는 점 또한 알려주었고 그러는 과정을 통해 나는 한걸음 더 나아갈 수 있었다. 소중한 이의 예상치 못한 죽음의 슬픔도 느낄 수 있었던 시간이었다. 삶의 틀에 갇혀사는 잎싹이 난 너무나 불쌍했고, 나는 절대 잎싹처럼 삶의 틀에 갇혀살지 않겠다고 마음먹었다.

다음으로, 나는 잎싹의 두 소망에 대해 말하고 싶다. 첫번째 소망은 '자유'였다. 탈출 계획을 세운 잎싹은 의도적으로 모이를 거부하고 연약한 개체로 분류되어 죽은 닭들과 함께 양계장 밖 구덩이에 처박힌다. 그 과정에서 잎싹은 정신을 잃고 족제비에게 잡아먹힐 뻔하지만, 떠돌이 청둥오리 '나그네'의 도움을 받아 목숨을 건진다. 어찌 됐든 양계장에서 빠져나오는 데 성공한 잎싹은 희망에 부풀어 마당으로 달려간다. 하지만 그곳에서 그녀를 기다리고 있던 것은 스스로를 대장으라 칭하는 거만한 수탉, 수탉의 옆자리를 두고 경쟁하는 암탉들, 어떻게든 수탉에게 잘 보이려는 오리들뿐이었다. 회의감에 잎싹은 마당에서 나오고, 재빨리 거처를 구한다. 잎싹의 두번째 소망은 바로 사랑이다. 잎싹은 자신에게 도움을 준 나그네에게 호감을 느끼나, 그는 암컷 오리와의 사이에 알 하나

〈5~6차시. 등장 인물에게 인터뷰하기〉

〈7차시. 인상 깊은 장면 정지화면으로 표현하기〉

6 수업 성찰

누구에게나 꿈과 희망이 있다. 『마당을 나온 암탉』은 잎싹이라는 암탉이 자신이 낳은 알을 품어 보고 싶다는 본능적인 소망과 그로 인한 험난한 여정을 그린 동화이다. 처음에 아이들은 잎싹의 말도 안 되는 소망을 우습게 생각하기도 하였다. 하지만 결국 잎싹은 누군가가 낳아서 버려진 알을 품고, 초록머리를 탄생시킨다. 끊임없이 다가오는 족제비의 위협으로부터 아기를 보호하는 잎싹의 용기와 분투하는 장면을 보면서 꿈을 이루기 위한 잎싹에 대해 존경심이 생겨났다.

처음에는 닭장을 나와 마당으로 가고 싶다는 잎싹의 꿈이 텃밭으로, 밭으로, 저수지로 가면서 넓어지고 커가는 모습을 보면서 아이들도 자신의 꿈을 이야기하기 시작하였다. 원하는 대학에 들어가고 싶고, 대통령이 되고 싶고, 피아니스트가 되고 싶다는 아이들의 꿈 이야기는 잎싹으로 인해 더욱 힘을 얻는다. 꿈을 품은 이유가 무엇인지, 꿈을 이루기 위해 어떤 노력을 하며 지경을 넓혀야 할지 스스로 생각해 보며 꿈을 향한 걸음을 내딛어 보는 시간이었다.

[5-6학년군]
작품중심

언니, 몽실

몽실언니

(권정생/창비/2012)

새똥과 전쟁

(에릭 바튀/교학사/2001)

1 책 소개

해방 후 어수선한 시대에 태어난 몽실이, 35년이 넘는 일제의 압제로부터 해방이 되었지만 뒤이어 6·25전쟁이라는 우리나라의 어두운 역사를 마주하게 된다.

어린 나이에도 불구하고 가족들을 위해 희생하는… 어리지만 강한 몽실이의 삶을 그리고 있는 아름다운 동화『몽실언니』. 나이에 어울리지 않는 강인한 생활력을 가지고 책임을 감당하는 몽실이를 통해 '가족에 대한 사랑'과 '자기희생', 어린 소녀의 '강인함'과 '꿋꿋함'을 느낄 수 있다.

우리나라의 슬픈 역사 속에서 자신의 힘듦보다는 항상 동생들을 생각하며 묵묵히 길을 걸어가는 몽실이의 모습이 뭉클한 감동으로 다가온다.

『새똥과 전쟁』은 새똥으로 인해 전쟁이 일어나는 빨간 나라와 파란 나라에 대한 동화이다. 두 나라는 참 평화롭고 아름답게 살았다. 어느 날

두 나라 임금님이 산책을 할 때 새들이 임금님들의 콧등 위에 똥을 싼다. 두 임금님은 소리 내어 웃다가 서로의 코에 묻은 새똥을 보고 웃었다고 전쟁을 일으키게 된다. 파란 나라가 빨간 나라를 공격하고 빨간 나라도 파란 나라를 공격하지만 두 나라 성은 꿈쩍도 하지 않는다. 파란 나라 사람들과 빨간 나라 사람들은 땅굴을 파 공격하는 방법을 생각해내지만 상대방의 성을 서로 차지해버리게 되고... 두 나라의 왕은 땅 위에서 승부를 보려 한다. 그 때 각 성에 있던 두 나라 어린이들은 서로 뛰어나가 어울려 논다. 아직 분이 풀리지 않은 두 임금을 위해 두 나라 백성들은 장기판을 마련해주며 장기판으로 전쟁을 하라고 한다. 이로써 어린이로부터 시작한 평화는 그렇게 백성에게로, 마침내 임금에게로까지 뻗어 나간다.

2 동화 깊이 읽기

'몽실 언니'는 한국의 근현대사를 간접적으로 체험할 수 있는 역사적 가치와 문학적 가치가 큰 동화이다. 특히 몽실이가 살던 시대와 몽실이의 삶을 함께 연관지어 이야기를 읽는다면 이야기의 감동 뿐만 아니라 역사에 대한 이해도 깊어질 수 있다.

1~2차시에는 『몽실언니』의 작가와 삽화가를 탐구하여 아이들의 흥미와 관심을 모으고, 작품 속 전반적인 시대적 배경을 파악하는 것을 선행하도록 한다. 전쟁에 대해 피상적인 이해만으로는 작품 속으로 흠뻑 빠지기 힘들다. 그렇기 때문에 작품 속 시대적 배경에 대한 본문 내용을 살펴보고 이해가 필요한 단어는 함께 찾아보는 시간을 가진다.

3~5차시에는 책 한 권을 다 읽은 후, 이야기의 주요 사건을 정리한다. 이 때 시간과 배경을 고려한 연대표를 그려보는 활동과 등장 인물 간에 관계도를 그려보는 활동을 한다.

6~7차시에서는 '몽실언니'라는 인물에 대해 집중 탐구하는 시간을 가진다. 몽실의 말과 행동을 살펴보며 몽실의 '생각'과 '추구하는 삶'에 대해 이해한다. 같은 상황이었을 때 내가 몽실이라면 어떻게 행동했을지 상상해보고 몽실이의 말과 행동을 관찰한다. 그리고 몽실이가 추구하는 삶에 대한 나의 생각을 편지로 쓰며 '언니, 몽실'의 내면을 더욱 깊이 이해하도록 한다.

마지막 차시에는 본문 속 배경을 알 수 있는 내용에 대해 함께 생각해보고, 관련된 영상자료를 보면서 당시 상황에 대한 이해를 돕는다. 전쟁과 관련된 그림 동화 『새똥과 전쟁』을 읽고 그림을 살펴보는 시간을 통해 전쟁의 의미에 대해 생각하고, 이야기 하는 시간을 가진다.

TIP

이 책은 장편이기 때문에 수업을 시작하기 전에 모든 아이들이 책을 한 번씩 읽어오도록 사전 과제를 제시한다. 매일 아침 15분씩 독서시간을 가지며, 독서공책에 기록을 한다. 날짜를 쓴 뒤, 책에서 인상 깊은 구절을 쓰고 그에 대한 느낀 점을 쓰도록 한다.⇒ Slow reading

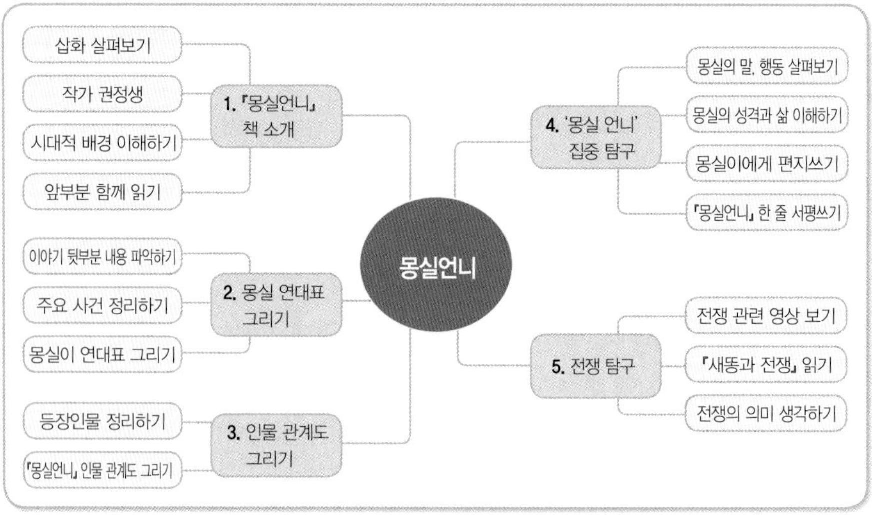

3 실제 활용 방법

1~2차시

- 차시 주제 : 『몽실언니』 책 소개
- 시간 : 80분
- 준비물 : 『몽실언니』 삽화 모음자료, 참고자료1, 참고자료2, 국어사전

가 삽화 살펴보기

[책 속 삽화를 보여준다.]

TIP

『몽실언니』의 삽화를 모아 프리젠테이션으로 쭉 보여준다.

[책 속 삽화를 훑어보며 자유로이 발표하는 시간을 갖는다.]

1) 어떤 그림들이 보이나요?

2) 삽화로 미루어보아 어떤 내용이라고 짐작이 되나요?
   - 전쟁의 내용인 것 같습니다. 불우한 아이들의 이야기인 것 같습니다.

3) 왜 그렇게 생각하나요?

[삽화 작가 이철수에 대해 탐구해 본다.]

1) 이철수 작가에 대해 들어본 적 있나요? 이철수 작가의 삽화들을 보니 어떤 느낌이나 분위기가 드나요?
   - 무언가 평화로운 느낌이 듭니다. 전통적인 느낌이 듭니다. 수수합니다. 등

2) 이철수 작가의 그림을 살펴봅시다.

TIP
이철수의 집 (http://www.mokpan.com/) 블로그를 활용하면 좋다.

3) 유명한 목판 화가인 이철수에 대해 한 번 알아봅시다.

TIP
이철수에 관련된 소개글은 [참고 자료1]을 참고한다.

나 작가 권정생

[권정생 작가 선생님은 어떤 사람일까?]

1) 권정생 작가에 대해 알아봅시다.

- 권정생 문화재단 홈페이지(http://www.kcfc.or.kr/) 참고

2) 권정생 작가의 생애에 대해 이야기해 봅시다.

- 일본에서 출생, 지독한 가난, 깡통 들고 거지생활, 50년간 신장병으로 고생, 교회 종지기, 가난하고 힘든 아이들과 북한 아프리카의 아이들을 위해 원고료 모두 유산으로 남김, 신부님, 목사님 변호사에게 쓴 유서

TIP
권정생 문화재단 홈페이지(http://www.kcfc.or.kr/)에서 작가의 유품과 살던 집, 유언장 등을 함께 읽어보며 작가의 삶에 대해 충분히 이해하는 시간을 가진다.

3) 권정생 작가의 가치관을 엿볼 수 있는 짧은 단편동화 〈하느님의 눈물〉을 함께 읽어봅시다.

TIP
'하느님의 눈물' 은 읽기 자료에 실려있다. 인상 깊은 문장에 색연필로 밑줄을 긋거나, 감동적인 문장을 찾고, 그 까닭을 공책에 쓰는 활동을 통해 동화 내용을 깊이 살펴본다.

[기억하고 싶은 문장을 찾아본다.]

1) 〈하나님의 눈물〉을 다시 읽으며, 기억하고 싶은 문장에 색연필로 줄을 그어 봅시다.

2) 감동적인 문장을 공책에 옮겨 적어 봅시다.

- 죽느냐 사느냐 하는 대답을 제 입으로 말할 수 있는 사람이 이 세상에 몇이나 있겠니?
- 차라리 먹으려면 묻지 말고 그냥 먹어
- 먹힌다는 것, 그리고 죽는다는 것, 모두가 운명이고 마땅한 일인 것입니다.
- 해님도 덩달아 울고 싶어졌습니다. 그래서 얼굴이 새빨개진 채 서산 너머로 넘어갔습니다.

3) 왜 하느님은 눈물을 흘릴까요?

- 하나님이 사랑하는 사람들이 세상에 잘못을 저질러서 슬프기 때문인 것 같습니다.
- 기쁨의 눈물인 것 같습니다.

4) 권정생 작가의 가치관에 대해 자유롭게 이야기해 봅시다.

다 시대적 배경 이해하기 [참고 자료2]

[본문 속 낱말의 뜻을 찾아본다.]

1) 참고자료에 실린 본문 내용 중 시대적 배경을 이해하는 데 도움이 되는 낱말들의 뜻을 국어사전에서 찾아봅시다.

- (㉠공비: 공산군, 공산당의 유격대, ㉡야학: 밤에 공부함; 밤에 학업을 배우는 과정, 또는 그런 교육 기관, ㉢을사보호 조약: 대한 제국 말, 광무9년(1905년)에 일본 제국이 우리 나라의 외교권을 빼앗기 위하여 우

리 정부와 강제로 맺은 다섯 가지 조약. ㉣인민군: 인민으로 조직된 군대; 북한의 군대)

2) 글의 내용을 보고 알 수 있는 작품 속 시대적 배경은 어떠한가요?

- 남과 북이 갈라져서 싸우고 있습니다.
- 전쟁으로 인해 사람들이 피난을 가고, 굶주리며 힘들게 생활하고 있습니다.

[시대적 배경을 이해한다.]

1) 『몽실 언니』에 나오는 전쟁은 어떤 전쟁 일까요?

TIP

가능한 아이들의 말로 이야기를 정리하는 것이 좋다. 6·25 전쟁을 이야기 하기 위해 일제 시대로 거슬러가서 이야기를 할 수도 있다.

라 앞부분 함께 읽기

[『몽실언니』의 발단 부분을 함께 읽는다.]

1) 이야기의 시간적 배경은 언제인가요?

- 일본이 전쟁에 망하여 우리가 해방을 맞이한 때입니다.

2) 이야기의 공간적 배경은 어디인가요?

- 살강마을 → 댓골마을

3) 등장인물은 누구인가요?

- 몽실이와 아버지 정씨, 어머니 밀양댁, 새 아버지(댓골 김주사), 영득이, 북촌댁

4) 어떠한 사건이 있었나요?

- 어머니 밀양댁이 몽실을 데리고 새로운 마을로 이사했습니다.

- 몽실이에게 새 아버지와 동생 영득이가 생겼습니다.
- 살강으로 돌아온 몽실이에게 새 어머니(북촌댁)가 생겼습니다.

5) 인상 깊은 장면을 나누어 봅시다.

- 영득이가 태어나서 집안 심부름을 하고, 매일 새아버지와 할머니에게 호통을 듣는 몽실이가 안쓰럽습니다.
- 북촌댁에게 자신이 다리를 다친 것에 대한 이야기를 하며 "다리 다친 건 내 팔자여요." 말하며 눈물을 흘리는 몽실이가 너무 불쌍합니다.

6) 매일 조금씩 인상 깊은 장면과 글귀를 기록하며 이야기의 뒷부분을 읽어오도록 합니다.

TIP

교사와 함께 책의 발단까지 읽으며 어떻게 독서를 해야 하는지 방법을 알려준다. 특히 시간의 흐름과 공간의 변화를 잘 살피고 몽실의 말과 행동에 유의하며 이야기를 읽도록 안내한다. 2~3주의 시간을 주고 이야기의 뒷부분도 마저 다 읽어오도록 과제를 내준 후 아이들이 읽고 있는 과정을 틈틈이 확인한다.

3~4차시

- **차시 주제 :** 몽실 연대표 그리기
- **시간 :** 80분
- **준비물 :** 『몽실언니』, 전지, 색칠도구 등

가 이야기 뒷부분 내용 파악하기

[이야기 내용을 파악해본다.]

1) 이야기의 뒷 내용에 대한 질문을 만들어 짝과 함께 맞춰봅시다.

2) 이야기의 시대적 배경이 드러난 부분을 찾아봅시다.

• 야학에 간 몽실이와 북촌댁이 최선생의 가르침을 받는 장면입니다. 나라가 두 동강으로 갈라져 싸우고 있는 현실을 안타까워하고 있습니다.
• 6·25 새벽에 일어난 전쟁으로 마을 청년들이 일선으로 끌려갔고, 몽실이네 아버지 정씨도 싸움터로 불려갔습니다.

나 주요 사건 정리

[이야기의 주요 사건을 뽑는다.]

1) 이야기의 주요 사건들을 이야기해봅시다.
2) 짝과 함께 주요 사건들을 뽑아봅시다.
3) 모둠별로 이야기하여 주요 사건들을 정해봅시다.

TIP
모둠별로 정한 『몽실언니』의 주요 사건들을 반 전체의 생각을 거쳐 공통된 생각을 공유하여도 좋다.

다 몽실이 연대표 그리기

[주요 사건을 시간과 공간에 따라 정리한다.]

1) 책 속에서 등장하는 시간적 배경을 찾아봅시다.
   • 해방후, 6·25전쟁, 1·4후퇴, 유엔군 개입, 맥아더 장군의 인천항 진입작전

TIP
인물의 대화 장면 속에서 찾아낼 수 있도록 교사가 실마리를 제공하여도 된다.

2) 책 속에서 등장하는 공간적 배경을 찾아봅시다.

- 살강마을, 댓골, 일본 동경 (해방 전), 노루실, 고모네 집에 가는 길(개암나무골), 읍내 최씨 집, 시장 (앞 쓰레기 더미) 등

3) 시간적, 공간적 배경을 고려하여 주요 사건을 정리하여 봅시다.

TIP
모둠별로 토론하여 함께 몽실이 연대표를 함께 그려본다.

5차시

- 차시 주제 : 인물 관계도 그리기
- 시간 : 40분
- 준비물 : 『몽실언니』, 전지, 색칠도구 등

가 등장인물 정리하기

[『몽실언니』에서 등장하는 인물에 대해 정리해본다.]

1) 책에서 등장하는 주요 인물들을 찾아봅시다.

- 몽실, 밀양댁, 북촌댁, 정씨, 김씨, 난남이, 영득이, 영순이, 최씨네 가족(최씨 아저씨, 아주머니, 혜숙, 성대, 성구)

2) 각 인물의 성격은 어떠한지 책 내용에 근거하여 이야기해 봅시다.

나 『몽실언니』 인물 관계도 그리기

[인물 관계도 그리기]

1) 등장하는 인물 간에 관계도를 그려봅시다.

TIP

모둠별로 협의하여 함께 그려보도록 하며, 각 등장인물의 성격을 유추하여 간단하게 인물 그림을 그리도록 안내할 수도 있다.

〈예시 작품〉

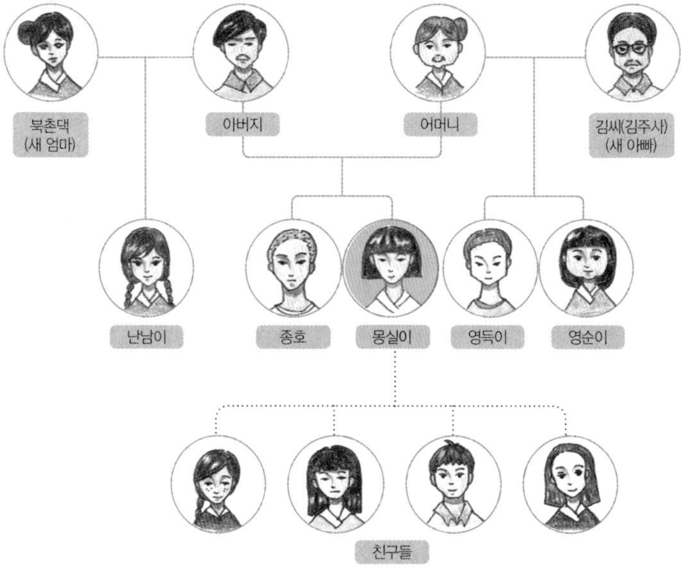

6~7차시

- 차시 주제 : '몽실 언니' 집중 탐구
- 시간 : 80분
- 준비물 : 참고자료3, 두뇌그리기 학습지, 참고 자료4, 편지지

가 몽실의 말, 행동 살펴보기[참고 자료3]

[인물의 인상 깊은 말과 행동을 찾아본다.]

1) 몽실이의 말과 행동 중 인상 깊은 부분에 밑줄을 그어봅시다.

2) 자신이 밑줄 그은 부분의 이유를 발표해 봅시다.

- 몽실이가 동생 난남이를 위해 쌀을 씹어 암죽을 만들어 동생을 먹이는 장면입니다. 자신이 배고픈 것을 뒤로하고, 동생을 위해 먼저 쌀을 씹는 부분이 인상 깊었기 때문입니다.
- 자신이 절뚝발이가 된 것이 본인의 팔자라는 부분입니다. 어린 아이 답지 않고 자신의 운명에 순응하는 모습이 안쓰럽기 때문입니다.

나 몽실의 성격과 삶 이해하기

[인물의 성격을 파악한다.]

1) 몽실이의 말과 행동으로 보아 몽실이의 성격을 파악하여 봅시다.

- 몽실이가 동생 난남이를 암죽으로 키우는 장면을 보고 희생정신이 강하고, 이타적인 아이라는 것을 알 수 있습니다.
- 쓰레기에 버려진 검둥이 아이를 사람들의 야유 속에서 보듬어 안아 보호하며 허겁지겁 달려가는 장면에서 몽실이는 동정심이 많고, 용기가 있는 것 같습니다.

TIP

인물의 말과 행동을 근거 삼아 '~로 보아 ~인 성격이다.'로 발표할 수 있도록 교사가 먼저 시범을 보인다.

[몽실이의 생각을 이해한다.]

1) 주요 장면을 선택하여 몽실이의 뇌구조를 채워봅시다.

TIP

모둠원들끼리 자신이 채운 몽실이의 뇌구조를 돌려보며 이야기하는 시간을 가지고, 발표해 본다.

[몽실이가 추구하는 삶을 알아본다.]

1) 몽실이의 뇌구조를 통하여 몽실이가 추구하는 삶이 무엇인지 한 문장으로 요약해봅시다.

- 난남이를 건강하게 키우겠다.
- 돌아가신 두 어머니와의 약속을 지키겠다.
- 나에게 주어진 동생들을 위해 삶을 살겠다.

[몽실언니의 책 제목의 의미를 생각해 본다.]

1) 책 마지막 부분에 실린 영순이가 몽실 언니에게 보낸 편지를 함께 읽어 봅시다.

> ……언니, 그동안 몸 성히 계셨어요? 무덥던 여름도 어느덧 가버리고 벌써 가을이 깊었군요.
>
> 언니, 몽실 언니, 이 세상에 가장 소중한 우리 언니. 언니 얼굴 못 뵈온지 벌써 일 년이 지났습니다. 형부랑 기덕이, 기복이 모두 무사하겠지요? 이곳 저희들도 모두 잘 있습니다. 아이들 아버지도 부지런히 농삿일을 하고 있습니다. 이젠 가을 걷이도 다 했습니다.
>
> 난남이 병세는 어떤지요? 한 번 가보려고 준비하고 있어요. 정말 난남이가 불쌍해요. 어서 완쾌되어 행복하게 살 수 있도록 빌고 있습니다. 오빠한테서 지난번 소식이 왔는데 집배원 생활이 더없이 보람 있다는군요.

모두가 언니 덕분이어요. 언니가 아니었더라면 오빠도 영원히 비뚤어진 인생을 살다 죽었을 거여요.

아버지가 새어머니를 잘못 얻으신 거여요. 댓골에서 서울로 이사 와서 오빠하고 나하고 한없이 울면서 살았어요. 이젠 지나간 어린 시절이지만 가끔 생각나면 지금도 혼자서 눈물지어요.

언니, 이번 겨울엔 세상없어도 언니를 만나러 꼭 갈거여요. 옥수수 갱엿 많이 만들어 가려고 벼르고 있어요. 그리고 한길에서 구두 수선을 하신다는 형부한테 따뜻한 저고리라도 하나 사 드리고 싶어요.

그럼 그 때까지 기다려 주셔요.

언니, 언니 건강과 아이들과 형부 건강을 두 손 모아 빌고 또 빕니다.

언니의 동생 영순 올림

1) 편지 내용을 보고 추론할 수 있는 긴 시간이 흐른 뒤 일어난 변화는 무엇인가요?

- 몽실이가 결혼을 하였습니다. 아이들 이름은 기덕이, 기복이입니다.
- 영득이가 집배원이 되었습니다.
- 난남이가 많이 아픕니다. 등

2) 왜 영순이는 몽실 언니를 '세상에서 가장 소중한 몽실 언니'라고 표현했을까요?

- 몽실 언니의 도움을 많이 받아서였을 것 같습니다.

3) 책 제목이 '몽실이'가 아닌 '몽실언니' 인 이유가 있을까요?

- 동생들을 끔찍이 생각하는 몽실이의 삶을 드러내는 것 같습니다.
- 동생들에 대한 몽실이의 강한 책임감을 나타내는 것 같습니다.
- 전쟁이라는 극심한 상황 속에서도 동생들을 사랑하는 언니(누나)의 마음이 중심이 되어 이야기가 전개되기 때문입니다.

4) 작가가 책을 통해 우리에게 하고 싶은 말이 무엇일까요?

- 전쟁의 비극에 대해 이야기 하는 것 같습니다.
- 몽실언니의 한없는 사랑에 대해 이야기 하는 것 같습니다.
- 모든 생명은 소중하다. 존중받을 수 있다.

TIP

아이들의 다양한 답을 모두 수용하도록 한다. 책의 큰 주제인 '인류애'에 대해 생각해 볼 수 있도록 이끈다.

다 몽실이에게 편지쓰기

[몽실 언니가 추구하는 삶에 대하여 나의 생각을 이야기한다.]

[몽실 언니에게 편지를 쓴다.]

1) 몽실 언니가 추구하는 삶에 대한 나의 생각을 편지 형식으로 써봅니다.

라 『몽실언니』 한 줄 서평쓰기

[책의 주제가 드러나게 책을 소개하는 서평을 쓴다.]

1) 수업에 나누었던 이야기를 토대로 기억에 남는 장면을 그리거나 개인적으로 느낀 한 줄 서평을 써봅시다.

8~9차시

- **차시 주제** : 전쟁 탐구
- **시간** : 80분
- **준비물** : 『새똥과 전쟁』, 6 · 25 전쟁관련 영화 일부 (태극기 휘날리며, 국제시장, 고지전 등)

가 전쟁 관련 영상 보기

[전쟁 영화 일부를 시청한다.]

1) 영화 속에 무엇이 나왔나요?

• 총과 대포가 나왔습니다. 군인들이 많이 보입니다. 등

2) 어떤 분위기가 느껴졌나요?

• 서로 죽고 죽이는 모습이 무섭습니다. 사람들이 미친 것 같이 싸웁니다. 등

3) 이 영화는 6·25 전쟁을 배경으로 만든 영화입니다. 전쟁은 왜 일어나는 것일까요? 전쟁에 대해 쉽게 풀어쓴 재미있는 동화책을 함께 읽어봅시다.

나 『새똥과 전쟁』 읽기

[책 표지와 그림을 살펴본다.]

1) 책 표지를 보니 무엇이 보이나요?

• 말을 탄 두 사람이 보입니다. 서로 사이가 좋아 보이지 않습니다.

2) 무슨 내용의 동화일까요? 내용을 예상해봅시다.

• 책 표지의 두 사람이 전쟁을 벌일 것 같습니다.

[그림책 읽어주기]

1) 다음 장면을 상상하여 봅시다. 어떻게 될까요?

TIP
이야기 중간 중간 마다 다음 장면을 상상해 볼 수 있도록 한다.

[책 내용을 확인하기]

1) 이야기에 등장하는 나라는 무슨 나라인가요?

- 빨간 나라와 파란 나라입니다.

2) 처음 이 두 나라의 관계는 어떠했나요?

- 사이가 좋았습니다. 평화로웠습니다.

3) 전쟁이 일어난 이유는 무엇인가요?

- 지나가던 새가 두 임금님 코에 똥을 쌓는데 그것을 보고 서로 웃어서입니다.

4) 상대 마을의 성을 함락시킬 수 없자 두 나라의 왕은 무슨 생각을 했나요?

- 땅을 파서 성 안으로 쳐들어갈 생각을 하였습니다.

5) 이 전쟁을 멈춘 사람은 누구인가요?

- 아이들입니다. 파란 마을과 빨간 마을 아이들이 어울려 놀았습니다.

6) 아이들에 이어 두 나라 백성들도 무기를 내려놓았지요. 하지만 두 나라의 왕은 어떠했나요?

- 평화를 원치 않았습니다.

7) 결국 백성들이 생각한 방법은 무엇인가요?

- 두 왕에게 장기판을 마련해주었습니다. 장기를 두며 싸우도록 하였습니다.

8) 백성들이 이와 같은 방법을 생각해낸 이유는 무엇인가요?

- 백성들을 싸우고 싶지 않고 옹기종기 모여 평화롭게 지내고 싶었기 때문입니다.

[그림책 속 인물의 마음을 상상해 본다.]

1) 그림책에 있는 인물이 되어 무슨 생각을 하고 있을지 상상해봅시다.

TIP

군인과 백성들은 어떠한 생각을 했을지 상상해 본다.

[책의 인상 깊은 말과 그림을 찾아본다.]

1) 그림책을 읽고 인상 깊은 내용이나 느낀 점을 나누어봅시다.

- 정말 보잘 것 없는 원인으로 전쟁이 일어나서 놀랐습니다.
- 두 마을 군대가 각각 상대의 성을 차지하는 부분이 재미있었습니다.

다 전쟁의 의미 생각하기

[전쟁의 의미에 대해 생각해 본다.]

1) 『새똥과 전쟁』에서의 전쟁의 성격을 살펴봅시다.

전쟁의 원인	
전쟁의 과정	
전쟁의 피해	
전쟁의 결과	

2) 『새똥과 전쟁』에서 단지 새똥 때문에 이 모든 일이 일어났을까요?

3) 책 속에서 '임금님들은 평화를 바라지 않았던 거예요.'에서 무엇을 느꼈나요?

- 모든 것을 파괴하는 전쟁의 부질없음과 허울뿐인 명분을 내세워 전쟁을 일으키는 통치자들의 어리석음에 대해 알 수 있습니다.

TIP

한국전쟁에 나아가 지금 세계에서 벌어지는 전쟁에 대해서도 이야기 할 수 있고, 우리나라 통일과 관련된 이야기를 주고 받으며 마무리를 한다.

4 이런 책도 있어요

『밥데기 죽데기』
(권정생/바오로딸)

『밥데기 죽데기』는 『몽실언니』를 쓴 권정생 작가의 또 다른 동화이다. 남북으로 나뉘어 서로 총질하는 세상을 위해 노력하는 늑대할머니에 관한 이야기 이다.

『점득이네』는 권정생 작가가 쓴 우리나라의 가슴 아픈 역사를 사실적으로 그려낸 또 다른 동화이다. 만주를 떠나 고향으로 돌아오는 점득이네가 6·25 전쟁으로 인해 겪게 되는 혼란과 갈등을 사실적으로 그려내고 있다. 이 책에 나오는 아이들이 겪는 고난은 고스란히 우리 겨레가 겪은 고난을 상징하고 있으며, 몽실이가 겪은 아픔과 어려운 상황, 환경과 연관지어 생각해보면 깊이 있는 작품 감상이 될 수 있을 것이다.

『점득이네』(권정생/창비)

5 읽기 자료 1

〈하느님의 눈물〉

눈이 노랗고 털빛도 노란, 돌이 토끼는 산에서 살았습니다. 그러니까 돌이 토끼는 산토끼인 셈이죠.

어느 날 돌이 토끼는 문득 생각했습니다.

'칡넝쿨이랑 과남풀이랑 뜯어 먹으면 맛있지만 정말 마음이 아프구나. 뜯어 먹히는 건 모두 없어지고 마니까.'

돌이 토끼는 중얼거리면서 하얀 이슬이 깔린 산등성이로 뛰어갔습니다.

'하지만 오늘도 난 먹어야 사는걸. 이렇게 배가 고픈 걸'

돌이 토끼는 뛰어가던 발걸음을 멈추었습니다. 그리고는 둘레를 가만히 살펴보았습니다. 쪼꼬만 아기 소나무 곁에 풀무꽃풀이 이제 떠오르는 아침 햇살을 맞으며 앉아 있었습니다.

돌이 토끼는 풀무꽃풀 곁으로 다가갔습니다.

"풀무꽃풀아, 널 먹어도 되니?"

풀무꽃풀이 깜짝 놀라 쳐다봤습니다.

"……."

"널 먹어도 되는가 물어 봤어. 어떡하겠니?"

풀무꽃풀은 바들바들 떨었습니다.

"갑자기 그렇게 물으면 넌 뭐라고 대답하겠니?"

바들바들 떨면서 풀무꽃풀이 되물었습니다.

"……."

이번에는 돌이 토끼가 말문이 막혔습니다.

"죽느냐 사느냐 하는 대답을 제 입으로 말할 수 있는 사람이 이 세상에 몇이나 있겠니?"

"정말이구나 내가 잘못했어. 풀무꽃풀아, 나도 그냥 먹어버리려니까 안 되어서 물어본 거야."

"차라리 먹으려면 묻지 말고 그냥 먹어."

풀무꽃풀이 꼿꼿한 목소리로 말했습니다. 먹힌다는 것, 그리고 죽는다는 것, 모두가 운명이고 마땅한 일인 것입니다.

돌이 토끼는 눈을 깜빡거리다가 말없이 돌아섰습니다. 깡충깡충 뛰어서 풀밭 사이로 갔습니다. 댕댕이 덩굴이 얽혀 있었습니다. 잠깐 쳐다보다가 말없이 돌아섰습니다.

'댕댕이도 먹을까 물으면 역시 무서워할 거야'

돌이 토끼는 갈매 덩굴 잎사귀 곁에 가서도 망설이다가 돌아섰습니다. 바다취 나물도 못 먹었습니다. 고수대 나물도, 수리취 나물도 못 먹었습니다.

한낮이 되었습니다. 그리고 저녁때가 되었습니다. 해님이 서산 너머로 넘어가고 있었습니다.

"해님 아저씨, 어떡해요? 나 아직 아무것도 못 먹었어요."

"왜 아무것도 못 먹었니?"

해님이 눈이 둥그래져서 물었습니다.

돌이 토끼는 오늘 하루동안 겪은 이야기를 모두 들려주었습니다.

"정말 넌 착한 아이로구나. 하지만, 먹지 않으면 죽을 텐데 어쩌지."

해님이 걱정스레 말했습니다.

"차라리 죽는 것이 낫겠어요. 괴롭지만 않다면 죽어도 좋아요."

돌이 토끼는 기어코 눈물을 줄줄 흘리며 울고 말았습니다.

해님도 덩달아 울고 싶어졌습니다. 그래서 얼굴이 새빨개진 채 서산 너머로 넘어갔습니다.

사방이 어두워지고 하늘에 별님이 반짝거리며 나왔습니다.

돌이 토끼는 자꾸 자꾸 울다가 잠시 눈을 떠 하늘을 쳐다봤습니다. 수많은 별빛이 반짝거리고 있었습니다.

돌이 토끼는 말했습니다.

"하느님, 하느님은 무얼 먹고 사셔요?"

어두운 하늘에서 부드러운 음성이 들렸습니다.

"보리수 나무 이슬하고 바람 한 줌, 그리고 아침 햇빛 조금 마시고 살지."

"어머나! 그럼 하느님, 저도 하느님처럼 보리수 나무 이슬이랑 바람 한 줌, 그리고 아침 햇빛을 먹고 살아가게 해 주셔요"

"그래, 그렇게 해 주지. 하지만 아직은 안 된단다. 이 세상 모든 사람들이 너처럼 남의 목숨을 소중히 여기는 세상이 오면 금방 그렇게 될 수 있단다."

"이 세상 사람 모두가요?"

"그래, 이 세상 사람 모두가."

하느님이 힘주어 말했습니다. 그리고는 잠시 사이를 두었다가 다시 말했습니다.

"하지만 내가 이렇게 애타게 기다리는데도 사람들은 기를 써가면서 남을 해치고 있구나."

돌이 토끼 얼굴에 물 한 방울이 떨어져 내렸습니다. 하느님이 흘린 눈물이었습니다.

권정생(2008), 하느님의 눈물, 산하

6 활동 결과물

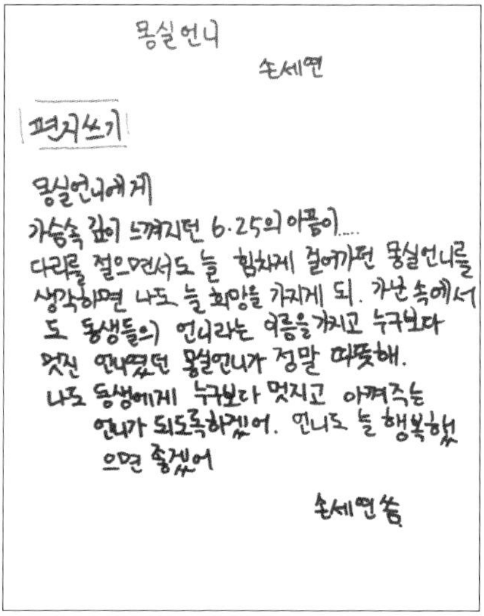

몽실언니

손세연

편지쓰기

몽실언니에게

가슴속 깊이 느껴지던 6.25의 아픔이....

다리를 절으면서도 늘 힘차게 걸어가던 몽실언니를
생각하면 나도 늘 희망을 가지게 돼. 가난 속에서
도 동생들의 언니라는 이름을 가지고 누구보다
멋진 언니였던 몽실언니가 정말 따뜻해.
나도 동생에게 누구보다 멋지고 아껴주는
언니가 되도록하겠어. 언니도 늘 행복했
으면 좋겠어

손세연 씀

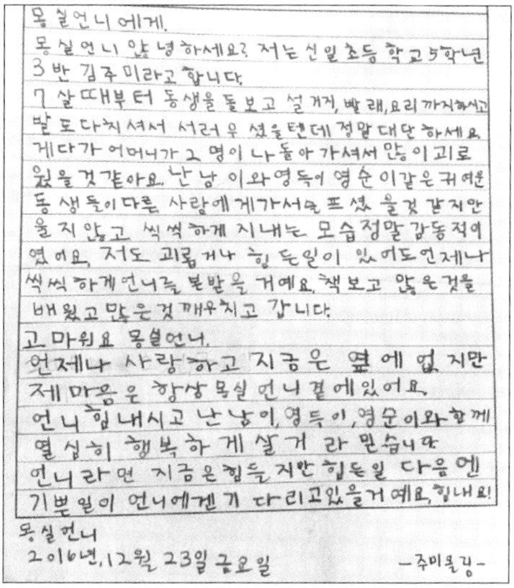

몽실언니 에게.

몽실언니 안녕하세요? 저는 선일초등학교 5학년
3반 김주미라고 합니다.
7살때부터 동생을 돌보고 설거지, 빨래, 요리 까지하시고
발도 다치셔서 서러우셨을텐데 정말 대단하세요.
게다가 어머니가 2명이나 돌아가셔서 많이 괴로
웠을것같아요. 난남이와 영득이 영순이같은 귀여운
동생들이 다른 사람에게가서 뜨셨을것 같지만
울지 않고 씩씩하게 지내는 모습 정말 감동적이
였어요. 저도 괴롭거나 힘든일이 있어도 언제나
씩씩하게 언니를 본받을거예요. 책보고 많은것을
배웠고 많은 것 깨우치고 갑니다.

고마워요 몽실언니.
언제나 사랑하고 지금은 옆에 없지만
제 마음은 항상 몽실언니 곁에 있어요.
언니 힘내시고 난남이, 영득이, 영순이와 함께
열심히 행복하게 살거라 믿습니다.
언니라면 지금은 힘들지만 힘든일 다음엔
기쁜일이 언니에게 기다리고 있을거예요. 힘내요!

몽실언니
2016년, 12월 23일 금요일

-주미올림-

〈6~7차시, 몽실언니에게 편지쓰기〉

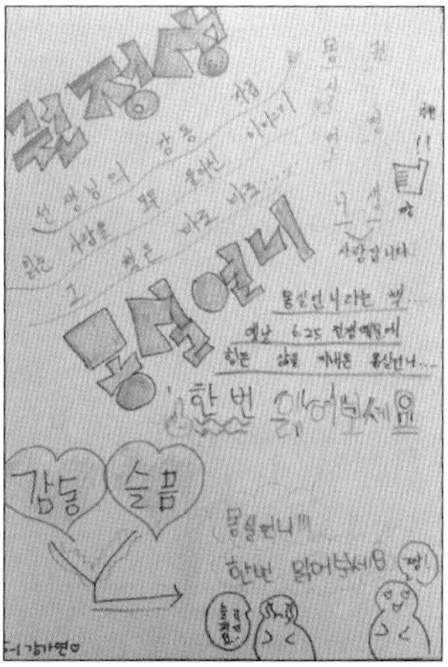

〈6~7차시, 『몽실언니』 광고 만들기 (서평활동)〉

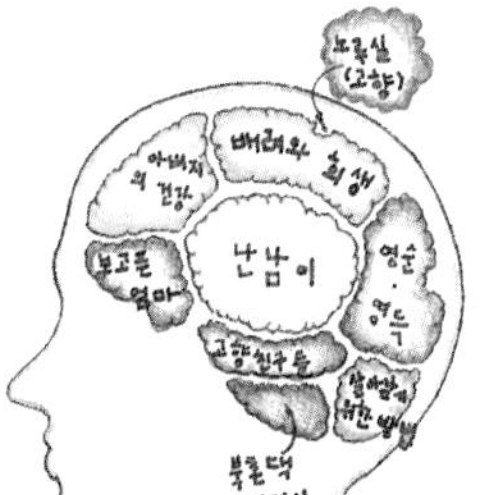

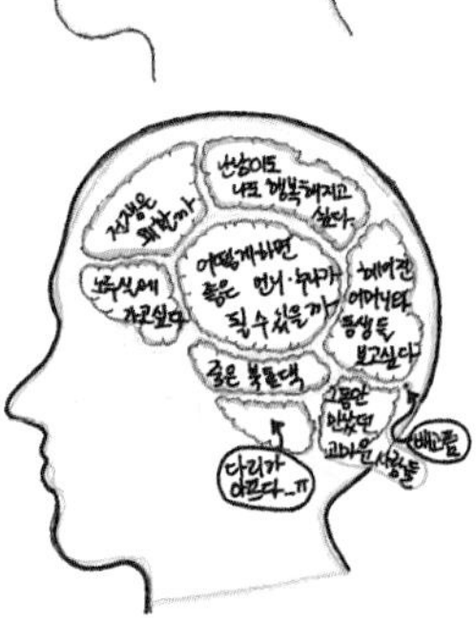

〈6~7차시 몽실언니 뇌구조 그리기〉

7 수업 성찰

『몽실 언니』의 주인공 몽실은 작가 권정생의 어린 시절을 토대로 쓴 이야기이라고 한다. 작품의 이해를 돕기 위해 작가의 삶과 삽화가에 대한 이야기를 꺼냈을 때 아이들의 관심과 집중을 쉽게 얻을 수 있었다. 권정생 작가의 살아 생전의 모습과 집, 유품, 남긴 유언장, 짧은 동화(하느님의 눈물 등)를 읽어보며 느낀점을 나눈다. 수많은 베스트셀러를 쓰면서도 평생을 산골의 흙집에서 검소하게 산 작가의 삶을 보며 무슨 생각이 들었는지 작가의 가치관에 대해 발표해보는 시간을 가질 때에는 다소 숙연하고 진지한 분위기 속에서 진행되었다. 혹여나 책 속에서 아이들이 어려워할 단어 몇 개를 살펴본 뒤 몽실언니에 대해 탐구하는 시간이었다. 한 아이의 질문이 기억에 남는다.

"선생님, 정말 몽실언니 너무 불쌍해요. 왜... 전쟁은 왜 하는거예요...?"

지금의 아이들은 상상할 수 없는 잔인하고 슬픈 한국전쟁과 가난의 역사를 또래인 몽실이의 시선으로 쓴 책이다 보니 몽실이의 입장과 당시의 열악함이 확 와닿은 모양이었다.

책을 좀 더 깊이 이해하기 위해 주인공 몽실의 말과 행동을 자세히 찾아보고, 몽실이의 삶과 생각, 가치관에 대해 생각해 보는 시간을 가졌다. 특히 몽실이의 머릿속을 채울 때는 다양한 뇌구조가 완성되었지만 대부분은 난남이, 영순, 영득이와 같이 동생들로 가득 채워졌다. 친구들이 그린 몽실이의 뇌구조를 함께 살펴보면서 몽실이의 삶과 가치관에 대해 쉽고 재미있게 생각해볼 수 있었다. (이때, 나의 뇌구조도 함께 그리고, 몽실이와 나와는 어떻게 다른지, 왜 다른지, 내가 몽실이의 상황이라면 반대로 몽실이가 나의 상황이라면 어떠했을 지도 상상해보면 더욱 풍성한 수업진행이 이루어진다.)

전쟁에 대한 상황 배경적 이해는『새똥전쟁』그림책으로 수업이 흘러가며 아이들의 초점은 '전쟁'으로 옮겨간다. 새똥으로 인해 두 나라간에 전쟁이 벌어지는 허무맹랑한 그림책 이야기를 한 번 읽고, 그림으로 읽고, 다시 한 번 읽으면서 그 속에 담긴 의미가 전혀 허무맹랑하지 않음에 동의하였다. 나아가 전쟁의 이면적 원인, 끝없는 탐심과 이기적인 인간의 본성과 궁극적으로는 평화를 갈망하는 모습을 통해 아이들의 철학적인 사고력을 키우는 문학 수업이었다.

7-1 참고 자료 1

우리 시대를 대표하는 목판화가인 이철수는 1981년 첫 개인전을 통해 대중 앞에 모습을 드러냈다.

폭압적인 사회에 보내는 저항의 언어들로, 서정적이면서도 격렬한 선묘 판화와 처음 본격화하던 출판 미술운동 등, 1980년대 내내 판화를 통한 현실 변혁운동에 열심이던 그는 1988년 무렵 자기 성찰과 생명의 본질에 대한 관심으로 판화영역을 확대해가기 시작한다. 80년대 변혁 운동과 판화가 자신의 삶에 대한 반성의 결과이기도 한 미술적 변모는 얼핏 보기에도 크고 본질적이다. 평범한 삶과 일상사를 관조하면서 삶에 대한 깊은 통찰을 찾아내거나, 다채로운 자연을 소재로 삼아서 그 안에 깃들어 사는 인간의 면목을 다양한 관점에서 제시하는 새로운 판화세계는 따뜻하고 정겹고 진지하고 때로 초월적이기도 하면서 쓸쓸하다. 조용하고 차분한 언어가 때로 세상과 일상사를 말하면서 단호해 지기도 하지만 막연히 현실사회를 향해 있던 분노는 이제 우리들의 욕심 사납고 그로 인해 황폐해진 내면을 향하는 경우가 더 많다. 연민의 눈으로 나와 세상을 바라보자 하고, 평범한 일상이 드높은 정신으로 가는 피할 수 없는 길이라 말하는 그의 판화는 이제, 낮은 목소리로 존재의 경이를 이야기하고 삶의 긍정을 말한다.

간결하고 단아한 그림과 선가의 언어방식을 끌어온 촌철살인의 화제들 혹은, 시정이 넘치는 짧은 글이 어우러져 현대적이면서도 깊이 전통적인 아름다움을 만들어내는 그의 판화는 '판화로 시를 쓴다'는 평판을 들으면서 갈수록 많은 대중의 사랑을 받고 있다.

시와 글씨와 그림이 한 화면에서 조화롭게 공존하는 새로운 형식을 통해 전통적 회화를 현대적 판화로 되살렸다는 평가도 받는 그의 새로운 판화들은, 삶이 곧 그림이라서 따뜻하고 깊고 건강한 삶을 통해서만 아름다움의 내용을 채워 갈 수 있으리라는 작가의 철학을 반영한 것이기도 하다. 그가 농촌에 정착해서 흙을 일구고 사는 것도 건강한 삶에 대한 그의 생각과 무관하지 않아 보인다. 그 삶과 그 아름다움이 우리 시대를 살아가는 모두의 것이 되기를 바라는 그는, 제천외곽의 농촌마을에서 아내와 함께 농사를 짓고, 판화를 새기고, 책을 읽으면서 조용히 지낸다.

〈출처: http://www.mokpan.com/〉

7-2 참고 자료 2

〈장면 1〉

그 해 가을, 추수가 끝난 노루실 마을에 밤을 타서 ㉠공비들이 산에서 내려왔다. 타작을 해서 가마니에 담아 마당에 쌓아 놓은 곡식을 떼메고 달아나는가 하면, 외양간의 소를 끌고 가 버리기도 했다.

이웃 마을 삼거리에서는 달아나는 공비를 붙잡으러 따라가다가 총에 맞아 죽은 사람도 있었다.

–63쪽 내용 중–

〈장면 2〉

북촌댁은 몽실의 손을 잡고 ㉡야학에 나갔다. (중략)

최 선생이 다시 말했다.

"우리는 튼튼한 준비를 해야 합니다. 여러분도 잘 아시다시피 해방이 되고부터 5년이란 세월이 흘렀습니다만, 우리는 아직도 우리의 갈 길을 바로 알지 못하여 나라가 두 동강으로 갈라져서 서로가 네가 옳으냐 내가 옳으냐 싸움만 하고 있습니다. 누가 옳은지 우리는 바른길을 알아야 합니다. 항간에 떠도는 말로는 미국을 믿지 마라, 소련에 속지 마라, 일본이 일어난다고 합니다. 과연 그렇습니다. 우리는 어떤 큰 힘이든지 남의 힘을 믿어서는 안 됩니다. (중략) 일제 36년은 어리석은 우리 어른들이 일본의 힘을 의지하려다가 결국 나라를 송두리째 일본에 맡겨버린 결과가 되었지요. ㉢을사보호 조약이란 게 바로 그런 못난 약속이었습니다.... 지금 남북이 갈라져서 서로 다투고 있는 것도 과연 남의 꼭두각시 놀음이 아닌, 제 스스로의 생각을 주장하고 있는지 알아봐야 할 것입니다."

–78~79쪽 내용중–

〈장면 3〉

지난 6월 25일 새벽에 일어난 전쟁은 북한의 ㉣인민군이 더 강했는지 국군은 남으로 남으로 후퇴만 하고 있다고 했다.

"노루실까지 피난민이 내려온대요. 어떡하면 좋지요?"

"우리도 봇짐을 싸야겠어요. 전쟁이 밀어닥치면 쫓겨가야 하지 않겠어요."

마을 사람들은 어떻게 되나 가슴을 죄면서 일손조차 잡지 못했다. 모내기를 끝내고 어머니들은 삼밭의 삼을 거두려고 계획하고 있었다. 생전 처음 보는 비행기가 무서운 소리로 날아가고 있었다.

–99쪽 내용 중–

〈장면 4〉

전쟁은 바로 사람 죽이는 것이 목적인 것 같았다. 그래서 총을 만들고, 탱크를 만들고, 비행기를 만들고, 폭탄을 만들고...

인민군이 쳐내려오니까 국군이 쳐올라가고, 내려왔다가는 다시 쫓겨가고, 그러고는 어찌 되는 걸까?

그토록 기세 좋게 휘날리던 인민기가 자취를 감추고 다시 태극기가 꽂혔다. 피난 갔던 사람들이 보따리를 지고 새까맣게 그을린 모습으로 돌아왔다.

–143쪽 내용 중–

7-3 참고 자료 3

〈장면 1〉

몽실은 가만히 들여다보다가 처음으로 북촌댁에게 왼쪽 다리를 다친 얘기를 했다.

(중략)

"무엇이든지 한 번 잘못된 일은 자꾸자꾸 잘못되나봐요. 내 다리 다친 것도 바로 아버지가 찾아오셨던 날이어요."

"어쩌다가 다쳤니? 그 쪽 아버지가 다치게 했니?

"그랬어요. 김씨 아버지하고 엄마하고 싸웠어요. 내가 하도 무서워 울었더니 엄마하고 같이 밀어 버렸어요. 김씨 아버지가 떼민 거여요. 그래서 봉당 밑으로 굴러떨어져 다친 거여요."

몽실은 눈에 함빡 물기를 머금었다. 북촌댁이 몽실을 끌어다 안았다.

"아버지가 그 날 찾아가지 않았더라면 몽실이 다리는 괜찮았을 텐데,

아버지 때문이구나."

"아버지가 오셨기 때문에 그토록 큰 싸움이 난 거여요. 그러나 아버지가 오지 않았어도 김씨 아버지와 엄마는 자주 싸웠어요. 그러니까 언젠가는 내가 다리를 다치게 됐을 거여요."

"……"

"다리 다친 건 내 팔자여요."

몽실은 눈에 가득 괸 눈물을 뺨으로 주르르 흘렸다.

-73~74쪽 내용 중-

〈장면 2〉

아주머니는 부엌에서 싸늘하게 식은 수수 풀떼기를 가지고 왔다.

"낮에 먹던 거야. 우선 시장한데 이걸 먹어라."

"아주머니, 우리 난남이는 암죽을 끓여 줘야 해요."

몽실이는 수수 풀떼기 그릇을 그냥 앞에 두고 난남이 걱정을 했다.

"아기 말이니? 어떻게 끓이니?"

"쌀이 있으면 조금만 주셔요. 제가 씹어서 끓일게요."

"쯧쯧……"

아주머니는 측은한 눈으로 난남이를 들여다보고는 일어서서 뚝배기에 쌀을 한줌 담아 왔다. 몽실은 수수 풀떼기를 밀어 놓고 쌀부터 씹었다.

"배고픈데 풀떼기 먼저 먹잖고……"

"아기가 더 배고플 거여요."

몽실은 열심히 쌀을 씹었다.

-152~153쪽 내용 중-

〈장면 3〉

"밥을 좀 주셔요."

몽실은 저녁 먹는 집 방문 앞에서 말했다.

남자 아이는 어머니한테 밥그릇을 받아 몽실이 내민 깡통에 부어줬다. 김이 오르는 보리밥이었다. 몽실은 입 안 가득히 침이 괴었다.

"고맙습니다."

몽실은 깍듯이 인사를 하고 그 집을 나왔다.

다음 집은 안남미로 지은 쌀밥이었다. 다음 집은 산나물을 넣고 지은 나물밥이었다. 몽실은 스무 집을 훨씬 넘도록 다녔다. 깡통엔 제법 듬직하게 밥이 모였다. 몽실은 그만하고 돌아섰다.

우체국 옆 추녀 밑에 난남이가 꼼짝 않고 서서 기다리고 있었다.

"난남아, 이것 먹어라. 집에 가서 많이 먹자, 응?"

난남이는 밥을 받아 얼른 입으로 가져갔다.

난남이는 모처럼 먹어 보는 밥이어서 그런지, 한없이 입으로 밥숟가락을 떠넣고 있었다. 그런 난남이 모습을 몽실은 측은하게 바라봤다.

"언니, 왜 안 먹고 가만 있어?"

"아냐, 먹을게."

몽실은 밥을 떠 입 안에 넣었다. 떠 넣으면서 이건 어느 집에서 얻은 것이고, 이건 또 누구네 집에서 얻은 것이라는 것을 떠올렸다.

몽실은 보리가 누렇게 여물 때까지 구걸을 해다 난남이를 먹여 살렸다.

–213~215쪽 내용 중–

〈장면 4〉

몽실은 영득이를 떠올렸다. 영순이도 떠올렸다. 이젠 모두가 이렇게 뿔뿔이 헤어져 버린 것이다. 몽실이 그토록 악착스레 버티어 온 절름발이 병신 다리가 이렇게 허무하게 무너져 내린 것이 서러웠다.

"어머니이!"

몽실은 어머니를 불렀다. 두 사람의 어머니가 함께 나타났다. 아버지를 두고 오로지 먹을 것을 위해 새로운 남편을 찾아갔던 어머니.

몽실은 가엾은 북촌댁을 그려 보았다.

'어머닌 난남이를 끝까지 지켜 주기를 바라실 거야.'

몽실은 크게 한 번 고개를 흔들었다.

'그래, 난 앞으로도 이 절름발이 다리로 버틸 거야. 영득이랑 영순이랑 그리고 난남이를 보살펴야 해. 영득이, 영순이를 찾아갈 거야. 꼭 찾아갈 거야.'

–274쪽 내용 중–

[5-6학년군]
작품중심

이야기 사이사이, 역사가 쏙쏙

봉주르, 뚜르

(한윤섭 글/문학동네/2011)

1 책 소개

『봉주르, 뚜르』는 아버지의 파견 근무로 프랑스 뚜르에서 살게 된 주인공 '봉주'가 새 집으로 이사한 날 밤 자신의 책상 옆면에서 '사랑하는 나의 조국, 사랑하는 나의 가족…살아야한다'라고 쓰인 글귀를 발견하면서 시작된다. 봉주는 이 글귀를 쓴 사람을 찾기 위한 단서를 하나씩 풀어가며 추적하게 되고, 새 학교에서는 자신을 일본인이라고 소개한 '토시'라는 아이와 사사건건 부딪힌다. 여러 사건의 갈등을 통해 토시와 가까워진 봉주는 시간이 갈수록 토시에게서 이상한 점을 발견하게 된다. 결국 토시는 자신은 북한 사람이며, 일본에서 살다가 프랑스로 이주하게 된 사정을 뒤늦게 밝힌다. 토시와의 만남으로 두려움과 호기심이 섞인 복잡한 심경을 겪은 봉주는 토시가 떠나간 뒤 토시와의 우정을 그리워하고 토시와 이별할 수밖에 없는 현실에 아픔을 느낀다.

이 작품은 단서를 찾아 추리하며 실타래를 풀어나가는 방식으로 이야기가 전개되어 책을 읽는 순간 이어지는 뒷이야기가 궁금하여 손에서 놓지 못하게 하는 매력이 있다. 또한 분단 체제가 현실적으로 아직도 존재하고 있음을 아이들 눈높이로 담담히 풀어내면서 통일에 대해 생각해 보도록 만든다.

2 동화 깊이 읽기

작가에게 있어 역사는 거대한 보물창고와 같다고 한다. 독자 또한 이야기 속에서 역사적 사건을 만날 때 현실과의 연결고리가 더욱 무게감 있게 다가온다. 작가 한윤섭은 역사적 사건에 추리소설 기법을 이용하여 독자로 하여금 끝까지 호기심의 끈을 놓지 않게 이야기를 풀어나간다. 사회나 도덕 책에서 배운 역사적 사실에 작가의 상상력이 가미되어 독자는 추리를 해가며 읽어가는 동안 자신이 그 시대를 경험한 듯 착각을 불러일으킨다. 역사는 수레바퀴처럼 반복되기에 기억되어야 하고 교훈으로 삼아야 한다. 이야기 전개 속에서 역사를 배우고 현실과의 연결고리를 파악하는 것은 일석이조의 독서효과이다.

본 수업은 단서가 되는 문장을 통해 사건이 전개되는 과정을 이해하고, 배경지식 활성화를 위해 작품 이해를 위한 주제를 정하여 자료를 활용하여 발표하는 시간을 갖고자 한다. 이야기에 나오는 인물의 성격 및 배경을 바꾸고, 그 성격과 배경에 어울리게 사건을 새롭게 쓰는 창작활동을 통해 역사적 사건을 새롭게 해석하는 시간을 갖고자 한다.

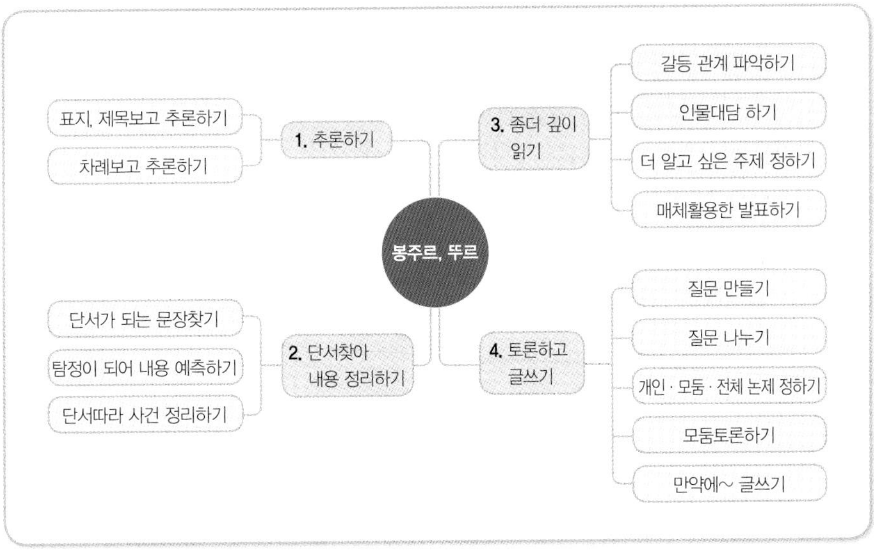

3 실제 활용 방법

1차시

- 차시 주제 : 내용 추론하기
- 시간 : 40분
- 준비물 : 공책

가 앞표지와 뒤표지, 제목을 보고 이야기 나누기

['봉주르,뚜르'제목과 앞뒤 표지 그림을 보고 짝과 이야기를 나눈다.]

1) 앞표지와 뒤표지 그림을 잘 살펴보고 이야기 배경과 내용을 상상해봅시다.

2) 제목을 보고 생각나는 것을 짝과 함께 이야기 나눠 봅시다.

TIP

책을 읽기 전 이야기의 내용을 충분히 상상할 주되 교사는 줄거리나 내용의 실마리가 될 수 있는 말을 하지 않고 다양한 의견을 모두 수용하며 '차례보고 내용 추론하기' 다음 활동을 진행한다.

나 책의 '차례' 보고 내용 추론하기

〈차례〉

1. 새로운 도시 '뚜르'
2. 듀량 할아버지
3. 노랑머리 아이
4. 흔적
5. 수영 시합
6. 역사 시간
7. 아랍인 가게
8. 새로운 단서
9. 일본음식점 '자포네'
10. 진한 눈썹과 아이들
11. 일그러진 얼굴
12. 밤의 프레방도에 공원
13. 두 친구
14. 뚜르의 여름

[책의 '차례'를 보고 질문을 만든다.]

1) 차례를 보고 등장인물과 이야기의 배경 등을 추론하여 질문을 만들어봅시다.
2) 어떤 사건들이 일어날지 차례의 소제목을 연관지어 내용을 예상하여 질문을 만들어 봅시다.

[추론한 내용을 이야기 나눈다.]

1) 차례를 통하여 추론한 내용을 친구들과 이야기하여 봅시다.

2차시

- **차시 주제** : 단서 찾아 사건 예상하기
- **시간** : 40분
- **준비물** : 공책

TIP

책의 첫 부분인 1. 새로운 도시 '뚜르'(9쪽~16쪽)을 함께 읽고 난 후 단서를 찾아 사건을 예상해보는 활동을 한다.

가 단서 찾기

[배경과 사건 전개의 중요한 단서가 되는 문장을 찾아본다.]

1) 배경을 알 수 있는 낱말에는 어떤 것이 있는지 생각해 봅시다.
   - 파리, 뚜르, 집주인에게 빌린 집, 내 방 이 있습니다.

2) 앞으로의 이야기 전개에 매우 중요한 문장을 찾아봅시다.
   - '사랑하는 나의 조국, 사랑하는 나의 가족... 살아야한다'입니다.

나 단서가 되는 문장으로 내용 추측하기

[단서가 되는 문장을 보고 내용을 추측해본다.]

1) '사랑하는 나의 조국, 사랑하는 나의 가족...살아야한다'라는 문장을 보고 모둠별로 내용을 추측해봅시다.

2) 이 문장을 누가, 언제, 왜 쓰게 되었을지 추측해봅시다.

다 탐정이 되어 내용 예측하기

[단서가 되는 문장으로 탐정이 되어 본다.]

1) '사랑하는 나의 조국, 사랑하는 나의 가족...살아야한다'는 문장을 보고 추측한 내용을 바탕으로 어떻게 이 문장을 쓴 사람을 찾을 수 있을지 모둠별로 방법을 논의해봅시다.

2) 배경과 처한 상황을 고려하여 어떻게 실마리를 풀어갈지 예측해봅시다.

[탐정 결과물을 나눈다.]

1) 모둠별로 실마리를 통해 예측한 내용을 발표해 봅시다.
2) 의문나는 점에 대해 서로 질문하고 답변해봅시다.

- **차시 주제** : 단서 따라 내용 정리하기
- **시간** : 40분
- **준비물** : 공책

TIP
학생들에게 책을 읽는 중에 '봉주'가 단서를 찾기 위해 만난 사람들과 사건을 시간순서대로 정리하고 거기서 찾은 또다른 실마리를 찾아 적도록 한다.

가 『봉주르, 뚜르』를 읽어가면서 만난 사람과 장소 정리하기

['봉주'가 낙서의 주인공을 찾기 위해 만난 사람과 찾아간 곳을 생각하면서 책을 읽는다.]

1) 만난 사람들은 누구누구인지 생각해봅시다.

2) 만난 사람들의 말 중에서 단서가 될 만한 내용들을 정리해봅시다.

3) 단서가 될 만한 장소는 어디어디였는지 생각해봅시다.

나 『봉주르, 뚜르』를 단서에 따라 사건 정리하기

[책을 읽어 가면서 단서에 따라 사건이 전개되는 과정을 정리해본다.]

1) '봉주'가 만난 사람이나 사건을 통해 알고 싶은 것은 무엇인지 생각해 봅시다.

2) 단서가 되는 사람들의 이야기를 듣고 '봉주'는 어떤 추리를 했을지 생각해 봅시다.

'사랑하는 나의 조국, 사랑하는 나의 가족...살아야한다'

예

사람과 사건	찾은 단서
듀량 할아버지	–'에리코'라는 일본인들이 이 방에서 살았다. – 그 일본인들은 아직도 뚜르에 살고 있으니까.
노랑머리 아이	– 미안하지만 난 일본인이야.
역사시간	– 뭐가 사실인데? 왜 북한 사람들이 불쌍하다고 생각하는데? 난 네가 너희 나라에 대해서 다른 아이들한테 정확히 알려 주길 바랐을 뿐이야.
아랍인 가게	– 네 말대로 그 아이가 일본인이 맞는지도 모르겠다. 단지 내 말은 그 아이가 가족과 함께 있을 때 가끔 한국어를 썼다는 거야. – 토시와 함께 찍은 사진
일본 음식점 '자포네'	– 여기 우리 가게야. – 불량배와 싸울 때 토시와 삼촌이 도와줌 – 토시 네가 누구인지 궁금했어.
프레방도에 공원	– 난, 조선민주주의 인민공화국 사람이야 – 삼촌은 공화국을 많이 그리워해

4차시

- **차시 주제** : 인물 대담하기
- **시간** : 40분
- **준비물** : 인터뷰 질문지

가 갈등 관계 파악하기

[사건의 전개에 따른 갈등 관계를 파악한다.]

1) 봉주와 토시의 갈등의 원인이 무엇인지 생각해봅시다.
2) 봉주와 토시의 우정을 가로막는 것은 무엇이라고 생각하는지 발표해 봅시다.

나 상황 설정 후 인물 대담하기

[상황을 정하고 갈등 관계의 인물과 짝토론을 한다.]

1) 서로 이야기 나눌 인물을 정해봅시다.
2) 갈등관계가 생기게 된 상황을 설정해봅시다.
3) 대담 상대에게 질문할 것을 생각해봅시다.
4) 짝에게 인물 행동에 대한 이유, 생각, 상황 등 궁금한 것에 대해 자유롭게 이야기 나눠봅시다.
5) 짝토론 후 인물 대담의 내용을 요약하여 정리해 봅시다.

다 생각 나누기

[상황별 갈등의 원인과 결과에 대해 발표한다.]

1) 설정한 상황에 따라 반 전체의 인물 대담 내용을 나눠봅시다.

2) 보충 질문이 있는 사람은 발표해 봅시다.

5~6차시

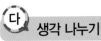

- **차시 주제 :** 주제 조사를 통한 깊이 읽기
- **시간 :** 80분
- **준비물 :** 발표자료(그림, 동영상, 사진 등등)

가 더 알고 싶은 주제 떠올리기

[책 내용과 관련지어 친구들에게 소개하고 싶은 주제를 떠올려 본다.]

1) 소개하고 싶은 주제를 한 사람씩 칠판에 나와 적어봅시다.

2) 책 내용과 관련된 주제들을 전체가 볼 수 있도록 마인드맵으로 정리해봅시다.

나 발표할 주제 정하기

[각자 발표할 주제를 정한다.]

1) 반 전체가 작성한 주제 중 한 가지를 골라 각자 발표할 주제를 정하여 봅시다.

2) 주제에 적합한 발표 내용과 설명 방법도 생각하여 봅시다.

예

봉주르, 뚜르	남북 분단배경, 세계의 전쟁, 유럽, 프랑스, 아랍어, 간단한 프랑스말 소개, 뚜르, 나라별 유명한 강, 세계분단국가, 새터민(탈북자), 북한의 언어, 추리소설, 한윤섭 작가, 통일국가, 북한의 동화책, 추리소설, 김정은, 시베리아 횡단열차, 백두산, 국제학교, 아랍국가, 이민갈 수 있는 나라, 이민, 세계의 벼룩시장, 세계 속 한국에 대한 평가, 세계적인 공원, 안중근, 조선인민민주주의공화국, 조선족, 어학연수, 유럽의 성, 대성당 등등

다 발표에 활용할 자료 만들기

[발표할 내용에 알맞은 자료를 찾아본다.]

1) 발표주제에 적합한 그림, 동영상, 사진, 도표 등의 자료를 찾아봅시다.
2) 찾은 자료를 활용하여 발표 자료를 만들어봅시다.

TIP

정보통신활용교육 시간을 할애하여 반 전체가 자신이 소개하고 싶은 내용을 조사하기 위해 컴퓨터실로 직접 가서 자료를 제작하도록 한다. 슬라이드 5장 이내의 분량으로 발표 시나리오도 작성하도록 한다.

라 자료를 활용한 발표하기

[발표할 내용과 상황에 알맞은 자료를 활용하여 발표한다.]

1) 발표할 내용을 어떻게 구성할지 생각하여 봅시다.
2) 제목, 시작하는 말, 자료와 설명하는 말, 끝맺는 말의 구성요소를 고려하여 친구들 앞에서 발표해 봅시다.
3) 자료를 활용한 발표를 듣고 잘한 친구들을 칭찬해 봅시다.

[발표를 들으면서 상호평가를 한다.]

1) 평가 기준에 대해 이야기를 나눠봅시다.

- 발표할 때의 소리와 태도를 봅니다. 우리에게 필요한 정보인지 살펴봅니다. 조사한 내용과 매체가 적절한지 판단해봅니다. 내용이 유익한 정보인지 살펴봅니다. 분량이 적당한지 살펴봅니다. 등등

2) 친구들의 발표를 들으면서 반 전체 명렬표에 평가 기준에 따라 ◎, ○, △로 표시하며 상호평가해봅시다.

7~9차시

- **차시 주제 :** 토론하기(상호 협력을 유도하는 비경쟁적 토론)
- **시간 :** 120분
- **준비물 :** 공책, 붙임쪽지, 화이트보드

가 질문 만들기(20분)

[내용 이해를 위한 질문을 만든다.]

1) 핵심내용을 스스로 질문하며 내용을 파악하여 봅시다.

2) 질문유형을 생각하며 8~10개 정도의 질문을 골고루 만들어 봅시다.

TIP

<질문유형 3가지>

① 사실확인 질문(바로 거기에) : 글 속에 답이 제시되어 있는 것을 확인하는 질문으로 사실,의미,행동,결과 등을 묻는다.
② 심화확장 질문(생각하고 찾기) : 글의 여러 정보들을 종합, 분석, 비교하여 답이 찾아지는 응용질문으로 느낌, 의견, 가정, 원인, 비교, 장단점, 가치 등을 묻는다.
③ 적용 질문(내 힘으로) : 각자의 배경지식, 경험을 통해 해결할 수 있는 확산적 질문으로 선택, 판단, 가르침 등을 묻는다.

나 질문 나누기(20분)

[자신이 만든 질문을 모둠별(짝, 학급 전체 활동 가능)로 질문하고 답한다.]

1) 각자 만든 질문을 모둠친구들에게 묻고 답하는 활동을 해봅시다.
2) 돌아가면서 질문하고 답을 맞춘 친구나 성심껏 대답한 친구에게 공책에 별표를 연필로 그려줍시다.
   - '봉주르'는 무슨 뜻인가요?
   - 봉주가 이사 간 집에서 발견한 낙서의 내용은 무엇입니까?
   - 노랑머리 일본인 아이는 왜 자신의 정체를 숨겨야 했나요?
   - 만약 뚜르가 자신의 정체를 미리 알렸다면 봉주와 어떤 관계가 되었을까요?
   - 뚜르가 북한사람이라고 이야기했을 때 봉주는 어떤 생각이 들었을까요?
   - 만약 봉주가 토시의 상황을 많은 사람들에게 알렸다면 어떤 일이 생길까요?
   - 내가 봉주라면 자신의 상황을 이야기한 토시와 어떻게 지내야 할까요?
   - 봉주와 토시의 관계를 볼 때 분단보다 더 중요한 것은 무엇이라고 생각하나요?

다 개인 토론주제(질문) 만들기(10분)

[토론을 위한 개인 질문을 만든다.]

1) 우리 반 친구들과 토론해 보고 싶은 질문을 만들어 봅시다.
2) 질문나누기 활동을 바탕으로 하여 개인 논제를 정하고 주장, 근거, 설명에 따라 자기주장을 10~15줄 정도 적어봅시다.

라 모둠 토론주제(질문) 정하기(10분)

[모둠원에게 질문을 설명한다.]

1) 모둠별로 개인이 쓴 토론주제를 근거와 이유를 들어 발표해 보고, 토론하기에 가장 적절한 질문을 뽑아봅시다.
2) 돌아가며 자기주장을 펼칠 때 잘 듣고 상대에게 질문하고 논평하여 봅시다.
   - 저는 '봉주에게 사실을 말한 토시의 행동에 대해 어떻게 생각하는가?'라고 질문을 정하면 좋겠습니다. 우정을 지키다가 가족 전체가 위험해질 수도 있다는 생각이 들었기 때문입니다.

[모둠 대표질문을 정한다.]

1) 개인질문 중에서 모둠원들이 가장 합당하다고 생각하는 질문을 모둠 논제로 정하여 봅시다.
2) 각자 발표한 4개의 개인질문 중 모둠논제가 되면 좋을 의견 2가지를 각자 정하여 표시해 봅시다.(스티커 활용 가능)
3) 모둠원에게 가장 많은 지지를 얻은 의견을 모둠 대표질문으로 정하여 봅시다.

TIP
토론을 위한 좋은 질문은 다양한 답이 나올 수 있는 질문, 함께 나눌 이야기가 풍부한 질문, 학생들의 흥미와 관심이 높은 질문, 토론할 가치가 있는 질문임을 학생들에게 상기시킨 후 선정하도록 한다.

마 학급 토론주제(질문) 정하기(10분)

[모둠별 대표 질문을 칠판에 게시하고 설명한다.]

1) 각 모둠에서는 선정된 대표 질문을 칠판에 게시하고 반 전체에게 설명해봅시다.
2) 모둠 대표 질문을 설명할 때 논제에 대해 의문나는 점에 대해 물어보면서 질문에 대해 명확히 알도록 합시다.

[학급 대표 질문을 정한다.]

1) 토론하고 싶은 논제는 손을 들어 정해봅시다.
   - 예 정해진 논제는 〈봉주에게 사실을 말한 토시의 행동에 대해 어떻게 생각하는가?〉입니다.

바 모둠 토론하기(30분)

[토론 주제로 모둠별 토론을 한다.]

1) 모둠의 첫 번째 토론자가 자신의 의견을 발표해 봅시다.
2) 1번 토론자가 자신의 주장을 발표하면 2번, 3번, 4번 토론자가 돌아가며 질문하고 1번 토론자가 성심껏 답변합니다.
3) 1번 토론자의 질의응답이 다 끝나면 2번 토론자가 자신의 주장을 말하고 3번, 4번, 1번 토론자가 질문하도록 합니다. 계속 순서대로 위 과정을 돌아가며 반복하여 토론을 해봅시다.

[모둠 토론 활동지를 작성한다.]

1) 모둠 토론 시 학생들이 주고받은 의견을 메모하며 토론에 참여해봅시다.

예

〈학급 논제〉				
토론자	김종호	강다영	김주현	성수안
의견	o 간략하게 정리하여 작성 o 핵심낱말로 정리 o		김주현 학생이 말한 것은 모두 이 칸에 적습니다.	
질문 (◎, ○, △)	김종호 학생이 하는 질문마다 잘 듣고 평가해보기			
답변 (◎, ○, △)	김종호 학생이 하는 답변마다 잘 듣고 평가해보기			

사 토론 내용 발표하기(10분)

[모둠별 토론 내용을 정리하여 발표한다.]

1) 각 모둠에서 토론한 내용을 대표 토론자가 정리하여 발표해 봅시다.
2) 토론할 때 나온 좋은 질문과 답변도 함께 이야기해 봅시다.

아 정리하기(10분)

[토론을 마무리한다.]

1) 토론 활동 시 자신이 주장과 질문을 잘 했는지 자기 활동을 되돌아보며 발표해 봅시다.
2) 오늘 토론에서 질문을 잘한 토론자와 답변을 잘한 토론자를 발표해 봅시다.
3) 이번 토론을 통해 알게 된 사실이나 느낀 것을 발표해 봅시다.

10차시

- **차시 주제** : 만약에~라면 글쓰기
- **시간** : 40분
- **준비물** : 학습지 (뒷이야기 상상하기)

가 사건 재구성하기

[모둠별 만약에~ 로 재구성할 사건을 정한다.]

1) 만약 통일된 한반도 상황에서 봉주와 토시가 만났다면 어떤 일들이 벌어졌을까요?
2) 만약 봉주가 토시의 상황을 많은 사람들에게 알렸다면 어떤 일들이 생길까요?
3) 만약 봉주가 북한에 대한 적개심을 토시에게도 표현했다면 어떻게 되었을까요?
4) 만약 1945년 8월 15일에 남북한 통일 정부 수립으로 하나의 나라가 되었다면 지금 우리나라는 어떻게 변했을까요?

나 내 맘대로 쓰는 뒷이야기

[만약에~ 질문 중 하나를 선택하여 뒷이야기를 상상한다.]

1) 친구들과 이야기 나눈 만약에~ 질문 중 하나를 선택하여 그로 인해 사건이 어떻게 전개될지 인물의 심경을 고려하여 이야기를 전개시켜 봅시다.
2) 자신이 창작한 이야기를 통해 자신은 무엇을 이야기하고 싶은지가 잘 반영되도록 이야기를 구성하도록 합니다.
3) 대화체의 글을 쓰며 뒷이야기를 창작해 봅시다.

다 댓글 달기

[친구가 창작한 이야기를 읽고 칭찬 댓글을 써준다.]

1) 서로가 새롭게 쓴 글을 읽으며 붙임쪽지에 칭찬의 댓글을 적어 붙여줍시다.
2) 궁금한 점이나 새롭게 느낀 점 등도 댓글로 달아봅시다.

4 이런 책도 있어요

수양대군에게 왕위를 빼앗기고 첩첩산중 영월 땅으로 유배를 간 단종의 이야기로 열일곱 살 나이로 마지막 숨을 거두기까지의 가슴 아픈 사연을 담은 역사관련 동화책『어린 임금의 눈물』이 있다.

조선 시대 천주교 탄압이라는 역사적 사건을 배경으로 한『책과 노니는 집』은 필사쟁이의 삶을 통해 그 시대의 사상과 생활사를 자세히 알 수 있는 역사 동화책이다. 천주교 탄압으로 천주학 책을 필사했던 아버지가 죽게 되자 최서쾌 집에 얹혀살게 된 장이. 책과 연관되어 만나는 사람들과 흥미진진한 사건들은 눈을 못 떼게 할 정도로 박진감이 있다.

또한『서찰을 전하는 아이』는 보부상인 아버지의 갑작스런 죽음으로 대신 서찰을 전하기로 결심한 13살 소년의 이야기이다. '嗚呼避老里敬天賣綠豆'(오호피노리경천매녹두). 한사람을 살리고 세상을 살리는 내용의 서찰은 동학농민운동의 역사적 배경으로 전개된다. 한 글자 한 글자의 뜻을 알고자 지불하는 대가와 만나는 사람들의 이야기 속에서 시대적 배경과 역사적 사건이 긴장감 있게 진행된다.

『어린 임금의 눈물』
(이규희/파랑새어린이)

『책과 노니는 집』
(이영서/문학동네)

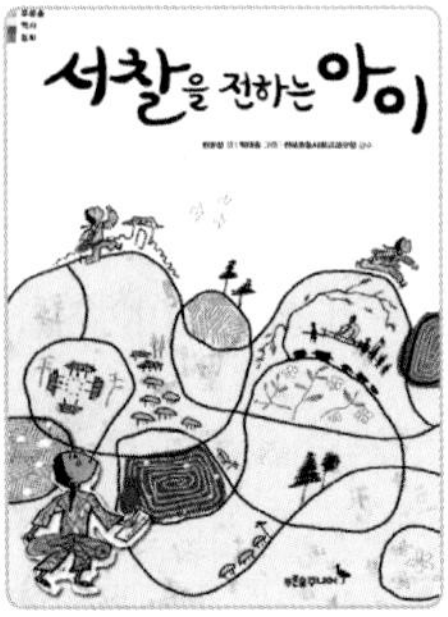

『서찰을 전하는 아이』
(한윤섭/푸른숲주니어)

5 활동 결과물

〈봉주에게〉

- 낙서의 주인을 왜 찾고 싶었나요?
- 토시와 친해진 이유는 무엇입니까?
- 계속 토시와 어울리는 이유는 무엇입니까?
- 토시네 정체를 밝혀야 하나요? 숨겨야하나요?
- 북한에 대해 잘 알고 있다고 생각하나요?
- 북한에 대해 무엇을 더 알고 싶은가요?
- 통일은 누구를 위한 것인가요?
- 통일이 된 후 토시와 만났다면 어떤 일이 벌어질까요?

〈4차시, 갈등관계 인물대담 질문(1)〉

〈토시네 가족에게〉

- 많은 나라 중 왜 프랑스에서 살게 되었나요?
- 왜 북한으로 돌아가지 않고 프랑스로 오게 된 이유는 무엇인가요?
- 봉주에게 국적을 털어놓은 이유는?
- 신분을 숨겨야만 하는 이유는 무엇인가요?
- 만약 발각되면 어떻게 되나요?
- 진짜 북한의 모습은 어떠한가요?
- 토시를 위해 북한으로 돌아가지 않은 이유는 무엇입니까?
- 우리 뒤를 계속 추적하는 이유는?
- 남한사람들에 대해 어떻게 생각하나요?

〈4차시, 갈등관계 인물 대담 질문(2)〉

〈5차시, 주제 떠올리기〉

〈5차시, 정보통신활용 교육〉

〈6차시, 주제발표하기〉

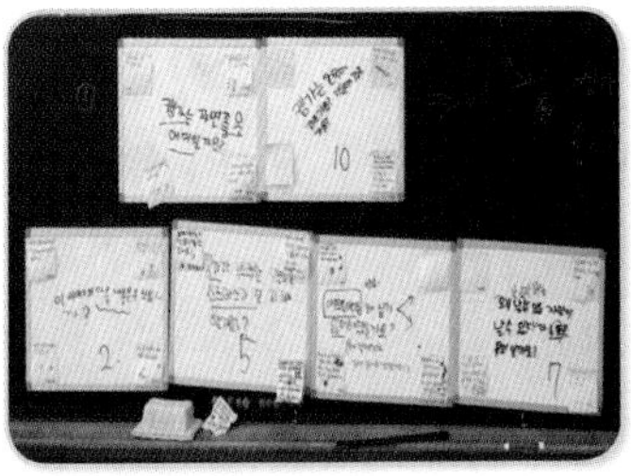

〈8차시, 학급 토론주제 정하기〉

〈9차시, 토론하기(비경쟁적 토론)〉

6 수업 성찰

역사관련 동화는 교사나 학부모에게 매우 매력적이다. 책도 읽고 내용도 교과 공부에 도움이 되니 일석이조의 효과를 준다. 한윤섭 작가의 『서찰을 전하는 아이』와 『봉주르, 뚜르』는 학생들의 흥미가 매우 높은 책이다. 이야기가 추리소설처럼 전개되어 나도 모르는 사이 역사 속으로 빨려 들어가 한번 읽으면 쉽게 놓을 수 없는 재미가 있었다. 그러면서 전봉준, 우금치 전투에 대해 더 찾아보는 열정을 보이고 남북통일의 이유에 대해 나름대로 진지하게 생각해보는 기회가 되었다.

책 내용과 관련한 주제 찾기 시간은 학생들의 반응이 매우 뜨거웠다. 책의 내용 파악에 도움이 되는 다양한 주제를 선택하고 조사하여 유익한 정보를 서로 공유하는 활동은 책의 전반적인 내용 이해와 더불어 폭

넓은 지식을 접하게 되는 계기가 되었다. 특히 매체를 활용한 발표와 연관지어 수업을 하였을 때 학생들의 몰입과 참여는 강렬하였다.

충분한 내용 이해를 바탕으로 토론이 전개될 때 학생들은 할 말이 있고 글을 쓸 수 있다. 토론 주제를 교사가 제시하는 것이 아니라 이야기와 관련된 개인의 질문이 모둠 질문으로 모아지고 전체 질문으로 확산되면서 학생들은 논리적이고 비판적인 사고를 하게 된다. 토론이 찬반으로 꼭 나뉘어 진행되기 보다는 다양한 생각들을 접하고 질문과 대화로 자기논리를 세워나가는 형태가 학생들에게 훨씬 토론주제에 푹 젖어들 수 있는 기회를 제공할 수 있다고 생각한다. 토론이 진행될수록 아이들은 성장한다.

역사적 사실에 작가의 상상력이 입혀진 역사동화는 여러 가지로 의미가 있다. 역사적 사건을 통해 인물을 입체적으로 조명해 볼 수 있다. 역사는 우리와 연결되어 있고 지금의 우리도 역사의 한 페이지를 써가고 있다. 그러기에 우리는 역사에 끊임없는 질문을 던져야 한다.

[5-6학년군]
작품중심

'나를 찾아가는' 성장기

일수의 탄생

(유은실 글/서현 그림/비룡소/2013)

1 책 소개

이 책은 '백일수'라는 주인공의 출생부터 여행을 떠나는 30살까지의 이야기를 담고 있다. 일수는 똥 꿈을 꾼 뒤 행운의 7이 두 개나 되는 7월 7일에 '일등하는 수재'로 키우겠다는 엄마의 바람을 가득 담고 태어난다. 하지만 일수는 무엇을 물어보든 "모르겠어요.""~한 것 같아요"라고 대답하며 완벽하게 딱 중간인 보통아이로 존재감 없이 학교생활을 한다. 엄마가 보낸 서예학원 원장의 "일수야, 너는 누구니?" "백일수요." "그런 거 말고. 너는 누구니?", "자네 쓸모는 누가 정하지?" 라는 질문에 일수는 늘 "모르는 것 같아요."라고 대답한다. 엄마가 운영하는 문구점에서 가훈을 써주며 살던 30살이 된 일수씨는 "선생님 댁 가훈은 뭐예요?"라는 초등학생의 질문을 자신의 내면에 스스로 던지게 되는 것을 시작으로 자신을 찾기 위한 여행을 떠나게 된다.

이 책은 나의 존재에 대해 생각해보고 나를 알기위해 끊임없이 노력하며 살아야 한다는 것을 일수의 이야기를 통해 유쾌하게 풀어놓았다.

2 동화 깊이 읽기

일수의 이야기를 통해 나를 탐색하고 나와 소통하는 시간을 갖도록 하였다. 일수의 인생을 들여다보고 감정의 변화를 쫓아가다보면, 자신에게 질문하지 않고 지나칠 때 생기는 인생의 공백은 반드시 스스로 채워야만 한다는 것을 알게 된다. 자신과의 거리두기로 자신을 탐색하고, 타인에 비춰진 나에 대한 평가를 도구로 하여 자신의 존재와 가치를 찾는데 활용하고자 한다.

이 수업을 통해 누구도 함부로 나의 존재를 규정하고 쓸모를 정하는 것이 아니며, 나는 누구인가? 끊임없이 질문하고 답하는 것이 사춘기 때만 생겼다 사라지는 고민이 아니라 살아가는 매 순간마다 필요하다는 것을 느꼈으면 한다.

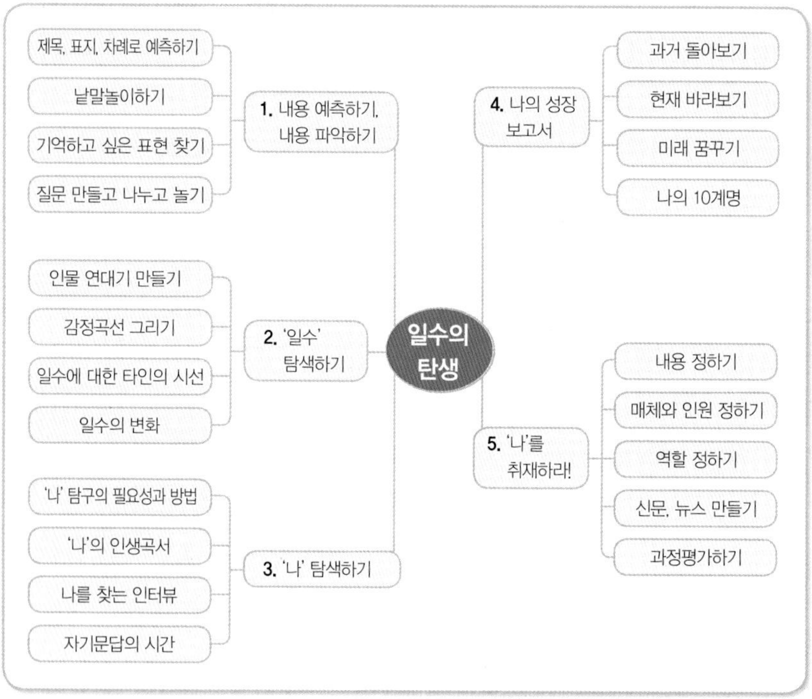

3 실제 활용 방법

1차시

- 차시 주제 : 내용 예측하기
- 시간 : 40분
- 준비물 : 공책

가 제목과 책표지 보고 질문 만들기

[『일수의 탄생』 제목과 앞뒤 표지를 보고 질문을 통해 내용을 예측한다.]

1) 질문을 만들어 책의 내용이 어떨지 생각해봅시다.

예 • 일수라는 이름은 누가 어떤 바람을 담아 지었나요?
- 왜 '탄생'이라는 표현을 썼을까요?
- 왜 머리위에 생일상에 차려져있나요?
- 족자, 붓펜, 서예와 일수는 어떤 관계가 있을까요?

나 '차례'를 보고 내용 추론하기

['차례'를 훑어보고 연관 지어 내용을 추론한다.]

1) 일수, 백일수, 청년 일수, 백일수 씨라는 호칭의 변화에 유의하며 책의 내용을 예상해봅시다.

예 • 글씨체로 보아 붓글씨와 일수가 관련이 있을 듯합니다.
- 호칭의 변화를 보니 시간의 흐름에 따라 이야기가 전개될 것 같아요.

• 서예를 배운 백일수 어린이가 가훈업자 백일수가 될 것 같아요.
• '가훈찾기'를 보니 결혼해서 가훈을 정하려고 찾아다니는 것 같은데요.

다 그림 속 낱말을 찾아 내용 추론하기

[책을 들춰 그림을 살펴본 후 연상되는 낱말을 적고 내용을 추론한다.]

1) 책의 중간 중간 그림을 살펴본 뒤 떠오르는 낱말을 적고 전체 내용을 추론해 봅시다.

2) 짝과 함께 그림을 보며 떠오르는 낱말을 적어봅시다.

세종대왕, 돈, 수재, 일등, 벌레, 있는 듯 없는 듯, 고민, 100점, 서예, 하면된다. 만능, 군대, 좌절, 쓸모있는 사람이 되자, 파리채, 너 자신을 알라, 문구점, 가훈, 체육복, 요가, 명상, 독창적으로 서투르다. 중심, 너의 쓸모는 누가 정하지, 붓과 주걱, 떠남, 안녕

3) 짝과 함께 서로 대화하며 글의 전체적인 줄거리를 예상해봅시다.

4) 찾은 낱말들을 연관지어 전체적인 글의 내용을 추론해봅시다.

2~4차시

- 차시 주제 : 내용 파악하기
- 시간 : 120분
- 준비물 : 공책, 질문 쪽지

가 더 알아보고 싶은 낱말 찾기

[어려운 낱말이나 명확한 뜻을 알고 싶은 낱말을 찾아 적는다.]

1) 책을 읽어가면서 더 알아보고 싶은 낱말을 적어봅시다.

2) 책 읽는 중에 낱말을 빙고 (5×5) 칸에 적어봅시다.

폐수	홍보	단골	호적	신신당부
회갑	태변	소크라테스	교본	명필
한석봉	반공	통곡	좌우명	취사병
고사성어	영락없이	매상	안목	비장한
까치발	소질	철학	인생관	예비군

[낱말을 넣어 문장으로 말해본다.]

1) 공책에 정리한 낱말을 넣어 짧은 글짓기를 하면서 낱말 빙고 게임을 하여봅시다.
2) 짝과 함께 자신이 적은 낱말을 사용하여 책의 내용을 말해봅시다.

[비슷한 말을 생각나는 대로 많이 적어본다.]

1) 자신이 적은 낱말 중 하나를 정하여 비슷한 말을 최대한 많이 찾아봅시다.

2) 5개를 넘지 못한 학생은 다른 친구에게 도움을 청하여 보충해봅시다.

3) 인터넷 사전이나 국어사전을 활용하여 찾아봅시다.

예 • 홍보 : 보도하다, 캠페인하다, 널리 알리다, 선전하다, 설명하다, 진술하다, 광고하다, 등등

• 통곡 : 비탄, 한탄, 애도하다, 탄식하다, 엉엉 울다, 흐느껴 울다, 울부짖다, 소리 높여 울다, 아주 슬프다, 섧게 울다, 가슴 아프게 울다, 등등

나 재미있는 장면이나 기억하고 싶은 표현 찾기

[책을 읽어가면서 기억나는 장면이나 표현을 찾아 공책에 정리한다.]

1) 선생님과 한 문장 한 문장씩 주고받으며 책을 읽어봅시다.
2) 읽는 도중 기억하고 싶은 표현이나 재미있는 장면들을 찾아 정리해봅시다.
3) 정리된 것을 모둠원들과 함께 돌려 읽으며 느낌을 나누고 질문해봅시다.

[재미있는 장면을 설명한다.]

1) 재미있거나 기억나는 장면을 친구들 앞에게 설명하여 봅시다.
2) 친구의 설명을 잘 듣고 그 장면을 책에서 찾아봅시다.
3) 그 장면에 대한 생각을 서로 나누어봅시다.

TIP

중간 중간 책을 읽다가 기억하고 싶은 문장, 아름다운 문장 등을 수시로 베껴쓰기하면서 그 이유를 정리해두는 습관을 기르도록 한다.

다 질문 만들기

[일수에게 궁금한 것을 질문으로 적는다.]

1) 한 주제가 끝날 때마다 일수에게 궁금한 것을 질문으로 만들어 봅시다.

예 • 착한 우리 일수라는 말을 들을 때마다 너의 마음은 어땠니?
- 어린애 생일잔치를 회갑처럼 차려준 엄마에게 너는 어떤 말을 하고 싶니?
- 마음을 어떻게 들여다보는 건지 나도 궁금해. 일수야 가르쳐 줄래?
- 부모님이 너에게 별 기대를 하진 않았다면 넌 어떻게 살았을 것 같니?
- 일수야, 자기 생각을 분명하게 말하는 것이 왜 힘든 것 같니?
- 일수야 너의 쓸모는 누가 정하는 것 같니?

라 질문 나누기

[자신이 적은 질문 중 친구들과 나눌 질문을 정한다.]

1) 자기가 만든 여러 개의 질문 중 친구들에게 물어보고 싶은 질문을 정해봅시다

[질문 2가지를 종이에 적어 친구들과 질문을 나눈다.]

1) 함께 대화하고 싶은 질문 2가지를 종이에 앞뒤로 적어봅시다.
2) 흩어져 돌아다니다가 눈이 마주친 친구에게 질문을 보여주고 선택하도록 합니다.
3) 친구가 선택한 질문으로 질문 꼬리잡기를 하며 3가지 이상의 질문을 이어서 해보도록 합시다.
4) '일수'가 되어 친구의 질문에 성실하게 답해봅시다.

예 • 가 : 자기 생각을 분명하게 말하는 것이 왜 힘든 것 같습니까?
• 나 : 상대가 원하는 것이 보이기 때문입니다.
• 가 : 상대가 원하는 것을 왜 들어주어야 한다고 생각하나요?
• 나 : 들어주지 않으면 상대가 나에 대해 실망하기 때문입니다.
• 가 : 상대가 나에 대해 실망하면 왜 안됩니까?
• 나 : 나를 위해 애쓰고 다해주었는데 나도 뭔가 보답해야하지 않을까요. 그래서 나보다 상대가 원하는 걸 먼저 생각하게 되는 것 같아요.

[등장인물 및 작가에게 질문한다.]

1) '백일수' 이외의 인터뷰할 등장인물을 정해봅시다.

예 • 일수 엄마, 명필 선생님, 중국집 일석씨, 유은실 작가 등등

2) 역할을 맡은 친구들은 칠판 앞의 의자에 앉아 친구들의 질문에 성심성의껏 대답해봅시다.

3) 역할을 바꾸어 질문을 서로 주고 받아봅시다.

5~6차시

- 차시 주제 : '일수' 탐색하기
- 시간 : 80분
- 준비물 : 학습지(일수의 연대기 정리)

가 인물 연대기 만들기

[책을 읽어가면서 일수의 탄생부터 30세까지 사건을 중심으로 연대기를 만든다.]

1) 작품에 나타난 일수의 30살까지의 일들을 다양한 방법으로 정리해봅시다.

2) 시간의 흐름에 따라 일어난 사건을 중심으로 정리해봅시다.

예 *일수의 연대기

탄생	• 황금 똥이 태몽임. • 결혼 15년 만에 얻은 금쪽같은 외동아들임. • 7월 7일 새벽 0시 40분에 태어남. • 엄마는 세종대왕 닮기를 바람.
어린 시절	• 받아쓰기 달랑 100점 3번 받음. 부모님이 문구점을 함. • 엄마는 회갑처럼 생일잔치를 해줌. • 특별히 잘하는 것이 없는 중간, 보통 학생임. • 서예부에 들어감. 그런 것 같아요 라는 말을 자주 씀. • 서예로 상을 받음. 엄마가 서예학원에 보냈으나 쫓겨남
중학생	• 모든 것이 중간임. • 유일한 친구인 일석이가 만든 중국요리를 잘 먹어줌.
고등학생	• 선생님 말씀 따라 공고에 진학함. • 기계 공포증이 있다는 걸 알게 됨.
군대시절	• 일석이 말 듣고 육군 이발 보조병이 됨. • 가위로 상사 머리의 살점을 자를 뻔함. • 취사병으로 바꿈. 미각이 둔하여 간을 못 맞춤.
25세	• 백수가 되어 문구점을 지킴. • 엄마는 붓글씨로 돈방석에 앉을 꺼라 기대함. • 가훈을 써주며 처음으로 62만 5천원을 범.
30세	• 가훈업자가 됨. • 오래전 받았던 질문들로 고민하기 시작함. • 뭘 찾겠다고 일석이와 집을 떠남.

나 일수에 대한 외부의 평가 찾기

['엄마'의 일수에 대한 기대감이 나타난 부분을 파악한다.]

1) 일수에 대한 엄마의 기대감이 나타난 부분에 대해 찾아봅시다.
2) 그 때의 일수의 심정을 파악해봅시다.

['선생님'의 일수에 대한 평가를 파악한다.]

1) 일수에 대해 선생님들은 어떻게 생각하였는지를 정리해봅시다.
2) 그 때의 일수의 심정을 파악해봅시다.

['서예학원 명필가'의 일수에 대한 판단을 파악한다.]

1) 서예학원 명필가는 일수를 어떻게 대하였는지 생각해봅시다.
2) 그 때의 일수의 심정에 대해 생각해봅시다.

다 외적 기대감에 대한 생각 나누기

[나에 대한 외부의 기대감에 대해 생각해 본다.]

1) 부모님은 나에 대해 어떤 기대를 하고 있는지, 부담이 되는 부모님의 기대는 무엇인지 생각하여 발표해 봅시다.

2) "부모님의 기대감은 나의 삶에 긍정적인 영향을 준다"에 대한 자신의 생각을 발표하고 다른 의견도 관심있게 귀 기울여봅시다.

3) 만약 내가 부모라면 어떻게 행동할지에 대해 서로의 생각을 나눠봅시다.

라 일수가 받았던 질문과 행동 변화 파악하기

[일수에게 고민을 안겨준 질문을 찾아본다.]

1) 일수가 고민을 하게 된 질문들을 찾아봅시다.

예
- 일수야, 넌 누구니?
- 그런 거 말고, 넌 누구니?
- 네 쓸모는 누가 정하지?
- 그럼 선생님 댁 가훈은 뭐예요?
- 자네 좌우명은 뭔가?

[일수씨의 행동의 변화를 파악한다.]

1) 자신에 대한 고민을 하기 시작하면서 일수씨에겐 어떤 행동의 변화들이 있었는지 생각해봅시다.
2) 왜 그런 행동들을 하게 되었는지 이유에 대해 서로 이야기 나눠봅시다.

마 나에게 질문하고 답하기

["○○야, 넌 누구니?"라는 질문에 스스로 답을 해 본다.]

1) 누군가에게 이런 질문을 받았을 때 나는 어떻게 답할지 생각해봅시다.

["○○야, 너의 쓸모는 누가 정하지?"라는 질문에 스스로 답을 해 본다.]

1) 누군가에게 이런 질문을 받았을 때 나는 어떻게 답할지 생각해봅시다.

7~8차시

- 차시 주제 : '나' 탐색하기
- 시간 : 80분
- 준비물 : 학습지(나에 대한 탐구 관련)

가 '나'는 누구인가? 에 대답하기

['나'는 누구인가? 질문에 대답해 본다.]

1) 너는 누구니?라는 질문에 나는 어떻게 대답할지 생각해봅시다.
2) 친구들의 발표를 통해 '나'란 무엇을 말하는지에 대해 생각해봅시다.

나 '나'에 대한 탐구의 필요성 알기

[나에 대한 탐구의 필요성에 대해 짝과 토론한다.]

1) '나'는 누구인가?에 대한 친구의 의견을 듣고 상대방은 '왜?'라고 5회 이상 되받아 질문하여 봅시다.
2) 친구의 '왜'라는 질문에 자신의 논리를 가지고 성실하게 답해봅시다.

다 '나'에 대한 탐구 방법 논의하기

[나를 알기위한 방법을 모둠별로 이야기 나눈다.]

1) 나에 대해 탐구하는 방법엔 어떤 것들이 있을지 생각해봅시다.
2) 모둠별 발표를 통해 다양한 방법을 전체가 나눠봅시다.

라 '나'의 인생 곡선 그리기

[나의 출생부터 지금까지의 일들을 떠올리며 인생 곡선을 그려본다.]

1) 출생부터 지금까지의 행복했던 일, 힘들었던 일 등을 떠올려봅시다.
2) 그때의 일을 떠올리며 자신의 인생을 수치화하여 표시해봅시다.

[행복했던 일, 나쁜 상황들에 주목하여본다.]

1) 행복함을 지속할 수 있는 방법에 대해 생각해봅시다.
2) 나쁜 상황에 빠지지 않는 방법에 대해 생각해봅시다.

마 나를 찾는 인터뷰하기

[타인에게 비춰진 나에 대한 사람들의 생각을 알아본다.]

1) 나에 대해 친구들, 선생님, 부모님, 가까운 사람들에게 인터뷰를 하여 나에 대한 외부 사람들의 생각을 받아봅시다.

2) 인터뷰에 적합한 질문들을 생각해봅시다.

예 • 나를 떠올리면 곧바로 떠오르는 이미지는 무엇입니까?
• 당신이 생각하는 나의 장점은 무엇입니까?
• 당신이 생각하는 나의 단점은 무엇입니까?
• 당신이 생각했을 때 나에게 어울릴만한 직업으로는 어떤 것이 있나요?
• 나에게 해주고 싶은 솔직한 조언이나 충고는 무엇입니까?

바 자기문답 시간 갖기

[self Q & A 에 대답해 본다.]

1) 아래의 질문 이외에 자기 탐색과 관련된 질문들을 생각해보고 스스로에게 묻고 답해봅시다.

예 • 무엇이 나를 행복하게 만드나요?
- 나 스스로를 자랑스럽게 만들었던 일은 무엇인가요?
- 무엇이 나의 아침을 깨우나요? (나를 움직이게 만드는 에너지는?)
- 당신에게 친구, 가족들이 무엇을 잘 한다고 말하나요?
- 나는 무엇을 이야기할 때 가장 기쁜가요?
- 나의 롤 모델은 누구인가요?

9차시

- 차시 주제 : 나의 성장 보고서
- 시간 : 40분
- 준비물 : 8절 도화지, 사인펜, 색연필

가 나의 성장 보고서 작성하기

[과거, 현재, 미래의 나와 관련된 내용으로 보고서를 작성한다.]

1) 나의 성장 보고서의 내용을 어떻게 쓸지 생각해봅시다.

2) 과거를 돌아보며 쓸 내용을 이야기 나눠 봅시다.

예 • 나의 '실패의 경험'이나 '내면의 상처'는 무엇이고 나는 지금 그것을 어떻게 받아들이고 있는가?
- 내가 한 일을 통해 다른 사람에게 인정받았던 기억은?

• 타인과의 소통할 때의 즐거움과 어려움을 느꼈을 때와 그 이유는?

• 나의 장점과 단점은 무엇인가?

3) 현재 지금의 나를 들여다보며 보고서 내용을 작성해봅시다.

예 • 아주 작은 것이라도 내 안에 숨어있는 특별한 재능은?

• 내가 정말 좋아하고 즐거워하는 일은?(흥미와 관심사)

• '무엇이 될까?'보다 '어떻게 살까?'가 더 중요하다. 나의 원하는 삶의 모습은 무엇이며 그러기 위해 지금 이 시기를 어떻게 보낼 것인가?

• 나는 어떤 가치를 소중하고 중요하게 여기는가?

4) 미래의 나의 모습을 꿈꾸며 보고서를 써봅시다.

예 • 나의 직업이 아닌 '꿈'은 무엇인가?

(나는 아픈 사람들을 정성껏 돌보는 일을 하고 싶어)

5) 더 찾아보아야 할 자료들과 체험 활동은 무엇이 있을지 생각해봅시다.

나 나의 10계명 만들기

[나를 찾기 위한 나의 10계명을 만든다.]

1) 노력하고 애쓰고 싶은 것, 극복해야 할 것, 실천 가능한 것 등을 구체적으로 작성해봅시다.

2) 10계명을 자신의 책상에 붙이고 매일 매일 외쳐봅시다.

10~11차시

- 차시 주제 : '나'를 취재하라!
- 시간 : 80분
- 준비물 : 8절 도화지, 사인펜, 색연필, 동영상 제작(스마트 폰 활용)

가 '나'를 취재하라! 내용 정하기

['나'를 취재할 내용을 마인드맵으로 정한다.]

1) 나와 관련된 정보 및 다른 사람들에게 알리고 싶은 나의 정보에 대해 발표해 봅시다.
   - 나의 사용 설명서, 나의 적성, 나의 미래일기, 나의 롤모델, 나의 일생, 나의 꿈, 나의 버킷리스트 등등이 있습니다.

나 표현 매체 및 활동 인원 정하기

['나'를 주제로 표현할 매체 및 활동 인원을 자유롭게 정한다.]

1) 신문으로 할 것인지 뉴스로 제작할 것인지 정하여 봅시다.
2) 활동 인원을 개인이 할 것인지 2인이나 모둠이 할 것인지도 정하여 봅시다.

다 역할 정하기

[신문이나 뉴스 제작과 관련하여 역할을 정한다.]

1) 신문제작을 맡은 사람은 육하원칙에 따라 기사문을 작성해봅시다.
2) 뉴스제작을 맡은 모둠은 역할(촬영 및 편집, 아나운서, 인터뷰대상자)을 나누고 질문 목록을 만들어봅시다.

라 '나'를 취재하라! 로 나를 표현하기

['나'를 주제로 매체를 활용하여 표현 활동을 한다.]

1) 신문 지면을 나누어 '나'에 대한 다양한 정보가 나타나도록 제작해봅시다.

(신문기사의 예) 제목 : 나! 사용설명서

전자제품과 장난감에는 사용설명서가 있다. 물건의 사용설명서를 잘 읽고 쓰면 고장도 안나고 제대로 사용할 수 있다. 친구들이 나 사용설명서도 잘 읽어보고 나와 친해지기를 바란다.

첫째, 나는 웃는 것을 좋아한다. 이야기를 할 땐 유머있는 것을 좋아하니 재미있는 말을 많이 하면 좋겠다. ※주의사항: 썰렁한 개그는 폭발!

둘째, 모르는 것이 있다면 나한테 물어보라. 친절하게 설명해줄 것이다. ※주의사항: 무조건 답만 알려 달라고 할때는 폭발!

셋째, 나는 먹는 것을 좋아한다. 맛난 것이 있으면 나누어 먹으면 특별한 관계가 된다. ※주의사항: 혼자 먹을 시 삐짐. 먹을 것 나누어 주면 정상 작동.

2) 뉴스의 다양한 형식을 활용하여 동영상을 제작해 봅시다.

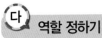

(뉴스 동영상의 예) 제목 : 화제인물과의 대담 코너

뉴스의 한 코너인 화제인물과의 대담 형식으로 친구를 취재하였다. 3명이 기자, 인터뷰대상자, 촬영 및 편집으로 역할을 나누었다. 이를 통해 학생들은 관계의 소중함과 진로 정보에 대해 알게 되었다. 한 팀이 된 친구들은 친구의 꿈에 대해 취재하기로 하였으나 무엇을 질문하고 어떻게 답해야 하는지 고민하였다. 이때 커리어넷의 사이트를 알려주어 관심있는 직업과 하는 일들을 자세히 알아보도록 알려주었다.

학생들이 20년 후 세계적인 가수가 된 반 친구를 인터뷰하는 것으로 상황을 설정하고 취재한 질문은 아래와 같다.

- 세계적인 연예인이 된 비결은 무엇인가요?
- 가족들의 반대는 없었나요?
- 악플 때문에 힘들 때는 어떻게 하시나요?
- 가수 겸 배우로서 힘든 점은 무엇인가요?
- 처음 무대에서 노래할 때의 기분은 어떠셨나요?
- 가장 힘들 때는 무엇인가요?
- 가수가 되고 싶은 초등학생들에게 해주고 싶은 말은 무엇인가요?
- 앞으로 어떤 메시지가 담긴 노래를 부르고 싶나요?

마 상호평가 및 공유하기

[신문 제작 및 뉴스 동영상 촬영 결과물을 함께 나눈다.]

1) 무엇을 평가할지, 어떤 기준으로 평가할지를 발표해 봅시다.
2) 자기가 정한 평가기준에 따라 발표하는 친구들을 평가해봅시다.
3) 나눠준 반 명렬표에 상호평가하면서 발표에 적극 참여합시다.
4) 신문과 뉴스 동영상을 보면서 장점과 아쉬운 점에 대해 서로 이야기를 나누어 봅시다.

4 이런 책도 있어요

『존 아저씨의 꿈의 목록』은 탐험가, 인류학자, 다큐멘터리 제작자로서 세계의 수많은 곳을 직접 탐험한 존 고다드의 경험담으로 이루어졌다. 열다섯의 그는 식탁에 앉아 127개의 꿈의 목록을 써 내려갔고, 그중 111개의 꿈을 성취했으며, 그 후로도 500여개의 꿈을 더 이루어냈다. 그는 자신의 '꿈의 목록' 달성 경험을 바탕으로 꿈을 꿀 줄 모르는 어린이들과 꿈을 바람으로만 끝내버리는 어린이들에게 자신의 '꿈 달성' 노하우를 책을 통해 알려주고 있다. 더불어 어린이들이 정말 자신이 원하는 꿈을 꾸고 스스로 그 꿈들을 착실히 이뤄가며 풍요로운 삶을 살 수 있도록 어린이들에게 영감과 용기를 주고 있다.

우리와 함께 이 시대를 살아가고 있는 위인들의 이야기를 담은『나는 무슨 씨앗일까? 1, 2』가 있다. 1권은 현장에서 열심히 살고 있는 9명의 선배들의 꿈과 철학을 담은 이야기이고 2권은 어떤 경우라도 낙담하지 않고 노력을 멈추지 않았던 7명이 '꿈의 씨앗'을 훌륭하게 키워내기까지 흘렸던 땀방울과 끝없는 도전에 대한 이야기이다.

『존 아저씨의 꿈의 목록』
(존 고다드/글담어린이)

『나는 무슨 씨앗일까?』
(샘터사)

『나는 무슨 씨앗일까? 2』
(샘터사)

5 활동 결과물

〈7차시. 조사활동〉

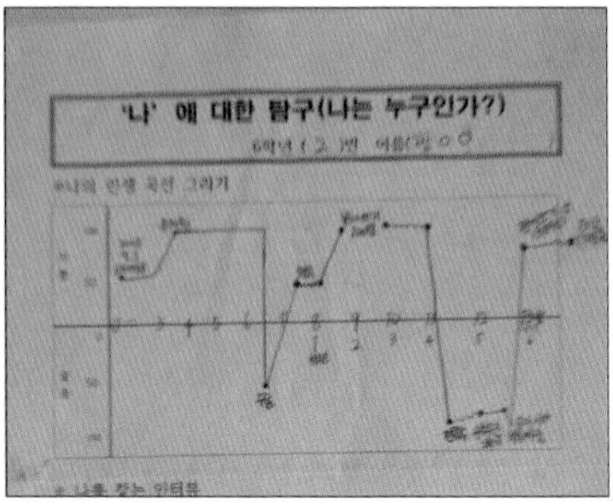

〈8차시. 나에 대한 탐구〉

〈9차시. 나의 성장 보고서〉

〈9차시. 나의 성장 보고서〉

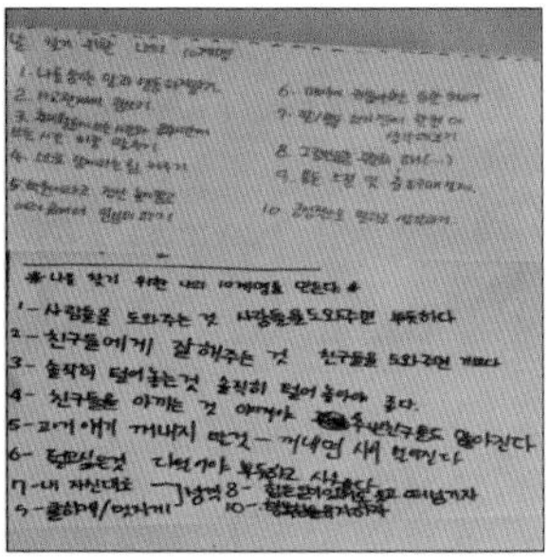

〈9차시. 나의 10계명〉

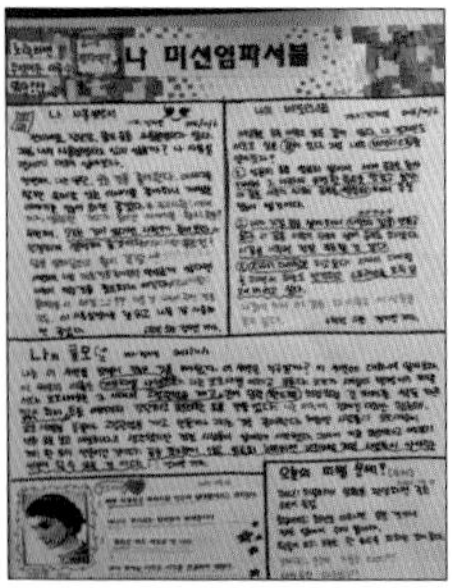

〈11차시. 신문 만들기〉

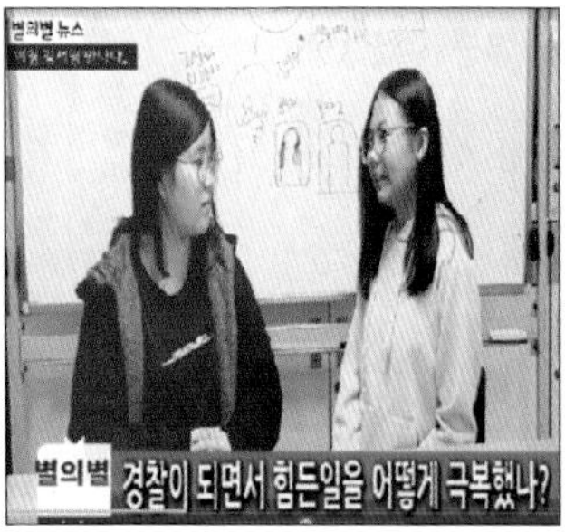

〈11차시. 뉴스 제작하기〉

6 수업 성찰

우연히 본 70대 어르신이 쓰신 글의 제목은 "나는 누구인가?"였다. 스스로에게 던지는 질문은 끝이 없는 것 같다. 책의 내용을 각자의 삶과 연결시켜 수업을 진행할 때와 그렇지 않을 때 차이가 많다. 특히 『일수의 탄생』 책을 읽고 난 후의 자기 탐구는 매우 효과적이었다. 나에 대한 질문의 필요성에 대한 깊은 자각 후의 활동들은 훨씬 솔직하고 진지하며 적극적이었다.

외부에서 기대하는 나와 자신이 만들어가고 싶은 자아에 대해 탐구하는 시간은 의미있었다. 자기 탐구에 대한 필요성을 느낀 상태에서의 질문들은 진심으로 상대를 위하는 충고 및 조언까지도 허용되는 분위기였다. 그리고 자기문답을 통한 솔직한 자신과의 대화도 의미있었다. 나의 성장보고서는 과거, 현재, 미래의 자신에 대해 생각해보는 것이다. 과거의 트라우마로 남아있던 것을 표출하며 스스로 상처를 치유하고자 하였고 현재의 자신의 장점과 관심을 주의 깊게 들여다보고 미래의 자신의 모습에 대해 그려보는 성찰의 시간은 매우 진지하게 진행되었다.

책 주인공 일수를 통해 '나는 누구인가?' '나는 어떻게 살고자 하는가?' '나의 쓸모는 누가 정하는 것인가?'라는 질문의 중요성을 알게 된 시간이었다.

평 화

무기 팔지 마세요!

(위기철/청년사/2002)

관련 교과 및 성취 기준

국어

- [6국01–03] 절차와 규칙을 지키고 근거를 제시하며 토론한다.
- [6국02–03] 글을 읽고 글쓴이가 말하고자 하는 주장이나 주제를 파악한다.
- [6국05–05] 작품에 대한 이해와 감상을 바탕으로 하여 다른 사람과 적극적으로 소통한다.

사회

- [6사02–02] 생활 속에서 인권 보장이 필요한 사례를 탐구하여 인권의 중요성을 인식하고, 인권 보호를 실천하는 태도를 기른다.

도덕

- [6도02–02] 다양한 갈등을 평화적으로 해결하는 것의 중요성과 방법을 알고, 평화적으로 갈등을 해결하려는 의지를 기른다.
- [6도02–03] 봉사의 의미와 중요성을 알고, 주변 사람의 처지를 공감하여 도와주려는 실천 의지를 기른다.

1 책 소개

남자친구들의 장난감 총에 맞고 속상해진 보미. 장난감 총으로 괴롭힘을 받는 보미는 아이들이 장난감 총을 가지고 놀게 되면 정서를 해치고, 다른 사람의 생명을 경시하는 태도가 형성된다는 논리로 남자 아이들이 장난감 총을 가지고 놀면 안 된다고 주장한다. 하지만 논리의 증거가 불충분하다는 것을 깨달은 뒤 무기의 온상지인 각종 전쟁과 그 폐해에 대한 벽보를 학교에 붙이며, 많은 친구들의 지지를 받게 된다. 곧 이어 보미를 대표로 아이들의 '평화모임'이 만들어진다. 이후 '평화모임'은 학교 차원으로 확대되고, 무기를 버려야 한다는 시위를 벌이며 활발한 활동을 하게 된다.

어느 날 미국 학생 제니퍼 그린은 숙제를 하던 중 평화시위를 하는 보미의 사진과 기사를 접하게 된다. 평화를 외치며 시위를 하는 또래 친구 보미의 기사를 읽고 감동을 느낀 제니퍼는 무기의 천국인 미국에서의 무기 추방을 외치게 되고, 그 외침은 미국 전역에 아주 큰 파장을 일으키게 된다.

『무기 팔지 마세요!』는 '평화', '생명 존중'을 근본으로 무기가 과연 필요한가? 평화를 유지하기 위해 없애야 하는가?라는 근원적인 문제를 깊이 있게 생각하도록 하는 동화이다.

2 프로젝트 주제

본 프로젝트는 국어와 사회, 도덕의 통합으로 구성되었다. 평화를 위협하는 무기에 관한 이야기에서 더 나아가 생명 존중에 대해서도 생각해 보도록 한다.

이야기의 줄거리를 요약하고, 등장 인물에 대해 탐구하며 책의 주제를 찾아보는 1~2차시의 활동을 선행한 뒤 3~4차시 수업에서는 동화 속 주인공 보미와 제니퍼 그린의 활약을 통해 무기 사용에 대한 생각을 자유롭게 나누며 토론하는 시간을 가진다. 국어 시간에 배운 토론규칙을 생각하며 절차와 규칙에 맞게 토론할 수 있도록 지도한다. 더불어 '무기'에 대한 다양한 관점을 생각해 봄으로써 책의 주제에 대한 자신의 생각을 정리해 보는 시간을 가진다. 마지막 차시에서는 동식물 등 생명을 가진 생명체에 대한 존중과 사랑 실천을 하기 위한 다양한 방안을 생각해보고, 그 중 우리가 평화 실천을 위해 할 수 있는 방법을 창문 학습지를 통해 정리하고, 실천을 다짐한다.

TIP

이 책은 장편이기 때문에 수업을 시작하기 전에 모든 아이들이 책을 한 번씩 읽어오도록 사전 과제를 제시한다. 매일 아침 15분씩 독서시간을 가지며, 독서공책에 기록을 한다. 날짜를 쓴 뒤, 책에서 인상 깊은 구절을 쓰고 그에 대한 느낀 점을 쓰도록 한다. ⇒ Slow reading

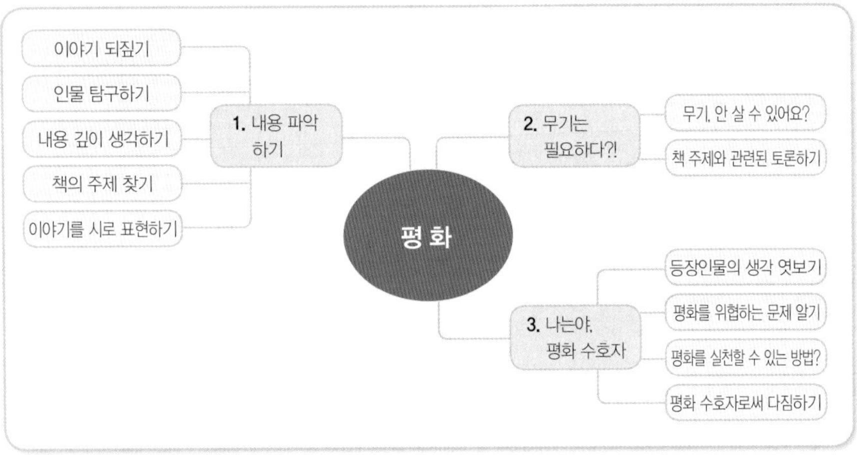

3 실제 활용 방법

1-2차시

- 차시 주제 : 내용 파악하기
- 관련 교과 및 성취기준 : 국어
  [6국02-03] 글을 읽고 글쓴이가 말하고자 하는 주장이나 주제를 파악한다.
  [6국05-05] 작품에 대한 이해와 감상을 바탕으로 하여 다른 사람과 적극적으로 소통한다.
- 시간 : 80분
- 준비물 : 색도화지, 싸인펜, 색연필 등

가 이야기 되짚기

[핵심 사건을 요약하며 글을 되짚어 본다.]

1) 사건의 흐름을 간추려서 이야기해 봅시다. (모둠별로 돌아가면서 한 문장씩 말하기)
   - 보미와 다른 여자 친구들이 남자 아이들의 장난감 총에 맞았다.
   - 보미와 친구들은 장난감 총에 반대하는 운동을 펼친다.
   - 보미와 친구들은 학교를 넘어서 문방구, 홈페이지 등으로 운동을 넓혀 간다.
   - 미국에 사는 소녀 제니가 우연히 보미에 대한 기사를 보게 된다.
   - 제니는 용기를 얻어 무기 소지에 반대하는 발표를 하게 된다.
   - 제니는 이를 계기로 더욱 큰 무대에서 무기반대 운동을 하게 된다.
   - 제니의 주장을 지지하는 사람들이 모여 무기 소지에 반대하는 모임이 생긴다.

나 인물 탐구하기

[이야기 속에 등장하는 인물에 대해 알아본다.]

1) 이야기 속에 등장하는 인물은 누구 인가요?

- 보미, 제니, 경민이, 진만이, 진만이 어머니, 민경이, 도널드 화이트

2) 책의 등장인물이 한 일 또는 성격이나 특징에 대해 알아봅시다. 인물의 성격은 인물의 말과 행동을 살펴보면 드러납니다.

3) 보미의 성격은 어떠한가요?

- 보미는 끝까지 포기하지 않고 옳다고 생각한 일을 꿋꿋이 해내 다른 사람들에게 모범이 되는 아이입니다.

4) 제니의 성격은 어떠한가요?

- 제니는 큰 연설이 있음에도 불구하고 떨지 않고 목소리도 잘 조절하고 인기가 많은 용기 있는 아이입니다.

5) 진만이 어머니/경민이/민경이/도널드 화이트의 성격은 어떠한가요?

TIP

책을 찾아가며 왜 그렇게 생각하는지 이유도 함께 말하도록 한다.

다 내용 깊이 생각하기

[책의 일부분을 읽고 생각을 정리해본다.]

1) 주어진 책 일부 내용에 대한 자신의 생각을 적어봅시다.

집으로 돌아오는 길에 보미는 이 문제에 대해 좀 더 깊이 생각해 보았다.

물론 총을 가지고 있는 일과 총을 쏘는 일은 전혀 다른 문제였다. 하지만 총을 가지고 있는 사람은 언젠가 총을 쏘기 마련이었다. 비록 그가 죽을 때까지 총을 쏘지 않는다 하더라도 총을 가지고 있다는 사실만으로 남에게 불안감을 줄 수 있었다. 만일 어떤 사람이 수류탄을 손에 들고 지하철을 탄다면, 승객들은 깜짝 놀라 당장 객실에서 뛰어내릴 것이다. 비록 그 사람한테 수류탄을 터뜨릴 마음이 조금도 없었다 하더라도 말이다. 그래서 ㉠때로는 무기를 가지고 있다는 사실만으로도 다른 사람에게 피해를 주기도 하는 것이다.

〈분문 26쪽 내용 중〉

2) ㉠에 대한 자신의 생각을 적고, 발표해 봅시다.

- 무기를 가지고 있으면 위협을 느낄 것 같습니다. 그것은 또 다른 피해입니다.

㉡"총은 남을 죽이려고 만든 무기이니까. 그런 걸 자주 가지고 놀다 보면 남을 죽이는 일을 아무렇지도 않게 생각하는 마음이 생길 수도 있다는 얘기야."

보미는 뭔가 해답을 발견한 기분이 들었다. 그러나 따져봐야 할 점은 여전히 많았다.

"하지만 우리 아빠도 어렸을 때 전쟁 놀이를 하며 자랐대. 아마 아주 까마득한 옛날부터 사내 아이들은 전쟁놀이를 했을 걸. 왜 이순신 장군 위인전을 봐도 이순신 장군이 어렸을 때 전쟁놀이를 했다는 얘기가 나오잖아."

"그러니까 지금 세상이 온통 전쟁터가 되어 버린 거 아니겠니?"

민경이는 마치 어른들이 신문을 볼 때 하는 말투로 세상을 탓하더니 고개를 절레절레 흔들었다.

㉢"남자들이 세상을 다 망쳐놓는 것 같아. 남자 아이들한테도 어렸을 때부터 소꿉놀이나 인형놀이를 하도록 가르쳐야해. 조용히 제 가정이나 잘 보살피게 말이야. 그랬다면 세상이 이렇게 험악해지지는 않았을 텐데."

〈분문 441) 45쪽 내용 중〉

3) ⓛ에 대한 자신의 생각을 적고, 발표해 봅시다.

- 총을 가지고 놀다 보면 전쟁을 놀이라고 생각할 수 있을 것 같습니다.
- 장난감 총과 진짜 총은 엄연히 다릅니다.

4) ⓒ에 대한 자신의 생각을 적고, 발표해 봅시다.

- 남자아이들과 여자아이들의 성향이 다르기 때문에 다르게 노는 것 같습니다.
- 억지로 남자아이들에게 소꿉놀이를 하게끔 하는 건 옳지 않다고 생각합니다.

라 책의 주제 찾기

[책의 주제를 찾아본다.]

1) 여러분은 '무기'하면 어떤 것이 생각나나요?

- 핵이 생각납니다. 전쟁이 떠오릅니다. 차가운 쇠붙이가 생각납니다.

2) 무기를 왜 팔지 말라고 할까요?

3) '무기 팔지 마세요!'의 주제는 무엇인 것 같나요? 자유롭게 이야기를 나눠봅시다.

- 평화에 관한 내용인 것 같아요.
- '무기'에 대해 다시 한 번 생각해보라는 것 같습니다.

마 이야기를 시로 표현하기

[책의 주제가 드러나게 시화를 그리고, 시를 써본다.]

1) 나는 이제 시인입니다. 책을 읽은 이야기를 시로 표현하고, 어울리는 시화를 그려봅니다.

TIP
책의 주제가 드러나게 광고를 만들어 보는 활동도 좋다.

3~4차시

- 차시 주제 : 무기는 필요하다?!
- 관련 교과 및 성취기준 : 국어, 도덕
  [6국01-03] 절차와 규칙을 지키고 근거를 제시하며 토론한다.
  [6도02-02] 다양한 갈등을 평화적으로 해결하는 것의 중요성과 방법을 알고, 평화적으로 갈등을 해결하려는 의지를 기른다.
- 시간 : 80분
- 준비물 : 토론지

가 무기, 안 살 수 있어요?

[전쟁과 무기에 대한 생각을 나눈다.]

1) '무기'에 대해 어떤 생각이 드나요?

2) 무기가 필요하다고 생각하나요?

TIP
책을 읽은 뒤 무기에 대해 나쁘게 생각하는 경우가 많다. 모든 생각을 수용한 뒤 아래 지도 방법대로 무기의 다른 면모에 대해 생각한다.

참고

▶ 武 한문이 무슨 글자인지 아나요?

- '무예 무'입니다.

▶ 武는 止 + 戈 이렇게 이루어져 있지요? 그칠㉶와 창㉴입니다. 해석해보면 '싸움을 멈추기 위해 무기가 필요하다'라는 뜻이 담겨있는 글자입니다. 이게 무슨 뜻일까요?

- 무기가 있어야 싸움이 멈춘다는 뜻인 것 같아요.

▶ 그래요. '무'란 창 쓸 일을 중지시킨다는 뜻이지요. 다른 한자를 더 살펴봅시다.

▶ 國는 나라㉾입니다. 이 글자는 어떻게 이루어졌는지 함께 살펴볼까요?

國 = 一 + 口 + 戈 + 口

땅(一)위에 사람(口) 이 창(戈)을 들고 서서 지키고 있는 영역(口)을 말합니다.

여기에 무기가 등장하지요? 무엇인가요?

- 창입니다.

3) 여러분은 얼마나 많은 무기에 대해 알고 있나요? 한 번 이야기해 봅시다.

- 칼, 탱크, 전투기, 항공모함, 총, 핵폭탄 등 엄청 많습니다.

4) 그래요. 대표적으로 전쟁에 사용되는 무기는 다음과 같아요. 엄청 값비싸지요.

고급 승용차 300대 가격의 K-1 전차
신형 K-2 전차는 80억 원이 넘는다

1조원이 넘는 세종대왕함

1000억 원 짜리 F15-K

5) 이렇게 비싼 무기들을 국가에서는 왜 살까요?

• 싸우기 위해서 삽니다.

6) 단지 싸우기 위한 용도일까요?

참 아이러니하게도 우리는 물건을 사용하기 위해서 사지만 국가 안보를 위한 수많은 무기들은 '사용하지 않기' 위해서 산다고 해요. 즉 역설의 논리가 성립할 수 있는 영역이 국가안보이며 국제전략이라고 합니다. 평화는 중요하지만, 상대방에게 굴종함으로 유지되는 평화를 평화라고 말할 수는 없기 때문이지요.

• 무기가 오히려 평화를 위한 것이라는 거네요. 신기해요.

TIP

현재 북한의 핵과 관련된 이야기를 나누며 핵무장론에 관련된 이야기를 할 수도 있다. 교사는 학생들이 책 내용 외에도 무기에 대해 다양한 관점에서 생각해 볼 수 있도록 무기의 다른 면모에 대해서도 언급한다.

나 책 주제와 관련된 토론하기

[무기를 파는 것에 대한 생각 나눈다.]

1) 보미는 이렇게 말했지요.

"무기 없이 전쟁을 할 수 있나요? 무기를 만드는 사람이 있고, 무기를 파는 사람이 있으니까 전쟁을 하는 것이지요?"

보미의 생각에 대해 모둠별로 토론을 해봅시다. 논제는 책 주제를 긍정 명제로 바꾼 '무기는 평화를 지켜준다.'입니다.

TIP

토론 주제를 학급 토의를 거쳐 정해보는 것도 좋다.

먼저, 토론 주제에 대해 자신의 주장과 근거를 써 봅시다.
토론 주제에 대한 찬성과 반대 입장을 정하고, 그 주장을 뒷받침할 수 있는 근거를 2~3가지 정리하면 됩니다.

TIP

근거 자료를 준비할 수 있도록 사전 과제로 내주거나 컴퓨터 활용 또는 도서실 이용을 장려한다.

2) 토론에 참여하는 사람은 누구 누구인가요?

- 사회자, 찬성편 토론자, 반대편 토론자, 판정단입니다.

3) 토론의 과정을 생각하며 토론을 해 봅시다.

- (토론 시작하기 ⇒주장 펼치기 ⇒반론하기 ⇒주장 다지기 ⇒판정하기)

4) 시간을 잘 지켜가며 모둠별로 토론을 합니다. 이때, 친구가 말하는 주장과 근거를 학습지에 쓰면서 토론하도록 합니다.

[토론 후 자신의 생각을 이야기 한다.]

1) 토론을 하면서 나온 생각들을 발표해 봅시다.
2) 토론을 하고 난 뒤에 생각이 변화되었거나 더욱 확고해진 결과를 이야기 해봅시다.
3) 역할에 맞게 토론에 잘 참여했는지 스스로 확인해봅시다. 모둠별로 역할을 나누어 봅시다.

5~6차시

- 차시 주제 : 나는야 평화 수호자
- 관련 교과 및 성취기준 : 사회, 도덕
  [6사02-02] 생활 속에서 인권 보장이 필요한 사례를 탐구하여 인권의 중요성을 인식하고, 인권 보호를 실천하는 태도를 기른다.
  [6도02-03] 봉사의 의미와 중요성을 알고, 주변 사람의 처지를 공감하여 도와주려는 실천 의지를 기른다.
- 시간 : 80분
- 준비물 : 포스트 잇(개인별), 전지, 학습지(생명 도우미 되기 카드)

가 등장인물의 생각 엿보기

[보미와 제니퍼 그린의 생각을 떠올린다.]

1) 보미와 제니퍼 그린의 공통된 생각은 무엇이었나요?
- 무기를 파는 것에 대해 반대합니다.
- 전쟁을 싫어합니다.

2) 보미와 제니퍼의 주장은 전쟁의 근본을 막고, 모두가 평화롭게 사는 세상을 꿈꾸기 때문이었어요. 보미와 제니퍼의 이러한 생각은 '생명존중','평화'에서 비롯되었다는 것을 알 수 있습니다.

나 평화를 위협하는 문제 알기

[우리 생활 곳곳에 평화를 위협하는 문제를 알아본다.]

1) 이 책에서 등장하는 장난감 총은 우리 생활을 위협하는 존재인가요?
- 장난감 총은 다른 사람에게 고통을 주는 폭력적인 물건입니다. 다른 사람이 공포를 느낄 수 있으므로 위협적인 물건이라고 볼 수 있습니다.

2) 이와 비슷하게 우리 생활에서 평화를 위협하는 것에는 어떤 것들이 있을까요?
- 각종 범죄, 테러, 가정 폭력 등

TIP
최근 뉴스와 신문기사를 이용하는 것도 좋은 방법이다.

3) 위와 같은 일들이 일어나는 원인은 무엇일까요?

4) 이와 같이 평화를 위협하는 근본적인 문제는 생명을 경시하는 태도에 달려 있어요. 신문에 자주 등장하는 여러 나라에서의 테러를 보면 와닿을 거예요. 그렇기 때문에 우리 모두는 평화를 지키기 위해 '생명존중'을 실천하여야 합니다.

다 평화를 실천할 수 있는 방법?

[평화 실천에 대한 방안에 대해 자유롭게 발표한다.]

1) 우리가 실생활에서 평화를 실천할 수 있는 방법에 대해 발표해 봅시다.

- 친구에게 욕을 하지 않습니다.
- 친구에게 준비물이나 학용품을 빌려줍니다.

TIP

평화를 실천하기 위해 내가 할 수 있는 일, 우리 교실에서 할 수 있는 일, 학교에서 할 수 있는 일 등 차원을 넓혀가며 점진적으로 생각해보도록 한다. 이 때, 포스트잇에 자신의 생각을 써서 전지에 붙이는 활동을 하면 일목요연하게 다양한 의견을 살펴볼 수 있어 좋다.

[평화 실천에 대한 방안을 생각할 때 평가기준을 살펴본다.]

1) 다음 평가기준을 고려하여 평화 실천 방법에 대해 생각해봅시다.

예 평가기준 :

- 도덕적으로 바람직 한가?
- 소수의 의견을 고려한 방법인가?
- 많은 사람의 지지를 받을 수 있는 방법인가?
- 시간이나 비용을 고려했을 때 우리의 힘으로 실천할 수 있는 방법인가?
- 문제를 가장 효과적으로 해결할 수 있는 방법인가?

[평화 실천에 대한 방안을 모둠별로 토의한다.]

1) 평화 실천은 생명을 가진 모든 생명체를 대상으로 실천할 수 있습니다. 예를 들어 다리가 아픈 친구를 위해 가방을 대신 들어 주는 것, 꽃이나 나무를 꺾지 않는 행동 모두가 해당되겠지요.

2) 우리 모둠이 평화를 실천할 수 있는 방안을 창문 학습지를 통해 정리해봅시다.

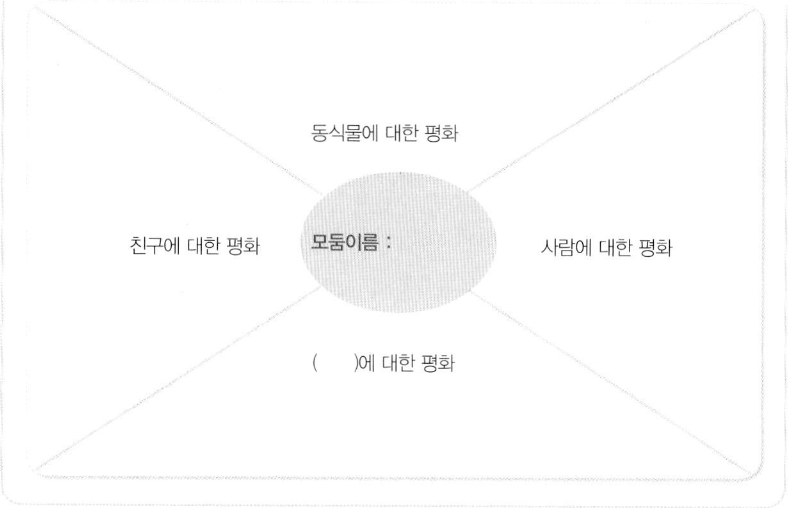

라 평화 수호자로써 다짐하기

[토의한 내용을 토대로 평화 실천 계획을 세운다.]

1) 모둠별로 토의한 내용을 기초로 평화 실천 계획을 세워봅니다.

(　　　　　　　)의 평화 수호자 활동 계획
할 일 :
날짜, 시간 :
장소 :
준비물 :

2) 자신이 세운 실천 계획을 발표하고, 실천 다짐을 합니다.

TIP

한 주 동안 실천 계획을 잘 지킨 친구를 무기명 투표 하여 칭찬의 시간을 가져도 좋다.

4 이런 책도 있어요

『왜?』는 생쥐와 개구리를 통해서 평화가 어떻게 깨져나가는지, 전쟁이 어떻게 일어나는지를 그리고 있다. 글자 없는 그림책이지만 그림만으로도 충분히 전쟁의 폐허와 어리석음을 일깨워 주는 책이다. 서정적이고 따뜻한 느낌이 나는 수채화풍의 그림이 전쟁의 삭막함과 평화의 소중함, 평화를 지켜나가기 위해 어떻게 해야 하는지를 잘 보여 준다.

『핵폭발 뒤의 최후의 아이들』은 1983년 독일에 핵폭발이 일어났음을 전제하여 써내려간 책이다. 방사능으로 오염된 환경, 원자병과 전염병, 식량과 의료시설의 부재, 살벌해지는 인심 이렇듯 핵폭발의 참담함에 대해 죽어가는 이들 가운데 생존하는 한 아이의 시선에서 그려진 동화이다. 핵의 위험과 전쟁의 폐허에 대해 사실적으로 쓴 책이다.

『왜?』
(니콜라이 포포프/현암사)

『핵폭발 뒤의 최후의 아이들』
(구드룬 파우제방/유진)

5 활동 결과물

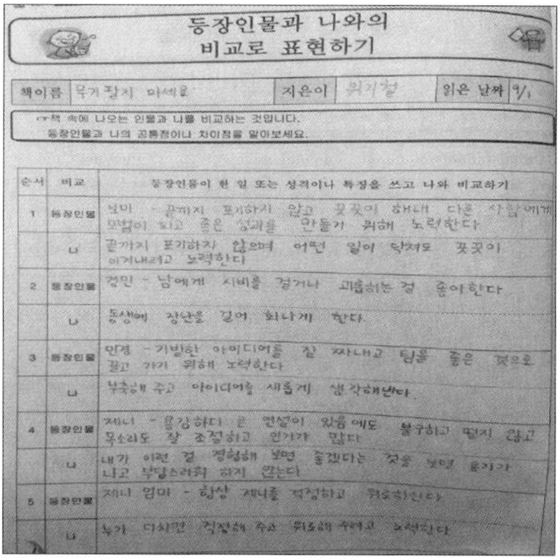
등장인물과 나와의
비교로 표현하기

책이름	무기 팔지 마세요	지은이	위기철	읽은 날짜	9/1

☞책 속에 나오는 인물과 나를 비교하는 것입니다.
등장인물과 나의 공통점이나 차이점을 알아보세요.

순서	비교	등장인물이 한 일 또는 성격이나 특징을 쓰고 나와 비교하기
1	등장인물	보미 - 끝까지 포기하지 않고 꿋꿋이 해내 다른 사람에게 모범이 되고 좋은 성과를 만들기 위해 노력한다
	나	끝까지 포기하지 않으며 어떤 일이 닥쳐도 꿋꿋이 이겨내려고 노력한다
2	등장인물	경민 - 남에게 시비를 걸거나 괴롭히는 걸 좋아한다
	나	동생에 장난을 걸어 화나게 한다
3	등장인물	민경 - 기발한 아이디어를 잘 짜내고 팀을 좋은 길으로 끌고 가기 위해 노력한다
	나	부족해 주고 아이디어를 새롭게 생각해낸다
4	등장인물	제니 - [illegible] 편견이 있음에도 불구하고 떨지 않고 목소리도 잘 조절하고 인기가 많다
	나	내가 이런 걸 경험해 보면 좋겠다는 것을 보면 용기가 나고 부담스러워 하지 않는다
5	등장인물	제니 엄마 - 항상 제니를 걱정하고 [illegible]
	나	누가 다치면 걱정해 주고 위로해 주려고 노력한다

〈1~2차시, 인물탐구하기 활동〉

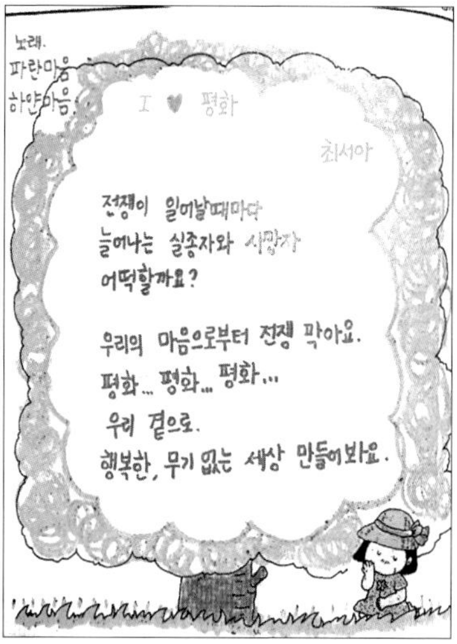

〈1~2차시, 읽은 이야기를 시로 쓰는 활동〉

〈3~4차시, 무기사용에 대한 토론 활동〉

6 수업 성찰

『무기 팔지 마세요』는 어린 시절 장난감 총 사용이 나아가 무기 소지를, 무기 소지가 곧 전쟁을 초래한다고 주장하는 이야기의 동화이다. 아이들은 무기 자체를 지니고 있음으로 전쟁이 일어난다는 책 내용에 집중해 무기에 대해 부정적인 측면을 강하게 받아들였다. 토론을 하려고 하여도 무기에 대해 반대하는 아이들이 과반수를 넘었기 때문에 원활한 토론이 이루어지기 힘들 것이라 생각하였다.

이에 3차시 수업에서는 '무기'의 또 다른 면을 소개하며 생각할 거리를 던져주었다. 아이들의 생각이 한층 더 깊어지고 넓어질 수 있도록 현재 우리 남북관계와 북핵 문제에 대해 생각해보기도 하였다. 지금 현재 국제 정세 속에서 '무기'란? 무엇인지 생각해보고 武 글자를 하나하나 풀이할 때에는 아이들의 눈이 똘망똘망해지고, 무기가 오히려 전쟁을 막는 역할을 한다는 대목에서는 무기의 역설에 대해 고개를 끄덕이기도 하였다.

다소 어려운 주제였지만 아이들은 '무기는 평화를 지켜준다.'(책 주제의 반대)에 찬,반으로 나뉘어 토론 순서에 따라 열띤 토론을 하였다. 반론에 재반론을 거치면서 주장은 더욱 탄탄해지고, 아이들도 흥미진진하게 참여하였다. 현재 분단 상태인 우리나라의 입장을 적용해보기도 하고, 역사 이야기를 사례로 들며 모두가 참여하는 열정적인 토론이 깊이 남는 수업이었다.

우리 한글

초정리 편지

(배유안/창비/2007)

관련 교과 및 성취 기준

국어

- [6국02-03] 글을 읽고 글쓴이가 말하고자 하는 주장이나 주제를 파악한다.
- [6국04-06] 일상생활에서 국어를 바르게 사용하는 태도를 지닌다.
- [6국05-02] 작품 속 세계와 현실 세계를 비교하며 작품을 감상한다.
- [6국05-03] 비유적 표현의 특성과 효과를 살려 생각과 느낌을 다양하게 표현한다.

사회

- [6사03-05] 조선을 세우거나 문화 발전에 기여한 인물(이성계, 세종대왕, 신사임당 등)의 업적을 통해 조선 전기 정치와 민족문화의 발전상을 탐색한다.

도덕

- [6도03-02] 공정함의 의미와 공정한 사회의 필요성을 이해하고, 일상생활에서 공정하게 생활하려는 실천 의지를 기른다.

미술

- [6미03-01] 우리나라 전통 미술의 특징을 현대 미술과 비교할 수 있다.

1 책 소개

나뭇짐을 하다 발견한 토끼를 쫓다가 만나게 된 토끼눈 할아버지. 토끼눈 할아버지에게 장운은 글자를 배우게 된다. 이렇게 익힌 글자를 통해 장운은 토끼눈 할아버지와 여러 차례 흙바닥 편지도 주고받으며 글로 대화를 주고 받는 재미에 푹 빠지게 된다. 이러한 기쁨을 혼자 누릴 수 없었던 장운이는 누이 덕이와 친구 난이, 오복이에게도 글을 가르쳐 주게 된다. 뿐만 아니라 종살이로 간 누이를 그리워하며 편지를 주고 받고, 석수 기술을 한글로 기록하기도 하며, 난이가 한양으로 가는 장운에게 약봉지를 쓸 때 한글을 사용한다.

이 동화는 세종대왕의 한글 창제와 그로 인해 있었을 법한 이야기를 재미있게 상상하여 쓴 이야기이다. 이 글을 읽으며 우리 한글의 우수성에 대해 생각해볼 수 있고, 초창기 훈민정음과 오늘날 한글체계에 대한 차이점도 살펴보며 현재 한글의 무분별한 단축어 사용, 잘못된 맞춤법, 외래어의 차용, 남용 등을 되돌아보며 우리의 한글 사용을 반성해 볼 수 있을 것이다.

2 프로젝트 주제

우리 글자는 세계적으로도 과학성을 인정받았으며, 해례본은 유네스코에도 등재가 되었을 만큼 아주 대단한 글자이다. '훈민정음'을 소재로 삼고 있는 이 동화를 읽으면서 학생들은 세 가지 프로젝트에 참여하게 된다.

1~2차시에는 책 내용을 파악하고, 인물들의 성격 추론, 각 장면에서 인물의 심정을 추측해보는 시간을 가진다. 또한 기억에 남는 장면을 함

께 나눠보면서 책의 내용을 깊이 있게 다루며 책의 주제를 찾아보도록 한다.

3~4차시에는 역사에 초점을 맞추어 책 내용의 배경이 되는 조선 전기 사회의 특징을 찾아보는 시간을 가진다. 조선의 신분제도와 세종대왕의 업적에 대해 깊이 공부하고 세종대왕님께 진심을 담아 감사의 편지를 쓰며 마무리 한다. 이 수업은 역사와 문학을 함께 아우를 수 있도록 하며, 감사의 편지는 후속 차시에서 판본체로 편지를 써보는 활동으로 이어진다.

5~6차시에는 '초정리 편지'에 나온 한글고체를 판본체로 써보는 미술시간과 연계하여 수업한다. 훈민정음 반포와 함께 등장한 판본체의 특징을 살펴보고, 초정리 편지를 직접 써보면서 책 속 인물이 되어보는 시간을 가진다.

TIP

이 책은 장편이기 때문에 수업을 시작하기 전에 모든 아이들이 책을 한 번씩 읽어오도록 사전 과제를 제시한다. 매일 아침 15분씩 독서시간을 가지며, 독서공책에 기록을 한다. 날짜를 쓴 뒤, 책에서 인상 깊은 구절을 쓰고 그에 대한 느낀 점을 쓰도록 한다.⇒ Slow reading

3 실제 활용 방법

1-2차시

- 차시 주제 : 줄거리와 인물 살피기
- 관련 교과 및 성취기준 : 국어
  [6국02-03] 글을 읽고 글쓴이가 말하고자 하는 주장이나 주제를 파악한다.
  [6국05-03] 비유적 표현의 특성과 효과를 살려 생각과 느낌을 다양하게 표현한다.
- 시간 : 80분
- 준비물 : 동화책

가 표지 보고 질문하기

[책의 제목, 표지를 보고 무슨 이야기가 전개될지 짐작해 본다.]

1) 표지를 보고 짝과 함께 질문을 해 봅시다.

2) 책의 제목에서 추론할 수 있는 것은 무엇인가요?
   - 편지를 쓰는 내용 같습니다.

3) 책의 표지 그림에서 보이는 것은 무엇인가요?
   - 남자아이와 여자아이가 글씨를 쓰고 있습니다. 글씨가 옛날 고어 같습니다. 연꽃이 보입니다.

4) 책의 제목 '초정리 편지'에서 '초정리'가 무엇일까요?
   - 잘 모르겠습니다.

5) '초정'은 충북 청원군에 있는 약수 이름이에요. 옛날 세종대왕이 한글을 창제하고 연구를 하며 안질(眼疾)이 생겼다고 해요. 이 때, 초정의 약수로 60일 정도 치료를 한 끝에 세종대왕의 병이 완치되었다고 해요. 이를 기념하여 이 약수를

'왕의 물'이라고도 부르기도 했다고 합니다.

또한, '초정리'는 충청도 청주에 있는 마을 이름이라고도 합니다. 이를 통해 '초정리 편지'의 주인공인 장운이 살았던 곳, 그리고 세종대왕과 대면하였던 장면 속 장소가 충청도라는 것을 알 수 있지요.

나 내용 파악하기

[학생들이 책을 다시금 곱씹을 수 있는 여유를 주면서 주요 장면들 이야기를 한다.]

[책의 내용을 확인한다.]

1) 내용 파악을 위한 질문을 만들고, 짝과 바꾸어 답을 써 봅시다.

예 학생 1 : 책의 주요 등장인물은 누구인가요?

- 장운, 덕이, 약재영감, 빨간 눈 할아버지, 난이, 오복이, 상수, 점밭 아저씨 등입니다.

학생 2 : 이 책의 배경이 된 시기는 언제 입니까?

- 조선 전기 입니다.

학생 1 : 장운이가 만난 토끼눈 할아버지는 누구였습니까?

- 세종대왕

학생 2 : 장운이가 토끼눈 할아버지에게 배운 것이 무엇입니까?

- 새로운 글자

학생 1 : 장운이는 새로운 글자를 누구에게 알려주었습니까?

- 덕이와 오복이, 난이에게 알려주었습니다. 나중에는 함께 일하는 석수 아저씨들에게도 알려주었습니다.

학생 2 : 장운이 가장 처음으로 돌로 만든 작품은 무엇입니까?

- 돌거북

2) 토끼눈 할아버지가 가지고 있던 고민이 무엇이었을까요? 책을 찾아보며 이야기해 봅시다.

- 133쪽에 보면, 조정에서 대신들이 새 글자 쓰는 걸 반대하여 조정이 시

끄러웠음을 알 수 있습니다.

- 152쪽에 상수의 말을 보면, " 양반 상놈 구분도 안 되게. 양반들은 그런 거 안 써. 평생 배워 온 진서가 있는데 뭐 하러 그까짓 걸 새로 배우냐?" 양반들의 반대가 심했음을 알 수 있습니다.
- 160쪽에 쉬운 글자를 쓰며 선비들이 진서 공부를 소홀히 할까 걱정하고, 새로운 글자로 과거를 보는 것에 불평하고 있는 장면이 있습니다.

3) 세종대왕이 훈민정음을 반포하기 전에 양반 계층의 엄청난 반대가 있었는데요. 이는 조선시대 중국을 섬기는 조선의 상황, 그리고 신분 차별 등을 이유로 들 수 있겠지요.

다 인물 다시 보기

[등장인물의 성격을 알아본다.]

1) 책 속 주요 인물의 성격을 알아봅시다. 주요 장면을 보고, 각 인물의 성격을 추론하며 질문해보세요.

2) 장운은 어떤 성격의 아이인지, 책 속에서 문장을 찾아보고 함께 이야기해 봅시다.

예 27-30쪽에 토끼눈 할아버지와 장운이 나누는 대화를 보면, 장운이 새로운 글을 배우고 싶어하는 장면이 있습니다. 여기서 장운이는 예의가 바르고, 새로운 것을 배우는 데 열심을 내는 성격인 것 같습니다.

3) 덕이의 성격은 어떤 것 같나요? 책 속에서 문장을 찾아보고 함께 이야기해 봅시다.

예 42-43쪽을 보면 아버지 약 값 빚을 갚기 위해 다른 집 식모살이로 가기 전 장운이와의 대화를 보면 덕이는 속이 깊고 가족을 끔찍이 아낀다는 것을 알 수 있습니다.

4) 난이의 성격은 어떤 것 같나요? 책 속에서 문장을 찾아보고 함께 이야기해 봅시다.

예 장운이에게 따뜻한 말을 많이 건네고, 음식도 잘 나눠주는 것으로 보아 정이 많은 성격인 것 같습니다. 약초에 대해 정리를 잘 하는 것으로 보아 꼼꼼할 것 같습니다.

5) 빨간 눈 할아버지의 성격은 어떤 것 같나요? 책 속에서 문장을 찾아보고 함께 이야기해 봅시다.

예 천한 신분인 장운이에게 글자도 알려주고, 쌀도 주고 하는 것으로 보아 동정심이 많은 것 같습니다.

6) 오복이의 성격은 어떤 것 같나요? 책 속에서 문장을 찾아보고 그 이유도 함께 이야기해 봅시다.

예 장운이 한양에 갈 때 장운의 아버지를 돌보겠다고 하는 장면으로 보아 의리가 있는 것 같습니다.

라 인물의 마음 읽기

[인물의 심정을 추론해본다.]

1) 다음 장면을 보고, 인물의 심정을 생각해 봅시다.

윤 초시 댁에 들어서기가 바쁘게 봉구댁이 기다렸다는 듯 장운을 붙잡았다. 장운은 덕이란 말에 흠칫 놀라 눈을 크게 떴다.

"덕이가 저어기 무심천 너머 기와집 많은, 그 무슨 마을이라더라, 거기에 산단다."

"예, 누이가요?"

"그래. 우리 바깥양반이 숯 팔러 갔다가 덕이를 만났대."

"정말요? 정말 누이를 만나셨대요?"

"그렇다니까. 자, 이게 뭔지 모르겠다. 덕이가 주더라네."

봉구댁이 종이 접은 것을 내놓았다.
"편지라 했다는데, 이게 글자도 아니고……"
종이를 펴 본 장운은 화들짝 놀랐다. 글자가 씌어 있었다. 누이와 같이 외우며 신기해하던 바로 그 글자들이었다.

〈본문 73-74쪽 내용 중〉

2) 덕이로부터 편지를 받은 장운은 어떤 심정일까요? 구체적으로 표현해봅시다.

- 매우 신기할 것 같습니다.
- 토끼 눈 할아버지께 감사하는 마음이 들 것 같습니다.
- 좋을 것 같기도 하고, 새로운 글자로 소식을 주고 받는 것에 묘한 기분을 느낄 것 같습니다.

3) 토끼눈 할아버지가 덕이의 편지를 본다면 마음이 어떠했을까요?

- 매우 감격스러울 것 같습니다.
- 덕이와 장운이에게 고마운 마음이 들었을 것입니다.

"그게 무슨 말이니?"
난이가 물었다.
"윤 초시 어른이 그러셨어. 나라님이 이 글자를 온 백성이 배우라고 반포하셨대."
"정말 이상하네, 그걸 어떻게 네가 먼저 배우게 됐을까? 그 할아버지가 도대체 누구신데?"
난이가 눈을 반짝이며 장운에게 바싹 다가앉았다.
"나도 궁금해 죽겠어."
(중략)
"장운아, 가슴이 벌렁벌렁해. 우리가 먼저 이 글자를 배웠다고 생각하니까……"
글을 읽다 말고 난이가 가슴에 손을 갖다 댔다.

〈본문 137-138쪽 내용 중〉

4) 반포된 새 글자를 이미 알고 있는 장운, 오복이, 난이는 어떤 심정일까요?

- 신기하기도 하고, 가슴이 벌렁벌렁 할 것 같습니다.왜냐하면 자기가 먼저 글자를 알고 있었기 때문입니다.
- 장운이는 토끼 눈 할아버지의 정체가 정말 궁금할 것 같습니다.
- 새로운 글자를 이미 알고 있으니 우쭐 할 것 같습니다.

"네가 저 글자를 어떻게 아느냐?"
"저, 전에 어떤 할아버지한테서 배웠습니다."
"어떤 사람이더냐?"
"인자하시고 품위있으시고…… 그, 근심이 많은 분이셨습니다."
"그래, ㉠네가 그 근심을 덜어 주었느냐?"
"예에?"
근심을 덜어……장운은 무엇이 머리를 탁 치는 것 같았다. 자기도 모르게 고개를 들었다.
"하, 할아버지!"
토끼 눈 할아버지였다. 장운은 정신이 아뜩했다.

〈분문 194쪽 내용 중〉

5) 토끼 눈 할아버지가 임금님이라는 것을 안 장운이의 심정은 어떨까요?

- 깜짝 놀랐을 것 같습니다.
- 어안이 벙벙할 것 같습니다.
- 기쁘고 좋을 것 같습니다. 왜냐하면 임금님과의 단독 과외 수업(?)을 하였기 때문입니다.

6) 토끼 눈 할아버지는 누구일까요?

- 세종대왕입니다.

7) 책의 앞부분에서 임금님(토끼눈 할아버지)의 '근심'이 나온 부분을 찾아봅시다.

- 26쪽-"근심이라...산처럼 물처럼 많으니라. 그래서 가끔 여기 와서 앉았다 가느니. 너도 근심이 많으냐?"
- 35쪽-"이제 누이도 글을 쓸 수 있습니다." "그러냐? 누이도 쉽게 익히

더냐?" "예, 저하고 마당에서 글자 놀이도 합니다. 그런데 누이는 할아버지가 부자이고 양반인데도 근심이 있는 게 이상하다고 했습니다."
"허허, 너와 네 누이가 내 근심을 많이 덜어주었느니라."

8) ㉠의 세종대왕의 근심은 무엇일지 생각해봅시다.

• 새로운 글을 만들어 백성들에게 사용하게 하는 것에 대한 근심인 것 같습니다.

9) ㉠의 세종대왕이 근심한 이유를 책에서 찾아봅시다.

• 133쪽, 152쪽을 보면 이미 양반들은 한자처럼 점잖고 어려운 글자(진서)를 쓴다는 말이 있습니다. 당시에는 엄격한 신분 사회이기에 새로운 글자(누구나 쓸 수 있는)는 조정 대신들도 반대하여 반포하는 데 어려웠기 때문입니다.

㉡"돌을 깨어 내면 안에 든 꽃잎이 눈을 뜨고 피어납니다."
"안에 든 꽃잎이 눈을 뜬다고? 돌을 깨어 내면?"
"예."
할아버지는 고개를 끄덕이며 한참 생각에 잠기는 듯했다. 할아버지가 장운이 쪽으로 허리를 굽히더니 목소리를 낮췄다.
㉢"장운아, 그러고 보니 나도 돌을 깨어 내고 있구나."

〈분문 200쪽 내용 중〉

10) ㉡에서 꽃이 깨어나기 전에는 무엇인가요?

• 돌입니다.

11) ㉡에 담긴 의미는 무엇일까요?

TIP

작가가 장운이를 목수가 아닌 석수로 정한 이유는 나무를 "자른다"는 것 보다 돌을 "깨다"는 의미가 더 생산적이며 책의 주제와 통한다고 생각하였기 때문이다. 새로운 글자를 반포하기 위한 세종의 고민과 실천을 '석수가 돌에서 새로운 작품을 깨어내는 것'과 비교해보는 시간을 가진다.

12) 임금님이 하신 말씀 ⓒ의 의미는 무엇인가요?

- 백성들의 편안함을 위해 여러 것을 만들고 있다는 뜻 인것 같습니다.
- '새 글을 반포 하는 것'이 '돌을 깨어낸다'는 것으로 비유하였습니다. 새 글을 반포하여 백성들이 글을 읽고, 쓸 수 있게 될 것이기 때문입니다. 이를 장운이가 한 말에 빗대어 '돌을 깨어내어 꽃잎이 눈을 뜬다'는 것과 같이 표현 하였습니다.

마 인상 깊은 장면 나누기

[책 속에서 인상깊은 장면을 이야기한다.]

1) 가슴에 남는 책의 장면을 이야기해 봅시다.

- 장운이가 토끼눈 할아버지께 글을 배우는 모습이 가장 인상 깊습니다. 장운이 한 글자, 한 글자를 열심히 흙바닥에 쓰며 배우는 모습이 기억에 남습니다.

바 책의 주제 찾기

[책의 주제를 찾아본다.]

1) 세종과 장운이라는 아이의 만남 그리고 새로운 글자. 이 책에서 말하고자 하는 것이 무엇일까요? 책의 주제를 찾아봅시다.

TIP

개인이 주제를 먼저 생각해보고, 짝과 함께 정해보고, 모둠이 함께 토의하여 책의 주제를 찾아보도록 한다.

- 어려움을 딛고 성공한 훈민정음의 반포.
- 백성을 사랑한 세종대왕님께 감사하자.

3~4차시

- 차시 주제 : 세종과 조선 전기 사회
- 관련 교과 및 성취기준 : 국어, 사회, 도덕
  [6국04-06] 일상생활에서 국어를 바르게 사용하는 태도를 지닌다.
  [6국05-02] 작품 속 세계와 현실 세계를 비교하며 작품을 감상한다.
  [6사03-05] 조선을 세우거나 문화 발전에 기여한 인물(이성계, 세종대왕, 신사임당 등)의 업적을 통해 조선 전기 정치와 민족문화의 발전상을 탐색한다.
  [6도03-02] 공정함의 의미와 공정한 사회의 필요성을 이해하고, 일상생활에서 공정하게 생활하려는 실천 의지를 기른다.
- 시간 : 80분
- 준비물 : 세종대왕의 업적과 관련된 사진 자료, 편지지

가 시대적 배경 살펴보기

[책 속의 시대적 배경에 대해 알아본다.]

1) 책 속 시대는 언제인가요?
   - 조선 전기입니다.

2) 오늘날과 구별되는 조선 전기의 특징에 대해 이야기해 봅시다.
   - 신분제도가 있었습니다.
   - 세종대왕의 업적이 많이 있습니다.

3) 책 속에서 조선의 신분 제도가 잘 나타난 장면을 찾아봅시다.
   - 40쪽 : 노비 문서를 없애고 양민으로 만들어준 장면
   - 133쪽 : 새로운 글자 반포를 반대하는 조정 대신들
   - 152쪽 : "양반 상놈 구분도 안 되게. 그리고 양반들은 그런 거 안 써.", "사람은 원래부터 신분이라는 게 있는 거다."

4) 조선 시대 사람들은 태어나면서부터 신분이 정해져 있었습니다.
   '양천제'라는 신분 제도를 바탕으로 신분을 크게 양인과 천민으로 구분하였지

요. 이를 실제로 네 개의 신분으로 나누었는데요. 어떤 신분이 있었나요?

• 양인은 다시 양반, 중인, 상민으로 나누어서, 실제로는 양반, 중인, 상민, 천민의 네 계층으로 구분하였습니다.

5) 책의 내용의 이해를 돕기 위해 각 신분 계층의 특징에 대해 정리해봅시다.

참고

〈조선 시대에 신분과 계층과 계층에 따라 하는 일〉

① 양반
- 관리가 되어 나랏일에 참여할 수 있었다.
- 땅과 노비를 가졌고 자신의 땅을 농민에게 빌려주기도 하였다.
- 남자는 어릴 때부터 글공부를 하여 관리로 나가는 경우가 많았고, 여자도 글공부를 하였으나 관리가 될 수는 없었고, 집안 살림을 챙기고 자녀를 교육하는 데 힘썼다.

② 중인
- 양반과 상민의 중간에 있는 계층이었다.
- 양반을 도와 관청에서 일하거나 전문직에 종사하였다.
- 의학을 공부한 의관이나 외국 사람의 말을 통역하는 역관 등이 중인에 속하였다.
- 상민보다는 지위가 높았으나 양반처럼 높은 관직에 오르기는 어려웠다.

③ 상민
- 상민은 농업·어업·수공업·상업 등에 종사하였으며, 군역을 지고 세금을 냈다.
- 상민의 대부분은 농민이었고 그들은 농사를 지어 거두어들인 곡식의 일부를 세금으로 내거나 땅 주인에게 바쳤다.
- 백정, 광대, 무당, 기생 등은 신분은 양인이었지만 천한 직업으로 여겨졌다.

④ 천민
- 최하층 신분으로 대부분 노비였다. 이들은 주인을 위하여 여러 가지 일을 하였다.

나 세종대왕의 업적 알기

[세종대왕의 업적에 대해 알아본다.]

1) 조선 전기의 세종대왕은 수많은 업적을 남겼는데요. 기억나는 것이 있나요?

- 한글이 태어났습니다.
- 음악이 발달하였습니다.
- 측우기, 해시계 등 과학기술이 발달하였습니다.
- 농사직설과 같은 책을 만드셨습니다.

2) 역사시간에 열심히 배운 것 같군요. 여러분이 말한 것과 같이 세종대왕님은 장영실 등 우수한 과학자들과 함께 여러 과학기술이 발달할 수 있도록 도우셨어요. 다음과 같이 혼천의, 간의, 앙부일구, 자격루, 측우기 등이 있지요.

혼천의와 간의 앙부일구 자격루 측우기

3) 또한 '농사직설'과 같은 책을 펴내어 우리나라 농업기술 발달에도 크게 일조하셨답니다.

이번시간에 우리가 읽은 책에서는 '훈민정음을 반포'하신 분으로 등장하지요. 훈민정음은 세종이 직접 만들어 반포하였으며 '백성을 가르치는 바른 소리'라는 뜻이 담겨있습니다. 또한 훈민정음은 과학적인 원리에 따라 만들어져 배우기 쉽고, 장운이가 이야기 했듯이 거의 모든 소리를 적을 수 있는 독창적인 문자이지요.

4) 훈민정음이 만들어지기 전에는 어떻게 글을 썼을까요?

- 한문으로 읽고 썼습니다.

5) 그렇지요. 훈민정음을 만들기 전에는 우리 말을 적을 문자가 없어 한자를 썼습니다. 당시 양반은 한자를 사용하였지만 한자를 배우지 못한 일반 백성은 생활에 불편이 많았습니다. 그래서 세종대왕은 백성이 쉽게 배우고 사용할 수 있도록 훈민정음을 만들었고, 관리들에게도 배우도록 하였답니다.(본문 133쪽)

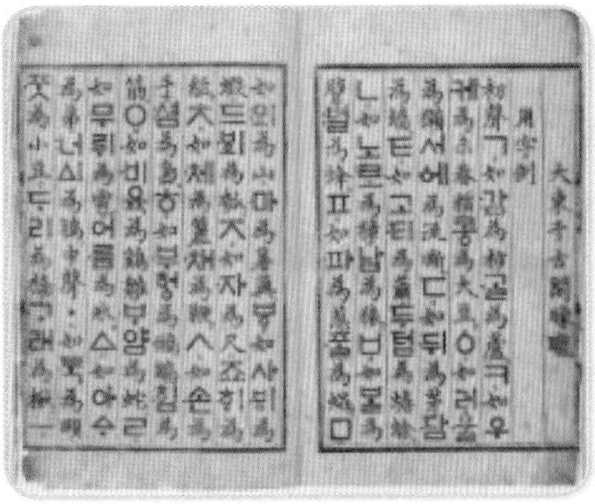

다 감사의 편지 쓰기

[세종대왕께 감사의 편지를 써본다.]

1) 세종대왕이 훈민정음을 반포하지 않았으면 어떻게 되었을까요?
- 아직도 한문을 쓰고 있었을 것 같습니다.
- 지금 학교에서 한문공부를 열심히 할 것 같습니다.
- 우리 글이 없었을 것 같습니다.

2) 여러 어려운 여건 속에서도 꿋꿋하게 훈민정음을 반포하신 세종대왕님께 감사의 편지를 써 봅시다. 또는 조선 전기 사회 때 과학의 발전을 위해 힘쓴 과학자에게 편지를 써도 좋습니다.

5~6차시

- 차시 주제 : 판본체 편지 쓰기
- 관련 교과 및 성취기준 : 미술
  [6미03-01] 우리나라 전통 미술의 특징을 현대 미술과 비교할 수 있다.
- 시간 : 80분
- 준비물 : 판본체 ppt, 문방사우, 신문지(또는 물로 쓰는 서예 세트)

가 초정리 편지 관찰하기

[책 속 초정리 편지를 살펴본다.]

1) 책 속 초정리 편지를 함께 봅시다.

> 장우나 내 이제 몯 오리라 그 가내 네 ᄡᅥ다 준 믈 이대 마
> 시더니라 네 더게 아조 즐겁과라 훗나래 쏙 다시곰 만나
> 고라 그 ᄢᅵᆺ장 아ᄫᅵ 이대 뫼시고 싁싀기 사라라 글ᄌᆞ도
> 닛디 말오 유익하긔 쓰라 ᄡᆞᆯ ᄒᆞᆫ 가매 오거든 내 하놃심브
> 림 ᄒᆞᆫ 줄 알오

2) 위의 편지는 토끼 눈 할아버지가 장운에게 쓴 마지막 편지입니다.

위 편지 속 글자에는 어떤 특징이 보이나요?

- 글자가 정사각형 모양에 쏙 들어갈 것 같이 일정합니다.
- 오늘날 쓰이지 않는 글자도 있습니다.
- 글자 모음 예를 들어 디귿, 리을 등의 사이 간격이 일정합니다.

[판본체의 특징 알기]

1) 훈민정음이 반포될 당시 이를 '판본체'로 썼답니다. '판본체'는 한글 서체 중 하나입니다. 정음체라고도 불리며, 훈민정음 반포 직후 쓰여진 책들 가령 『훈민정음』, 『용비어천가』, 『월인천강지곡』은 판본체로 썼다고 합니다. 판본체는 다음과 같은 특징들이 있어요.

① 획의 굵기가 일정합니다.

② 가로획은 항상 수평을, 세로획은 수직을 유지합니다.

③ 한 글자가 정사각형입니다.

④ 문자의 중심을 맞추어 씁니다.

나 감사의 편지 써보기

[판본체로 초정리 편지를 써본다.]

1) 판본체의 특징을 생각하며, 전 차시에 쓴 감사의 편지 중 한 구절을 판본체로 써 봅시다.

하ᄂᆞᆯㅎ ᄯᅡㅎ ᄉᆞᄅᆞᆷ 녀름 구룸

(하늘 땅 사람 여름 구름)

TIP

먹물을 사용하여도 좋고, 운동장에 나가서 (장운이 했던 것 처럼) 흙바닥에 글씨를 쓸 수도 있다. 공책에 연필로 한 자 한 자 쓰면서 판본체의 특징을 익히는 시간을 가져 볼 수도 있다.

다 글씨 감상하기

[친구들이 쓴 글씨를 감상해본다.]

1) 친구들과 내가 쓴 '초정리 편지'를 감상해봅시다.

4 이런 책도 있어요

『정조대왕 이산』은 인간적인 정조의 면모에 대해 잘 묘사되어 있다. 당시 조선의 왕이었던 이산이 겪은 인간적인 고뇌와 아픔을 〈초정리편지〉에서 세종이 했었던 고민과 비교, 탐구하며 생각해 볼 수 있는 시간을 가질 수 있을 것이다.

『정조대왕 이산』
(박신식 글/대교출판)

『책 읽어주는 아이 책비』는 조선 후기에 보자기에 책을 싸들고 다니며 책을 읽어주는 여성이야기꾼의 이야기이다. 억울하게 역적으로 몰려 부모님을 잃고 끊임없는 어려움에 처한 주인공을 살린 것은 '책'이었다.

『책 읽어주는 아이 책비』
(김은중 글/파란정원)

5 활동 결과물

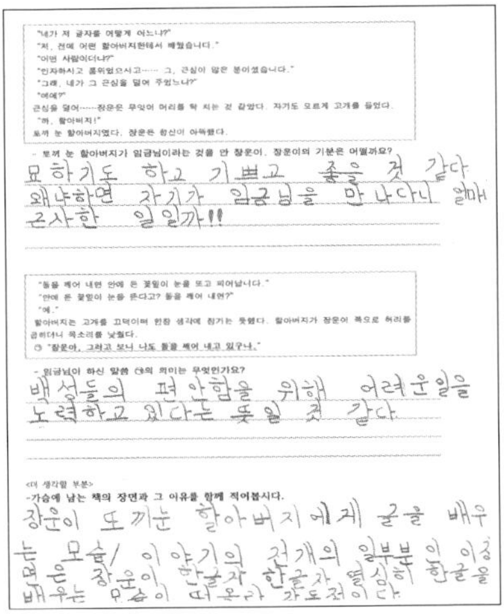
"네가 저 글자를 어떻게 아느냐?"
"저, 전에 어떤 할아버지한테서 배웠습니다."
"어떤 사람이더냐?"
"인자하시고 풍위없으시고…… 그, 근심이 많은 분이셨습니다."
"그래, 내가 그 근심을 덜어 주었느냐?"
"예예?"
근심을 덜어……장운은 무엇이 머리를 탁 치는 것 같았다. 자기도 모르게 고개를 들었다.
"하, 할아버지!"
토끼 눈 할아버지였다. 장운은 정신이 아득했다.

- 토끼 눈 할아버지가 임금님이라는 것을 안 장운이. 장운이의 기분은 어떨까요?
묘하기도 하고 기쁘고 좋을 것 같다 왜냐하면 자기가 임금님을 만나다니 얼마 근사한 일일까!!

"돌을 깨어 내면 안에 든 꽃잎이 눈을 뜨고 피어납니다."
"안에 든 꽃잎이 눈을 뜬다고? 돌을 깨어 내면?"
"예."
할아버지는 고개를 끄덕이며 한참 생각에 잠기는 듯했다. 할아버지가 장운이 쪽으로 허리를 굽히더니 목소리를 낮췄다.
㉠ "장운아, 그러고 보니 나도 돌을 깨어 내고 있구나."

- 임금님이 하신 말씀 ㉠의 의미는 무엇인가요?
백성들의 편안함을 위해 어려운일을 노력하고 있다는 뜻일 것 같다

<더 생각할 부분>
-가슴에 남는 책의 장면과 그 이유를 함께 적어봅시다.
장운이 또끼눈 할아버지에게 글을 배우는 모습/ 이야기의 전개의 일부분이 이었던 장운이 한글자 한글자 열심히 한글을 배우는 모습이 떠올라 감도적이다.

〈1~2차시, 인물의 마음 읽기 〈학습지〉〉

〈1~2차시, 인상 깊은 장면 나누기〉

6 수업 성찰

3단원. 조선사회로 넘어가는 사회 수업을 공부할 즈음 우리반의 아침시간은 『초정리 편지』와 함께였다. 책의 시대적 배경이 조선 초 세종대왕대이기에 사회수업과 연관지어 프로젝트 학습을 하기에 적합하였기

때문이다.

『초정리 편지』는 한 번에 다 읽는 데 다소 긴 동화이기 때문에 슬로우 리딩으로 읽도록 지도하였다. 아침마다 책을 조금씩 읽고 인상 깊은 구절을 찾아 쓰며 2~3주 동안 책 한 권을 깊이 완독하는 것이다.

『초정리 편지』는 시작부터 흥미진진하여 책 속으로 금방 빠져들어 쉬는 시간에 시키지 않아도 틈틈이 읽어 반 아이들 대부분이 책 한 권을 금새 다 읽어버렸다.

"진짜 재미있어요."

"○○이가 재미있게 느낀 이유가 무엇일까?"

"세종대왕님이 빨간눈을 가진 토끼 할아버지였다는 것이 진짜 반전이예요!"

"저도 장운이처럼 세종대왕님을 만나고 싶어요!"

1~2차시에 걸쳐 책의 내용과 인물의 성격 파악을 나눠보는 활동은 아이들의 너나 할 것 없는 적극적인 발표로 시간이 부족할 정도였다. 토끼눈 할아버지의 정체로 밝혀진 세종대왕의 업적과 훈민정음을 백성들에게 반포하기 까지 겪은 여러 어려움들(사대부 계층의 한글쓰기 거부, 아녀자들이 쓰는 글자로 탄압받은 아픈 역사)과 일제시대에 한글을 지키기 위해 가갸날(한글날)을 제정하고 우여곡절 끝에 오늘날 국경일로 인정된 한글날에 대한 설명으로 3~4차시의 수업이 이루어졌다.

역사 수업과 병행된 3~4차시 수업에서는 아이들이 가장 흥미를 가지는 세종대왕의 업적과 그 숨은 이야기(야사)와 세종대왕이 어떻게 왕이 될 수 있었는지, 왜 『초정리 편지』 속 세종대왕은 빨간 눈이었을지 생각해 보며 다양한 역사 이야기를 나누었다. 더불어 아이들이 한글의 소중함과 우리가 지켜야할 우리글이라는 자부심과 우리나라에 대한 애국심을 기를 수 있었던 귀한 시간이었다.

[5–6학년군]
교과통합

행복한 세상! 나부터 실천해요

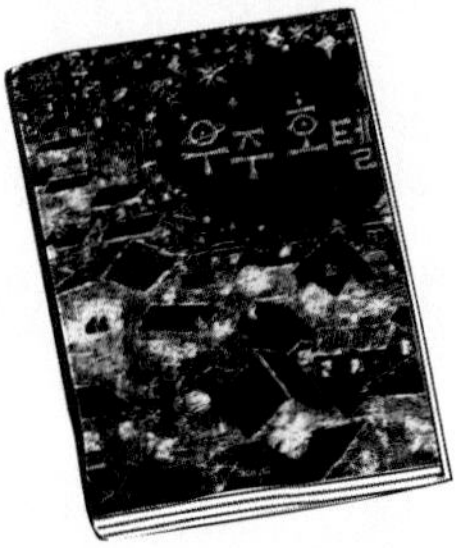

우주호텔

(유순희/해와 나무/2012)

관련 교과 및 성취 기준

국어

- [6국02–03] 글을 읽고 글쓴이가 말하고자 하는 주장이나 주제를 파악한다.
- [6국05–02] 작품 속 세계와 현실 세계를 비교하며 작품을 감상한다.
- [6국05–06] 작품에서 얻은 깨달음을 바탕으로 하여 바람직한 삶의 가치를 내면화하는 태도를 가진다.

사회

- [6사06–04] 광복 이후 경제성장 과정에서 우리 사회가 겪은 사회 변동의 특징과 다양한 문제를 살펴보고, 더 나은 사회를 만들기 위하여 해결해야 할 과제를 탐구한다.

도덕

- [6도03–04] 세계화 시대에 인류가 겪고 있는 문제와 그 원인을 토론을 통해 알아보고, 이를 해결하고자 하는 의지를 가지고 실천한다.

1 책 소개

이 책은 폐지 줍는 할머니가 주인공이다. 의지할 곳 없는 할머니는 오로지 폐지 줍는 것으로 외로움을 견디며 땅 속으로 꺼져버릴 듯이 허리를 구부리고 다닌다. 종이 할머니는 혹이 난 할머니가 자신의 종이상자를 가로채려고 하자 심하게 밀쳐내며 악착같이 삶을 이어간다. 어느 날 맑은 눈을 가진 '메이'라는 여자아이가 이사를 오게 된다. 할머니는 아이가 가져다 준 폐지에 그려진 우주호텔 그림을 보면서 다른 누군가에게 관심을 갖고 하늘을 쳐다보는 변화를 맞게 된다. 그리고 종이할머니는 혹이 난 할머니와 함께 살면서 여기가 바로 '우주호텔'이라고 생각하게 된다.

우린 늘 바쁘게 산다. 하고 싶은 것도 많고 해야 할 것도 너무 많아 정신없이 앞만 보고 달린다. 그러면서 삶의 진정한 의미에 대해 쉽게 놓치게 된다. 『우주호텔』은 함께 살아가는 세상에서 자신만을 위한 삶이 아닌 타인을 위한 삶의 가치에 대해 생각하게 만드는 책이다.

2 프로젝트 주제

본 프로젝트 주제는 '행복한 세상! 나부터 실천해요'로 삶의 소중한 가치에 대해 생각해보고, 다양한 사회문제의 해결 방법은 나눔의 실천에 있고 그 시작이 바로 나로부터라는 것을 체험을 통해 깨닫도록 구성하였다. 우리는 많은 문제들을 안고 살아간다. 그 중 경제성장으로 인한 다양한 사회 문제에 대한 인식과 그 해결책을 자신의 삶과 연결시켜보고자 하는 시도가 필요하다고 생각한다. 이 프로젝트를 통해서 학생들은 삶의 소중한 의미를 생각해보고, 사회 문제의 해결 방법과 아울러 사회 문제를 개인화하여 실천해보는 활동을 통해 더불어 사는 삶의 실천 의지를 갖게 될 것이다. 이러한 과정에서 삶의 소중한 가치에 대해 생각해보는 기회를 갖고 행복한 세상은 사회적 차원에서의 해결방법과 아울러 개인 차원에서의 실천의지가 무엇보다 중요함을 인식하였으면 한다. 또한 행복한 세상은 삶의 소중한 가치를 실천할 때 비로소 이루어지는 것이라는 걸 깨달았으면 한다.

3 실제 활용 방법

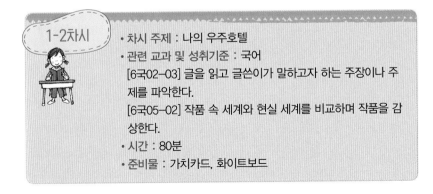

1-2차시

- 차시 주제 : 나의 우주호텔
- 관련 교과 및 성취기준 : 국어
  [6국02-03] 글을 읽고 글쓴이가 말하고자 하는 주장이나 주제를 파악한다.
  [6국05-02] 작품 속 세계와 현실 세계를 비교하며 작품을 감상한다.
- 시간 : 80분
- 준비물 : 가치카드, 화이트보드

가 자신의 소중한 가치 발표하기

[전체 발표를 통해 자신이 소중히 여기는 가치를 발표한다.]

1) 살아가면서 이것만은 꼭 지키면서 살고 싶다고 생각되는 것을 발표해 봅시다.

2) 선생님이 나누어주는 가치카드를 보고 자신의 가치를 확인해봅시다.

3) 그런 가치를 갖게 된 계기가 있는 사람도 발표해 봅시다.

예 가치카드

건강	활력	휴식	기쁨	보람	자유	즐거움	창조	통찰	배려	결단	겸손	긍정	끈기
평온	격려	경청	공감	기여	나눔	호기심	노력	도전	성실	성찰	신중	실천	여유
사랑	수용	신뢰	예의	우정	정의	유연함	열정	용기	용서	존중	자신감	절제	정직
창조	책임	친절	협력	배움	지혜	창의성	평화	감동	감사	희망	깨달음	꿈	몰입

나 제목과 그림을 보고 상상하기

[제목과 그림을 보고 이야기한다.]

1) 『우주호텔』이라는 제목을 보고 떠오르는 생각을 발표해 봅시다.

2) 책 표지를 보고 어떤 이야기일지 상상하여 봅시다.

다 책 읽으면서 밑줄 긋기

[교사와 학생 돌아가면서 한 문장씩 읽기를 통해 책 내용에 몰입한다.]

1) 책을 읽으면서 아름다운 문장에 줄을 그어 봅시다.

2) 인상 깊은 장면에 줄을 긋고 그 이유에 대해 발표해 봅시다.

라 사건 정리하기

[질문만들기로 사건을 정리해본다.]

1) 모둠별 책의 그림을 보며 사건의 전개 과정을 돌아가며 발표해 봅시다.

2) 장면과 관련있는 내용을 질문으로 만들고 이야기 나눠봅시다.

- 종이할머니가 허리를 굽혀 땅만 보고 다닌 이유는 무엇인가요?
- 종이할머니가 눈에 혹이 난 할머니를 밀쳤을 때 어떤 심정이었을까요?
- 메이의 그림을 보고 떠올린 할머니의 어릴 적 꿈은 무엇이었나요?
- 종이할머니가 눈에 혹이 난 할머니에게 먼저 다가간 이유는 무엇 때문이었을까요?
- 자신이 사는 곳이 우주호텔이라고 생각한 이유는 무엇일까요?

마 아름다운 문장 몸으로 표현하기

[각자 뽑은 아름다운 문장을 나눈다.]

1) 개인별로 마음 속 깊이 새겨두고 싶은 문장을 돌아가면서 발표하고 선택 이유도 말해봅시다.

[아름다운 문장을 몸으로 표현한다.]

1) 모둠에서 함께 표현해보고 싶은 아름다운 문장을 정해봅시다.
2) 아름다운 문장을 움직이는 장면이나 정지 장면으로 표현해봅시다.
3) 몸으로 표현한 것을 보고 책에서 찾아 그 문장을 함께 읽어봅시다
4) 표현한 장면을 보고 등장인물이나 대상에게 질문하여 봅시다.

바 할머니의 변화를 통해 삶의 의미 찾기

[할머니의 생각의 변화를 정리한다.]

1) 메이와의 만남을 계기로 할머니 생각의 변화를 정리해봅시다.
2) 화이트보드에 모둠별로 정리하여 발표해 봅시다.
3) 할머니의 생각과 행동의 변화와 그 이유에 대해 서로의 생각을 나누어 봅시다.

[할머니 말의 의미를 파악한다.]

> '여기가 우주 호텔이 아닌가? 여행을 잠시 이렇게 쉬어 가는 곳이니……, 여기가 바로 우주의 한가운데지.'

1) 할머니 말에 담긴 뜻이 무엇인지 짝에게 자신이 이해한 만큼 말해봅시다.
2) 작가가 이 책을 쓴 의도를 생각하여 봅시다.
3) 할머니에게 삶의 소중한 의미는 무엇인지 자신의 생각을 발표하고 함께 나눠 봅시다.

사 가치 비교하기

[자신의 가치와 『우주호텔』에서 말하는 가치를 비교한다.]

1) 처음의 자신의 가치와 작품 속의 가치를 비교해봅시다.
2) 할머니의 생각이나 행동의 변화에는 계기가 있었습니다. 자신의 가치를 돌아보고 그런 계기가 된 사건들을 떠올려봅시다.
3) 자신의 소중한 가치를 실천하는 방법에 대해서도 생각해봅시다.

[〈나의 우주호텔〉을 주제로 짧은 글을 써본다.]

1) 작품의 주제와 자신의 가치를 생각하며 〈나의 우주호텔〉이라는 주제로 5문장 정도의 짧은 글을 써 봅시다.
2) 친구들과 돌려 읽어 가며 생각을 나눠봅시다.

3차시

- 차시 주제 : 함께 해결해요!
- 관련 교과 및 성취기준 : 사회
  [6사06-04] 광복 이후 경제성장 과정에서 우리 사회가 겪은 사회 변동의 특징과 다양한 문제를 살펴보고, 더 나은 사회를 만들기 위하여 해결해야 할 과제를 탐구한다.
- 시간 : 40분
- 준비물 : 모둠별 화이트보드, 뉴스동영상

가 '경제성장 과정에서 많은 사회문제가 나타나게 되었다' 한 문장 제시하기

[제시된 문장을 보고 다양한 사회문제를 모둠별로 함께 생각한다.]

1) 모둠별 다양한 각도에서 사회문제라고 생각되는 것에 대해 이야기 나눠봅시다.

나 전체 생각 나누기

[칠판나누기 기법을 이용하여 각 모둠별 생각을 통해 전체 생각을 공유한다.]

1) 모둠에서 한사람씩 나와서 칠판에 적습니다. 다른 모둠과 중복된 내용은 제외하고 다양하게 의견을 제시해봅시다.
   - 청년실업, 고령화로 인한 노인문제, 빈부격차, 쓰레기 문제, 원자력에 대한 무서움, 미세먼지, 저출산 문제, 외국인 노동자 문제, 묻지마 범죄 증가, 도시 인구집중, 농촌 일손 부족, 동물 멸종 위기, 물질 만능주의, 지구온난화, 약물중독, 도박,한탕주의 등등

다 사회문제에 대한 짝 토론하기

[많은 사회 문제 중 고령화로 인한 사회문제에 대해 짝과 의견을 나눈다.]

1) 고령화로 인한 사회문제와 관련한 뉴스 동영상을 시청해봅시다.

2)『우주호텔』의 내용과 관련지어 노인문제에 대한 자신의 생각을 나눠봅시다.

- TV에서 봤는데 자살하는 노인 분들이 많이 있습니다.
- 할머니 할아버지가 가난하게 살고 있어 보살핌이 필요하다고 느꼈어요.

라 전체 의견 나누기

[기억에 남는 짝의 의견을 발표한다.]

1) 짝과 의견을 나누는 중에 인상 깊었던 내용을 발표해 봅시다.

- 노인은 노인끼리만 모여 시간을 보내고 무료급식소에서 밥도 먹고 하는 걸 보고 왜 노인들은 여러 연령층의 사람들과 함께하지 못하지? 라고 생각했다는 짝의 이야기를 듣고 노인 분들의 외로움과 이것을 해결할 수 있는 방법은 뭘까?라는 생각이 들었습니다.

마 해결방법 모둠별 토의하기

[고령화로 인한 사회문제에 대한 해결책을 화이트보드에 정리한다.]

1) 노인문제에 대한 다양하고 새로운 해결방법을 모둠별로 논의하여 정리해봅시다.

[모둠별 의견을 발표하고 칠판에 게시한다.]

1) 모둠에서 나온 의견을 대표가 나와 정리하여 발표해 봅시다.

• 부모님을 모시고 사는 가정에 정부에서 지원금 주기, 효도에 대해 교육시키기, 노인 분들에게 생활금 지원하기, 요양시설 더 많이 세우기, 노인 분들과 함께 하는 동네 프로그램 운영하기, 경로당에 노인 분들이 할 만한 일감주기, 폐지만 따로 모아 드리기, 경로당과 돌봄 시설을 가까이 두어 아이들을 돌봐주도록 하여 외로움을 덜 느끼도록 하기, 3대가 함께 참여하는 축제열기 등등.

바 가치 연결하기

[지난 시간에 생각해본 자신의 가치를 떠올리며 사회문제를 자신의 가치와 연결시켜본다.]

1) 사회문제를 자신의 가치와 연결시켜 자신이 실천할 수 있는 것에 대해 생각해봅시다.

• 저의 가치는 행복입니다. 이제까지는 나만의 행복을 위해 무언가를 해야한다고 생각했는데요. 내가 하는 일이 다른 사람에게 행복을 줄 수 있는 그런 일을 하고 싶다는 생각이 들었습니다.

사 한줄 정리하기

[오늘 배운 내용 및 자신의 생각을 정리한다.]

1) 노인문제, 진정한 삶, 실천, 가치, 사회문제 중 3개의 낱말을 골라서 자신의 생각을 정리해봅시다.

• 우리가 사는 사회는 여러 문제가 있다. 자신이 소중하게 여기는 가치의 실현으로 그러한 문제가 해결될 수 있고 그것이 진정한 삶의 모습이라

고 생각한다.

• 우리 동네 할머니들은 은빛사랑방이라는 곳에 자주 모이신다. 거기서 얘기도 하시고 뜨개질도 하신다. 동네 사람들은 그곳에 들러 물건을 사기도 한다. 이러한 모습이 노인문제인 사회문제를 해결하는 실천이라고 생각한다.

4~5차시

• 차시 주제 : 함께 나누어요!
• 관련 교과 및 성취기준 : 국어, 도덕
  [6국05-06] 작품에서 얻은 깨달음을 바탕으로 하여 바람직한 삶의 가치를 내면화하는 태도를 가진다.
  [6도03-04] 세계화 시대에 인류가 겪고 있는 문제와 그 원인을 토론을 통해 알아보고, 이를 해결하고자 하는 의지를 가지고 실천한다.
• 시간 : 80분
• 준비물 : 재능기부 관련 개인 준비물

가 『우주 호텔』에서 '나눔' 실천 찾기

[작품 속에서 '나눔'을 실천한 예들을 찾아본다.]

1) '나눔'의 실천으로 인한 상대의 변화 즉 세상의 변화에 대해 생각해봅시다.
  • 메이가 폐휴지를 모아드리는 행동으로 종이 할머니의 생각이 변했습니다.
  • 종이 할머니가 혹이 난 할머니에게 차를 함께 마시고 같이 살면서 세상이 더 따뜻하게 변했습니다.

나 '나눔'이란? 한 문장 만들기

[지난 시간의 진정한 삶의 의미와 사회문제 해결방법 제시를 떠올리며 나눔에 대해 생각해 본다.]

['나눔'에 대해 각자 정의하고 전체 발표를 한다.]

1) 붙임쪽지에 '나눔'에 대한 각자의 생각을 한 줄 문장으로 정리하여 발표한 후 우드락에 붙여봅시다.

2) 우드락에 붙어있는 쪽지를 보며 다른 친구들의 생각도 함께 나누어봅시다.
   - 나눔이란 겨울날 햇살이다. 마음까지 따뜻해지기 때문입니다.
   - 나눔은 선물이다. 나눌 때 기쁨과 뿌듯함의 선물을 받기 때문입니다.

다 자신의 재능에 대해 생각하기

[지금 자신이 베풀 수 있는 재능을 생각해 본다.]

1) 나의 소소한 재능이 남에게는 필요한 무엇이 될 수 있다는 생각으로 나눌 수 있는 자신의 재능을 발표해 봅시다.
   - 사람 잘 그리는 방법을 알려줄 수 있어요.
   - 이성 친구 사귀는 방법을 알려줄 수 있어요.
   - 엄마에게 용돈 타는 다양한 비법을 알려줄 수 있습니다.

라 재능기부 나눔 잔치 준비하기

[자신이 기부할 재능에 필요한 자료를 준비한다.]

[전체를 반으로 나누어 번갈아가며 진행하고 참석한다.]

1) 재능 기부자는 자신의 재능을 반 전체에 간단히 소개해봅시다.
2) 책상을 ㄷ자형으로 배치하고 재능을 기부하는 쪽과 받는 쪽으로 나누어 관심 있는 분야로 찾아가 나눔 행사에 참석해봅시다.
3) 5분 정도의 시간이 지나면 다양한 재능기부를 선택하여 체험할 수 있도록 합시다.

마 재능 기부 나눔 잔치하기

[친구들이 준비한 재능기부 잔치에 참여하며 나눔의 가치를 체험한다.]

1) 나누는 사람과 받는 사람이 모두 행복해진다는 걸 체험하는 시간이 되도록 적극적으로 참여해 봅시다.
   - 재능기부 잔치 프로그램 : 겨루기, 후프 돌리기, 합기도, 야구규칙, 유투브 다운받기, 늦게 자기, 언니 협박으로 부터 벗어나는 법, 큐브 맞추기, 유연성 기르기, 여러 가지 어플 소개, 여자 친구 사귀는 법, 공부 잘하는 방법, 정확한 발음하기, 종이접기, 미니어처 만들기, 피부 관리, 네일아트 등등

바 재능기부 나눔 잔치 소감 발표하기

['나눔'이란 가치를 직접 체험하고 그것이 행복한 세상 만들기를 위한 실천이 될 수 있다는 것에 대한 느낀 점을 발표한다.]

- 소중한 가치를 실천하는 것이 행복한 세상을 만드는 디딤돌이 된다는 것을 알게 되었습니다.
- 실제 생활에서 나온 자신의 비법들을 친구들이 소개해주니 정말 재미있고 도움도 되었습니다.

4 이런 책도 있어요

『똥 싼 할머니』는 시골에 계신 할머니가 파킨스병으로 인해 같이 살게 되면서 생기는 사건들과 그로 인한 가족 간의 갈등을 생생히 다루고 있는 책이다. 치매에 걸린 할머니일망정 그래도 우리 할머니이며, 겨울나무가 되어 버린 할머니에게 친구가 필요하다는 것을 알게 된 가족이 함께 돌보는 감동적인 이야기이다.

『다리가 되렴』이라고 책 제목을 입 밖으로 내면 세상 경험이 많은 엄마 아빠가 자식들에게 해주는 말처럼 힘이 있다. 이 책은 서로의 다리가 되어주고 스스로 다리가 되어 더불어 살아가는 사람들만이 과거의 아픈 기억을 현재와 미래를 살아가는 힘으로 바꿀 수 있음을 일깨워준다.

아무런 관심도 받지 못하는 우리 사회의 낙오자를 동심의 시선으로 바라본 그림책『나는 곰입니다』. 이 책은 경쟁사회에서 필연적으로 발생하는 낙오자를 곰으로 변신시켜 나눔에 대해 이기심과 편견에 대해 생각하게 한다.

『똥 싼 할머니』
(이옥수/시공주니어)

『다리가 되렴』
(이금이/푸른책들)

『나는 곰입니다』
(장 프랑수아 뒤몽/봄봄)

5 활동 결과물

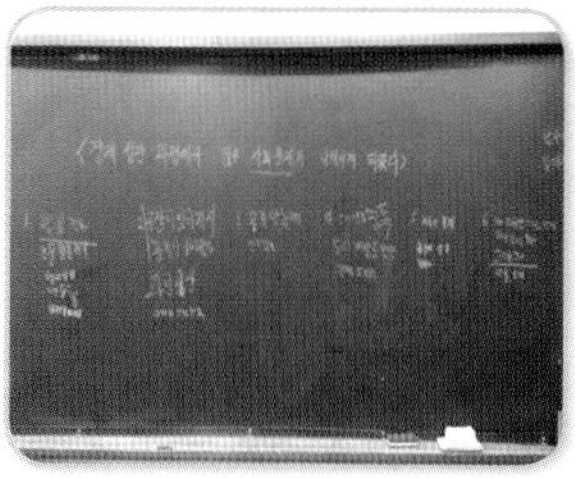

〈3차시, 칠판나누기〉

〈3차시, 짝토론하기〉

〈3차시, 모둠의견 발표〉

〈5차시, 재능나눔잔치(태권도)〉

〈5차시, 재능나눔잔치(정확한 발음)〉

6 수업 성찰

"저에게 우주호텔은 바로 학교예요" 민경이의 말이다. 현실의 상황이 힘들 때 위로해줄 친구가 있고 즐거움이 있어 마음이 편해지는 그 곳이 우주호텔이라는 말에 감동 받았다. 저마다 꿈꾸는 우주호텔을 내가 만들 수 있다는 걸 깨닫는 시간이었다.

폐지 줍는 할머니의 모습은 서울에서는 자주 볼 수 있다. 불편하다. 소외된 사람들 또는 심적으로 도움이 필요한 사람들은 늘 주변에 있다. 집에서, 학교에서, 거리에서, TV 속에서 스쳐지나간다. 상처를 보듬고 더불어 살아간다는 것은 무엇인지 생각해 보는 시간들이 필요하다. 불편함을 뿌듯함으로 나눌 가치 있는 실천에 대해 생각해 볼 기회를 갖고 싶었다.

주인공의 심경변화에 초점을 맞추어 자신의 가치를 탐색하고 다져보는 시간을 가졌다. 자신의 가치에 대해 생각해 볼 기회들이 자주 없었기에 당황해하며 소중히 여기는 것들이 무엇인지 고민하는 학생들이 많았다. 괜찮다. 이런 기회를 통해 자신의 가치에 대해 묻고 답하는 시간 자체가 의미가 있다고 생각되었다.

개인의 문제는 사회문제와도 깊이 연관되어 있다. 그런 문제 해결은 개인의 노력과 함께 사회의 시스템 변화도 같이 이루어져야 한다고 생각한다. 고령화로 인한 사회문제 해결방법은 다양하고 새로운 생각들이 많이 제시되었다. 함께 모시고 사는 방법에서부터 노인을 모시고 사는 가족은 월급을 더 준다든지, 동네 근처에 실버복지시설 등을 많이 세워 가족들과 접촉할 기회를 많이 갖는다든지 하는 생각들이 있었다. 다양한 사회문제들을 해결할 수 있는 것은 나눔의 실천이다. 기부라는 것이 특별한 사람들만이 하는 것이 아니라 마음이 있는 사람들이 하는 것이라는 것을 재능기부활동을 통해 느꼈으면 했다. 자신의 소소한 재능들을 친구들과 나누는 시간은 매우 따뜻했다. 편지봉투 접는 방법에서부터 부모님께 용돈타는 방법, 형제지간에 잘 지내는 방법 등 다양한 것들을 준비하여 나누었다. 매우 의미 있고 재미있는 시간이었다. 활동 후 서로 어깨를 토닥여주며 주고받는 말이 따뜻하고 훈훈했다.

'나'를 찾는 여행

불량한 자전거 여행

(김남중 글/창비/2009)

관련 교과 및 성취 기준

국어

- [6국01-04] 자료를 정리하여 말할 내용을 체계적으로 구성한다.
- [6국02-02] 글의 구조를 고려하여 글 전체의 내용을 요약한다.
- [6국03-05] 체험한 일에 대한 감상이 드러나게 글을 쓴다.

도덕

- [6도02-02] 다양한 갈등을 평화적으로 해결하는 것의 중요성과 방법을 알고, 평화적으로 갈등을 해결하려는 의지를 기른다.

사회

- [6사01-03] 우리나라의 기후 환경 및 지형 환경에서 나타나는 특성을 탐구한다.

창의적 체험활동

- (진로활동) 일과 직업의 가치, 직업세계의 특성을 이해하여 건강한 직업의식을 함양하고, 자신의 진로와 관련된 교육 및 직업정보를 탐색하고 체험한다.

1 책 소개

이 책은 이혼 직전 상태의 엄마 아빠를 뒤로한 6학년 호진이가 불량 삼촌과 함께 자전거 순례길을 떠나면서 '나'를 발견하는 성장 동화이다. 뜨거운 여름, 호진이는 광주에서 속초까지 12일 동안 1,100킬로를 자전거로 여행하면서 땀의 가치와 사람의 소중함을 알게 된다. 왕따의 상처가 있는 사람, 알코올 중독의 실업자, 초등 예비교사, 자전거 세계일주 중인 외국인 커플, 말기암 환자 등 문제와 아픔이 있는 사람들이 자전거를 타고 달리는 여정을 통해 문제를 극복하고 새로운 삶을 향한 열정을 쏟아낸다. 호진이도 마음의 상처를 이겨내고 가족갈등의 돌파구를 찾아 엄마 아빠를 자전거 여행에 나서게 하는 마지막 장면은 가슴을 찡하게 울린다.

놀이와 배움의 경계를 넘나드는 여행을 통해 아이들은 자란다. 천천히 걸으면서 세상을 살피고 다양한 경험을 통해 단단해진 아이는 과감한 발상과 도전할 줄 아는 호연지기를 기르게 된다. 하루가 다르게 자라나는 아이들에게 공부보다 중요한 것은 부모와의 교감과 서로 공감하는 대화이다. 이 책에는 가족 간의 소통과 이해의 부족은 누구의 탓도 아닌 공동의 책임이라는 말이 나온다. 가족 간의 의무 및 역할을 상대에게 요구하고 당연시하는 자세가 소통을 막고 성숙되지 못한 관계로 만들어 버릴 수 있다. 가정에서의 소통과 이해를 통해 우리는 인간관계의 기본을 배운다. 또한 여행은 우리를 성장시킨다. 여행을 통해 나와 타인을 만난다. 그 만남이 나답게 살라고, 타인과 더불어 살라고, 아름다움에 눈을 뜨며 느끼고 살라고 속삭인다. 여행을 통해 '나'를 발견하기를 원하는 사람이 읽는다면 많은 자극을 받을 수 있는 책이라 생각한다.

2 프로젝트 주제

본 프로젝트 주제는 더불어 사는 삶의 가장 기본이 되는 가족 안에서의 나의 역할에 대해 생각해보고 가족 간의 소통과 이해를 위해 구성원 모두의 노력과 실천이 필요하다는 것을 의도하여 '나를 찾는 여행'으로 설정하였다. 책의 아름다운 장면을 감상하며 내용을 파악하고 그 장면과 나의 삶을 연결짓는 질문을 만들고 나누는 활동을 통해 동일한 사건에 따른 관점의 차이를 인식하도록 하였다. 그리고 새로운 아이디어로 여행 상품을 개발하는 활동을 통해 국내외의 지리를 익히고 광고 문구를 만들어 안내문을 작성하도록 하였다. 그리고 뒷이야기 상상을 통해 나만의 동화를 완성해보는 활동을 하도록 하였다.

이러한 과정에서 가족에 대한 서로의 생각을 나누고, 여행에 대한 설레임과 도전이 나를 성장시킨다는 것과 뒷이야기 상상을 통해 행복한 가족의 모습을 그려보는 것도 의미있는 작업일 듯 하다.

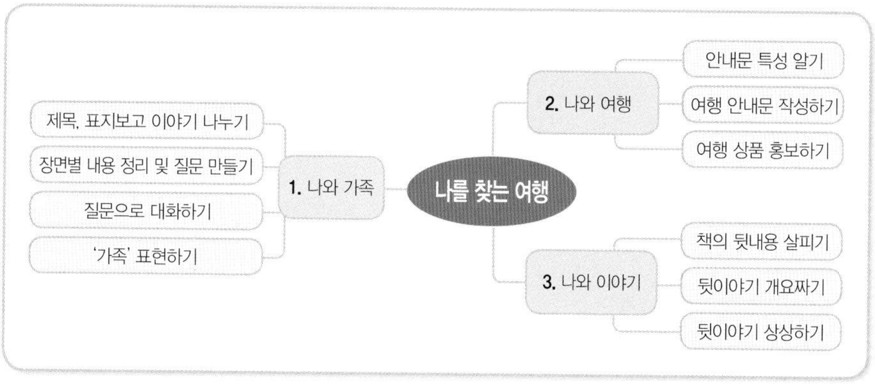

3 실제 활용 방법

1-2차시

- 차시 주제 : 나와 가족
- 관련 교과 및 성취기준 : 국어
  [6국02-02] 글의 구조를 고려하여 글 전체의 내용을 요약한다.
- 시간 : 80분
- 준비물 : 학습지, 색도화지, 사인펜, 색연필

가 제목보고 이야기 나누기

['불량한 자전거 여행' 제목을 보고 내용을 짐작한다.]

1) 책 제목을 보고 어떤 내용일지 인물, 사건, 배경을 생각하여 발표해 봅시다.

나 책 표지 보고 이야기하기

[표지 속의 아이는 어떤 아이일지 상상해 본다.]

1) 앙다문 입을 보니 의지가 무척이나 강한 아이일 것이다. 등 관찰한 것을 미루어 짐작해 봅시다.

다 장면을 보고 내용 요약하기

[장면을 보고 알맞은 내용을 적고 관련된 질문을 만들어 본다.]

장면	장면의 내용	장면 관련 질문
		예 가출한 호진이의 마음은 어떨까요?
		예 비와 관련된 추억을 이야기해봅시다.
		예 파란 하늘을 보며 답답했던 여러분의 마음을 맘껏 말해보세요.
		예 희망을 줄 수 있는 여러분의 인생의 한마디는 무엇입니까?
		예 끝까지 완주한 사람들에게 전하는 응원의 메시지는?
		예 여행 후의 호진이의 변화는 무엇일까요?

라 질문으로 대화하기

[서로의 질문을 보고 생각을 나눈다.]

1) 상대편 질문 6개중 1개를 선택하여 서로 이야기를 나눠봅시다.
2) 질문을 선택한 친구가 이야기를 하면 궁금한 점이나 더 이야기 나누고 싶은 점에 대해 깊이있는 대화를 주고받아봅시다.

마 아름다운 문장 발표하기

[독서 중 밑줄 그은 마음에 새기고 싶은 문장을 나눈다.]

1) '땀은 고민을 없애 주고 자전거는 즐겁게 땀을 흘리게 하지'
2) '나와 싸우는 거다. 내속에 있는 나, 포기하고 싶은 나와 싸우는 거다'
3) '오르막길이 길었던 만큼 내리막길도 길었다' 등 자신에게 와 닿은 문장을 친구들과 나누고 그 이유에 대해서도 말해봅시다.

바 사전 만들고 그림으로 표현하기

[자신이 생각하는 가족의 의미를 담아 한 문장으로 표현한다.]

1) 책에는 '가족은 밤을 함께 보내는 사이다'라는 말이 나옵니다. 땀을 함께 흘리고 어려움을 같이 이겨내는 가족에 대한 여러분의 생각을 한 문장으로 표현해봅시다.

2) 내가 내리는 정의: 가족이란______________________________

• 가족이란 자이다. 내가 똑바로 갈 수 있게 도와주기 때문에

- 가족은 주사기이다. 따끔한 잔소리와 매가 있지만, 그 후 난 더 고쳐지기 때문에

[자신이 내린 '가족'의 정의를 그림으로 표현한다.]

1) 가족의 의미를 상황을 설정하여 그림으로 표현해봅시다.

3~4차시

- 차시 주제 : 나와 여행
- 관련 교과 및 성취기준 : 국어, 사회, 창체
  [6국01-04] 자료를 정리하여 말할 내용을 체계적으로 구성한다.
  [6사01-03] 우리나라의 기후 환경 및 지형 환경에서 나타나는 특성을 탐구한다.
  (창의적 체험활동) 일과 직업의 가치, 직업세계의 특성을 이해하여 건강한 직업의식을 함양하고, 자신의 진로와 관련된 교육 및 직업정보를 탐색하고 체험한다.
- 시간 : 80분
- 준비물 : 사회과 부도, 색도화지, 색연필, 사인펜

가 안내문의 특성 살펴보기

[안내문의 특성을 살펴보고 필수요소를 정리한다.]

1) 안내 전단지 내용을 확인하고 안내문에 꼭 들어가야 할 항목을 살펴봅시다.

<**여**행하는 **자**전거 **친구**>와 함께하는 제15회 자전거 순례

주제 : 예뻐라 우리나라 달려라 넓은 나라

- **기간** : 8월 3일부터 14일까지(11박 12일)
- **모집인원** : 남녀 00명(자전거 탈 줄 아는 사람)
- **코스** : 광주(출발)–구례–진주–창원– 부산– 울산–대구–안동–단양–원주–홍천– 속초–통일전망대–속초(해산)
- **숙식** : 숙식과 간식 제공. 캠핑카가 함께 갑니다.
- **참가비** : 50만원 (여행자 보험 가입)
  1~14회 참가자 재참가 시 20% 할인
- **준비물** : 자전거, 장갑, 선크림, 선글라스, 편한 옷, 속옷, 공기베개,칫솔, 수건 등등.

인터넷 '여자친구 까페'를 방문하세요

다녀온 사람들이 추천하는 자전거 여행! 가장 멋진 여름을 약속합니다.

나 안내문 코스 지도에 표시하기

[위의 안내문의 코스를 지도에 표시하고 거리를 계산한다.]

1) 우리나라 지도에 코스를 표시하고 그 곳의 유적지를 알아본 후 도시와 도시 사이의 거리를 계산하여 봅시다.

다 여행 상품 안내문 작성하기

[모둠별 여행 상품 판매를 위한 안내문을 작성한다.]

1) 여행의 주제와 여행수단을 정하고 코스(국내, 국외)를 정한 후 참가비 산출 근거와 숙식 장소 등을 조사하여 안내문을 작성하여 봅시다.
2) 모둠별로 기발한 아이디어를 모아 의미있고 재미있는 여행 상품을 개발해 봅시다.

라 홈쇼핑 호스트가 되어 상품 홍보하기

[홈쇼핑 판매원이 되어 모둠별 기획한 여행 상품을 홍보한다.]

1) 모둠에서 기획한 기발한 여행계획을 반 전체를 대상으로 발표하여 봅시다.

마 각자 여행하고 싶은 곳 정하기

[여행할 곳을 선택한다.]

1) 모둠별 발표와 안내문을 보고 자신이 경험하고 싶은 여행 안내문에 스티커를 붙여봅시다.
2) 선택한 사람들끼리 모여 그곳에서 얻고 싶은 것에 대해 발표해 봅시다.

5~6차시

- 차시 주제 : 나와 이야기
- 관련 교과 및 성취기준 : 국어, 도덕

  [6국01-04] 자료를 정리하여 말할 내용을 체계적으로 구성한다.

  [6국03-05] 체험한 일에 대한 감상이 드러나게 글을 쓴다.

  [6도02-02] 다양한 갈등을 평화적으로 해결하는 것의 중요성과 방법을 알고, 평화적으로 갈등을 해결하려는 의지를 기른다.
- 시간 : 80분
- 준비물 : 8절 도화지, 사인펜, 색연필

가 주인공의 가족 갈등 해결을 위한 생각 살펴보기

[책의 뒷부분을 살펴보고 주인공의 생각을 정리한다.]

엄마는 우리 집이 이렇게 된 건 모두의 책임이라고 했다. 아빠는 누군가한테 도둑맞은 인생의 황금기를 찾으려고 집 밖을 헤매는 것 같다. 그리고 나는 집에서 달아나 여기에 있다. 문제가 없는 사람이 없다. 이 문제를 해결할 수 있는 사람도 없다. 도움이 필요했다.

"우리 아빠랑 엄마가 순례에 참가하면 좋겠어요. 함께 비도 맞고 더워서 고생도 하면 좋겠어요. 산도 오르고 모닥불 앞에 앉아서 이야기도 나누면 좋겠어요. 그럼 뭔가 달라질 거 같아요. 꼭 그래야 돼요. 꼭……."

엄마 아빠가 부산을 향해 오는 동안 나는 부산을 향해 떠난다. 부산에서 엄마 아빠를 만나 셋이서 다시 서울을 향해 출발한다. 서울까지는 닷새쯤 걸릴 것 같다. 처음으로 하는 가족 자전거 여행이 될 것이다. 우리 가족은 어떤 여행을 하게 될까? 여행이 끝나면 어떤 모습으로 바뀌게 될까?

나 개요짜기

[나를 주인공으로 인물, 사건, 배경을 정한다.]

1) 모둠별로 동화의 개요를 짜봅시다. 인물의 성격을 고려하여 사건을 전개시키도록 합니다.

다 위의 내용에 이어지는 내용을 동화로 쓰기

['불량한 자전거 여행' 뒷부분을 상상하여 한 편의 글을 완성한다.]

1) 아빠, 엄마, 호진, 이외의 등장인물들의 생각과 감정을 글로 자세히 표현해봅시다.
2) 대화체로 글을 전개시켜 봅시다.
3) 쓰고자 하는 글의 주제를 끝까지 잊지 않고, 오고가는 대화 속에서 가족의 사랑을 느낄 수 있도록 글을 써 봅시다.
4) 사건에 대한 인물들의 심경이 잘 나타나도록 글로 표현해봅시다.

[뒷이야기를 책으로 만들기]

1) 한쪽은 글을 그 다른 쪽은 그림을 그려 책으로 엮어봅시다.
2) 제목, 출판사, 지은이, 그린이를 적어 친구들과 돌려봅시다.

4 이런 책도 있어요

『괭이부리말 아이들 1, 2』의 괭이부리말은 일제강점기와 6·25를 거쳐 산업화로 소외된 사람들의 힘겨운 삶이 이어지고 있는 곳이다. 풍요로움과는 거리가 먼 괭이부리말에서 숙희, 숙자, 동준이와 동수를 통해 우리는 자신의 주변을 돌아보게 되며 소외된 사람들뿐 아니라 가족의 중요성을 생각하게 된다.

『걱정쟁이 열세 살』은 각자 개성이 강한 현대 가족의 생활 모습과 열세 살 상우의 세상나기 모습을 촘촘히 엮어놓은 책이다. 이 작품을 통해 여러 정보매체를 통해 어른들의 의식을 공유하고 나름의 세계관으로 세상을 볼 줄 아는 요즘 아이들의 모습을 이해할 수 있을 듯하다. 또한 『골목길 아이들』은 비록 형편이 어렵지만 가족이라는 울타리가 오히려 든든한 칠남매의 이야기이다. 이 책은 가족의 의미에 대해 돌이켜 생각해 볼 기회를 주는 책이다.

『괭이부리말 아이들』
(김중미/창작과 비평사)

『걱정쟁이 열세 살』
(최나미/사계절)

『골목길 아이들』
(이브 가넷/길벗어린이)

5 활동 결과물

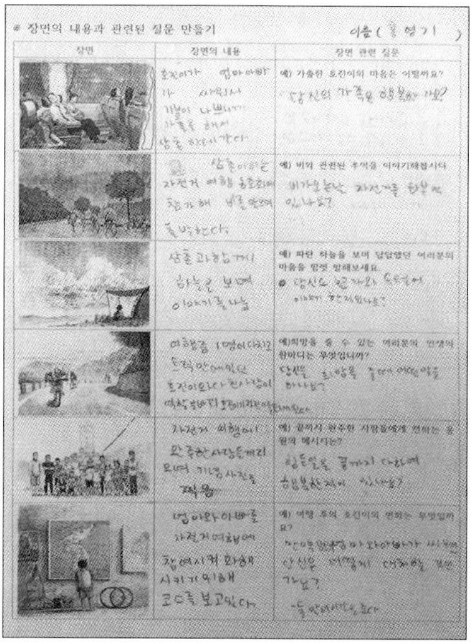

〈1차시, 장면보고 내용 요약하기(학습지)〉

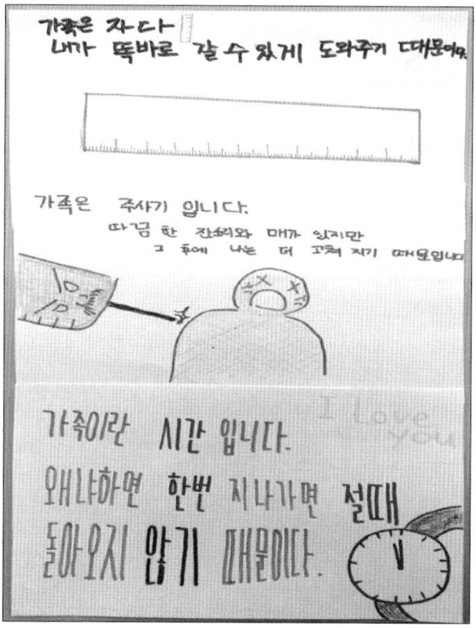

〈2차시, 가족 사전 만들기〉

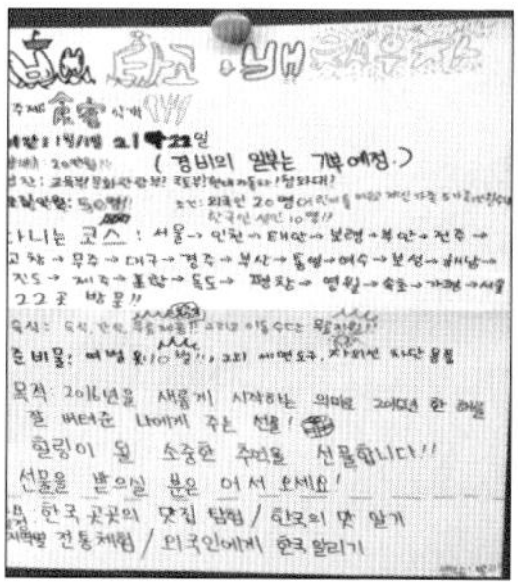

〈3차시, 여행상품 개발하기〉

〈4차시, 여행상품 홍보하기〉

6 수업 성찰

『불량한 자전거 여행』은 책 제목부터 호기심이 생긴다. 불량한 여행이라니 학생들 역시 읽기 전부터 관심이 많았다. 오르막길에서의 힘겨움이 느껴지는 장면에서 자신의 문제를 들여다보고 내리막길의 시원함에서는 소중한 것을 찾은 듯하였다.

매우 아름답게 수채화로 표현한 장면을 감상하고 내용을 되새겨보며 질문을 만들고 자신에 대해, 가족에 대해 생각해보는 시간을 가졌다. 가족에 대한 정의를 내리는 활동은 이런 가족이었으면 하는 바람을 적은 학생들도 많았다. 사회과부도를 펴놓고 여행상품을 개발하는 시간은 매우 재미있고 흥미로운 시간이었다. 모둠별 여행 주제를 정하고 여행 경로와 효과 등에 대한 이야기를 나눌 때 웃음이 끊이지 않았다. 정말 여행을 내일 떠나는 사람들처럼 설레고 에너지가 넘치는 뿌듯한 활동이었다. 그리고 창의적으로 개발한 여행 상품을 TV의 홈쇼핑처럼 소개할 때는 모둠별로 다양한 방법으로 진행되었고 톡톡 튀는 아이디어가 돋보이는 시간이었다.

가족은 소중한 삶이 무엇인지 알아가는 곳이다. 상처를 많이 주고받기도 하지만 위로와 힘을 얻을 수 있는 곳이기도 하다. 여행처럼 즐겁고 힘든 시간을 함께 보낼 때 보듬어주는 사랑이 샘솟듯, 행복한 가족은 누군가 만들어 주는 것이 아니라 각자의 역할이 분명히 있다는 것을 알게 해준 시간이었다.